Der Dialog mit der organisierten Zivilgesellschaft in der Europäischen Union

Schriften zum deutschen und europäischen öffentlichen Recht

Herausgegeben von Steffen Detterbeck

Band 28

Zur Qualitätssicherung und Peer Review der vorliegenden Publikation

Die Qualität der in dieser Reihe erscheinenden Arbeiten wird vor der Publikation durch den Herausgeber der Reihe geprüft.

Notes on the quality assurance and peer review of this publication

Prior to publication, the quality of the work published in this series is reviewed by the editor of the series.

Svenja Pitz

Der Dialog mit der organisierten Zivilgesellschaft in der Europäischen Union

PL ACADEMIC RESEARCH

Bibliografische Information der Deutschen Nationalbibliothek
Die Deutsche Nationalbibliothek verzeichnet diese Publikation in der Deutschen Nationalbibliografie; detaillierte bibliografische Daten sind im Internet über http://dnb.d-nb.de abrufbar.

Zugl.: Hamburg, Bucerius Law School, Diss., 2014

H 360
ISSN 1438-4388
ISBN 978-3-631-65283-1 (Print)
E-ISBN 978-3-653-04398-3 (E-Book)
DOI 10.3726/ 978-3-653-04398-3

PL Academic Research ist ein Imprint der Peter Lang GmbH.

Peter Lang – Frankfurt am Main · Bern · Bruxelles · New York · Oxford · Warszawa · Wien

Diese Publikation wurde begutachtet.

www.peterlang.com

Vorwort

Die vorliegende Arbeit wurde im Juni 2013 abgeschlossen und im Sommersemester 2013 an der Bucerius Law School – Hochschule für Rechtswissenschaft – in Hamburg als Dissertation angenommen. Die mündliche Prüfung fand am 04. Februar 2014 statt.

Daher befindet sich die Arbeit auf dem Rechtsstand vom Juni 2013; auch Literatur und Rechtsprechung konnten bis Juni 2013 berücksichtigt werden.

Ich möchte mich bei allen bedanken, die mich bei der Erstellung der Arbeit begleitet und auf vielfältige Weise unterstützt haben.

An erster Stelle gilt mein Dank meiner Doktormutter Frau Prof. Dr. Doris König, M.C.L., die mich von Anfang an wohlwollend betreut und mir zahlreiche wertvolle Hinweise gegeben hat. Als Professorin „der ersten Stunde" an der Bucerius Law School hat sie mein wissenschaftliches Denken und Arbeiten auf besondere Weise geweckt, geprägt und gefördert.

Besonderer Dank gilt außerdem Herrn Prof. Dr. Thomas Bruha für die besonders schnelle Erstellung eines ausführlichen Zweitgutachtens. Auch während meiner Zeit als wissenschaftliche Mitarbeiterin am Institut für Internationale Angelegenheiten und am Europakolleg hat er mir stets hilfreiche Anregungen gegeben.

Der FAZIT-Stiftung danke ich für ihre großzügige finanzielle Förderung meines Promotionsvorhabens einschließlich eines Druckkostenzuschusses, ohne die diese Arbeit nicht möglich gewesen wäre.

Auch möchte ich mich bei Herrn Prof. Dr. Steffen Detterbeck für die Möglichkeit bedanken, meine Arbeit in seiner Reihe „Schriften zum deutschen und europäischen öffentlichen Recht" zu veröffentlichen.

Meinen Freunden danke ich für die zahlreichen Gespräche und Aufmunterungen. Besonderer Dank für intellektuelle Anregungen und emotionale Unterstützung gilt Frau Evelyn Woitge und Frau Katharina Fröhlich. Nicht zuletzt danke ich meiner Familie.

Hamburg, im September 2014 Svenja Pitz

Inhaltsverzeichnis

Einleitung

Vor fast 60 Jahren schlossen sich die Bundesrepublik Deutschland, Frankreich, Italien und die Benelux-Staaten zur „Europäischen Wirtschaftsgemeinschaft" zusammen. Deren primärer Fokus war die Kooperation im wirtschaftlichen Bereich, welche Wohlfahrtsgewinne für alle bewirken sollte. Die Integration im wirtschaftlichen Bereich begann sich mit der Zeit auch auf andere Lebensbereiche auszuwirken, und die „Europäische Wirtschaftsgemeinschaft" entwickelte sich zu einer ganz neuen Form staatlicher Kooperation, die über intergouvernementale Zusammenarbeit hinaus supranationale Züge annahm. Aus der Europäische Wirtschaftsgemeinschaft wurden die Europäischen Gemeinschaften, die Europäische Union kam ergänzend hinzu, und schließlich ermöglichte der Vertrag von Lissabon die Vereinigung in einer Europäischen Union (EU) mit ausdrücklich verliehener Rechtspersönlichkeit.

Dieser Prozess wurde vielfach begrüßt, rief aufgrund seiner Einzigartigkeit und umfassenden Dimensionen aber auch große Skepsis hervor. Einerseits befürchteten die Nationalstaaten, zu viel von ihrer Souveränität an die EU abgeben zu müssen. Aber auch die einzelnen europäischen Bürgerinnen und Bürger hatten verstärkt das Gefühl, bei der Entwicklung der „Idee Europa" außen vor gelassen zu werden. Abgesehen von einer generellen Skepsis gegenüber Neuem ist dies wesentlich darauf zurück zu führen, dass der einzelne Bürger bei der europäischen Integration oftmals bewusst außen vor gelassen wurde (*Methode Europa*: „Wir beschließen etwas, stellen das dann in den Raum und warten einige Zeit ab, ob was passiert, wenn es dann kein großes Geschrei gibt und keine Aufstände, weil die meisten gar nicht begreifen, was da beschlossen wurde, dann machen wir weiter – Schritt für Schritt, bis es kein Zurück mehr gibt."[1]).

Je mehr (originäre) Regelungsbefugnisse der EU übertragen wurden, und je stärker sie damit in die Rechtssphäre der einzelnen Bürger eingreifen konnte, desto bedenklicher wurde dies vor allem im Hinblick auf ihre demokratische Legitimation. Resultat war eine zunehmende Euroskepsis, die sich nicht nur etwa am

1 *Juncker*, zitiert nach Koch: Die Brüsseler Republik, in: Der Spiegel 52/1999, S. 136.

„Eurobarometer"[2] ablesen ließ, sondern beispielsweise auch in den ablehnenden Referenden zum europäischen Verfassungsvertrag in Frankreich und den Niederlanden und zunächst auch zum Vertrag von Lissabon in Irland deutlichen Ausdruck fand. Spätestens diese Ereignisse machten unmissverständlich klar, dass nach Wegen gesucht werden musste, Europa bürgernäher zu gestalten. Daher wurde in der Folgezeit verstärkt versucht, originär bürgerschaftliche Mitwirkungsmöglichkeiten zu nutzen und zu schaffen. In diesem Zusammenhang sind „Zivilgesellschaft" und „zivilgesellschaftliche Partizipation" oft bemühte Schlagworte geworden; es entsteht beinahe der Eindruck, dass sie als Allheilmittel für sämtliche Probleme der EU, insbesondere aber für das oft kritisierte demokratische Defizit benutzt werden sollen. Gleichzeitig scheint das mit „Zivilgesellschaft" bezeichnete Konzept nur selten klar umrissen zu sein, vielmehr löst der Begriff vielfältige, vorrangig positive Assoziationen aus. Dies hat auch damit zu tun, dass er auf eine jahrtausendealte Tradition zurück blicken kann, in deren Verlauf er in verschiedensten Kontexten gebraucht wurde und vielfältige Bedeutungsverschiebungen erfahren hat. Tatsächlich ist es schon eine Herausforderung, die Bedeutungsgeschichte einzugrenzen, und darüber hinaus für den europäischen Kontext brauchbar zu machen. Die vorliegende Arbeit möchte sich dieser Aufgabe stellen und umreißt zunächst dessen Begriffsgeschichte. Sodann wird untersucht, wie sich das Konzept „Zivilgesellschaft" in der europäischen Integration bereits niedergeschlagen hat, und wie es darüber hinaus noch stärker hierfür nutzbar gemacht werden kann. Dabei wird schwerpunktmäßig das europäische Rechtsetzungsverfahren betrachtet, denn hier greift die EU am stärksten in die Lebensbereiche der einzelnen Bürgerinnen und Bürger ein, und hier stellt sich die Frage nach der demokratischen Legitimation mit der größten Dringlichkeit.

Vorweg lässt sich sagen, dass unterschiedliche institutionalisierte Formen der Mitwirkung zivilgesellschaftlicher Akteure an Rechtsetzungsverfahren im europäischen Primärrecht existieren. Eine besonders weitgehende Einbindung findet im Bereich des sogenannten „Sozialen Dialogs" statt, der sich mit arbeits- und sozialrechtlichen Themen beschäftigt. Parallel dazu haben sich stetig Elemente eines themenübergreifenden „Zivilen Dialogs" entwickelt. Diese Entwicklung, die sich in zahlreichen Unionsdokumenten abzeichnete, fand mit dem Vertrag von Lissabon Eingang ins Primärrecht. Die vorliegende Arbeit will auch Perspektiven aufzeigen, wie die neuen Vertragsregelungen in Zukunft mit Leben gefüllt und für eine bessere Akzeptanz der europäischen Integration genutzt

---

2 http://ec.europa.eu/public_opinion/index_en.htm [letzter Zugriff: 03.06.2013].

werden können. Dazu bedient sich die Arbeit eines Vergleichs zwischen den bekannten, etablierten Mechanismen zivilgesellschaftlicher Mitwirkung und den neuen Regelungen. Besondere Berücksichtigung findet der Aspekt der demokratischen Legitimation.

Kapitel 1: Zivilgesellschaft – Geschichte und Definition

Der schillernde Begriff der Zivilgesellschaft lässt sich nur schwer vollständig erfassen. Seine Ambiguität resultiert einerseits aus Bedeutungsverschiebungen, die er im Laufe der Geschichte erfahren hat, andererseits aus den unterschiedlichen Funktionen, die ihm zugeschrieben wurden. So wird der Versuch, „Zivilgesellschaft" zu definieren, auch mit demjenigen verglichen, einen „Pudding an die Wand zu nageln"[3].

Die vorliegende Arbeit möchte Möglichkeiten und Grenzen der Beteiligung zivilgesellschaftlicher Akteure in der europäischen Rechtsetzung aufzeigen. Im Folgenden wird eine Analyse des historischen Bedeutungswandels des Begriffs durchgeführt, um danach seine konkrete Ausgestaltung in der europäischen Gegenwart zu untersuchen. Eine Eingrenzung soll bereits an dieser Stelle getroffen werden: Die vorliegende Arbeit betrachtet nicht einzelne Bürgerinnen und Bürger als Elemente der Zivilgesellschaft, sondern erfasst deren Zusammenschlüsse zu zivilgesellschaftlichen Organisationen. Zur Verdeutlichung wird meist von der „organisierten Zivilgesellschaft" gesprochen.

A. Historische Entwicklung

Gegenwärtig gewinnt man den Eindruck, dass es sich bei „Zivilgesellschaft" oder „Bürgergesellschaft" um ein Modewort handelt,[4] das gelegentlich ohne konkrete inhaltliche Aussage gebraucht wird. Wer den Begriff verwendet, muss aber wissen, dass er sich damit „auf den schwankenden Boden einer jahrtausendalten Tradition"[5] begibt. Erstmals dokumentiert ist die Verwendung des griechischen Terminus *koinonía politike* bei Aristoteles; in der lateinischen Übersetzung wurde daraus die *societas civilis*.[6]

---

3 *Brumlik*, Was heißt „Zivile Gesellschaft"? – Versuch, den Pudding an die Wand zu nageln, in: Blätter für deutsche und internationale Politik, 1991, S. 987.

4 Vgl. auch *Schmidt*, Zivilgesellschaft: bürgerschaftliches Engagement von der Antike zur Gegenwart, 2007, S. 11.

5 *Koselleck*, Drei bürgerliche Welten?, in: Michalski (Hrsg.): Europa und die Civil Society, 1991, S. 118.

6 *Riedel*, in: Ritter (Hrsg.): Historisches Wörterbuch der Philosophie, Band 3, 1974, zu „Gesellschaft, bürgerliche", S. 468.

I. Antike

Aristoteles (384–322 v. Chr.) sieht den antiken Staat (*polis*) und die Zivilgesellschaft (*koinonía politike*) als Einheit, in der Regierende und Regierte zusammen fallen.[7] In seinen Worten lautet dies: „Der gute Bürger muss (...) in der Lage sein, sich beherrschen zu lassen und zu herrschen; und die Fähigkeit eines Bürgers besteht darin, nach diesen beiden Seiten hin die Herrschaft, die über Freie ausgeübt wird, ausüben zu können."[8] Die *koinonía politike* ist eine politische Gemeinschaft, in der sich die Bürger zum Zweck des tugendhaften und glücklichen Lebens zusammenschließen.[9] Während die Begriffe Staat und Zivilgesellschaft synonym verwendet werden, wird die *koinonía politike* gegen den *oikos* abgegrenzt, die häusliche Sphäre, die primär als Ort der wirtschaftlichen Versorgung charakterisiert wird.[10] Unter Bürgern im Sinne der antiken *polis* werden die männlichen Besitzbürger verstanden, Freie minderen Rechts (Frauen), Noch-nicht-Freie (Kinder) und Unfreie (Sklaven) sind nicht einbezogen. Diese diskriminierende Begriffsverwendung wird bis heute von einigen dem Konzept der Zivilgesellschaft entgegen gehalten.[11]

Cicero (106–42 v. Chr.) übersetzte den Begriff der *koinonía politike* mit *societas civilis*,[12] diesem wird in der römischen Philosophie aber längst nicht der systematische Stellenwert zugesprochen wie in der griechischen Antike.[13]

II. Mittelalter

Mit der Ausbreitung des Christentums beginnt sich der Sinngehalt von „Zivilgesellschaft" zu verändern. ***Thomas von Aquin*** (1225–1274) entwickelt auf der Grundlage der Lehren Aristoteles' eine umfassende christliche Philosophie.

---

7 *Schade*, „Zivilgesellschaft" – eine vielschichtige Debatte, INEF Report, 2002, S. 17.

8 *Aristoteles*, Politik, Buch III, Kapitel 4, Rn. 1277 b 13–17, Werke in deutscher Übersetzung, 1991, S. 56.

9 *Kneer*, Zivilgesellschaft, in: Kneer/Nassehi/Schroer (Hrsg.), Soziologische Gesellschaftsbegriffe, 2000, S. 228 (229 f.).

10 *Adloff*, Zivilgesellschaft, 2005, S. 17; *Kneer*, Zivilgesellschaft, in: Kneer/Nassehi/Schroer (Hrsg.), Soziologische Gesellschaftsbegriffe, 2000, S. 230.

11 Vgl. etwa *Vogel*, Das Geschlechterverhältnis in der Europäischen Bürgergesellschaft, in: Mandt (Hrsg.), Die Zukunft der Bürgergesellschaft in Europa, 1994, S. 59–70; m.w.N. *Young*, Unparteilichkeit und bürgerliche Öffentlichkeit. Implikationen feministischer Kritik an Theorien der Moral und der Politik, in: vd Brink/v Reijen (Hrsg.), Bürgergesellschaft, Recht und Demokratie, 1995, S. 245–280.

12 *Riedel*, Aristotelismus und Humanismus, ZphF 1973, S. 367 (374).

13 *Adloff*, Zivilgesellschaft, 2005, S. 18.

Auch er verwendet Zivilgesellschaft und Staat als synonyme Begriffe (*societas civilis sive res publica*), stellt ihnen aber eine göttliche Gemeinschaft (*communitas divina*) gegenüber.[14] Gleichzeitig haben sich die gesellschaftlichen Parameter gewandelt: Im Gegensatz zur griechischen *polis* ist die Zivilgesellschaft weniger homogen, sondern besteht aus einer Vielzahl politischer Herrschaftsverbände. Auf der einen Seite stehen die Könige und Fürsten, auf der anderen Seite bilden sich privilegierte Korporationen (Ritter, Klerus, Stände) heraus.[15] Bei Thomas sind Herrscher und Vasallen, Dörfer, Städte, Stände etc. Elemente der *societas civilis*.[16] In ähnlicher Weise wendet ***Leonardo Bruni*** (1369–1444) den Begriff auf alle gesellschaftlichen Einheiten an, die über ein gewisses Maß an Souveränität verfügen.

III. Neuzeit

Die Entwicklung vom traditionellen hin zum modernen Zivilgesellschaftsbegriff vollzieht sich mit der Entstehung absolutistischer Regime in Europa.[17] Alle öffentliche Gewalt wird nun zentral in der Hand des Souveräns zusammengefasst,[18] so dass die früher an der Herrschaft partizipierenden Verbände (Gilden, Zünfte etc.) entpolitisiert werden und die privilegierten Stände (Adel und Klerus) ihre Vorrechte verlieren.[19] Damit entsteht auch die Dualität zwischen herrschendem Staat und nicht-politischer Gesellschaft.[20]

Thomas Hobbes (1588–1679) legt seinem Werk ein pessimistisches Menschenbild zu Grunde: Im Naturzustand sei der *homo homini lupus*, und es herrsche ein *bellum omnium contra omnes*. Um diesen anarchischen *status naturalis* zu überwinden und persönliche Sicherheit zu gewinnen, schließen die Menschen untereinander einen Gesellschaftsvertrag, in dem sie sich freiwillig einem Souverän unterwerfen.[21] Das bedeute den Übergang zum *status civilis*, in dem

---

14 *Coing*, Grundzüge der Rechtsphilosophie, 1993, S. 24.

15 *Leuschner/Boockmann*, Europa im Hoch- und Spätmittelalter, in: Elze/Repgen, (Hrsg.), Studienbuch Geschichte, 1982, S. 59.

16 *Adloff*, Zivilgesellschaft, 2005, S. 19.

17 *Cohen/Arato*, Civil Society and Political Theory, 1992, S. 86; *Schade*, „Zivilgesellschaft" – eine vielschichtige Debatte, INEF-Report, 2002, S. 10.

18 *Mieck*, Europäische Geschichte der frühen Neuzeit, 1998, S. 21.

19 *Adloff*, Zivilgesellschaft, 2005, S. 21.

20 *Schade*, „Zivilgesellschaft" – eine vielschichtige Debatte, INEF-Report, 2002, S. 10.

21 *Hobbes*, Leviathan, 2. Teil, 17. Kapitel, Nachdruck, 1998, S. 155, vgl. auch *Mieck*, Europäische Geschichte der frühen Neuzeit, 1998, S. 171.

alle Bürger dem Souverän als Untertanen gegenüber stehen.[22] Der Mensch als solcher kann also erst durch Unterwerfung unter einen Souverän einen *status civilis* erreichen, der den Gegenbegriff zum *status naturalis* darstellt.

Mit der Aufklärung im 17. Jahrhundert findet eine grundlegende Veränderung des Denkens von theologischen Kategorien weg, hin zu einer Säkularisierung und Betonung der Vernunft statt.[23] Die absolute Monarchie sieht sich mit dem Anspruch der Aufklärung konfrontiert, „Struktur, Gewalt und Tätigkeit des Staates neu zu definieren“[24]. ***John Locke*** (1632–1704) befindet: “Hence it is evident, that Absolute Monarchy (…) is (…) inconsistent with Civil Society, and so can be no Form of Civil Government at all.”[25] Der Übergang vom Naturzustand zu einer *civil society* sei dadurch gekennzeichnet, dass die Bürger zur Wahrung der ihnen kraft Naturgesetzes zustehenden Rechte – Leben, Freiheit und Eigentum – einen Regierenden als „Treuhänder“ einsetzen. Werden ihre Rechte nicht geschützt, seien die Untertanen zum Widerstand gegen die Regierenden berechtigt. Damit entwickelt Locke das Modell einer beschränkten Monarchie, in der das Volk seine unveräußerlichen Rechte der souveränen Gewalt nur widerruflich delegiert hat.[26] Die besondere Bedeutung von Lockes Gesellschaftstheorie zeigt sich auch darin, dass der zeitgenössische Politologe ***Charles Taylor*** die Entwicklung des Zivilgesellschaftskonzepts entlang einer „Locke-Linie“ („L-Linie“) einerseits, einer „Montesquieu-Linie“ („M-Linie“) andererseits interpretiert.[27]

Charles-Louis de Secondat, Baron de la Brède et de Montesquieu (1689–1755) spielt in der Entwicklung der Zivilgesellschaftsdebatte insofern eine entscheidende Rolle, als er die Bedeutung intermediärer Institutionen (*corps intermédiaires*) betont, die als Mittler zwischen Volk und (monarchischer) Regierung agieren. Die Bürger sollen sich zu diesen unabhängigen Körperschaften zusammenschließen und so den absolutistischen Herrscher daran hindern, despotisch zu regieren.[28] Die Zugehörigkeit zu solchen Gruppen beschränke sich allerdings auf Adlige.

---

22 *Hobbes*, Leviathan, 2. Teil, 18. Kapitel, Nachdruck, 1998, S. 156 f.; dazu *Adloff*, Zivilgesellschaft, 2005, S. 21; *Schramm*, Einführung in die Rechtsphilosophie, 1982, S. 44.

23 Vgl. etwa *Mieck*, Europäische Geschichte der frühen Neuzeit, 1998, S. 200.

24 *Mieck*, Europäische Geschichte der frühen Neuzeit, 1998, S. 202.

25 *Locke*, Two Treatises of Government, The Second Treatise, Chapter VII, Of Political or Civil Society, § 90, critial ed., 2003, S. 345.

26 *Mieck*, Europäische Geschichte der frühen Neuzheit, 1998, S. 220.

27 Vgl. *Taylor*, Die Beschwörung der Civil Society, in: Michalski (Hrsg.), Europa und die Civil Society, 1991, S. 52 (64 ff).

28 *Adloff*, Zivilgesellschaft, 2005, S. 26.

Während in der Antike also der Gegensatz zwischen *civilis* und *oeconomicus* betont wurde, kommt es im 17. und 18. Jahrhundert zur Gegenüberstellung von *civilis* und *naturalis*. Begrifflich drückt sich dies auch darin aus, dass *civil society* im Englischen zu *civilized society, société civile* im Französischen zu *société civilisée* wird.[29]

Einen explizit negativen Beigeschmack erhält der Begriff der Zivil- oder bürgerlichen Gesellschaft bei ***Jean-Jacques Rousseau*** (1712–1778): „Der erste, der ein Stück Feld eingezäunt hatte und es sich einfallen ließ zu sagen: *dies ist mein* (...) war der wahre Gründer der bürgerlichen Gesellschaft gewesen. Wie viele Verbrechen, Kriege, Morde, wie viel Not und Elend und wie viele Schrecken hätte derjenige dem Menschengeschlecht erspart, der die Pfähle herausgerissen (...) hätte"[30]. Durch den Übergang vom Naturzustand zur Vergesellschaftung trete der Mensch in einen Zustand ein, der von Entfremdung und gegenseitiger Abgrenzung geprägt sei.[31] Rousseau verurteilt nicht die Vergesellschaftung des Menschen als solche, sondern die konkrete Ausgestaltung der bürgerlichen Gesellschaft, in der Einzelne kraft ihrer Eigentumsrechte privilegiert seien und politisch-wirtschaftlich stärkeren Einfluss nehmen können.[32] Für die Schaffung und Aufrechterhaltung eines gerechten Staatskörpers sei aber die aktive Partizipation aller Bürger essentiell: „Sobald der Dienst am Staat aufhört, die hauptsächlichste Angelegenheit der Bürger zu sein, und diese vorziehen, mit der Geldbörse statt mit ihrer Person zu dienen, ist der Staat seinem Zerfall schon nahe."[33]

Im scharfen Gegensatz dazu sieht ***Immanuel Kant*** (1724–1804) eine universalistische Zivilgesellschaft (*societas civilis*) unter der Herrschaft des Rechts, insbesondere der Menschenrechte, als idealen Zustand und Ziel der menschlichen Entwicklung an.[34] Staatsbürger (*cives*) sind für Kant nur die ökonomisch Unabhängigen, „der Geselle bei einem Kaufmann oder bei einem Handwerker;

---

29 *Riedel* in: Ritter (Hrsg.), Historisches Wörterbuch der Philosophie, Band 3, 1993, zu „Gesellschaft, bürgerliche".

30 *Rousseau,* Diskurs über die Ungleichheit, 2. Teil, editiert, übersetzt und kommentiert von Meier, 2001, S. 164.

31 M.w.N. *Schmidt,* Zivilgesellschaft: bürgerschaftliches Engagement von der Antike zur Gegenwart, 2007, S. 84.

32 Vgl. *Schramm,* Einführung in die Rechtsphilosophie, 1982, S. 47.

33 *Rousseau,* Vom Gesellschaftsvertrag oder Grundsätze des Staatsrechts, Buch III, Kapitel 15, Nachdruck, 2004, S. 102.

34 *Adloff,* Zivilgesellschaft, 2005, S. 30; *Kant,* Band 6, Metaphysik der Sitten, Teil 2, Rechtslehre, 1. Abschn., § 46, S. 314.

der Dienstbote (...), der Unmündige (...), alles Frauenzimmer, und überhaupt jedermann, der (...) nach der Verfügung anderer (...) genötigt ist, seine Existenz (Nahrung und Schutz) zu erhalten, entbehrt der bürgerlichen Persönlichkeit"[35]. Intermediäre Gewalten wie Körperschaften und Stände lehnt Kant ab und fordert ihre Auflösung.[36]

Die schottischen Aufklärer ***Adam Smith*** (1723–1790) und ***Adam Ferguson*** (1723–1816) betonen die Rolle ökonomischer Prozesse in der Zivilgesellschaft und reflektieren so die Auswirkungen der frühen Industrialisierung auf die Sozialisierung der Menschen.[37]

Mit der Französischen Revolution beginnt 1789 eine neue Epoche der Weltgeschichte.[38] Bisher haben sich Klerus und Adel die politische Macht geteilt; obwohl das Bürgertum wirtschaftlich erstarkt war, waren Bürger und Bauern an der Ausübung der politischen Macht nicht beteiligt. Am 26. August 1789 wird die *Déclaration des droits de l'homme et du citoyen* verkündet, die nicht nur den Übergang von der Neuzeit zur Moderne dokumentiert, sondern auch die Wende von der „alten" zur modernen bürgerlichen Gesellschaft. Abgeschafft werden die partikular-gesellschaftlichen Institutionen, welche die bürgerliche Gesellschaft in den Rechten und Freiheiten der Provinzen, Städte, Gemeinden und Stände besaß. Die bürgerliche oder Zivilgesellschaft soll nicht mehr aus korporativständisch berechtigten Bürgern, sondern aus der Gesamtheit der freien und gleichen, unter der souveränen Staatsgewalt vereinigten Staatsbürger (*citoyens*) bestehen.[39] Gleichzeitig bildet sich eine Fülle von neuen Assoziationen, die anfangs vor allem zur gegenseitigen wirtschaftlichen Förderung gegründet wurden, sich seit den 1840er Jahren aber zunehmend in politisch-wirtschaftliche *pressure groups* verwandelten. Beispiele sind die überregionalen Zusammenschlüsse der Freihändler und der Schutzzöllner sowie der Eisenbahngesellschaften in Deutschland und Frankreich.[40]

---

35 *Kant*, Band 6, Metaphysik der Sitten, Teil 2, 1914, Rechtslehre, 1. Abschn., § 46, S. 314.

36 *Adloff*, Zivilgesellschaft, 2005, S. 30.

37 M.w.N. *Schade*, „Zivilgesellschaft" – eine vielschichtige Debatte, INEF-Report, 2002, S. 12.

38 Vgl. *Geiss*, Geschichte im Überblick, 2006, S. 329.

39 *Riedel*, in: Ritter (Hrsg.), Historisches Wörterbuch der Philosophie, Band 3, 1974, zu „Gesellschaft, bürgerliche", S. 470 f.

40 *Bergeron*, Das Zeitalter der europäischen Revolution, 1998, S. 311.

IV. Moderne

Bedeutung für den Begriff der Zivilgesellschaft haben auch ***Georg Wilhelm Friederich Hegels*** (1770–1831) „Grundlinien der Philosophie des Rechts"[41]. Die Grundidee Hegels ist es, dass nicht nur geistige Prozesse – wie etwa Diskussionen – dialektischen Bewegungen folgen, sondern ebenso der „Gang des Geistes durch die Geschichte"[42], also der Ablauf der Weltgeschichte.[43] Dialektische Bewegungen lassen sich schematisch durch das Aufeinanderfolgen von These, Antithese und Synthese beschreiben. Mit Hegel lässt sich sagen, dass die bürgerliche Gesellschaft die Antithese zum Bereich der Familie darstellt, und die Synthese beider durch den Staat konstituiert wird: „der Geist, der sich selbst in die zwei ideellen Sphären seines Begriffs, die Familie und die bürgerliche Gesellschaft, als in seine Endlichkeit scheidet, um aus ihrer Idealität für sich unendlicher wirklicher Geist zu sein."[44] Die Sphäre der bürgerlichen Gesellschaft gliedert Hegel in drei Unterbereiche: das ökonomische „System der Bedürfnisse", die „Rechtspflege" und den Bereich der „Polizei und Korporationen". Die Beschäftigung mit Korporationen stellt einen zentralen Aspekt der Zivilgesellschaftskonzeption Hegels dar.[45] Hier vertritt er einen modern anmutenden Ansatz und betont, dass die Vereinigungen offen für Zu- und Abgänge sein sollen und die Mitgliedschaft in ihnen auf Freiwilligkeit beruhen müsse. Als Beispiele nennt er Wirtschaftsverbände, die sich aus Arbeitgeber- und Arbeitnehmervertretern zusammensetzen, Bildungseinrichtungen, Kirchen und lokale Gemeinderäte.[46] Diesen Korporationen schreibt Hegel eine entscheidende politische Rolle als Vermittler zwischen Individuum und Staat zu. Sie sollen in ständische Vertretungen einmünden, die beratend an der Legislative des Staates partizipieren, so dass der private Bürger in einem Ständestaat mit Gewaltenteilung und konstitutioneller Monarchie politische Bedeutung erlange.[47] Hegel weist auch auf das dialektische Verhältnis

---

41 *Hegel*, Grundlinien der Philosophie des Rechts oder Naturrecht und Staatswissenschaft im Grundrisse, 1986.

42 Vgl. *Adomeit*, Rechts- und Staatsphilosophie, Band 2: Rechtsdenker der Neuzeit, 2002, S. 110.

43 Vgl. etwa *Adomeit*, Rechts- und Staatsphilosophie, Band 2: Rechtsdenker der Neuzeit, 2002, S. 110.

44 *Hegel*, Grundlinien der Philosophie des Rechts oder Naturrecht und Staatswissenschaft im Grundrisse, 1986, § 262, S. 410.

45 *Adloff*, Zivilgesellschaft, 2005, S. 33.

46 *Cohen/Arato*, Civil Society and Political Theory, 1992, S. 106 ff.

47 *Adloff*, Zivilgesellschaft, 2005, S. 33.

von Überfluss und Armut hin,[48] das die Rezeption des Begriffs der bürgerlichen oder Zivilgesellschaft im 19. Jahrhundert bestimme: Während ökonomischer Fortschritt und Industrialisierung in Teilen der Gesellschaft zu immer größerem Reichtum führen, sei gleichzeitig das „Herabsinken einer großen Masse unter das Maß einer gewissen Subsistenzweise“[49] zu beobachten.

Karl Heinrich Marx (1818–1883) knüpft an das dialektische System Hegels an, kehrt dessen Grundannahme der Geschichte als Selbstbewegung des Geistes aber um: „Es ist nicht das Bewusstsein der Menschen, das ihr Sein, sondern umgekehrt ihr gesellschaftliches Sein, das ihr Bewusstsein bestimmt.“[50] Marx strukturiert die Geschichte der Menschheit nach der Abfolge ihrer ökonomischen Systeme, in der abendländischen Geschichte zunächst das antike, dann das feudale und schließlich das bürgerliche System. Das bürgerliche System oder die bürgerliche Gesellschaft (in der englischen Übersetzung *civil society*) bezeichne die auf Privateigentum an Produktionsmitteln beruhende Wirtschafts- und Gesellschaftsform des 18. und 19. Jahrhunderts.[51] Diese Gesellschaft der *bourgeois*-Bürger, die die Arbeiterklasse ausschließe,[52] stellt für Marx und auch für ***Friedrich Engels*** (1820–1895) ein System der Ausbeutung dar, das es auf dem Weg zur politischen und ökonomischen Emanzipation der Menschen im Sozialismus und schließlich im Kommunismus zu überwinden gelte.[53] „Bürgerliche Gesellschaft“ wird zu einem ideologisch besetzten Begriff, der vom klassischen Verständnis der *societas civilis* weitgehend losgelöst ist.[54] Gleichzeitig entwickeln auch die marxistisch-sozialistischen Denkströmungen Konzepte, die in ihrer Wertschätzung klassischer bürgerlicher Tugenden wie Eigenverantwortung, autonomen Handelns und (staats-) bürgerschaftlichen Engagements große Ähnlichkeit mit der klassischen Konzeption von bürgerlicher Gesellschaft aufweisen.[55]

---

48 *Schmidt*, Zivilgesellschaft: bürgerschaftliches Engagement von der Antike zur Gegenwart, 2007, S. 145.

49 *Hegel*, Grundlinien der Philosophie des Rechts, 1986, § 243, S. 389.

50 *Marx*, Zur Kritik der politischen Ökonomie, 1859, Vorwort, in: Marx/Engels, Werke, Band 13, 1961, S. 9.

51 *Adloff*, Zivilgesellschaft, 2005, S. 37; *Staff*, Lehren vom Staat, 1981, S. 218.

52 *Riedel*, in: Ritter (Hrsg.), Historisches Wörterbuch der Philosophie, Band 3, 1974, zu „Gesellschaft, bürgerliche“, S. 472.

53 *Coing*, Grundzüge der Rechtsphilosophie, 1993, S. 54.

54 *Adloff*, Zivilgesellschaft, 2005, S. 36.

55 *Schmidt*, Zivilgesellschaft: bürgerschaftliches Engagement von der Antike zur Gegenwart, 2007, S. 25.

In seinem Werk „De la démocratie en Amérique" beschreibt ***Alexis de Toqueville*** (1805–1859) den Zusammenhang zwischen Zivilgesellschaft und Demokratie in den Vereinigten Staaten von Amerika. Er betont vor allem die Bedeutung von Korporationen und Assoziationen: „Amerikaner jeden Alters, jeden Ranges, jeder Geistesrichtung schließen sich fortwährend zusammen."[56] Tocqueville hält die durch gemeinsames öffentliches Leben charakterisierte politische Kultur Amerikas für essentiell zur Erhaltung der Demokratie.[57] Den Unterbau einer Demokratie stellen die freien Assoziationen und Vereine dar, die die Zivilgesellschaft konstituierten. Angesprochen eien damit nicht nur politische Vereinigungen im engeren Sinne (*associations politiques*), auch rein gesellige Vereine spielen für die Demokratiefähigkeit der Bürgerinnen und Bürger eine wichtige Rolle.[58]

An die marxistische Philosophie knüpft ***Antonio Gramsci*** (1891–1937) an und übernimmt das Bild einer Gesellschaft, die sich in Basis und Überbau gliedert. Marx zufolge umfasst die „Basis" die Gesamtheit der Produktionsprozesse (die Rechtsbeziehungen der am Produktionsprozess beteiligten Menschen zu den Rohstoffen, Arbeitsgeräten und Arbeitsprodukten), der „Überbau" dagegen die rechtliche und politische Ordnung eines Gemeinwesens (insbesondere Kunst, Kultur, Moral, Philosophie und Religion).[59] Während jener die bürgerliche Gesellschaft als Teil der wirtschaftlichen Basis begreift, verortet Gramsci sie im Überbau: „Bisher lassen sich zwei große „Ebenen" als Überbau festlegen; diejenige, die man Ebene der „bürgerlichen Gesellschaft" nennen kann, nämlich die Gesamtheit der umgangssprachlich als „privat" bezeichneten Organismen, und die zweite Ebene, die der „politischen Gesellschaft oder des Staates"[60]. Die „als privat bezeichneten Organismen" seien alle nicht direkt von der Staatsgewalt abhängigen oder verwalteten Institutionen wie Schulen, Universitäten, Massenmedien, Kirchen, Vereine und Verbände.[61] Sie stützen und verankern die

56 *Tocqueville*, Über die Demokratie in Amerika, 2. Band, 1985, S. 248; vgl. auch *Aron*, Hauptströmungen soziologischen Denkens, 1971, S. 210.

57 *Schmidt*, Zivilgesellschaft: bürgerschaftliches Engagement von der Antike zur Gegenwart 2007, S. 38.

58 *Schmidt*, Zivilgesellschaft: bürgerschaftliches Engagement von der Antike zur Gegenwart, 2007, S. 40.

59 *Löw*, Die Lehre des Karl Marx, 1989, S. 82.

60 *Gramsci*, Die Herausbildung der Intellektuellen, in: Gramsci, Zu Politik, Geschichte und Kultur, 1980, S. 222 (228).

61 *Adloff*, Zivilgesellschaft, 2005, S. 42; *Votsos*, Der Begriff der Zivilgesellschaft bei Antonio Gramsci, 2001, S. 91.

kapitalistische Ideologie in der Bevölkerung und stellten somit ein weiteres Mittel der herrschenden Klasse dar, ihre Hegemonie im gesellschaftlichen Bereich aufrecht zu erhalten.[62] Gramsci benutzt den Terminus „bürgerliche Gesellschaft" also nicht im gleichen Sinne wie Marx als Bezeichnung der Gesellschaftsformation. Er verwendet die Begriffe „bürgerliche Gesellschaft (*società civile*)" und „politische Gesellschaft (*società politica*)" im Rahmen seines Hegemoniekonzepts.[63] Ihm zufolge ist die Zivilgesellschaft eine weitere Sphäre, in der der Klassenkampf ausgetragen werde. Dabei trifft er eine grundlegende Unterscheidung zwischen Zivilgesellschaft und Staat: Die Zivilgesellschaft wird als autonomer Raum nicht-staatlicher Organisationen definiert.[64]

V. Fazit

Der Begriff der bürgerlichen Gesellschaft oder Zivilgesellschaft hat seit seiner ersten Verwendung in der Antike einen starken Bedeutungswandel erlebt. Als zentrales Thema aller Konzeptionen lässt sich aber die Bestimmung des Verhältnisses zum Staat in einer politischen Ordnung identifizieren: In der Antike fallen beide Begriffe zusammen und werden synonym verwendet. Auch im Mittelalter steht die Zivilgesellschaft mit dem Recht auf Teilhabe an der Macht in Verbindung, sie differenziert sich aber in eine Vielzahl politischer Herrschaftsverbände. Mit dem Absolutismus tritt ein neuer Aspekt hinzu: Die „zivile" Gesellschaft wird derjenigen im „Naturzustand" entgegen gesetzt, „zivil" wird zum Synonym für „zivilisiert". Auch im Zeitalter der Aufklärung bleibt dieses Gegensatzpaar vorherrschend. Gleichzeitig entwickelt sich zunächst inhaltlich, dann auch terminologisch eine Dichotomie von Staat und Zivilgesellschaft. Der Staat wird mehrheitlich als Garant von (Bürger-) Rechten betrachtet, gleichzeitig werden aber auch Schutz und Widerstand der Bürger gegenüber einem despotischen Staat thematisiert. Immer stärker ins Blickfeld rücken freie Zusammenschlüsse, deren Rolle kontrovers beurteilt wird. Solche Ambivalenzen sind charakteristisch für den zivilgesellschaftlichen Diskurs.

Mit der Industrialisierung und dem Aufbruch in das Zeitalter der Moderne verstärkt sich Kritik an der Konzeption von Zivil- oder bürgerlicher Gesellschaft, die als ein System der Ausbeutung in ökonomischer wie in kultureller Hinsicht betrachtet wird, das es im Verlauf der Weltgeschichte zu überwinden

62 *Adloff*, Zivilgesellschaft, 2005, S. 42.

63 *Gramsci*, Die Herausbildung der Intellektuellen, in: Gramsci, Zu Politik, Geschichte und Kultur, 1980, S. 222 (228, Fn. 172).

64 *Adloff*, Zivilgesellschaft, 2005, S. 44.

gelte. Während der deutsche Begriff der „Zivilgesellschaft" somit immer auch Assoziationen zum modernen Kapitalismus weckt, hat sich im angelsächsischen Raum stärker die Vorstellung von *civil society* als Selbstorganisation freier und gleicher Bürger bewahrt.[65]

B. Zivilgesellschaft im 20. und 21. Jahrhundert

Seit der zweiten Hälfte des 20. Jahrhunderts erlebt der Begriff der Zivilgesellschaft eine Art Renaissance. Er spielt einmal eine wichtige Rolle im Zusammenhang mit den demokratischen Umwälzungen ehemals kommunistischer Herrschaftssysteme in Mittel- und Osteuropa, sowie dem Abbau totalitärer Staatssysteme in lateinamerikanischen Gesellschaften.[66] In Westeuropa und in den Vereinigten Staaten stellt sich vor allem die Frage, ob der Gemeinsinn der Bürgerinnen und Bürger und damit die in einer Gemeinschaft notwendigen sozialen Bindungen durch verstärkte Einbeziehung zivilgesellschaftlicher Akteure in politische Handlungsprozesse gestärkt werden können.[67] Vor allem seit Beginn des 21. Jahrhunderts wird der Zivilgesellschaftsbegriff nicht nur von politischen Akteuren und den Medien, sondern auch in der Wissenschaft zunehmend als Konzept reflektiert, mit dem sozialen und politischen Problemlagen in westlichen etablierten Demokratien begegnet werden soll.[68] Die Formel einer zivilgesellschaftlichen Erneuerung der Politik[69] wird auf nationaler und internationaler Ebene verwendet, um einem Akzeptanzverlust der Regierungen bei

---

65 *Kneer*, Zivilgesellschaft, in: Kneer/Nassehi/Schroer (Hrsg.), Soziologische Gesellschaftsbegriffe, 2000, S. S. 228 (234); *Schmidt*, Zivilgesellschaft: bürgerschaftliches Engagement von der Antike zur Gegenwart, 2007, S. 27.

66 *Schäfer*, Verfassung, Zivilgesellschaft und Europäische Integration, 2002, S. 23; *Schmidt*, Zivilgesellschaft: bürgerschaftliches Engagement von der Antike zur Gegenwart, 2007, S. 27; WSA, Die Rolle und der Beitrag der organisierten Zivilgesellschaft zum europäischen Einigungswerk, ABl. Nr. C 329, v. 17.11.1999, S. 30.

67 Vgl. WSA, Die Rolle und der Beitrag der organisierten Zivilgesellschaft zum europäischen Einigungswerk, ABl. Nr. C 329, v. 17.11.1999, S. 30.

68 *Schade*, „Zivilgesellschaft" – eine vielschichtige Debatte, INEF-Report, 2002, S. 18; *Schmidt*, Zivilgesellschaft: bürgerschaftliches Engagment von der Antike zur Gegenwart, 2007, S. 27.

69 *Schmalz-Bruns*, Reflexive Demokratie, 1995, S. 125; *Dubiel*, Metamorphosen der Zivilgesellschaft I, in: Dubiel: Ungewißheit und Politik, 1994, S. 67 (69); *Kocka*, Die Zivilgesellschaft und die Rolle der Politik. Einführende Bermerkungen zur Session 1 der Expertentagung im Vorlauf zur Regierungskonferenz „Modernes Regieren im 21. Jahrhundert" am 2./3. Juni 2000 in Berlin.

den Bürgerinnen und Bürgern zu begegnen und den Fragmentierungsprozess moderner Gesellschaften aufzufangen.[70] Dieses Bedürfnis besteht am stärksten im internationalen Kontext, wenn es wie bei der Europäischen Union gar darum geht, Einheit und Identifikation neu zu schaffen. Will die EU tatsächlich „nicht nur Staaten koalieren, sondern Menschen vereinigen“[71], muss sie sich den neuen Herausforderungen der Einheits- und Identifikationsstiftung stellen.

I. Gegenwärtige Zivilgesellschaftstheorien

Auch gegenwärtig existieren insbesondere in der Soziologie und in den Politikwissenschaften zahlreiche Theorien zum Begriff „Zivilgesellschaft“. Die Vertreter der verschiedenen Ansätze scheinen sich nur in dem Punkt einig zu sein, dass eine einheitliche Definition von „Zivilgesellschaft“ nicht existiert. Im Folgenden wird der Versuch einer Systematisierung unternommen, indem die gegenwärtige Zivilgesellschaftsdebatte auf die Grundpositionen der liberalen, der kommunitaristischen und der diskurstheoretischen Tradition zurückgeführt wird.[72] Dabei im Blick behalten werden soll das Verhältnis von Zivilgesellschaft, Staat und Wirtschaft: Während Dualitätskonzepte der Zivilgesellschaft (nur) den Staat gegenüberstellen, verorten Triaskonzepte Zivilgesellschaft als „Dritten Sektor“[73] jenseits der Sphären von Staat und Wirtschaft.[74]

1. Liberale Zivilgesellschaft

Die liberale Denktradition betont die individuelle Freiheit des Einzelnen und sieht den Bürger in der Gesellschaft als primär durch seine Rechte und Pflichten definiert an.[75] Nach ***Ralf Dahrendorf*** (1929–2009) umfasst der Bürgerstatus zivile, politische und soziale „Anrechte“, deren möglichst umfassende Durchsetzung

---

70 *Schade*, „Zivilgesellschaft“ – eine vielschichtige Debatte, INEF-Report, 2002, S. 20.

71 *Monnet*, Mémoires. Nous ne coalisons pas des états, nous unissons des hommes, 1976.

72 Vgl. auch *Kneer*, Zivilgesellschaft, in: Kneer/Nassehi/Schroer (Hrsg.), Soziologische Gesellschaftsbegriffe, 2000, S. 228 (237 ff); WSA, Die Rolle und der Beitrag der organisierten Zivilgesellschaft zum europäischen Einigungswerk, ABl. Nr. C 329, v. 17.11.1999, S. 30, Rn. 5.3.

73 Etwa *Zimmer/Sittermann*, Brussels Civil Society – Definition von NGOs und ihre Legitimation zur Mitwirkung in den Politikprozessen der EU, in: Enslen/König/Walz (Hrsg.), Interessenvertretung durch NGOs auf EU-Ebene, 2004, S. 15–42.

74 *Reese-Schäfer*, Politische Theorie heute. Neuere Tendenzen und Entwicklungen, 2000, S. 78.

75 Vgl. WSA, Die Rolle und der Beitrag der organisierten Zivilgesellschaft zum europäischen Einigungswerk, ABl. Nr. C 329, v. 17.11.2007, S. 30.

wesentliches Charakteristikum einer zivilen Gesellschaft sei. Dabei bedürfe es neben der staatlichen Durchsetzung dieser Rechte auch einer pluralen und autonomen Zivilgesellschaft, die diese einfordere.[76] Damit sich die zivile Gesellschaft entfalten könne, bedürfe es außerdem als Rahmenbedingungen der Institutionen von Marktwirtschaft und Demokratie.[77] Diese Sphären seien von der Zivilgesellschaft zu unterscheiden, gleichzeitig aber „von dem zivilgesellschaftlichen Prinzip imprägniert."[78] *Civil societies* sind laut Dahrendorf „gekennzeichnet durch die Existenz autonomer, das heißt nicht staatlich oder in anderer Weise zentral geleiteter Organisationen und Institutionen als Organe des Volkswillens. Politische Parteien und Gewerkschaften gehören hierzu, aber auch Industrieunternehmen und soziale Bewegungen, freie Berufe und autonome Universitäten, freie Kirchen und gemeinnützige Stiftungen."

2. *Kommunitaristische Zivilgesellschaft*

Der kommunitaristische Denkansatz lässt sich als Gegenentwurf zum Liberalismus verstehen, dem er vorwirft, durch die (Über-) Betonung der individuellen Freiheit zu einer „atomisierten Gesellschaft"[79] zu führen. Kommunitaristen stellen dem einen Gesellschaftsentwurf gegenüber, in dem der einzelne Bürger sein Verhalten an den Zielen einer Gemeinschaft, die sich durch selbst gewählte Werte bildet, ausrichtet.[80] Zivilgesellschaften sollen sich in solidarischen Anerkennungsverhältnissen gründen, in denen nicht individuelle (Freiheits-) Rechte, sondern kommunitäre Vorstellungen des Guten Parameter menschlichen Handelns seien.

Charles Taylor (geb. 1931) teilt alle Konzeptionen von Zivilgesellschaft in eine L- und eine M-Linie (nach Locke und Montesquieu)[81] ein. Die L-Linie sei dadurch gekennzeichnet, dass sie Zivilgesellschaft als nicht-staatliche Sphäre aus den Bereichen der Ökonomie und der Öffentlichkeit zusammensetze, und somit

---

76 *Schade*, „Zivilgesellschaft" – eine vielschichtige Debatte, INEF-Report, 2002, S. 26 f.

77 *Schmidt*, Zivilgesellschaft: bürgerschaftliches Engagement von der Antike zur Gegenwart, 2007, S. 254.

78 *Dahrendorf*, Moralität, Institutionen und die Bürgergesellschaft, in: Merkur, 1992, S. 557 (562).

79 Vgl. *Taylor*, Atomismus, in: vd Brink/v Reijen (Hrsg.), Bürgergesellschaft, Recht und Demokratie, 1995, S. 73–106.

80 Vgl. WSA, Die Rolle und der Beitrag der organisierten Zivilgesellschaft zum europäischen Einigungswerk, ABl. Nr. C 329, v. 17.11.2007, S. 30.

81 *Taylor*, Die Beschwörung der Civil Society, in: Michalski (Hrsg.), Europa und die Civil Society, 1991, S. 52 (64 ff.).

schon durch Vorgänge des wirtschaftlichen Warenaustauschs und der argumentativen Auseinandersetzung konstituiert sei.[82] Der M-Linie zufolge rage die Zivilgesellschaft mit ihrer Vielzahl von Vereinigungen und Assoziationen weit in die politische Sphäre hinein und übernehme selbst Aufgaben der politischen Steuerung. Taylor selbst fühlt sich der M-Linie verpflichtet und definiert Zivilgesellschaft als „ein Netz selbständiger, vom Staat unabhängiger Vereinigungen, die die Bürger in gemeinsamen interessierten Dingen miteinander verbanden und die durch ihre bloße Existenz oder Aktivität Auswirkungen auf die Politik haben konnten."[83]

Dem Kommunitarismus nahe steht die *radikaldemokratische* Strömung. Während Kommunitaristen das Aufeinanderbezogensein der Menschen in einer Gemeinschaft betonen, stellen radikaldemokratische Konzeptionen wie die des Autorentrios ***Ulrich Rödel*** (geb. 1943), ***Günter Frankenberg*** (geb. 1945) und ***Helmut Dubiel*** (geb. 1946) die gleichzeitige und direkte Partizipation aller Bürger an der Macht in den Vordergrund. Dieser Ansatz versteht sich als Gegenentwurf zu einer Elitendemokratie, in der Bürger nur als Konsumenten der von Parteien angebotenen Programme erscheinen.[84]

3. *Diskurstheoretische Zivilgesellschaft*

Als vermittelnde Position zwischen Liberalismus und Kommunitarismus lässt sich die Diskurstheorie begreifen, die Kommunikation und Interaktion ins Zentrum ihrer Überlegungen stellt. Ihr zufolge verständigt sich die Zivilgesellschaft in einem demokratischen Diskurs auf gemeinsame Werte, die mit Hilfe der staatlichen Institutionen durchgesetzt würden.[85]

Jürgen Habermas (geb. 1929) vertritt das Modell einer funktionell differenzierten Gesellschaft, die sich in die Bereiche „Lebenswelt" und „System" gliedere. Während „das System" aus Wirtschaft und politischer Administration als funktional verselbstständigten Subsystemen bestehe und primär über Tausch- und Machtmechanismen zusammengehalten werde, umfasse „die Lebenswelt" mit Privatsphäre und Öffentlichkeit jenen Bereich, der über Werte, Normen und

---

82 *Kneer*, Zivilgesellschaft, in: Kneer/Nassehi/Schroer (Hrsg.), Soziologische Gesellschaftsbegriffe, 2000, S. 228 (240).

83 *Taylor*, Die Beschwörung der Civil Society, in: Michalski (Hrsg.), Europa und die Civil Society, 1991, S. 52.

84 *Schade*, „Zivilgesellschaft" – eine vielschichtige Debatte, INEF-Report, 2002, S. 22 f.

85 Vgl. WSA, Die Rolle und der Beitrag der organisierten Zivilgesellschaft zum europäischen Einigungswerk, ABl. Nr. C 329, v. 17.11.2007, S. 30.

sprachliche Verständigungsprozesse sozial integriert sei. Hier sei auch die Zivilgesellschaft einzuordnen, die „sich aus jenen mehr oder weniger spontan entstandenen Vereinigungen, Organisationen und Bewegungen zusammen[setzt], welche die Resonanz, die die gesellschaftlichen Problemlagen in den privaten Lebensbereichen finden, aufnehmen, kondensieren und lautverstärkend an die politische Öffentlichkeit weiter leiten."[86] In Habermas' Gesellschaftsmodell steht sie den Funktionssystemen von Politik und Wirtschaft gegenüber, denn „was heute Zivilgesellschaft heißt, schließt nämlich die privatrechtlich konstituierte (...) Ökonomie nicht mehr, wie noch bei Marx und im Marxismus, ein. Ihren institutionellen Kern bilden vielmehr jene nicht-staatlichen und nicht-ökonomischen Zusammenschlüsse und Assoziationen auf freiwilliger Basis, die die Kommunikationsstrukturen der Öffentlichkeit in der Gesellschaftskomponente der Lebenswirklichkeit verankern."[87]

Auch ***Jean Louise Cohen*** (geb. 1946) und ***Andrew Arato*** (geb. 1944) betonen, dass in modernen Gesellschaftssystemen Zivilgesellschaft nicht nur gegenüber dem Staat, sondern auch gegenüber den Risiken der Marktwirtschaft gestärkt werden müsse.[88]

John Keane (geb. 1949) kritisiert, dass Habermas die innere Homogenität und Kontinuität der bürgerlichen Öffentlichkeit überbewerte[89] und mit „heroischen Idealen"[90] die Öffentlichkeit verkläre. Zivilgesellschaft sei weder die einzig schlagkräftige Waffe gegen autoritäre Regime, noch lasse sie sich bedenkenlos für die Demokratie in Anspruch nehmen.[91]

4. Fazit und Abgrenzungen

Stark komprimiert lässt sich sagen, dass die liberale Tradition die Freiheit des Einzelnen durch Sicherung individueller Bürgerrechte in den Mittelpunkt stellt, der Kommunitarismus die Abhängigkeit des einzelnen von einer Gemeinschaft unterstreicht und die Diskurstheorie den Prozess der Kommunikation akzentuiert. Die entsprechenden Zivilgesellschaftstheorien lassen sich nur begrenzt aus dem größeren ideengeschichtlichen Kontext, in den sie eingebettet sind, lösen. Es

---

86 *Habermas*, Faktizität und Geltung, 1998, S. 443.

87 *Habermas*, Faktizität und Geltung, 1998, S. 443.

88 *Cohen/Arato*, Civil Society and Political Theory, 1992.

89 *Nikolaidis*, Die griechische Community in Deutschland, 2006, S. 227; *Schmidt*, Zivilgesellschaft, 2007, S. 249.

90 *Keane*, Reflections on violence, 1996, S. 45.

91 *Schmidt*, Zivilgesellschaft: bürgerschaftliches Engagement von der Antike zur Gegenwart, 2007, S. 249.

scheint zudem oft einfacher, „zu sagen, was Zivilgesellschaft nicht ist, als umgekehrt den Begriff positiv zu bestimmen."[92]

a. Verhältnis zum Staat

Ein in der gesamten Zivilgesellschaftsdebatte immer wiederkehrendes Thema ist die Abgrenzung zwischen Zivilgesellschaft und Staat. Während in der Antike und im Mittelalter beide Bereiche weitgehend als identisch angesehen wurden, werden sie seit der Moderne separat betrachtet. Die gegenwärtige Debatte betont, dass sie dennoch nicht isoliert nebeneinander stehen, sondern sich gegenseitig beeinflussen. Einerseits bedarf es bestimmter staatlicher (demokratischer) Rahmenbedingungen, damit sich eine zivile Gesellschaft entfalten kann, andererseits kontrolliert und stützt die Zivilgesellschaft ihrerseits staatliche Institutionen. Dem Ansatz, dass die Zivilgesellschaft ihre Kontrollfunktion gegenüber dem Staat mittels institutionalisierter Einbindung wahrnehmen soll, begegnen aber vor allem Vertreter der diskurstheoretischen Denkströmung mit Skepsis. *Habermas* etwa warnt, dass eine Aufhebung der Dichotonomie von Staat und Gesellschaft die Basis der bürgerlichen Gesellschaft zerstören könne.[93] Dagegen stehen Kommunitaristen und insbesondere radikaldemokratische Ansätze einer direkten Einbindung von zivilgesellschaftlichen Akteuren in staatliche Angelegenheiten grundsätzlich positiv gegenüber. Festzuhalten bleibt, dass Staat und Zivilgesellschaft zwar unterschiedliche Sphären darstellen, aber in gegenseitiger Wechselbeziehung stehen.

b. Verhältnis zur Wirtschaft

Nicht einheitlich beurteilt wird die Frage nach dem Verhältnis von Zivilgesellschaft zur Wirtschaft und ihren Akteuren (wie etwa einzelnen Unternehmen, Wirtschafts- und Berufsverbänden, Gewerkschaften). Vertreter einer liberalen Gesellschaftskonzeption schließen wirtschaftliche Akteure ausdrücklich in ihren Zivilgesellschaftsbegriff ein. Vage bleiben dagegen die Kommunitaristen; sie berufen sich auf das Bürgerverständnis von Montesquieu, das sie gegen den Besitzbürger, den sie in der Tradition *Lockes* erkennen, abgrenzen.[94] Daraus lässt sich wohl ableiten, dass ein kommunitaristischer Ansatz Wirtschaftsakteure nicht zur Zivilgesellschaft rechnet. Diskurstheoretiker sprechen sich explizit dagegen aus, wirtschaftliche Akteure in den Zivilgesellschaftsbegriff einzubeziehen.

---

92 *Kneer*, Zivilgesellschaft, in: Kneer/Nassehi/Schroer (Hrsg.), Soziologische Gesellschaftsbegriffe, 2000, S. 228 (234).

93 Vgl. *Nikolaidis*, Die griechische Community in Deutschland, 2006, S. 227.

94 *Schade*, „Zivilgesellschaft" – eine vielschichtige Debatte, INEF-Report, 2002, S. 35.

c. Verhältnis zum Privaten

Seit der Antike hat stets auch die Positionierung der Zivilgesellschaft gegenüber dem Bereich des privaten Lebens eine wichtige Rolle gespielt. Schon Aristoteles grenzte die häusliche Sphäre, den *oikos* gegen die *koinonía politiké* ab, wobei er den *oikos* aber primär als Ort des Wirtschaftens verstand. Im 19. Jahrhundert kommt es dann zur klassisch liberalen Vorstellung, nach der die Sphären Staat, Familie und Ökonomie als völlig voneinander getrennt betrachtet werden. Gegenwärtige (Zivil-) Gesellschaftstheorien basieren wiederum auf eigenen Begrifflichkeiten von Staat und Gesellschaft. *Habermas* als Diskurstheoretiker situiert die Zivilgesellschaft im Zwischenraum von Markt, Staat und Familie und kritisiert, dass die drei letztgenannten zu sehr miteinander verwoben werden. Auch in der liberalen Theorie und unter den Kommunitaristen werden zivilgesellschaftliche Organisationen vom rein privaten Bereich abgegrenzt.

II. Die organisierte Zivilgesellschaft in Europa

Vor dem Hintergrund des immer stärkeren politischen und wirtschaftlichen Zusammenwachsens der europäischen Staaten stellt sich mit zunehmender Dringlichkeit die Frage, wie der oft beklagten Bürgerferne und der mangelnden Identifikation der Menschen mit der EU, wie sie sich deutlich in den ablehnenden Referenden zum Verfassungsvertrag zeigte, begegnet werden kann. Eine Möglichkeit stellt die verstärkte Einbeziehung zivilgesellschaftlicher Akteure dar.

1. Definition

Zivilgesellschaft wurde im Juni 1995 beim Europäischen Rat in Cannes als „Sammelbegriff für alle Formen sozialen Handelns von Einzelnen oder Gruppen, die nicht auf Initiative des Staates zurückgehen und nicht von diesem gelenkt werden“[95], bezeichnet. Die vorliegende Arbeit beschäftigt sich weniger mit der Frage, welche direkten Partizipationsmöglichkeiten den einzelnen Bürgerinnen und Bürgern als Individuen auf europäischer Ebene zukommen, als vielmehr mit der Partizipation zivilgesellschaftlicher Organisationen. In seiner grundlegenden Stellungnahme zum Thema „Die Rolle und der Beitrag der organisierten Zivilgesellschaft zum europäischen Einigungswerk“[96] definiert sie der Wirtschafts- und Sozialausschuss (WSA) als „Gesamtheit aller Organisationsstrukturen, deren Mitglieder über

---

95 Zitiert nach *Abels* in: Mickel/Bergmann (Hrsg.), Handlexikon der Europäischen Union, 4. Aufl., 2012, zu „Zivilgesellschaft“.

96 WSA, Die Rolle und der Beitrag der organisierten Zivilgesellschaft zum europäischen Einigungswerk, ABl. Nr. C 329, v. 17.11.1999, S. 30.

einen demokratischen Diskurs- und Verständigungsprozess dem allgemeinen Interesse dienen und welche auch als Mittler zwischen öffentlicher Gewalt und Bürgern auftreten". Auf diese abstrakte Definition folgt eine Aufzählung der einzelnen Organisationen. Demnach zählen zur organisierten Bürgergesellschaft die sog. ***Arbeitsmarktparteien***, also die Sozialpartner; ***Vertretungsorganisationen im sozialen und wirtschaftlichen Bereich***, die nicht Sozialpartner im engeren Sinn sind; ***NGOs*** (Nicht-Regierungsorganisationen), in denen Menschen gemeinsame Ziele verfolgen, z.B. Umweltorganisationen, Menschenrechtsorganisationen, Verbraucherschutzverbände, Wohlfahrtseinrichtungen, Aus- und Weiterbildungseinrichtungen etc.; sowie ***CBOs*** (Community-Based Organisations, Organisationen, die aus der Mitte und von der Basis der Gesellschaft her entstehen und mitgliederorientierte Ziele verfolgen), wie Jugendorganisationen, Familienverbände, und alle Organisationen, über die die Bürger am Leben in den Kommunen teilnehmen können. Auch weitere Dokumente, die sich mit der Rolle der Zivilgesellschaft in der Europäischen Union auseinandersetzen, nehmen auf diese Definition in der Regel Bezug.[97] Bevor sich die vorliegende Arbeit der Definition anschließt, sollen einige Akteure gesondert betrachtet werden. Schwierige Abgrenzungsfragen stellen sich insbesondere bei den Kirchen, den Unternehmensverbänden sowie den politischen Parteien.

2. Die einzelnen Akteure

Nachdem bisher die Merkmale von Zivilgesellschaft eher abstrakt beschrieben wurden, wird nun konkret untersucht, welche Akteure zur organisierten Zivilgesellschaft auf europäischer Ebene gezählt werden können. Dabei muss stets im Auge behalten werden, dass es im Rahmen der vorliegenden Arbeit um eine (verstärkte) Einbindung in die europäische Rechtsetzung geht.

a. NGOs

Nichtregierungsorganisationen sind unabhängige, auf Dauer angelegte, organisierte, nichtgewerbliche und nichtstaatliche Vereinigungen, die von privaten natürlichen oder juristischen Personen aufgrund eines privatrechtlichen Vertrages gegründet werden.[98] Beispielhaft nennen lassen sich hier Umweltorganisationen wie Greenpeace, Menschenrechtsorganisationen wie Amnesty International oder Human Rights Watch, Verbraucherschutzverbände, Wohlfahrtseinrichtungen

97 *Nettesheim*, in: Grabitz/Hilf/Nettesheim (Hrsg.): Das Recht der EU, 48. EL, 2012, Art. 11 EUV, Rn. 15.

98 Vgl. etwa *Ipsen*, Völkerrecht, 2004, S. 92, Rn. 19.

wie Oxfam, sowie Aus- und Weiterbildungseinrichtungen. NGOs gelten als Paradebeispiel der organisierten Zivilgesellschaft und zählen nach jeder vertretenen Theorie hierzu.[99]

b. Wirtschafts- und Berufsverbände

Die Frage nach der Qualifizierung von Wirtschafts- und Berufsverbänden wird vor dem Hintergrund der verschiedenen Zivilgesellschaftskonzepte uneinheitlich beantwortet. Wenn man die Sphäre der Wirtschaft zur Zivilgesellschaft rechnet, muss dies auch für wirtschaftliche Organisationen gelten. Diskurstheoretiker allerdings sprechen sich dagegen aus, wirtschaftliche Akteure in den Zivilgesellschaftsbegriff einzubeziehen.[100]

Faktisch spielen Wirtschaftsakteure auf europäischer Ebene eine große Rolle. Zunächst einmal sind sie Adressaten europäischer Regulierung. Ein überragend großer Anteil der wirtschaftlichen Rahmenbedingungen eines Landes werden im Zusammenspiel von Europäischer Kommission, Europäischem Parlament und nationalen Regierungen festgelegt.[101] Gerade deswegen versuchen wirtschaftliche Interessenvertretungen auch verstärkt, aktiv auf die europäische Politik Einfluss zu nehmen. Der Europäische Wirtschafts- und Sozialausschuss (WSA), der sich als „Sprachrohr der organisierten Zivilgesellschaft"[102] versteht, besteht gem. Art. 300 Abs. 2 AEUV aus „Vertretern der Zivilgesellschaft, insbesondere aus dem sozialen und wirtschaftlichen, dem staatsbürgerlichen, dem beruflichen und dem kulturellen Bereich". Der Vertrag über die Arbeitsweise der Europäischen Union (AEUV) geht also von einer Zugehörigkeit wirtschaftlicher Akteure zur Zivilgesellschaft aus. Tatsächlich setzt sich der WSA drittelparitätisch aus Arbeitgeber- und Arbeitnehmervertretern sowie Vertretern der übrigen Zivilgesellschaft zusammen. Auch die Kommission fasst Berufsverbände, Arbeitgeberverbände

---

99 Vgl. auch KOM (2001) 428 endg., Europäisches Regieren, ABl. Nr. C 287, v. 12.10.2001; WSA, Die Rolle und der Beitrag der organisierten Zivilgesellschaft zum europäischen Einigungswerk, ABl. Nr. C 329, v. 17.11.1999, S. 30.

100 Siehe Kapitel 1, B. I. 3. der vorliegenden Arbeit.

101 Vgl. *Papaschinopoulou/Osterloh*, Interessenvertretung in Brüssel, in: Ensslen/König/Walz (Hrsg.), Interessenvertretung durch NGOs auf EU-Ebene, 2004, S. 67.

102 Stellungnahme des WSA zum Thema „Regierungskonferenz 2000 – Die Rolle des WSA", ABl. 2000 Nr. C 117/28; Nachweise bei *Suhr*, in: Calliess/Ruffert (Hrsg.), EUV/AEUV, 4. Aufl. 2011, Art. 300 AEUV, Rn. 4; *Epping*, in: Vedder/Heintschel vHeinegg (Hrsg.), Europäisches Unionsrecht, 1. Aufl. 2012, Art. 300 AEUV, Rn. 4; vgl. auch *Hönle/Sichert*, in: Schwarze (Hrsg.), EU-Kommentar, 3. Aufl. 2012, Art. 300 AEUV, Rn. 11.

und Gewerkschaften unter den Begriff der Zivilgesellschaft.[103] Vor dem Hintergrund der faktischen Bedeutung, die wirtschaftlichen Akteuren in der ursprünglich als Wirtschaftsgemeinschaft konzipierten EU zukommt, und angesichts ihrer Funktion, Partikularinteressen zu bündeln und sich am öffentlichen Diskurs zu beteiligen, sind sie grundsätzlich zur organisierten Zivilgesellschaft auf europäischer Ebene zu zählen. Dies kann ihnen zusätzliche Einflussmöglichkeiten eröffnen, ihre Tätigkeit aber auch verstärkten Kontrollmöglichkeiten unterwerfen.

c. Einzelne Unternehmen

Auch einzelne Unternehmen versuchen, Einfluss auf die europäische Politik zu nehmen. Von den deutschen Unternehmen sind in Brüssel vor allem die großen wie beispielsweise Bayer, Siemens oder die Deutsche Post[104] mit Büros vertreten. Da es in dieser Arbeit um die Einbindung der *organisierten* Zivilgesellschaft geht, muss für sie das gleiche gelten, was für natürliche Personen festgehalten wurde: Handelt es sich um einen Zusammenschluss, der über Strukturen zur Repräsentation und Interessensetzung verfügt, wird dieser Verband als zivilgesellschaftlicher Akteur anerkannt.

d. Sozialpartner

Gewerkschaften und Arbeitgeberverbände auf nationaler und europäischer Ebene spielen eine besondere Rolle und haben besonderen Einfluss. Ihre Mitwirkung an europäischen Rechtsetzungsverfahren ist sogar primärrechtlich verankert (vgl. Art. 154 f. AEUV; Art. 300 Abs. 2 AEUV). Da zudem festgestellt wurde, dass auch Organisationen aus der Sphäre der Wirtschaft dem Zivilgesellschaftsbegriff zugerechnet werden können, unterfallen die als Sozialpartner im engeren Sinne (gem. Art. 154 AEUV) anerkannten Arbeitgeber- und Arbeitnehmervertretungen erst recht dem Bereich der organisierten Zivilgesellschaft.[105] Vertretungsorganisationen im sozialen und wirtschaftlichen Bereich, die nicht Sozialpartner im engeren Sinn sind, kommen nicht die gleichen Rechte zu, sie werden aber

103 KOM (2001) 428 endg., Europäisches Regieren – Ein Weissbuch, ABl. Nr. C 287, v. 12.10.2001.

104 *Papaschinopoulou/Osterloh*, Interessenvertretung in Brüssel, in Ensslen/König/Walz (Hrsg.), Interessenvertretung durch NGOs auf EU-Ebene, 2004, S. 67 (71).

105 So auch *Papaschinopoulou/Osterloh*, Interessenvertretung in Brüssel, in: Ensslen/König/Walz (Hrsg.), Interessenvertretung durch NGOs auf EU-Ebene, 2004, S. 67 (68 f); a.A. diskursive Gesellschaftstheorien.

unter den oben genannten Voraussetzungen ebenfalls als zivilgesellschaftliche Akteure anerkannt.[106]

e. Politische Parteien

Die politischen Parteien stehen gewissermaßen auf der Schnittstelle zwischen staatlichem und gesellschaftlichem Bereich. Während liberale Gesellschaftstheorien sie in den Zivilgesellschaftsbegriff einbeziehen, wird dies von diskursiven Ansätzen ausdrücklich und von kommunitaristischen zumindest implizit abgelehnt. Nationale und europäische Parteien übernehmen die Aufgabe, Bürger freiwillig zu politischen Handlungseinheiten zusammenzuschließen, um ihnen so wirksamen Einfluss auf das politische Geschehen zu ermöglichen.[107] Damit üben sie funktional eine typische Rolle zivilgesellschaftlicher Akteure aus. Gleichzeitig nehmen sie sowohl auf der nationalen als auch auf der europäischen Ebene unmittelbar an der Regierungstätigkeit teil und sind somit ein integrativer Bestandteil der demokratischen Herrschaftsordnung. Wegen dieser spezifischen Nähe zu den staatlichen Institutionen werden sie aber auch in dieser Arbeit nicht zur organisierten Zivilgesellschaft im eigentlichen Sinne gezählt.

f. CBOs

Community-Based Organisations sind Organisationen, die aus der Mitte und von der Basis der Gesellschaft her entstehen und mitgliederorientierte Ziele verfolgen.[108] Während NGOs typischerweise ideelle, fremd- oder gemeinnützige Ziele verfolgen, haben sich die Mitglieder von CBOs zur Verfolgung ihrer eigenen Interessen zusammengeschlossen.[109] Beispielhaft lassen sich Jugendorganisationen, Selbsthilfeorganisationen, Familienverbände und alle Organisationen, über die die Bürger am Leben in den Kommunen teilnehmen können, nennen.[110] Diese Organisationen sind zwar „distinct in nature and purpose from other NGOs“[111], stellen aber dennoch eine Untergruppe von NGOs dar. Auch die

---

106 Vgl. WSA, Die Rolle und der Beitrag der organisierten Zivilgesellschaft zum europäischen Einigungswerk, ABl. Nr. C 329, v. 17.11.1999, S. 30.

107 Vgl. *Degenhart*, Staatsrecht, 2012, S. 22, Rn. 46.

108 WSA, Die Rolle und der Beitrag der organisierten Zivilgesellschaft zum europäischen Einigungswerk, ABl. Nr. C 329, v. 17.11.1999, S. 30.

109 *Malena*, Working with NGOs, 1995.

110 WSA, Die Rolle und der Beitrag der organisierten Zivilgesellschaft zum europäischen Einigungswerk, ABl. Nr. C 329, v. 17.11.1999, S. 30.

111 NGO Research Guide, World Bank and NGOs, http://library.duke.edu/research/subject/guides/ngo_guide/igo_ngo_coop/ngo_wb.html [letzter Zugriff 03.06.2013].

verschiedenen Gesellschaftstheorien stimmen darin überein, dass kein Anlass besteht, sie in der Zivilgesellschaftsdebatte grundsätzlich anders zu behandeln.

g. Kirchen und Religionsgemeinschaften

Alle geschriebenen Verfassungen in den Mitgliedstaaten der EU garantieren Religionsfreiheit,[112] und setzen sich[113] mit dem Verhältnis von Staat und Kirche auseinander.[114] Schon in der „Erklärung zum Status der Kirchen und weltanschaulichen Gemeinschaften"[115] zum Vertrag von Amsterdam war niedergelegt, dass die EU den Status, den Kirchen und religiöse Vereinigungen sowie weltanschauliche Gemeinschaften in den Mitgliedstaaten nach deren Rechtsvorschriften genießen, achtet und nicht beeinträchtigt. Mit dem Vertrag von Lissabon ist der „Kirchenartikel" 17 EUV in das Primärrecht eingeführt worden. Innerhalb der katholischen und evangelischen Kirchen gibt es einen beginnenden Selbstverständigungsdiskurs über die Frage, ob man sich als Teil der Zivilgesellschaft begreift.[116] Heute ist neben der Liturgie auch die Diakonie Hauptaufgabe der großen Religionsgemeinschaften. Kirchen treten oft für sozial schwache Gruppen und Individuen ein und bemühen sich, gesellschaftlichen Missständen entgegen zu wirken.[117] Nach offizieller päpstlicher Lehre sollen sich Katholiken als gesellschaftliche Akteure in den zivilgesellschaftlichen Meinungs- und Willensbildungsprozess begeben;[118] auch die evangelische Theologie geht von einem Glauben aus, der „in den praktischen Lebensvollzug eingelassen"[119] und damit Teil gesellschaftlichen Handelns

112 M.w.N. *Hölscheidt/Mund*, Religionen und Kirche im Verfassungsbund, EuR 2003, S. 1083 (1084).

113 Mit Ausnahme der niederländischen Verfassung.

114 Es existieren die Modelle der Staatskirche, der Kooperation und der Trennung. Siehe näher *Schnuck*, Verwirklichungsformen der Religionsfreiheit in Europa, Zeitschrift für evangelische Ethik 2002, S. 270 ff.

115 Nr. 11 der von der Konferenz angenommenen Erklärungen.

116 Siehe etwa „Christliche Kirchen und Zivilgesellschaft: Unabhängig oder verbunden?", Berliner Kolleg für Vergleichende Geschichte Europas, 20.–22. September 2007; „Kirche und Zivilgesellschaft", Ruprecht-Karls-Universität Heidelberg, 2004; „Kirche und Zivilgesellschaft", Akademie der Konrad-Adenauer-Stiftung, 4.–5. September 2006; Huber, „Kirche und Zivilgesellschaft", 02.–03. Juli 2002, http://www.ekd.de/vortraege/huber/huber_020702_kirche_und_zivilgesellschaft.html [letzter Zugriff 03.06.2013].

117 *Pollack*, Kirche zwischen Staat und Zivilgesellschaft: in: Strachwitz (Hrsg.), Kirche zwischen Staats und Zivilgesellschaft, 2002, S. 21–41.

118 *Adloff*, Zivilgesellschaft, 2005, S. 120.

119 *Adloff*, Zivilgesellschaft, 2005, S. 119.

ist. Den Lehren und Aktivitäten von Kirchen kommt eine hohe gesellschaftliche Relevanz zu; sie übernehmen somit im öffentlichen Meinungs- und Willensbildungsprozess typisch zivilgesellschaftliche Funktionen. Die kirchlichen Organisationen waren in einer Vielzahl von Ländern beteiligt am (Wieder-) Erstarken der Zivilgesellschaft und werden etwa in den USA weitgehend selbstverständlich als Teil der Zivilgesellschaft betrachtet.[120] Auch die Zivilgesellschaftsdefinition des WSA[121] bezieht Religionsgemeinschaften mit ein. Dem schließt sich diese Arbeit aus den vorgenannten Gründen an.

3. *Fazit*

Der in der vorliegenden Arbeit vertretene Begriff der organisierten Zivilgesellschaft umfasst NGOs inklusive CBOs, Gewerkschaften, Arbeitgeberverbände, Wirtschafts- und Berufsverbände, organisierte Interessenvertretungen von Unternehmen sowie Kirchen und Religionsgemeinschaften. Er orientiert sich an der Stellungnahme des WSA vom 17.11.1999.[122]

„Zivilgesellschaft" stellt ein jahrtausendealtes Konzept dar, dessen Bedeutung und Verwendung sich im Laufe der Zeit immer wieder gewandelt haben. Im europäischen Kontext verknüpft ist hiermit die Hoffnung, die Integration so voran zu treiben, dass sich die in Europa lebenden Menschen beteiligen und sie entsprechend begrüßen können. Die Gründe für die Europaverdrossenheit der Bürgerinnen und Bürger sind mannigfaltig. Zum Teil liegen sie in der Neuheit und Einzigartigkeit der Europäischen Union als supranationalem Gebilde zwischen Nationalstaat und Internationaler Organisation. Sie liegen sicher auch in der Abstraktheit der „Idee Europa" und an Kommunikationsdefiziten zwischen den auf europäischer Ebene verantwortlich Handelnden und den von den Konsequenzen der Regelungen betroffenen Menschen.

Soll dieses Projekt, das den Frieden in Europa konsolidiert hat und das in so vielfältiger Hinsicht Vorteile für die in Europa lebenden Menschen schafft, weiter geführt werden, bedarf es eines Perspektivenwechsels. Die europäische Wirtschaftsgemeinschaft muss zu einer Wertegemeinschaft werden. Politikverdrossenheit ist nicht nur ein Problem der EU, auch in den Nationalstaaten lässt sich beobachten, dass nicht wenige Menschen unwillig zu politischer Partizipation

---

120 *Adloff*, Zivilgesellschaft, 2005, S. 119 f.

121 WSA, Die Rolle und der Beitrag der organisierten Zivilgesellschaft zum europäischen Einigungswerk, ABl. Nr. C 329, v. 17.11.1999, S. 30.

122 WSA, Ebenda.

sind. Eine aktive Bürgerschaft ist aber essentielle Voraussetzung für eine funktionierende, lebendige Demokratie.

C. Demokratische Legitimation

Eine derart heterogene Struktur wie die EU, die eine Vielzahl von Mitgliedstaaten mit unterschiedlichen nationalen Rechtssystemen umfasst, bedarf auch einer Vielzahl gesellschaftlicher Akteure, die sich am Integrationsprozess beteiligen. Neben den institutionellen Organen der EU müssen die Bürger und ihre Interessengruppen einbezogen werden.[123] Auf europäischer Ebene existieren unterschiedliche Formen solcher Einbeziehung, die nur teilweise im Primärrecht kodifiziert sind. Die grundlegende Fragestellung dieser Arbeit ist, inwiefern eine verstärkte Einbindung von Vertretern der organisierten Zivilgesellschaft zur (besseren) demokratischen Legitimation der Europäischen Union beitragen kann. Dazu muss zunächst untersucht werden, was demokratische Legitimation in diesem Kontext eigentlich bedeutet. Von einem nationalstaatlichen Verständnis her könnte man versuchen, den eigenen, staatlichen Demokratiebegriff auf die Europäische Union anzuwenden. Dabei stellt man aber bald fest, dass die dem mitgliedstaatlichen Verfassungsrecht entnommenen Kategorien und Erklärungsmuster nicht eins zu eins auf die Europäische Union übertragen werden können. Vielmehr müssen sie für das besondere Gebilde der EU modifiziert werden, es bedarf eines „unionsspezifischen Demokratiekonzepts“.[124]

I. Unionsrechtliches Demokratieprinzip

Das Demokratieprinzip auf europäischer Ebene wurde mit dem Vertrag von Maastricht in Art. 6 Abs. 1 EUV a.F. explizit niedergelegt; seit dem Lissabonner Reformvertrag enthält Art. 10 EUV Bestimmungen über die demokratischen Grundlagen der EU. Nach Art. 10 Abs. 1 EUV gilt das Prinzip der repräsentativen Demokratie, das durch Elemente der partizipativen, assoziativen und direkten Demokratie, namentlich eine Bürgerinitiative, ergänzt wird (Art. 11 EUV).

---

123 *Blanke*, in: Grabitz/Hilf/Nettesheim (Hrsg.), Das Recht der EU, 48. EL, 2012, Art. 300 AEUV, Rn. 24; vgl. auch *Suhr*, in: Calliess/Ruffert (Hrsg.), EUV/AEUV, 4. Aufl. 2011, Art. 300 AEUV, Rn. 4; *Epping*, Vedder/Heintschel vHeinegg (Hrsg.), Europäisches Unionsrecht, 1. Aufl. 2012, Art. 300 AEUV, Rn. 4; *Hönle/Sichert*, in: Schwarze (Hrsg.), EU-Kommentar, 3. Aufl. 2012, Art. 300 AEUV, Rn. 11; *Burgi/Hölbling*, in: Streinz (Hrsg.), EUV/AEUV, 2. Aufl. 2012, Art. 300 AEUV, Rn. 9.

124 *Bieber/Epiney/Haag*, Die EU, 10. Aufl. 2013, S. 102, § 3, Rn. 16; *Nicolaysen*, Europarecht I, 2002, S. 111; *Bleckmann*, Das europäische Demokratieprinzip, JZ 2001, S. 53.

Aber auch schon vor seiner ausdrücklichen Normierung war die Geltung des Demokratieprinzips als allgemeiner Rechtsgrundsatz anerkannt. Es gilt in allen Mitgliedstaaten, allerdings mit erheblichen Unterschieden in der konkreten Ausprägung.[125] Da der Begriff der Demokratie dem staatlichen Kontext entstammt, beziehen sich die meisten Definitionen auf einen durch Volk, Gebiet und Gewalt konstituierten Staat („Drei-Elemente-Lehre" im Völkerrecht[126]; grundlegend im deutschen Staatsrecht *Jellinek*[127]). Die Europäische Union erreicht aber auch nach In-Kraft-Treten des Vertrags von Lissabon nicht die Stufe der Staatlichkeit.[128] Zwar zeichnet sie sich im Vergleich zu anderen Internationalen Organisationen durch eine Fülle von Hoheitsrechten aus, die ihr die Mitgliedstaaten übertragen haben.[129] Sie übt aber keine originäre Staatsgewalt aus, sondern es gilt weiterhin das „Prinzip der begrenzten Einzelermächtigung".[130] Auch gibt es weder ein eigenständiges „europäisches Staatsgebiet", noch ein originär „europäisches Staatsvolk".[131] Die Gebiete bleiben diejenigen der Mitgliedstaaten, und die Unionsbürgerschaft tritt neben die Staatsbürgerschaft und ersetzt diese nicht.[132] Das Volk aber stellt den wichtigsten Träger und Bezugspunkt demokratischer Legitimation dar (*demos* = Volk). Im deutschen Verfassungsrecht heißt es: „Die demokratische Legitimation der Ausübung von Staatsgewalt (...) muss stets vom Volk ausgehen bzw. auf es zurück führen. Es genügt nicht, dass sie sich auf irgendeine Gruppe oder Vielzahl von Menschen bezieht. Der Begriff des Volkes – als Ausgangs- und Bezugspunkt demokratischer Legitimation – ist ein Grundbegriff der Demokratie"[133].

Für die Europäische Union kann das Demokratieprinzip also nur modifiziert gelten. Da auch die Grundstrukturen eines genuin europäischen Verfassungsrechts dem nationalen Verfassungsrecht entlehnt sein müssen, ist es aber durchaus legitim, eine Untersuchung der demokratischen Strukturen der EU von einem nationalstaatlichen Ausgangspunkt zu beginnen.

---

125 Zu Art. 6 EUV a.F. *Callies*, in: Callies/Ruffert (Hrsg.), Das Verfassungsrecht der EU, 3. Aufl. 2007, Rn. 15.

126 M.w.N. *Schweisfurth*, Völkerrecht, 2006, S. 9 Rn. 24 ff.

127 *Jellinek*, Allgemeine Staatslehre, 3. Aufl., 1914, S. 183.

128 Ganz h.M, vgl. *Oppermann/Classen/Nettesheim*, Europarecht, 5. Aufl., 2011, S. 24, Rn. 18 ff; *Bieber/Epiney/Haag*, Die EU, 10. Aufl. 2013, S. 50, § 1, Rn. 44 f.

129 Vgl. *Klein*, in: Vitzthum (Hrsg.), Völkerrecht, 4. Aufl. 2007, S. 380, Rn. 247.

130 BVerfGE 123, 267 (381).

131 Vgl. *Klein*, in: Vitzthum (Hrsg.), Völkerrecht, 4. Aufl. 2007, S. 380, Rn. 247.

132 Vgl. Art. 9 EUV a.E.

133 *Böckenförde*, Staat, Verfassung, Demokratie, 1991, S. 311.

II. Nationalstaatliches Demokratieprinzip

Im deutschen Verfassungsrecht wird demokratische Legitimation verbreitet in institutionell-funktionelle, organisatorisch-personelle und sachlich-inhaltliche Legitimation unterteilt.[134] *Institutionell-funktionelle* Legitimation meint, dass der Verfassungsgeber selbst die legislative, exekutive und judikative Gewalt als je eigene Funktionen und Organe konstituiert hat, durch die das Volk die von ihm ausgehende Staatsgewalt ausübt.[135] Zusätzlich bedarf es der organisatorisch-personellen und der sachlich-inhaltlichen Legitimation der jeweiligen Organwalter und ihres Handelns im zugewiesenen Funktionsbereich, um die notwendige Rückkopplung an das Volk zu gewährleisten.[136] Die *organisatorisch-personelle* Legitimation erfordert eine auf das Volk zurückführende, ununterbrochene Legitimationskette.[137] Die Kette individueller Berufungsakte vom einzelnen Organwalter bis hin zum Volk als Inhaber der Staatsgewalt darf nicht durch das Dazwischentreten nicht legitimierter Organe oder Organwalter unterbrochen werden.[138] Mittelbare und unmittelbare Berufung sind gleichermaßen zulässig, der unmittelbaren Berufung, wie sie durch demokratische Wahl erfolgt, kommt aber eine höhere demokratische Dignität zu.[139] Die *sachlich-inhaltliche* Komponente verlangt, die Ausübung der Staatsgewalt auch ihrem Inhalt nach vom Volk und seinem Willen herzuleiten.[140] Dies kann zum einen durch das Gesetzgebungsrecht des Parlaments (als dem durch unmittelbaren Wahlakt legitimierten Repräsentationsorgan des Volkes) und die Gesetzesbindung aller Gewalten erreicht werden, zum anderen über die durch regelmäßige Wahlen hergestellte Verantwortlichkeit

---

134 *Böckenförde*, Demokratie als Verfassungsprinzip, § 24, Rn. 14–25, S. 437–445; *Classen*, Europäische Integration und demokratische Legitimation, AöR 1994, S. 238, (243 f).; *Denninger*, Normsetzung im Umwelt- und Technikrecht, S. 119; *Spieß*, Sozialer Dialog und Demokratieprinzip, 2005, S. 122 ff; oder es wird nach sachlich-inhaltlicher und formal-verfahrensmäßiger Legitimation unterschieden, wobei letztere inhaltlich das Gleiche besagt wie organisatorisch-personelle Legitimation, vgl. *Schwarze*, Legitimation kraft virtueller Repräsentation - ein gemeinschaftsrechtliches Prinzip?, RdA 2001, S. 208 (212 ff.).

135 *Böckenförde*, Staat, Verfassung, Demokratie, 1991, S. 301; BVerfGE 49, 89 (124); BVerfGE 68, 1 (89).

136 *Böckenförde*, a.a.O., S. 301.

137 *Böckenförde*, Staat, Verfassung, Demokratie, 1991, S. 302; *Spieß*, Sozialer Dialog und Demokratieprinzip, 2005, S. 123.

138 *Böckenförde*, Ebenda.

139 *Böckenförde*, Ebenda.

140 *Spieß*, Sozialer Dialog und Demokratieprinzip, 2005, S. 124.

der Entscheidungsträger gegenüber dem Volk.[141] Ziel demokratischer Legitimation ist es, einen effektiven Einfluss des Volkes auf die Ausübung von Staatsgewalt sicherzustellen. Die unterschiedlichen Formen der Legitimation haben nicht je für sich Bedeutung, sondern erst in ihrem Zusammenwirken. Entscheidend ist die aus dem Zusammenwirken resultierende Effektivität demokratischer Legitimation, die als Legitimationsniveau bezeichnet wird.[142]

Einige versuchen, dieses klassische staatsrechtliche Demokratieverständnis auf die Europäische Union zu übertragen, indem sie von einem „*Grundsatz der Bürgersouveränität*“[143] an Stelle der Rückkopplung an ein Staatsvolk ausgehen. Dabei stößt eine direkte Übertragung auf verschiedene Schwierigkeiten.

Unter *institutionell-funktionellen* Gesichtspunkten ist bereits problematisch, dass die Rechtsetzung in der Union dem Rat und daneben der Kommission, beides Exekutiven, übertragen wurde. Das Europäischen Parlament wurde dagegen erst mit fortschreitender Integration zum Mitgesetzgeber.[144] *Organisatorisch-personelle* Legitimation verlangt eine auf das Volk zurückführende, ununterbrochene Legitimationskette. Die Rats- und Kommissionsmitglieder können sich lediglich auf eine mittelbare Berufung stützen. Da dieser geringere demokratische Dignität zukommt als einer unmittelbaren Berufung, bedarf es zusätzlich einer starken *sachlich-inhaltlichen* Komponente, durch die die Ausübung der „Unionsgewalt“ auch ihrem Inhalt nach von den „Bürgern“ hergeleitet wird. Dies kann zum einen durch das Gesetzgebungsrecht des Parlaments erreicht werden, zum anderen über die durch regelmäßige Wahlen hergestellte Verantwortlichkeit gegenüber den Bürgern.[145] Somit spielen die durch den Vertrag von Lissabon deutlich gestärkten Gesetzgebungskompetenzen des Europäischen Parlaments eine wichtige Rolle. Denn aus direkten Wahlen geht allein das Europäische Parlament hervor. Dessen Zusammensetzung ist aber auch nach der Vertragsänderung von Lissabon immer noch nicht repräsentativ zur europäischen Bevölkerung, so dass keine Wahlrechtsgleichheit besteht.[146] Beim Rat (und bei der Kommission) erfolgt die Rückbindung der Entscheidungsträger gegenüber den

141 *Böckenförde*, Staat, Verfassung, Demokratie, 1991, S. 307; *Spieß*, Sozialer Dialog und Demokratieprinzip, 2005, S. 124.

142 M.w.N. *Schliesky*, Souveränität und Legitimität, 2004, S. 288.

143 Vgl. *Peters*, Elemente einer Theorie der Verfassung Europas, 2001, S. 126 ff; *Vanberg*, Demokratie, Bürgersouveränität und Subsidiarität, RMM journal, 2009, S. 293–307.

144 Vgl. *Streinz*, Europarecht, 2012, S. 128, Rn. 377.

145 S.o.

146 *Rödl*, Zu Begriff und Perspektiven demokratischer und sozialer Union, EuR-Bi 2013, 179 (181).

Bürgern schon nicht direkt: Selbst wenn etwa der Deutsche Bundestag ein bestimmtes Abstimmungsverhalten der Bundesregierung im Ministerrat der EU nachträglich sanktionieren wollte, wäre es so gut wie ausgeschlossen, dass die Ratsentscheidung revidiert würde, weil ein Einfluss auf die Regierungen der anderen Mitgliedstaaten fehlt.[147] Damit sich der Wille der Staatsbürger in den Ratsentscheidungen aktualisieren kann, muss es den nationalen Parlamenten aber möglich sein, durch ihre jeweiligen Vertreter direkt Einfluss auf die Tätigkeit des Rates zu nehmen.[148] Selbst wenn man den Begriff des Volkes durch denjenigen der Bürger ersetzen möchte, ist die demokratische Legitimation des besonderen Gebildes der Europäischen Union von einer staatlichen Perspektive aus daher problematisch. Da sie sich einem klassisch staatsrechtlichen Demokratieverständnis widersetzt, wird der Europäischen Union aus nationaler Sicht oftmals ein „demokratisches Defizit" diagnostiziert.[149]

III. Bundesverfassungsgericht

Das Bundesverfassungsgericht (BVerfG) beschäftigt sich mit der Frage der demokratischen Legitimation der EU vor allem in seinen Grundsatzurteilen betreffend die deutschen Zustimmungsgesetze zu den Verträgen von Maastricht und Lissabon.

1. Maastricht-Urteil

Das Gericht prägt in seinem Maastricht-Urteil den Begriff des *Staatenverbundes*[150], um den besonderen Charakter der EU zwischen Staat und Internationaler Organisation zum Ausdruck zu bringen.

---

147 Vgl. *vMünch/Mager*, Staatsrecht I, 2009, S. 78, Rn. 122; *Classen*, Europäische Integration und demokratische Legitimation, AöR 1994, S. 238 (253 f.); *Dederer*, Durchführung von Vereinbarungen der europäischen Sozialpartner, RdA 2000, S. 216 (219); *Döhring*, Staat und Verfassung in einem zusammenwachsenden Europa, ZRP 1993, S. 98 (100); *Spieß*, Sozialer Dialog und Demokratieprinzip, 2005, S. 158.

148 *Spieß*, Sozialer Dialog und Demokratieprinzip, 2005, S. 158.

149 *Streinz*, in: Streinz (Hrsg.), EUV/AEUV, 2. Aufl. 2012, Präambel, Rn. 6; *Calliess*, in: Calliess/Ruffert (Hrsg.), EUV/AEUV, 4. Aufl. 2011, Art. 2 EUV, Rn. 20; *Ruffert*, a.a.O., Art. 9 EUV, Rn. 1, 4; *Calliess*, a.a.O., Art. 12 EUV, Rn. 4; *Häde*, Calliess/Ruffert (Hrsg.), Art. 130 AEUV, Rn. 37, 39; vgl. auch *Lienbacher/Kröll*, in: Schwarze (Hrsg.), EU-Kommentar, 3. Aufl. 2012, Art. 10 EUV, Rn. 6; *Folz*, in: Vedder/Heintschel vHeinegg (Hrsg.), Europäisches Unionsrecht, 1. Aufl. 2012, Art. 10 EUV, Rn. 1.

150 BVerfGE 89, 155 (156 u. 181 u. 183 u. 184 u. 185 f. u. 188 u. 190 u. 207 u. 212).

Die demokratische Legitimation der EU erklärt das BVerfG mit einem „Modell der doppelten Legitimation“: Vorrangig vermittelten die nationalen Parlamente Legitimation, indem sie die jeweiligen Minister kontrollierten, die als Regierungsvertreter in den Rat entsandt werden. Ergänzend trete die originär europäische Legitimation über das Europäische Parlament hinzu.[151] Beide Stränge stünden in einem komplementären Verhältnis zueinander: Je stärker der eine Strang sei, umso schwächer könne der andere ausfallen, um ein noch ausreichendes Legitimationsniveau zu gewährleisten. Je höher die Legitimationsvermittlung durch das Europäische Parlament ausfiele, desto niedriger könne der mitgliedstaatliche Legitimationsbeitrag über Rat und nationale Parlamente sein. Umgekehrt müsse die Vermittlung demokratischer Legitimation durch die nationalen Parlamente über den Rat umso höher sein, je geringer die Mitwirkungsmöglichkeiten und damit die Legitimationsleistung durch das Europäische Parlament seien.[152] Das BVerfG macht so die Quantität der auf die EU übertragenen Aufgaben zum Maßstab seiner Überprüfung der hinreichenden demokratischen Legitimation.[153]

Das BVerfG gelangt zu dem Ergebnis, dass die Europäische Union in ihrer konkreten Ausgestaltung nach diesem Modell hinreichend demokratisch legitimiert sei. Auf europäischer Ebene sei es das besondere Zusammenwirken von Rat und Parlament, die beide für sich genommen keine ausreichende Legitimation vermittelten, in ihrer Gesamtheit aber die notwendige Rückbindung an die europäische Bevölkerung gewährleisten könnten.

2. Lissabon-Urteil

Mit dem Vertrag von Lissabon wurde die vormals bestehende Säulenstruktur aufgehoben und die Europäische Gemeinschaft in die – ausdrücklich mit Rechtspersönlichkeit ausgestattete – Europäische Union überführt (vgl. Art. 47 EUV).[154] Das Europäische Parlament wird im Verfahren der Mitentscheidung zum gleichberechtigten Mitgesetzgeber aufgewertet, gegen dessen Willen keine Richtlinie oder Verordnung beschlossen werden kann.[155] Außerdem stärkt der

---

151 BVerfGE 89, 155 (184 u. 185 f.).

152 *Ruffert*, in: Calliess/Ruffert (Hrsg.), EUV/AEUV, 4. Aufl. 2011, Art. 10 EUV, Rn. 5.

153 M.w.N. *Schliesky*, Souveränität und Legitimität von Herrschaftsgewalt, 2004, S. 303.

154 *Streinz*, Europarecht, 2012, S. 23, Rn. 63; *Terhechte*, in: Schwarze (Hrsg.), EU-Kommentar, 3. Aufl. 2012, Art. 47 EUV, Rn. 1; *Ruffert*, in: Calliess/Ruffert (Hrsg.), Art. 47 EUV, Rn. 1; *Heintschel vHeinegg*, in: Vedder/Heintschel vHeinegg (Hrsg.), Europäisches Unionsrecht, 1. Aufl. 2012, Art. 47 EUV, Rn. 2.

155 BVerfGE 123, 267 (377); kritisch: *von Bogdandy*, Prinzipien der Rechtsfortbildung im europäischen Rechtsraum, NJW 2010, 1 (3).

Vertrag von Lissabon die auf Beteiligung und Transparenz zielenden Rechte der Bürger und Verbände; neben Elementen ergänzend partizipativer Demokratie sieht er auch solche assoziativer und direkter Demokratie vor.

Im Mai 2008 reichte ein deutscher Bundestagsabgeordneter beim BVerfG eine Verfassungsbeschwerde und eine Organklage gegen die deutsche Ratifizierung des Lissabon-Vertrags ein. Sowohl der Vertrag von Lissabon (bzw. das entsprechende deutsche Zustimmungsgesetz) als auch seine Umsetzung in deutsches Recht im dazugehörigen Begleitgesetz wurden auf ihre Vereinbarkeit mit dem deutschen Grundgesetz überprüft. Nach der Entscheidung des Gerichts gilt Folgendes: Der Vertrag von Lissabon sei zwar mit dem Grundgesetz zu vereinbaren, dürfe aber erst ratifiziert werden, nachdem ein neues Begleitgesetz dem Bundestag mehr Rechte einräume. Das BVerfG knüpft im Lissabon-Urteil an viele im Zusammenhang mit dem Vertrag von Maastricht getroffene Feststellungen an, modifiziert diese aber entsprechend der neuen Gestalt der EU. Das Gericht charakterisiert die EU als „Vertragsunion souveräner Staaten“[156], der selbst keine Staatsqualität zukomme und die auch nicht staatsanalog aufgebaut sei. Das Gericht betont ausdrücklich das fortbestehende Prinzip der begrenzten Einzelermächtigung, das die Mitgliedstaaten als „Herren der Verträge“[157] bestätige.[158] Von einigen wird das Urteil deshalb als Rückschritt hinsichtlich der Integrationsfreundlichkeit der BRD betrachtet.[159]

Die strukturellen Schwächen der demokratischen Legitimation der EU, die bereits das Maastricht-Urteil identifiziert hatte, bestünden weiterhin. Besonders kritisch betrachtet das BVerfG die ponderierte Sitzverteilung im Europäischen Parlament, die dem Grundsatz der Wahlgleichheit nach wie vor nicht entspreche. Da die EU aber eine neue Gestalt politischer Herrschaft darstelle und bei qualitativer Betrachtung ihrer Aufgaben- und Herrschaftsorganisation gerade nicht staatsanalog aufgebaut sei, dürfe sie nicht an den konkreten Ausprägungen des nationalstaatlichen Demokratieprinzips gemessen werden. Abweichungen, die durch die Erfordernisse einer auf dem Prinzip der Staatengleichheit gründenden und völkervertraglich ausgehandelten EU bedingt sind, seien erlaubt, solange ein „hinreichend effektiver Gehalt an demokratischer Legitimation“ erreicht werde, der sich „auf verschiedene Weise, nicht nur in einer bestimmten Form, herstellen“ lasse.[160] Die konkreten Anforderungen hingen vom Umfang

156 BVerfGE 123, 267 (357).

157 BVerfGE 123, 267 (348 u. 350 u. 368 u. 381 u. 398).

158 *Streinz,* Der Vertrag von Lissabon, FPR 2010, 481 (484).

159 M.w.N. *Schorkopf,* Die Europäische Union im Lot, EuZW 2009, S. 718.

160 BVerfGE, 89, 155 (182).

der übertragenen Hoheitsrechte ab: Soweit das Prinzip der begrenzten Einzelermächtigung in einem Verbund souveräner Staaten gewahrt bleibe, reicht dem BVerfG grundsätzlich eine über nationale Parlamente und Regierungen vermittelte Legitimation der Mitgliedstaaten aus, die durch das unmittelbar gewählte Europäische Parlament abgestützt und ergänzt werde. Außerdem werde die wegen der degressiv proportionalen Vertretung der Bürgerinnen und Bürger der einzelnen Mitgliedstaaten fehlende Gleichheit der Wahl im Europäischen Parlament durch die Berücksichtigung des demographischen Faktors bei der Abstimmung im Rat (vgl. Art. 14 Abs. 2 und Abs. 5 EUV) abgemildert.[161]

Auch stehe es der EU frei, mit neuen Formen partizipativer Entscheidungsverfahren nach eigenen Wegen zur Ergänzung demokratischer Legitimation zu suchen. Zwar könne allein durch die korporative Einbindung von Interessengruppen kein ausreichendes Maß an demokratischer Legitimation erreicht werden. Ihre Einbindung fördere aber den friedlichen Interessenausgleich und eröffne bürgerschaftliche Mitwirkungsmöglichkeiten, die sonst auf territoriale Grenzen stießen. Gleichzeitig verlören Entscheidungen hierdurch an Transparenz, weil sie vom Bürger nur schwer den verantwortlich Handelnden zugeordnet werden könnten. Das Demokratieprinzip aber fordere, dass sich alles staatliche Handeln von den Bürgern her legitimieren müsse, und setze damit der Übertragung von Hoheitsrechten Grenzen. Weder zusätzliche Beteiligungsrechte noch assoziativ und direkt wirkende Petitionsrechte gegenüber der Kommission könnten den auf Wahlen und Abstimmungen zurück gehenden Legitimationszusammenhang ersetzen. Solche Elemente partizipatorischer Demokratie könnten aber eine ergänzende Funktion bei der Legitimation europäiscther Hoheitsgewalt übernehmen und das Legitimationsniveau in der Summe erhöhen.

Das BVerfG gelangt so (auch) im Lissabon-Urteil zu dem Ergebnis, dass die Europäische Union in ihrer spezifischen Gestalt (noch) hinreichend demokratisch legitimiert sei. Es behält sich aber gegenüber der Ausübung der Unionskompetenzen eine „Identitätskontrolle“ hinsichtlich der Essentialia der deutschen Verfassung,[162] sowie eine „Ultra-Vires-Kontrolle“ gegenüber sog. „ausbrechenden Rechtsakten“[163] vor.[164] Außerdem müsse den Mitgliedstaaten ein ausreichender Raum zur Gestaltung der wirtschaftlichen, sozialen und kulturellen Lebensverhältnisse verbleiben.[165] Dazu gehörten das Straf- und Strafprozessrecht, die

161 *Streinz*, Der Vertrag von Lissabon, FPR 2010, 481 (483).
162 BVerfGE 123, 267 (353 u. 354 u. 355 u. 397).
163 BVerfGE 123, 267 (354).
164 Vgl. *Streinz*, Der Vertrag von Lissabon, FPR 2010, 481 (484).
165 BVerfGE 123, 267 (347 u. 358 u. 359).

Entscheidung über den Einsatz der Bundeswehr, die Gesamtverantwortung über das Budget, sozialpolitische Weichenstellungen und „kulturell besonders bedeutsame" Entscheidungen, etwa im Familienrecht, Schul- und Bildungssystem, bei der Sprache, in Teilbereichen der Medienordnung und zum Status von Kirchen, Religions- und Weltanschauungsgemeinschaften.[166]

IV. Input- und Output-Legitimation

Um eine für die EU kompatible Erklärung demokratischer Legitimation zu finden, knüpft *Scharpf*[167] an die aus dem nationalen Staatsrecht bekannten Kategorien institutionell-funktionelle, organisatorisch-personelle und sachlich-inhaltliche Legitimation an.

Als Kern des Demokratieprinzips, der in allen europäischen Rechtsordnungen gilt, identifiziert er die *Herrschaft durch das Volk* und *Herrschaft für das Volk.* Diese beiden Aspekte demokratischer Herrschaft bezeichnet er als „input"- und „output"-Legitimation: Die input-Legitimation betone den Aspekt der Herrschaft *durch*, die output-Legitimation denjenigen der Herrschaft *für* das Volk.[168]

Input-Legitimation betone somit die Beteiligungsdimension der Herrschaftsunterworfenen; der Grad der input-Legitimation bestimme sich danach, in welchem Maße die Bürger durch demokratische Verfahren an der Entscheidungsfindung beteiligt seien.[169] Entscheidungen seien *input-legitimiert*, „wenn und weil sie den Willen des Volkes widerspiegeln."[170] Da wenige Entscheidungen im Konsens getroffen würden, müsse in einer Demokratie oftmals die Minderheit hinter der Mehrheit zurück stehen und komme mit ihren Ansichten höchstens eingeschränkt zur Geltung. Um solche Mehrheitsentscheidungen zu rechtfertigen, bedürfe es des Vertrauens der Minderheit in die Mehrheit. Man müsse darauf vertrauen können, dass „die Präferenzfunktion jedes einzelnen Mitglieds des Gemeinwesens die

---

166 Dazu *von Bogdandy*, Prinzipien der Rechtsfortbildung im europäischen Rechtsraum, NJW 2010, 1 (3).

167 *Scharpf*, Demokratietheorie zwischen Utopie und Anpassung, S. 975.

168 Vgl. auch *Abromeit*, Wozu braucht man Demokratie?, 2002, S. 15; *Höreth*, Die Europäische Union im Legitimationstrilemma, 1999, S. 82 ff.

169 *Höreth*, Die Europäische Union im Legitimationstrilemma, S. 82 f., 84; *Scharpf*, Regieren in Europa, S. 17 ff; zitiert nach *Schliesky*, Souveränität und Legitimität von Herrschaftsgewalt, 2004, S. 152 f., der dies allerdings als „Legitimität" bezeichnet, die von dem Begriff der „Legitimation" zu unterscheiden sei: Legitimität bezeichne „ einen prozesshaften Vorgang, ein Verfahren, an dessen Ende Legitimität bewirkt wird."

170 *Scharpf*, Regieren in Europa: effektiv und demokratisch?, 1999, S. 16.

Wohlfahrt aller Mitglieder als ein Argument enthält."[171] Diese Annahme erinnert an Rousseaus Demokratietheorie, nach der die Menschen untereinander einen Gesellschaftsvertrag schließen, in dem sie sich einer *volonté générale* unterordnen.[172] Auch moderne Konzepte deliberativer Demokratie erlauben nur die Berücksichtigung von „verallgemeinerungsfähigen Interessen"[173]. Ein übergeordnetes Gemeininteresse setzt eine starke kollektive Identität voraus, wie man sie in etablierten Nationalstaaten finden kann. Innerhalb der Europäischen Union existiert sie angesichts der historischen, linguistischen, kulturellen, ethnischen und institutionellen Unterschiede zwischen den Mitgliedstaaten aber nicht.[174] Würde man eine reine *Input-Legitimation* fordern, wäre jegliche Mitwirkung von gesellschaftlichen Gruppen und Verbänden, die nicht über eine ununterbrochene Legitimationskette zu den Bürgerinnen und Bürgern verfügen, ausgeschlossen. Ein Zugewinn an inhaltlicher Richtigkeit durch die Hinzuziehung fachkompetenter Personen wäre vom Legitimationsmodell ausgeschlossen.[175]

Scharpf betont daher die *Output-Perspektive*, die die Berücksichtigung einer größeren Zahl legitimierender Mechanismen erlaube.[176] Sie leite Legitimation von der „Fähigkeit zur Lösung von Problemen ab, die kollektiver Lösungen bedürfen"[177], und damit von den Politikergebnissen. Anders formuliert „hängt [sie] von der Fähigkeit der Herrschaftsgewalt ab, effiziente und effektive Problemlösungen zu erbringen, die den Bedürfnissen, Wünschen und Zielen der Regierten entsprechen."[178] Output-Legitimation gründe sich auf ein gemeinsames Interesse, nicht auf eine gemeinsame Identität und beruhe nicht auf dem Vertrauen einer Minderheit in die Mehrheit. Zum Ausgleich stelle sie höhere institutionelle Anforderungen und sei in ihrer sachlichen Reichweite begrenzter.

Mechanismen output-orientierter Legitimation seien die Verantwortung gegenüber dem Wähler durch allgemeine, freie und gleiche Wahlen; unabhängige Expertokratie; koporatistische und intergouvernementale Vereinbarungen; sowie pluralistische Politiknetzwerke. Diese Mechanismen sollen einerseits effektive Problemlösungen ermöglichen, andererseits den Missbrauch öffentlicher

---

171 *Scharpf*, Regieren in Europa: effektiv und demokratisch?, 1999, S. 18.

172 Kapitel 1, A. III. der vorliegenden Arbeit.

173 *Habermas*, Legitimation Crisis, 1999.

174 *Scharpf*, Regieren in Europa: effektiv und demokratisch?, 1999, S. 17 ff.

175 *Schliesky*, Souveränität und Legitimität von Herrschaftsgewalt, 2004, S. 281.

176 *Scharpf*, Regieren in Europa: effektiv und demokratisch?, 1999, S. 20.

177 *Scharpf*, Regieren in Europa: effektiv und demokratisch?, 1999, S. 20.

178 *Höreth*, Die Europäische Union im Legitimationstrilemma, 1999, S. 85 ff.; *Scharpf*, Regieren in Europa, 1999, S. 20 ff.

Macht verhindern. Die output-Perspektive erinnert an die sachlich-inhaltliche Komponente der nationalstaatlichen Demokratietheorie. Während jene aber die Ausrichtung der Regelungsinhalte am Willen der Normunterworfenen einzig durch regelmäßige Wahlen (und das Gesetzgebungsrecht des aus diesen Wahlen hervorgegangenen Parlaments) gewährleistet sieht,[179] erlaubt die Output-Perspektive die Berücksichtigung alternativer Legitimationsmechanismen. So kann sie auch die Einbindung bürgerschaftlicher Strukturen und ihren Beitrag zur Erhöhung des demokratischen Legitimationsniveaus in der EU erfassen.

Auf nationaler Ebene koexistieren input- und output-orientierte Legitimität und „verstärken, ergänzen und ersetzen"[180] sich gegenseitig. Da aber die EU gerade keinen Staat darstellt, könne es *Scharpfs* Ansicht nach ausreichen, wenn nur eine der beiden Dimensionen demokratischer Legitimation verwirklicht sei. Die Grenze für eine reine Output-Orientierung soll erreicht sein, wenn Entscheidungen von Akteuren oktroyiert würden, die in keiner Weise von der betroffenen Bevölkerung ermächtigt oder ihr gegenüber verantwortlich seien (etwa einer Militärregierung).[181] Diese Grenze sei in der Europäischen Union sicherlich nicht erreicht, schon die durch den Ministerrat entliehenen nationalen „Legitimationsreserven" sorgten für eine (mittelbare) Rückbindung an die Bevölkerung.[182]

Scharpfs Modell stellt zweifellos einen Meilenstein in der Entwicklung einer genuin europäischen Demokratietheorie dar. Es erkennt die besondere Gestalt der Europäischen Union an und ermöglicht die Berücksichtigung ergänzend legitimierender Faktoren. Mit der Grenzziehung reiner Output-Legitimation (jedenfalls) bei einseitigem Aufzwingen von Entscheidungen wird allerdings ein sehr weiter Maßstab formuliert. Auch werden Erklärungen, die ihre Legitimität ausschließlich aus den Politikergebnissen, also der Output-Legitimation herleiten, zunehmend von den europäischen Bürgerinnen und Bürgern nicht mehr akzeptiert. Vielmehr wird eine Kombination von input- und output-orientierten Legitimationsquellen gefordert.[183]

---

179 *Böckenförde*, Demokratie als Verfassungsprinzip, in: Isensee/Kirchhof (Hrsg.), Handbuch des Staatsrechts, 2004, § 24, Rn. 21, S. 441f.; *Schwarze*, Legitimation kraft virtueller Repräsentation, RdA 2001, S. 208, (212 f.).

180 *Scharpf*, Regieren in Europa: effektiv und demokratisch?, 1999, S. 21.

181 *Scharpf*, Regieren in Europa: effektiv und demokratisch?, 1999, S. 33.

182 *Scharpf*, Regieren in Europa: effektiv und demokratisch?, 1999, S. 32.

183 Vgl. *Freise*, Was meint Brüssel eigentlich, wenn von Zivilgesellschaft die Rede ist?, Forschungsjournal NSB, Jg. 21, 2/2008, S. 16 (19).

V. Dreispuriges Legitimationsmodell

Man kann innerstaatlich geltende Grundsätze nicht eins zu eins auf die europäische Ebene übertragen. Dafür besteht auch kein Bedürfnis, denn die Europäische Union ist kein Staat und wird auf absehbare Zeit die einzelnen Nationalstaaten nicht ablösen. In der Gesamtschau lässt sich dennoch eine – wenn auch oft durch Stagnation und Rückschläge unterbrochene – fortschreitende Integration feststellen, die immer mehr Lebensbereiche erfasst. Mit der Weiterentwicklung von Integrationsdichte und Integrationsumfang muss sich aber auch die demokratische Legitimation der EU weiter entwickeln und an Dichte und Umfang gewinnen. Anders als im „monistisch gedachten Nationalstaat [...] kann dies aber nicht mehr durch ein einziges Legitimationsverfahren, etwa durch die Parlamentswahl, gewährleistet werden."[184] Europäische Legitimation wird auch als „Bausteinlegitimation"[185] bezeichnet, die sich – „anders als bislang für den Nationalstaat von der herrschenden deutschen Staatsrechtslehre konzipiert – [...] aus mehreren rechtlich miteinander verzahnten Faktoren und Verfahren"[186] zusammensetze. Legitimationsverfahren von verschiedenen Legitimationssubjekten können gerade in ihrem Zusammenwirken „für ein ausreichendes Legitimationsniveau sorgen"[187].

Da man sich weitgehend einig ist, dass für supranationale Herrschaftsgewalt ein alleiniger monistischer input-Legitimationsstrang nicht ausreichend ist,[188] existieren verschiedene Legitimationsmodelle, die die demokratische Legitimation der Europäischen Union nicht aus einer einzigen Quelle, sondern anhand verschiedener Legitimationsstränge erklären.

Dem **zweispurigen Legitimationsmodell** zufolge werde die demokratische Legitimation der Europäischen Union zum einen unmittelbar durch das Europäische Parlament, zum anderen mittelbar durch die mitgliedstaatlichen Parlamente gewährleistet.[189] Kritisiert lässt sich, dass dieser Dualismus „angesichts der Pluralität von Legitimationssubjekten und Herrschaftsträgern zu kurz"[190] greife. Ein Erklärungsansatz, der von zwei im Wechselverhältnis stehenden Strängen

184 *Schliesky*, Souveränität und Legitimität von Herrschaftsgewalt, 2004, S. 597.

185 *Schliesky*, a.a.O.

186 *Schliesky*, a.a.O.

187 *Schliesky*, a.a.O.

188 M.w.N. *Schliesky*, Souveränität und Legitimität von Herrschaftsgewalt, 2004, S. 698.

189 *Kaufmann-Bühler*, in: Lenz/Borchardt (Hrsg), EU-Verträge, 6. Auf. 2013, Art. 10 EUV, Rn. 5; *Schliesky*, Souveränität und Legitimität von Herrschaftsgewalt, 2004, S. 698.

190 *Schliesky*, a.a.O.

ausgeht und die primäre Legitimationsquelle bei den nationalen Parlamenten sucht, ist stark im nationalstaatlichen Verständnis verwurzelt und vermag für eine in ihrer Integration fortgeschrittene Union nicht mehr zu überzeugen. Er vernachlässigt auch die besondere, in ihrer Bedeutung gewachsene Rolle zivilgesellschaftlicher Partizipation.

Andere vertreten, die Europäische Union verfüge über ***vier demokratische Legitimationsstränge***[191]: (1) die von ihren nationalen Parlamenten gewählten Regierungen der Mitgliedstaaten als Vertreter der einzelstaatlichen Interessen im Ministerrat, (2) das aus Direktwahlen hervorgegangene Europäische Parlament, (3) den Willen der Unionsbürger, kundgetan in den Wahlen zum Europäischen Parlament, zu den nationalen Volksvertretungen und in der Form des unionsweiten Bürgerbegehrens (Art. 11 Abs. 4 EUV), sowie (4) die nationalen Parlamente, denen der Vertrag von Lissabon in Art. 12 EUV erweiterte Mitwirkungsrechte einräume. Dem ist insofern zuzustimmen, als den Unionsbürgern und ihren bürgerschaftlichen Mitwirkungsmöglichkeiten gesteigerte Bedeutung beizumessen sind. Um den Besonderheiten der EU gerecht zu werden, sollte man unterscheiden, ob demokratische Legitimation wie im Ministerrat rein nationalen Ursprungs, oder wie im Europäischen Parlament originär europäischen Ursprungs ist. Gleichzeitig müssen alternative Legitimationsfaktoren berücksichtigt werden. Diesen Erfordernissen entsprechend wird in der vorliegenden Arbeit ein **„dreispuriges" (oder dreistufiges) Legitimationsmodell** entwickelt und vertreten: Neben die über den Ministerrat vermittelten nationalen Parlamente und neben das Europäische Parlament treten die europäischen Bürger mit originär unionsrechtlichen Mitwirkungsmöglichkeiten. Hiervon erfasst sind insbesondere alternative Legitimationskonzepte, die auf eine verstärkte Beteiligung zivilgesellschaftlicher Akteure setzen. Sie können mithelfen, die demokratische Legitimation der EU in der Summe zu erhöhen und die Akzeptanz europäischer Regelungen durch Partizipation und größere Sachnähe zu verbessern. Dieser dritte Strang europäischer Legitimation ist mit dem Vertrag von Lissabon entschieden gestärkt worden. Er kann keinen der anderen vollständig ersetzen, aber beide ergänzen. Auch dann, wenn die beiden erstgenannten Stränge gemeinsam kein ausreichendes Legitimationsniveau vermitteln, kann der dritte dafür sorgen, dass in der Summe ausreichend demokratische Legitimation erreicht wird. Diese dritte Spur demokratischer Legitimation ist also kumulativ, nicht alternativ zu den beiden anderen Strängen der EU zu verstehen. Damit behandelt der in

---

191 Vgl. *Schäfer*, in: Dauses (Hrsg.), Handbuch des EU-Wirtschaftsrechts, Band 1, 31. EL, 2012, A.II, Rn. 445.

dieser Arbeit vertretene Demokratiebegriff die „von ihren nationalen Parlamenten gewählten Regierungen der Mitgliedstaaten (...) im Rat der EU" als Vertreter der nationalen Parlamente und fasst so die Legitimationsstränge (1) und (4) zusammen.

An dieser Stelle der Arbeit können lediglich allgemeinere Feststellungen getroffen werden. So lässt sich kaum generalisierbar beurteilen, ob durch zivilgesellschaftliche Partizipation ausreichende oder sogar bessere demokratische Legitimation in der EU erreicht wird. Vielmehr müssen die unterschiedlichen Formen des Dialogs mit der Zivilgesellschaft daraufhin untersucht werden, ob sie im Einzelnen die in ihnen getroffenen Entscheidungen legitimieren können.

1. Spur: Nationale Parlamente

Die nationalen Parlamente stellen nach wie vor eine wichtige Quelle demokratischer Legitimation dar. Da die Regierungen der Mitgliedstaaten entscheiden, wen sie in den Ministerrat entsenden, setzt sich die (insbesondere organisatorisch-personelle) demokratische Legitimation der nationalen Wahl- oder Ernennungsverfahren mittelbar im Rat fort. Geschwächt wird diese legitimierende Rückbindung allerdings durch die Möglichkeit von Mehrheitsentscheidungen. Eine Einflussnahme der nationalen Parlamente über ihre jeweiligen Minister scheidet nämlich aus, wenn diese überstimmt werden und so mit ihren Auffassungen keinen Niederschlag in der Ratsentscheidung finden. Hier hat der Vertrag von Lissabon insofern zu Verbesserungen geführt, als für das Erreichen einer qualifizierten Mehrheit nicht nur die Zahl der von den Ratsmitgliedern vertretenen Staaten relevant ist, sondern auch die Größe ihrer Bevölkerung und die Zahl der von ihnen vertretenen Unionsbürger. Gem. Art. 16 Abs. 4 EUV basiert die qualifizierte Mehrheit bei Abstimmungen auf einem System der doppelten Mehrheit. Diese erfordert das Erreichen eines „Staatenquorums" und eines „Bevölkerungsquorums".[192] Das Staatenquorum erfordert das Erreichen von mindestens 55% der Mitglieder des Rates, das Staatenquorum von mindestens 65% der Bevölkerung der EU.[193] Diese mit dem Vertrag von Lissabon neu

---

192 *Obwexer*, in: Streinz (Hrsg.), EUV/AEUV, 2. Aufl. 2012, Art. 16 EUV, Rn. 45.

193 *Obwexer*, in: Streinz (Hrsg.), EUV/AEUV, 2. Aufl. 2012, Art. 16 EUV, Rn. 45; *Geiger*, in Geiger/Khan/Kotzur (Hrsg.), EUV/AEUV, 5. Aufl. 2010, Art. 10 EUV, Rn. 10; *Epping*, in: Vedder/Heintschel vHeinegg (Hrsg.), Europäisches Unionsrecht, 1. Aufl. 2012; detailliert *Hix*, in Schwarze (Hrsg.), EU-Kommentar, 3. Aufl. 2012, Art. 16 EUV, Rn. 27 ff.; *Calliess*, in: Calliess/Ruffert (Hrsg), EUV/AEUV, 4. Aufl. 2011.

eingeführte Mehrheitsregelung gilt allerdings erst ab dem 1. November 2014.[194] Bis zur vollen Anwendung der mit dem Vertrag von Lissabon modifizierten qualifizierten Mehrheit sind Übergangsregelungen vorgesehen.[195] Diese sind im Protokoll (Nr. 36) über die Übergangsbestimmungen[196] vorgesehen (Art. 3 Protokoll Nr. 36). Mehrere Mitgliedstaaten stellten das neue Regime während der Verhandlungen heftig in Frage, weil sie das ihnen durch die Stimmenponderierung zukommende überproportionale Gewicht im Rat nicht verlieren wollten.[197] Sie haben einen Beschluss[198] durchgesetzt, nach dem ab dem 1. April 2017 eine Art „Sperrminorität" vergleichbar mit der „Ioannina-Formel"[199] geltend gemacht werden kann. Rechtsnatur und Rechtswirkungen dieses Beschlusses sind umstritten;[200] inhaltlich schränkt er die durch mehr Repräsentativität verbesserte demokratische Legitimation wieder ein.

Auch die Europäische Kommission ist mittelbar demokratisch legitimiert. Seit dem Vertrag von Nizza werden ihre Mitglieder zwar nicht mehr von den Regierungen der Mitgliedstaaten im gegenseitigen Einvernehmen, sondern durch den Rat in der Zusammensetzung der Staats- und Regierungschefs ernannt. Da die demokratische Legitimation des Ministerrats (auch in der genannten Zusammensetzung) aber rein nationalen Ursprungs ist, ist auch dieses Ernennungsverfahren nur mittelbar (national) legitimiert.

Die Ausübung von Hoheitsgewalt durch die EU wird für die in den einzelnen nationalen Staatsvölkern zusammengeschlossenen Staatsbürger institutionell-funktionell dadurch legitimiert, dass ihre nationalen Parlamente der Übertragung von Hoheitsrechten und der Wahrnehmung der übertragenen Hoheitsgewalt durch die Unionsorgane zugestimmt haben. Weder Ministerrat noch Kommission genügen aber alleine den Bedingungen einer dem Parlament oder der Mehrheitsentscheidung der Wähler voll verantwortlichen Regierung.

2. Spur: Europäisches Parlament

Anders als der Ministerrat und die Kommission ist das Europäische Parlament eine originär europäische Quelle demokratischer Legitimation. Als unmittelbar

---

194 *Obwexer*, in: Streinz (Hrsg.), EUV/AEUV, 2. Aufl. 2012, Art. 16 EUV, Rn. 44.

195 *Obwexer*, in: Streinz (Hrsg.), EUV/AEUV, 2. Aufl. 2012, Art. 16 EUV, Rn. 52.

196 ABl. 2010 C 83/322.

197 M.w.N. *Obwexer*, in: Streinz (Hrsg.), EUV/AEUV, 2. Aufl. 2012, Art. 16 EUV, Rn. 44.

198 Beschluss 2009/857/EG, ABl. 2009 L 314/73.

199 Vgl. zum Kompromiss von Ioannina *Streinz*, Europarecht, 2012, S. 124, Rn. 364.

200 Siehe dazu *Obwexer*, in: Streinz (Hrsg.), EUV/AEUV, 2. Aufl. 2012, Art. 16 EUV, Rn. 51.

von den Unionsbürgern gewähltes Vertretungsorgan kommt ihm eine besondere Bedeutung bei der Legitimationsvermittlung zu. Durch seine – entschieden aufgewerteten – Befugnisse im Gesetzgebungsverfahren vermag es einer Entscheidung sachlich-inhaltliche Legitimation zu vermitteln. Allerdings ist seine durch regelmäßige Wahlen hergestellte Verantwortlichkeit gegenüber der europäischen Bevölkerung in mehrfacher Hinsicht durchbrochen. Problematisch ist insbesondere, inwieweit der Grundsatz der Gleichheit der Wahl gewahrt bleibt. Das Parlament wird alle fünf Jahre gemäß dem „Beschluss und Akt zur Einführung allgemeiner unmittelbarer Wahlen der Abgeordneten der Versammlung vom 20. 09. 1976“[201] in Verbindung mit den nationalen Wahlgesetzen gewählt. Da die nationalen Wahlgesetze unterschiedlich ausgestaltet sind, werden die Mitglieder des Parlaments je nach ihrem Herkunftsland unterschiedlich gewählt. Hinzu kommt die Sitzverteilung im Parlament nach einem ponderierten Schlüssel, der auch nach der Neuformulierung in Art. 14 Abs. 2 UAbs. 1 S. 3 EUV nicht proportional zur Bevölkerungszahl ist.[202] Bei knapper Entscheidung zwischen politischen Richtungen im Europäischen Parlament besteht immer noch keine Gewähr dafür, dass die Mehrheit der abgegebenen Stimmen auch eine Mehrheit der Unionsbürger repräsentiert.[203]

Aus staatsrechtlicher Perspektive betrachtet wird der Grundsatz der Wahlgleichheit also nicht gewahrt; zudem erscheint zumindest fraglich, ob „der Unionsbürger“ überhaupt ein taugliches Zurechnungssubjekt für Demokratie auf europäischer Ebene darstellen kann.[204] Doch in einer nicht staatsanalog aufgebauten Union muss das Parlament in seiner konkreten Ausgestaltung gerade nicht den Anforderungen entsprechen, die auf der nationalstaatlichen Ebene gelten. Vielmehr können solche Defizite ausgeglichen werden: einerseits auf der ersten Legitimitätsspur durch die nationalen Parlamente, andererseits auf der dritten Legitimitätsspur durch zivilgesellschaftliche Akteure. Hierbei sind die spezifischen Defizite im Auge zu behalten und durch entsprechende Anforderungen in anderen Bereichen auszugleichen. Dem Bedürfnis, die europäische

201 ABl. Nr. L 278, v. 08.10.1976, S. 5–11.

202 Vgl. *Streinz*, Europarecht, 2012, S. 108, Rn. 303; *Schoo*, in: Schwarze (Hrsg.), EU-Kommentar, 3. Aufl. 2012, Art. 14 EUV, Rn. 40; *Epping*, in: Vedder/Heintschel vHeinegg (Hrsg.), Europäisches Unionsrecht, 1. Aufl. 2012, Art. 14 EUV, Rn. 5; *Kluth*, in: Calliess/Ruffert (Hrsg.), 4. Aufl. 2011, Art. 14 EUV, Rn. 23; *Huber*, in: Streinz (Hrsg.), EUV/AEUV, 2. Aufl. 2012, Art. 14 EUV, Rn. 47 f.

203 BVerfGE 123, 267 (372).

204 Vgl. BVerfGE 123, 267 (378).

Bevölkerung (auch zahlenmäßig) zu repräsentieren, ist etwa das noch zu behandelnde Merkmal der „Repräsentativität" geschuldet.

3. Spur: Zivilgesellschaft

Die zusätzliche Einbindung von zivilgesellschaftlichen Akteuren kann das Niveau demokratischer Legitimation in der EU erhöhen. Demokratische Legitimation wird hier nicht als absoluter, sondern als skalierbarer Wert interpretiert, stets muss aber ein bestimmtes (Mindest-) Niveau erreicht werden. Dieses Niveau ist abhängig von der konkreten Gestalt der EU: Je weiter die Integration fortschreitet und je stärker in die Lebenssphäre von Bürgern eingegriffen wird, umso höher muss das demokratische Legitimationsniveau sein. Außerdem sind die Anforderungen an dessen Qualität und Quantität abhängig von der konkreten Entscheidung, die auf europäischer Ebene getroffen wird.

Eine genuin europäische Öffentlichkeit und entsprechend eine genuin europäische Zivilgesellschaft gibt es (noch) nicht. Wenn sich Bürger aber, auch auf nationaler Ebene, zu Vereinigungen zusammen schließen, stellt dies einen basisdemokratischen Ausdruck des Bürgerwillens dar. Zu beachten ist auch ein Wandel im Demokratieverständnis der Bürgerinnen und Bürger. Viele Menschen sind eher bereit, sich in NGOs und anderen zivilgesellschaftlichen Zusammenschlüssen zu organisieren, als politischen Parteien beizutreten. Allerdings ist die demokratische Legitimation zivilgesellschaftlicher Organisationen selbst umstritten: Ihnen wird vorgeworfen, elitär und mangels demokratischer Wahlverfahren nicht demokratisch legitimiert zu sein. Der Vorwurf der Elitenbildung mit gleichzeitiger Abschottung nach „unten" beruht auf der wechselvollen Bedeutungsgeschichte des Zivilgesellschaftsbegriffs, der lange Zeit nur eine bestimmte Personengruppe wie etwa die männlichen Bevölkerungsteile erfasste.[205] Mittlerweile dürften derartige Diskriminierungen überholt sein. Sollte es Organisationen geben, die ähnliche Maßstäbe anlegen, sind diese jedenfalls nicht auf europäischer Ebene einzubinden. Weiterhin sollten nur solche Organisationen Anerkennung durch Einbeziehung erhalten, deren binnenorganisatorische Strukturen demokratischen Anforderungen genügen. Ein Mindestkriterium, das für alle Organisationen gelten muss, die an der europäischen Willens- und Einheitsbildung beteiligt sein möchten, ist daher, dass sie selbst demokratische Strukturen aufweisen und demokratischen Grundsätzen genügen müssen.

---

205 Siehe Kapitel 1, A. I. der vorliegenden Arbeit.

VI. Fazit

Wenn sich Menschen in selbstgewählten Organisationen zur Verfolgung spezifischer Interessen zusammenzufinden, sollte man sich das hier vorhandene Potential an bürgerschaftlichem Engagement auf Unionsebene zugunsten einer lebendigen Demokratie nutzbar machen. Indem zivilgesellschaftlichen Organisationen verstärkt Partizipationsmöglichkeiten eingeräumt werden, können diese die Rückbindung zwischen Europäischer Union und europäischen Bürgerinnen und Bürgern verbessern. Gleichzeitig können das in der Zivilgesellschaft vorhandene Potential an Fachwissen sowie organisatorischen und personellen Möglichkeiten für die Europäische Union, die sich mit fortschreitender Erweiterung mit der immer schwierigeren Aufgabe der Integrationsvertiefung konfrontiert sieht,[206] genutzt werden. Der Informationsfluss zwischen Unionsorganen und Unionsbürgern kann in beide Richtungen verbessert werden. Mit der verstärkten Einbeziehung zivilgesellschaftlicher Organisationen sollte sich zudem eine originär europäische zivilgesellschaftliche Ebene herausbilden, die wiederum den Menschen die Bildung einer europäischen Identität erleichtert.

206 Hierzu grundlegend *Alsen*, Der Europäische Integrationsauftrag der EU, 2009.

Kapitel 2: Der Soziale Dialog

Der Soziale Dialog ist eine weitgehend institutionalisierte und etablierte Form der Einbindung zivilgesellschaftlicher Gruppen in die europäische Rechtsetzung. Dafür, dass er eine immense praktische Bedeutung hat und in seiner weitgehenden Einbeziehung nichtstaatlicher Akteure einzigartig ist, hat er bisher erstaunlich wenig Beachtung sowohl in der europarechtlichen Literatur als auch in der interessierten Öffentlichkeit erfahren. Zwar sind die Ergebnisse des Dialogs, wie etwa die Richtlinie zur Teilzeitarbeit[207], die Richtlinie über befristete Arbeitsverträge[208] und die Richtlinie zum Elternurlaub[209] weitreichend bekannt und von hoher praktischer Relevanz, das spezielle Verfahren, in dem sie erlassen wurden und das nationalen Tarifverhandlungen ähnelt, ist dagegen kaum bekannt. Beschäftigt man sich mit den Einzelheiten, wird deutlich, dass hier nichtstaatliche, zivilgesellschaftliche Akteure in einem hochgradig ausdifferenzierten System quasi-legislative Aufgaben übernehmen. Insofern ist der Soziale Dialog für die Fragestellung der vorliegenden Arbeit von hoher Relevanz. Da auch die Arbeitsmarktparteien zur (organisierten) Zivilgesellschaft zählen,[210] soll im Folgenden der Soziale Dialog auf Unionsebene eingehend betrachtet werden. Möglicherweise kann er als Vorbild für andere Formen zivilgesellschaftlicher Partizipation dienen.

Im weitesten Sinne beschreibt der Terminus „Sozialer Dialog" jede Form des Kontakts zwischen Arbeitgebern, Arbeitnehmern und anderen Akteuren, die soziale Fragen zum Inhalt hat.[211] Im Kontext der vorliegenden Arbeit relevant ist die Mitwirkung von Arbeitnehmern und Arbeitgebern, die sich zu Organisationen,

---

207 RiLi Nr. 97/81/EG vom 15.12.1997 zu der von UNICE, CEEP und EGB geschlossenen Rahmenvereinbarung über Teilzeitarbeit, ABl. Nr. L 14/9.

208 RiLi Nr. 99/70/EG des Rates vom 28.6.1999 zu der von UNICE, CEEP und EGB geschlossenen Rahmenvereinbarung über befristete Arbeitsverträge, ABl. Nr. L 175/43.

209 RiLi Nr. 96/34/EG vom 3.6.1996 zu der von UNICE, CEEP und EGB geschlossenen Vereinbarung über Elternurlaub, ABl. Nr. L 154/4.

210 Siehe Kapitel 1, B. II. 2. der vorliegenden Arbeit.

211 *Krebber*, in: Calliess/Ruffert (Hrsg.), EUV/AEUV, 4. Aufl. 2011, Art. 154 AEUV, Rn. 1.

den Sozialpartnern, zusammengeschlossen haben. Es gibt Sozialpartner im engeren Sinne, die im sog. *formellen* Sozialen Dialog der Art. 154, 155 AEUV mitwirken können, und Sozialpartner im weiteren Sinne, die Vertretungen von Arbeitnehmern oder Arbeitgebern darstellen, ohne dass ihnen spezielle Rechte zukommen.[212] Letztere können im vertraglich nicht näher geregelten *informellen* Dialog tätig werden. Eine Unterscheidung wird auch getroffen zwischen *bilateralen* Kontakten, an denen nur Arbeitgeber- und Arbeitnehmerorganisationen beteiligt sind, und Kontakten unter Einbeziehung der europäischen Institutionen, die als *trilateraler* Dialog oder *Drei-Parteien-Konzertierung* bezeichnet werden.[213] Der Dialog kann zudem als alle Wirtschaftszweige betreffender *branchenübergreifender* Dialog oder als auf bestimmte Sektoren wie beispielsweise Chemie, Bau und Holzverarbeitung oder Sicherheitsgewerbe beschränkter *sektoraler* Dialog stattfinden.[214]

A. Formeller Sozialer Dialog

Das in den Art. 154, 155 AEUV geregelte Verfahren des formellen Sozialen Dialogs ermöglicht es Sozialpartnern auf Unionsebene, miteinander Vereinbarungen zu schließen, die in den Mitgliedstaaten umgesetzt werden oder durch einen Ratsbeschluss allgemeine Verbindlichkeit erlangen können. Damit ist diesen Organisationen erheblicher Einfluss auf Legislativvorhaben im Bereich der Arbeits- und Sozialpolitik eingeräumt.[215]

I. Entwicklung

In den 1980er Jahren kam es insbesondere durch die Blockadepolitik Großbritanniens zu einem Stillstand in der europäischen Sozialpolitik. Vor dem Hintergrund des geplanten Beitritts weiterer Mitgliedstaaten gab dies Anstoß dazu, das Legislativverfahren für eine verstärkte Beteiligung von Gewerkschaften und

---

212 *Krebber*, in: Calliess/Ruffert (Hrsg.), EUV/AEUV, 4. Aufl. 2011, Art. 154 AEUV, Rn. 3.

213 Vgl. *Gassner*, in: Vedder/Heintschel vHeinegg (Hrsg.), Europäisches Unionsrecht, 1. Aufl. 2012, Art. 152 AEUV, Rn. 4; vgl. noch zu Art. 138 EGV a.F. *Rust*, in: vdGroeben/Schwarze (Hrsg.), 6. Aufl. 2003, Rn. 8; vgl. auch *Rebhahn*, in: Schwarze (Hrgs.), EU-Kommentar, 3. Aufl. 2012, Art. 155 AEUV, Rn. 1; *Eichenhofer*, in: Streinz (Hrsg.), EUV/AEUV, 2. Aufl. 2012, Art. 155 AEUV, Rn. 1.

214 *Rebhahn*, in: Schwarze (Hrsg.), EU-Kommentar, 3. Aufl. 2012, Art. 154 AEUV, Rn. 1.

215 Vgl. *Piazolo*, Der Soziale Dialog, 1999, S. 21.

Arbeitgeberverbänden zu öffnen.[216] Im Jahr 1985 initiierte Kommissionspräsident *Jacques Delors* ein Treffen der führenden Vertreter des Europäischen Gewerkschaftsbundes (EGB), der Union der Industrien der Gemeinschaft (UNICE) und der Europäischen Zentrale der öffentlichen Wirtschaft (CEEP) im Brüsseler Schloss Val Duchesse, das sich in einer Reihe regelmäßiger Treffen fortsetzte.[217] 1987 wurde dieser vormals ohne rechtliche Grundlage erfolgte Dialog primärrechtlich in Art. 118b EGV a.F. kodifiziert.[218] Formuliert war zunächst lediglich eine Bemühenspflicht, und Sanktionen im Fall eines Verstoßes waren nicht vorgesehen.[219] Mit ähnlichem Wortlaut wurde der Dialog mit den Sozialpartnern 1989 in die Gemeinschaftscharta der Sozialen Grundrechte aufgenommen,[220] die wegen des Widerstands Großbritanniens von nur elf Staats- und Regierungschefs unterzeichnet wurde.[221] Als sich auch im Zuge der Verhandlungen über den Vertrag von Maastricht abzeichnete, dass Großbritannien eine Erweiterung der Kompetenzen für den Bereich der Sozialpolitik nicht mittragen würde,[222] entschlossen sich die übrigen Mitgliedstaaten zu einem fakultativen Abkommen zur Sozialpolitik (ASP), das 1992 dem Gründungsvertrag der Europäischen Union[223] beigefügt wurde. Es beruhte im Wesentlichen auf einem Entwurf, den EGB, UNICE und CEEP miteinander ausgehandelt hatten, und kodifizierte in seinen Art. 3 und 4 den formellen Sozialen Dialog weitgehend so, wie wir ihn heute kennen.[224]

---

216 *Rust*, Der rechtliche Rahmen des Dialogs mit der Zivilgesellschaft auf EU-Ebene, in: Ensslen/König/Walz (Hrsg.), Interessenvertretung durch NGOs auf EU-Ebene, 2004, S. 43 (51).

217 „Val-Duchesse-Dialog".

218 „Die Kommission bemüht sich darum, den Dialog zwischen den Sozialpartnern auf europäischer Ebene zu entwickeln, der, wenn diese es für wünschenswert halten, zu vertraglichen Beziehungen führen kann."

219 M.w.N. *Bödding*, Die europarechtlichen Instrumentarien der Sozialpartner, 1996, S. 66.

220 Gem. deren Art. 12 kann „der auszubauende europaweite Dialog zwischen den Sozialpartnern (...) zu Vertragsverhältnissen namentlich auf branchenübergreifender und sektorieller Ebene führen", KOM (89) 248 endg., v. 09.12.1989.

221 *Gilles*, Das Zustandekommen und die Durchführung von Sozialpartnervereinbarungen im Rahmen des europäische sozialen Dialogs, 1999, S. 56.

222 Zu den Motiven der britischen Regierung *Towers*, Two speeds ahead: social Europe and the UK after Maastricht, IRJ 1992, S. 83 ff.

223 ABl. Nr. C 191, v. 29.06.1992.

224 Artikel 3
(1) Die Kommission hat die Aufgabe, die Anhörung der Sozialpartner auf Gemeinschaftsebene zu fördern, und erlässt alle zweckdienlichen Maßnahmen,

Das ASP begründete eine konkrete Anhörungspflicht der Kommission und erkannte die Sozialpartner als Akteure mit eigenen Verfahrensrechten und Beteiligungsmöglichkeiten an.[225] Nach einem Regierungswechsel in Großbritannien war es 1997 mit dem Amsterdamer Vertrag[226] möglich, die substanziellen Bestimmungen des ASP in die Art. 136 ff des EGV a.F. zu überführen und so für alle Mitgliedstaaten verbindlich zu machen.[227] Neu in Art. 136 EGV a.F. aufgenommen wurde ein ausdrücklicher Verweis auf die Gemeinschaftscharta der sozialen Grundrechte der Arbeitnehmer[228]. Mit dem Vertrag von Nizza wurde die

---

um den Dialog zwischen den Sozialpartnern zu erleichtern, wobei sie für Ausgewogenheit bei der Unterstützung der Parteien sorgt.

(2) Zu diesem Zweck hört die Kommission vor Unterbreitung von Vorschlägen im Bereich der Sozialpolitik die Sozialpartner zu der Frage, wie eine Gemeinschaftsaktion gegebenenfalls ausgerichtet werden sollte.

(3) Hält die Kommission nach dieser Anhörung eine Gemeinschaftsmaßnahme für zweckmäßig, so hört sie die Sozialpartner zum Inhalt des in Aussicht genommenen Vorschlags. Die Sozialpartner übermitteln der Kommission eine Stellungnahme oder gegebenenfalls eine Empfehlung.

(4) Bei dieser Anhörung können die Sozialpartner der Kommission mitteilen, daß sie den Prozeß nach Artikel 4 in Gang setzen wollen. Die Dauer des Verfahrens darf höchstens neun Monate betragen, sofern die betroffenen Sozialpartner und die Kommission nicht gemeinsam eine Verlängerung beschließen.

Artikel 4:

(1) Der Dialog zwischen den Sozialpartner kann, falls sie es wünschen, zur Herstellung vertraglicher Beziehungen, einschließlich des Abschlusses von Vereinbarungen, führen.

(2) Die Durchführung der auf Gemeinschaftsebene geschlossenen Vereinbarungen erfolgt entweder nach den jeweiligen Verfahren und Gepflogenheiten der Sozialpartner und der Mitgliedstaaten oder – in den durch Artikel 2 erfaßten Bereichen – auf gemeinsamen Antrag der Unterzeichnerparteien durch einen Beschluß des Rates auf Vorschlag der Kommission.

(…)

(3) Abgedruckt in: Soziales Europa 2/1992, S. 180; zur Entstehungsgeschichte ausführlich *Schulz*, Grundlagen und Perspektiven einer Europäischen Sozialpolitik, 2003, S. 65–102; *Hartenberger*, Europäischer Dialog nach Maastricht, 2001, S. 66 ff.

225 *Gilles*, Das Zustandekommen und die Durchführung von Sozialpartnervereinbarungen im Rahmen des europäischen sozialen Dialogs, 1999, S. 25.

226 ABl. Nr. C 340, v. 10.11.1997.

227 *Deinert*, Partizipation europäischer Sozialpartner an der Gemeinschaftsrechtssetzung, RdA 2004, S. 211 (215).

228 KOM (89) 248 endg., v. 09.12.1989.

Beteiligung der mitgliedstaatlichen Sozialpartner bei der Umsetzung von Richtlinien ohne inhaltliche Änderungen in Art. 137 Abs. 3 EGV a.F. (vorher Art. 137 Abs. 4 EGV a.F.) geregelt. Der Vertrag von Lissabon modifiziert Einzelheiten des formellen Sozialen Dialogs, ohne ihn grundlegend zu ändern. Die Formulierung „bei dieser Anhörung" in Art. 138 Abs. 4 S. 1 EGV a.F. wird durch „bei den Anhörungen nach den Absätzen 2 und 3" in Art. 154 Abs. 3 AEUV ersetzt, in S. 2 heißt es „des Verfahrens" an Stelle von „dieses Prozesses". Art. 155 Abs. 2 AEUV sieht nun ausdrücklich vor, dass „das Europäische Parlament (...) unterrichtet [wird]." Das war vorher bereits übliche Praxis.[229]

Art. 155 Abs. 2 UAbs. 2 AEUV statuiert die für den Ratsbeschluss erforderliche Mehrheit: Falls eine Bestimmung der Vereinbarung einen der Bereiche des Art. 153 Abs. 1 AEUV betrifft, für den nach Art. 153 Abs. 2 UAbs. 2 AEUV Einstimmigkeit erforderlich ist, muss auch der Ratsbeschluss einstimmig erfolgen. Im Übrigen gilt das ordentliche Gesetzgebungsverfahren (Art. 294 AEUV), was anders als in Art. 139 Abs. 2 UAbs. 2 EGV a.F. nicht mehr explitzit klargestellt wird. Dann entscheidet der Rat mit qualifizierter Mehrheit (Art. 16 Abs. 3 EUV).[230]

II. Das Verfahren der Art. 154, 155 AEUV

Rechtsgrundlage des formellen Sozialen Dialogs sind die Art. 154, 155 AEUV. Während Art. 154 Abs. 1–3 AEUV den Sozialpartnern Anhörungsrechte einräumt, eröffnen ihnen Art. 154 Abs. 4, 155 AEUV die Möglichkeit, Vereinbarungen abzuschließen, die mittels bestimmter Verfahren durchgeführt werden können.[231]

1. Anhörung gem. Art. 154 AEUV

Sinn und Zweck des Anhörungsverfahrens ist es, den Sachverstand und die Auffassungen der Sozialpartner in den Gesetzgebungsprozess einzubringen, um die europäische Sozialpolitik praxis- und bürgernäher zu gestalten.[232]

---

229 *Benecke*, in: Grabitz/Hilf/Nettesheim (Hrsg.), 49. EL 2012, Art. 155 AEUV, Rn. 9.

230 *Coen*, in: Lenz/Borchardt (Hrsg.), EU-Veträge, 2012, Art. 155 AEUV, Rn. 5; *Krebber*, in: Calliess/Ruffert (Hrsg.), EUV/AEUV, 2011, Art. 155 AEUV, Rn. 27.

231 *Krebber*, in: Calliess/Ruffert (Hrsg.), EUV/AEUV, 4. Aufl. 2011, Art. 154 AEUV, Rn. 2; *Rebhahn*, in: Schwarze (Hrsg.), EU-Kommentar, 3. Aufl. 2012, Art. 154 AEUV, Rn. 11; *Eichenhofer*, in: Streinz (Hrsg.), EUV/AEUV, 2. Aufl. 2012, Art. 154 AEUV, Rn. 5.

232 *Schulz*, Grundlagen und Perspektiven einer Europäischen Sozialpolitik, 2003, S. 168.

Die Regelungen des Art. 154 Abs. 1–3 AEUV, die in einer Mitteilung der Kommission vom 14.12.1993[233] konkretisiert werden, begründen zunächst Anhörungsrechte der Sozialpartner. Insofern stellen sie kein Novum zivilgesellschaftlicher Partizipation dar, denn Anhörungsrechte kommen etwa auch dem Wirtschafts- und Sozialausschuss zu (vgl. Art. 300–304 AEUV). Zwar sind die Anhörungsrechte der Sozialpartner auf Unionsebene differenzierter ausgestaltet, ihre besondere Relevanz erhalten sie aber erst durch die Möglichkeit, in durchführbare Vereinbarungen zu münden.

Konkret erfolgt die Anhörung gem. Art. 154 AEUV in zwei Phasen: Zunächst werden die Sozialpartner gem. Art. 154 Abs. 2 AEUV zur *Ausrichtung* einer Unionsaktion gehört. Hält die Kommission danach den Erlass einer Maßnahme grundsätzlich für sinnvoll, sind die Sozialpartner gem. Art. 154 Abs. 3 S. 1 AEUV zu deren *Inhalt* anzuhören. Während es in der ersten Phase um das „Ob" einer unionsrechtlichen Maßnahme geht, betrifft die zweite Phase das „Wie".[234] In jeder Anhörungsphase können die Sozialpartner gem. Art. 154 Abs. 4 AEUV das Verfahren an sich ziehen und in Verhandlungen eintreten. Dies stellt der Vertrag von Lissabon nochmals klar, indem er die Formulierung „bei dieser Anhörung" durch „bei den Anhörungen nach den Absätzen 2 und 3" ersetzt.

Im Folgenden soll geklärt werden, in welchen Fällen ein Anhörungsverfahren stattfinden muss, wann auf die erste eine zweite Anhörungsphase folgt und was passiert, wenn eine obligatorische Anhörung unterbleibt.

a. Europäische Sozialpolitik

Gem. Art. 154 Abs. 2 AEUV „hört" die Kommission die Sozialpartner bei Vorschlägen „im Bereich der Sozialpolitik". Das impliziert, dass ein Anhörungsverfahren obligatorisch durchzuführen ist, wenn ein Vorhaben dem „Bereich der Sozialpolitik" zuzuordnen ist. Es werden aber unterschiedliche Auffassungen zu der Frage vertreten, wann dies der Fall ist.

Der engsten Auffassung zufolge besteht eine Anhörungspflicht nur in den Fällen, in denen eine Maßnahme auf Art. 153 AEUV als Rechtsgrundlage gestützt werden soll.[235] Diese Auffassung wurzelt im Sonderstatus des dem Unionsvertrag lediglich beigefügten ASP: Das Anhörungsverfahren war in Art. 3

---

233 KOM (93) 322 endg., Die Anwendung des Protokolls über die Sozialpolitik, v. 14.12.1993.

234 Vgl. zur insoweit vergleichbaren Vorgängerregelung Art. 139 EGV a.F., *Waas*, Der Soziale Dialog auf Europäischer Ebene, ZESAR 2004, S. 443 (445).

235 *Benecke*, in: Grabitz/Hilf/Nettesheim (Hrsg), Das Recht der EU, 48. EL, 2012, Art. 154 AEUV, Rn. 4.

ASP geregelt und konnte sich nach verbreiteter Ansicht nur auf Vorhaben erstrecken, die aufgrund einer Rechtsgrundlage des ASP, insbesondere aufgrund Art. 2 ASP ergingen. Auch nach Inkorporation der entsprechenden Bestimmungen in den EGV wurde weiterhin vertreten, dass eine Anhörungspflicht nur in den in Art. 137 EGV a.F. (Art. 154 AEUV) geregelten Sachgebieten in Betracht komme.[236] Während aber schon unter Geltung des ASP nicht einhellig von einer Beschränkung auf die dortigen Rechtsgrundlagen ausgegangen wurde[237], sprechen für diese enge Auffassung nach Überführung der Regelungen in den EGV bzw. den AEUV kaum noch Argumente. Seit dem Lissaboner Reformvertrag ist der gesamte Titel X (Art. 151–161) AEUV mit „Sozialpolitik" betitelt. Das stützt die Auffassung, nach der eine Anhörungspflicht für jede Maßnahme besteht, die aufgrund einer Rechtsgrundlage des *gesamten* Kapitels über die Sozialpolitik (Art. 136–145 EGV a.F., Sozialpolitik, Beschäftigungsbedingungen, sozialer Schutz, Beschäftigungsförderung, Bekämpfung von Diskriminierungen) ergehen soll.

Noch weiter ausdehnen lässt sich das Anhörungserfordernis, wenn man nicht allein auf die Rechtsgrundlage, sondern den Inhalt einer Maßnahme abstellt. So wird vertreten, dass eine Anhörungspflicht auch für Vorhaben bestehen könne, die sich etwa auf die freizügigkeitsbezogenen Regelungen in Art. 46, 48 und 53 AEUV, die Art. 114, 115 AEUV, die Abrundungskompetenz des Art. 352 AEUV sowie Art. 19 AEUV stützen,[238] wenn sie *inhaltlich* den Bereich der Sozialpolitik betreffen.[239] Zwar bringt eine formale Bestimmung der Anhörungspflicht den Vorteil der Rechtssicherheit mit sich, der Wortlaut von Art. 154 AEUV („im Bereich der Sozialpolitik") zwingt aber nicht zur Beschränkung auf eine bestimmte Rechtsgrundlage. Auch die Kommission geht davon aus, dass eine Anhörung ungeachtet der gewählten Rechtsgrundlage erfolgen müsse.[240] Zieht man außerdem die für den Sozialen Dialog normierte Förderpflicht (vgl. Art. 152

236 *Langenfeld/Benecke*, in: Grabitz/Hilf/Nettesheim (Hrsg), Das Recht der EU, 40. EL, 2009, Art. 138 EGV a.F., Rn. 4.

237 Vgl. dazu *Wank*, Arbeitsrecht nach Maastricht, RdA 1995, S. 10 (19 f).

238 Siehe zur insoweit vergleichbaren Rechtslage vor In-Kraft-Treten des Vertrags von Lissabon *Theiss*, Die Durchführung europäischer Sozialpartnervereinbarungen auf nationaler Ebene, 2005, S. 25, Fn. 133.

239 Zur insoweit vergleichbaren Rechtslage vor In-Kraft-Treten des Vertrags von Lissabon *Schwarze*, in: Oetker/Preis (Hrsg.), EAS, 2006, 114. EL, B 8100, S. 17, Rn. 13; S. 42, Rn. 62.

240 KOM (93) 600 endg., Die Anwendung des Protokolls über die Sozialpolitik, v. 14.12.1993, S. 14 (Ziff. 28).

Abs. 1, 154 Abs. 1 AEUV) heran, muss für das Bestehen einer Anhörungspflicht entscheidend sein, ob ein von der Kommission in Aussicht genommenes Vorhaben inhaltlich Fragen der Sozialpolitik berührt, die die Gesamtheit der Maßnahmen zur Verbesserung der Lebens- und Arbeitsbedingungen der Unionsbürger umfasst.[241] Daher ist der weiten Auslegung zu folgen, für die außerdem spricht, dass in der Praxis die Sozialpartner in weitem Umfang angehört werden.[242]

b. Aktion

In Art. 154 Abs. 2 AEUV und Art. 154 Abs. 3 AEUV werden die Begriffe Unions*aktion* und Unions*maßnahme* verwendet. Hiermit sind aber noch keine grundsätzlich unterschiedlichen Handlungsformen gemeint. Dies wird insbesondere in den anderen Vertragssprachen deutlich, die teilweise in beiden Absätzen den gleichen Begriff verwenden (engl.: *Union action*; franz.: *une action de l'Union*).

Nun stellt sich die Frage, welchen Rechtscharakter ein Vorhaben haben muss, um die Anhörungspflicht nach Art. 154 AEUV auszulösen. Da die erste Anhörung durch die Kommission „vor der Unterbreitung von Vorschlägen" stattfindet, muss es sich jedenfalls um ein Vorhaben handeln, für das der Kommission ein Vorschlagsrecht zukommt. Dies gilt in beiden Anhörungsvarianten, denn die zweite Anhörungsphase kann nur als Folge der ersten stattfinden. Im Grundsatz werden alle Verordnungen, Richtlinien und Beschlüsse (vgl. Art. 289 Abs. 1 AEUV) auf Vorschlag der Kommission verabschiedet (Initiativmonopol der Kommission, vgl. Art. 293 Abs. 1 AEUV).[243] Andere Rechtsakte werden nur in den ausdrücklich im Primärrecht vorgesehenen Fällen aufgrund einer Kommissionsinitiative angenommen.

Außerdem kommen der Kommissionen in bestimmten Fällen Kompetenzen zum Erlass von Rechtsakten zu. So können der Rat und das Parlament die Kommission gem. Art. 290 AEUV und Art. 291 AEUV ermächtigen, delegierte Rechtsakte und Durchführungsrechtsakte zu erlassen.[244]

---

241 *Borchardt*, in: Dauses (Hrsg.), Handbuch des EU-Wirtschaftsrechts, Band 1, 31. EL, 2012, D. II, Rn. 1, S. 3.

242 Vgl. KOM (98) 322 endg., Anpassung und Förderung des Sozialen Dialogs auf Gemeinschaftsebene, v. 20.05.1998.

243 Vgl. *Streinz*, Europarecht, 2012, S. 197, Rn. 544; *Schoo*, in: Schwarze (Hrsg.), EU-Kommentar, 3. Aufl. 2012, Art. 289 AEUV, Rn. 5; *Ruffert*, in: Calliess/Ruffert (Hrsg.), EUV/AEUV, 4. Aufl. 2011, Art. 17 EUV, Rn. 5; etwas anderes gilt nur, wenn die Verträge dies ausdrücklich vorsehen, z.B. in Art. 86 Abs. 4 oder Art. 289 Abs. 4 AEUV.

244 Dazu mehr in Kapitel 3, E. II. der vorliegenden Arbeit.

Art. 154 Abs. 2 AEUV meint aber Fälle, in denen sich die Rolle der Kommission auf ein Vorschlagsrecht beschränkt, und nicht solche, in denen sie unmittelbar entscheiden oder sonst wie tätig werden kann.[245] Auch unverbindliche Handlungsformen der EU wie Empfehlungen und Stellungnahmen (vgl. Art. 288 Abs. 5 AEUV) bleiben außer Betracht, denn hier kann keine effektive Umsetzung erfolgen. Voraussetzung für eine Anhörungspflicht gem. Art. 154 Abs. 2 und Abs. 3 AEUV ist damit, dass die Kommission *nur* ein Vorschlagsrecht für einen verbindlichen Rechtsakt, also eine Verordnung, Richtlinie oder einen Beschluss, besitzt, der inhaltlich Fragen der Sozialpolitik berührt.

c. Ausrichtung

In der ersten Anhörungsphase haben die Sozialpartner Gelegenheit, sich dazu zu äußern, „wie eine Unionsaktion (...) ausgerichtet werden sollte“, bevor die Kommission einen konkreten Entwurf erarbeitet oder umfangreiche Vorarbeiten leistet.[246] Nachdem die Kommission den Sozialpartnern einen Vorschlag zugeleitet hat, können diese innerhalb von sechs Wochen ihre Stellungnahme schriftlich oder auf Wunsch in einer zu diesem Zweck einberufenen Sitzung abgeben.[247] Allerdings begründet weder das Primär- noch das Sekundärrecht eine Pflicht zur *inhaltlichen* Berücksichtigung der Stellungnahmen. Die Kommission muss die Bewertung der Sozialpartner zwar in ihre Willensbildung einbeziehen, kann aber jederzeit von deren Einschätzung abweichende Entscheidungen treffen.[248] Sie kann auch dann an einer Maßnahme festhalten, wenn die Sozialpartner diese ablehnen.

d. Inhalt

Möchte die Kommission an einer Maßnahme festhalten, geht das Anhörungsverfahren in die zweite Phase. Gem. Art. 154 Abs. 3 S. 1 AEUV werden die Sozialpartner nun zu deren Inhalt konsultiert. Abermals haben sie sechs Wochen

---

245 *Krebber*, in: Calliess/Ruffert (Hrsg.), EUV/AEUV, 4. Aufl. 2011, Art. 154 AEUV, Rn. 28; *Rebhahn*, in: Schwarze (Hrsg.), EU-Kommentar, 3. Aufl. 2012, Art. 154 AEUV, Rn. 4.

246 *Krebber*, in: Calliess/Ruffert (Hrsg.), EUV/AEUV, 4. Aufl. 2011, Art. 154 AEUV, Rn. 8; *Gilles*, Das Zustandekommen und die Durchführung von Sozialpartnervereinbarungen im Rahmen des europäischen sozialen Dialogs, 1999, S. 93.

247 KOM (93) 322, Die Anwendung des Protokolls über die Sozialpolitik, v. 14.12.1993, S. 2, Rn. 9, Spstr. 1.

248 *Buchner*, Die sozialpolitische Entwicklung der Europäischen Gemeinschaft, RdA 1993, S. 193 (200).

Zeit, sich schriftlich oder in einer auf Wunsch einberufenen Sitzung zu äußern.[249] Diese zweite Phase kann nur auf eine vorangegangenen Anhörung gem. Art. 154 Abs. 2 AEUV folgen und kann nicht isoliert stattfinden. Sie endet mit der Übermittlung einer Stellungnahme oder einer Empfehlung (Art. 154 Abs. 3 S. 2 a.E. AEUV) an die Kommission. Verbreitet werden unter *Stellungnahmen* die Einzeläußerungen eines Verbandes, unter *Empfehlungen* von den Sozialpartnern gemeinsam erarbeitete Standpunkte verstanden.[250] Demgemäß kommt Stellungnahmen ein entsprechend größeres Gewicht bei der Entscheidungsfindung der Kommission zu. Allerdings entfalten weder Stellungnahmen noch Empfehlungen rechtliche Bindungswirkung; wie in der ersten Anhörungsphase muss die Kommission sie in ihre Entscheidungsfindung einbeziehen, ist aber nicht inhaltlich an sie gebunden.

e. Verhandlungen

Teilen die Sozialpartner der Kommission mit, das Verfahren gem. Art. 155 AEUV in Gang setzen zu wollen, eröffnet ihnen dies die Möglichkeit, Vereinbarungen miteinander abzuschließen und durchführen zu lassen. Verzichten die Sozialpartner darauf, in eigene Verhandlungen einzutreten, oder scheitern von ihnen aufgenommene Verhandlungen endgültig, formuliert die Kommission selbst einen Legislativvorschlag. So haben die Sozialpartner beispielsweise im Anhörungsverfahren zur Richtlinie über Europäische Betriebsräte[251] und zur Mitbestimmungsrichtlinie[252] bekundet, keine eigenen Verhandlungen aufnehmen zu wollen. Zum Thema Leiharbeit sind sie zunächst in Verhandlungen i.S.v Art. 155 AUV eingetreten, die aber letztlich scheiterten.[253] Das weitere Gesetzgebungsverfahren richtet sich dann nach den einschlägigen Verfahrensbestimmungen

---

249 KOM (93) 322, Die Anwendung des Protokolls über die Sozialpolitik, v. 14.12.1993, S. 2, Rn. 9, SpStr. 4.

250 *Waas*, Der Soziale Dialog auf europäischer Ebene, ZESAR 2004, S. 443 (446), Fn. 36.

251 RiLi 94/45/EG des Rates vom 22.09.1994 über die Einsetzung eines Europäischen Betriebsrats oder die Schaffung eines Verfahrens zur Unterrichtung und Anhörung der Arbeitnehmer in gemeinschaftsweit operierenden Unternehmen und Unternehmensgruppen, ABl. Nr. L 254/64; geändert durch RiLi 97/74/EG vom 15.2.1997, ABl. Nr. L 10/22.

252 RiLi 2001/86/EG des Rates vom 08.10.2001 zur Ergänzung des Status der Europäischen Gesellschaft hinsichtlich der Beteiligung der Arbeitnehmer, ABl. Nr. L 294 v. 10.11.2001, S. 22–32.

253 Siehe KOM (2002) 149 endg., Vorschlag für eine RiLi des Europäischen Parlaments und des Rates über die Arbeitsbedingungen von Leiharbeitnehmern, v. 20.03.2002, Erwägungsgründe 5–9, sowie Begründung S. 9 f; KOM (2002) 701 endg., Geänderter

des AEUV, die auch für Initiativen ohne Mitwirkung der Sozialpartner gelten. Handelt es sich um einen Vorschlag für eine Richtlinie auf der Grundlage von Art. 153 Abs. 2 AEUV, und wird diese im ordentlichen Gesetzgebungsverfahren gem. Art. 293 AEUV erfolgreich erlassen, kann ihre Umsetzung auch durch die mitgliedstaatlichen Sozialpartner erfolgen (vgl. Art. 153 Abs. 3 AEUV).

f. Verletzung der Anhörungspflicht

Vertraglich nicht geregelt und dementsprechend umstritten sind die Rechtsfolgen einer Verletzung der Anhörungspflicht durch die Kommission.

Der EuGH hat sich noch nicht mit dieser Frage auseinandergesetzt, nach der bisherigen Rechtsprechung des EuG ist ein solcher Rechtsakt nichtig.[254] Den Entscheidungen des Gerichts lagen jeweils Fallkonstellationen zu Grunde, in denen das Anhörungsverfahren grundsätzlich stattgefunden hatte, allerdings ohne einzelne Organisationen, die sich für anhörungsberechtigt hielten, zu beteiligen. Welche Organisationen konkret anhörungsberechtigt sind, ist eine bedeutsame Frage, der die vorliegende Arbeit ein eigenes Unterkapitel (Kapitel 2, C. Die Sozialpartner) widmet.

Rebhahn stimmt zu, dass eine Richtlinie für nichtig zu erklären sei, wenn die Sozialpartner, die die zugrundeliegende ***Vereinbarung*** nach Art. 155 AEUV geschlossen haben, nicht ausreichend repräsentativ waren.[255] Unbeachtlich soll ihm zufolge aber sein, wenn Fehler lediglich in der ***Anhörungsphase*** unterlaufen sind.

Andere wollen weiter danach differenzieren, ob sich an die Anhörungsphase ein Verhandlungsverfahren gem. Art. 154 Abs. 5, 155 AEUV anschließe, in dem der konkret übergangene Sozialpartner mitwirke.[256] In diesen Fällen könne man von einer Heilung des Rechtsaktes ausgehen, weil sich für die Sozialpartner über die Anhörung hinausgehende Möglichkeiten zur Einflussnahme ergeben.[257] Einer sozialpartnerschaftlichen Organisation, die in der ersten Phase nicht angehört wird, ist aber sowohl die Möglichkeit genommen, sich grundsätzlich gegen einen bestimmten Rechtsakt auszusprechen, als auch der Kommission mitzuteilen, das Verfahren gem. Art. 155 AEUV in Gang setzen zu wollen.[258]

Vorschlag für eine RiLi des Europäischen Parlaments und des Rates über die Arbeitsbedingungen von Leiharbeitnehmern, v. .11.2002, Erwägungsgründe 5–9.

254 EuG, Rs. T-135/96, UEAPME/Rat, Slg. 1998, II-2335.

255 *Rebhahn*, in: Schwarze (Hrsg.), EU-Kommentar, 3. Aufl. 2012, Art. 154 AEUV, Rn. 10.

256 *Krebber*, in: Calliess/Ruffert (Hrsg.), EUV/AEUV, 4. Aufl. 2011, Rn. 34.

257 *Krebber*, Ebenda.

258 *Eichenhofer*, in: Streinz (Hrsg.), EUV/AEUV, 2. Aufl. 2012, Art. 154 AEUV, Rn. 4.

Damit ist diese Ansicht abzulehnen. Aus dem gleichen Grund ist die Ansicht *Rebhahns* abzulehnen, nach der lediglich Fehler in der Verhandlungsphase beachtlich sind.

Sachgerecht erscheint es demgegenüber, danach zu unterscheiden, ob die Kommission das Anhörungserfordernis generell missachtet oder (nur) einzelne Organisationen nicht beteiligt hat. Wurde ein Anhörungsverfahren gem. Art. 154 AEUV überhaupt nicht durchgeführt, so ist der auf der Grundlage des Kommissionsvorschlags erlassene Rechtsakt nichtig. Wurde das Anhörungsrecht einzelner Sozialpartner verletzt, so ist der entsprechende Rechtsakt trotzdem wirksam, dem übergangenen Sozialpartner ist aber ein Anspruch auf Zulassung zu späteren Verhandlungen zuzusprechen.[259] Um zu verhindern, dass einzelne anhörungsberechtigte Organisationen wiederholt ausgeschlossen werden, kann man erwägen, bei wiederholter Rechtsverletzung (gegenüber derselben Organisation) von einer Nichtigkeit des entsprechenden Rechtsaktes auszugehen.

2. Beziehungen gem. Art. 155 Abs. 1 AEUV

Gem. Art. 155 Abs. 1 AEUV können die Sozialpartner vertragliche Beziehungen, „einschließlich (…) Vereinbarungen" miteinander eingehen, die dann gem. Art. 155 Abs. 2 AEUV durchgeführt, das heißt rechtlich umgesetzt, werden. Diese Möglichkeit steht ihnen offen, nachdem sie im Anhörungsverfahren gem. Art. 154 Abs. 2, 3 AEUV der Kommission mitgeteilt haben, dass sie das Verfahren des Art. 155 AEUV in Gang setzen wollen. Die Sozialpartner können aber auch ohne vorheriges Verfahren nach Art. 154 AEUV und ohne Initiative der Kommission miteinander in Verhandlungen und in vertragliche Beziehungen treten. Streitig ist, ob solche autonomen Vereinbarungen ebenfalls mittels der in Art. 155 Abs. 2 AEUV genannten Mechanismen durchgeführt werden können. Einzelheiten der Durchführung werden in Kapitel 2, A. II. 3. der vorliegenden Arbeit behandelt.

a. Vertragliche Beziehungen

Während Art. 118b EGV i.d.F. der EEA nur von „vertraglichen Beziehungen" sprach, können die Sozialpartner seit Geltung des ASP „vertragliche Beziehungen, einschließlich des Abschlusses von Vereinbarungen" (vgl. Art. 155 Abs. 1 AEUV) miteinander aushandeln. Weder „vertragliche Beziehungen" (engl.: *contractual relations*; franz.: *relations conventionelles*) noch „Vereinbarungen" (engl.: *agreements*; franz.: *accords*) haben einen präzisen semantischen Gehalt im

259 Dafür auch *Krebber*, in: Calliess/Ruffert (Hrsg.), EUV/AEUV, 4. Aufl. 2011, Art. 154 AEUV, Rn. 26.

Europarecht.[260] Aus dem Wortlaut („einschließlich") lässt sich immerhin folgern, dass Beziehungen den Oberbegriff darstellen sollen. Da es sich um *vertragliche* Beziehungen handeln soll, muss zudem ein rechtlicher Bindungswille vorhanden sein, der über einen bloßen Meinungsaustausch hinausgeht. Aus Art. 155 Abs. 2 AEUV ergibt sich ferner, dass nur eine „Vereinbarung" mittels bestimmter Verfahren durchgeführt werden kann. Insofern lassen sich Vereinbarungen i.S.d. Art. 155 Abs. 1 AEUV als qualifizierte vertragliche Beziehungen verstehen.[261]

b. Sachgebiete

Fraglich ist weiterhin, welche Sachgebiete die von den Sozialpartnern eingegangenen vertraglichen Beziehungen gem. Art. 154 Abs. 4, 155 AEUV umfassen können. Dabei ist zwischen verschiedenen Konstellationen zu unterscheiden: In allen Fällen, in denen vertragliche Beziehungen aus einem obligatorischen Anhörungsverfahren hervorgegangen sind, ergibt sich schon aus Art. 154 Abs. 2 AEUV, dass es um Abkommen „im Bereich der Sozialpolitik" gehen muss. Für das Anhörungsverfahren wurde festgestellt, dass entscheidend ist, ob eine von der Kommission in Aussicht genommene Initiative *inhaltlich* Fragen der Sozialpolitik berührt. Gleiches muss für die vertraglichen Beziehungen der Sozialpartner gem. Art. 155 Abs. 1 EAUV gelten; auch sie müssen *inhaltlich* den Bereich der Sozialpolitik betreffen.

Nur Vereinbarungen können gem. Art. 155 Abs. 2 AEUV „nach den jeweiligen Verfahren und Gepflogenheiten der Sozialpartner und der Mitgliedstaaten" oder „durch einen Beschluss des Rates auf Vorschlag der Kommission" durchgeführt werden. Die Alternative der Durchführung per Ratsbeschluss ist zudem nur „in den durch Artikel 153 erfassten Bereichen" eröffnet.

aa. Vereinbarungen gem. Art. 155 Abs. 2 Var. 2 AEUV

Sozialpartnervereinbarungen, die mittels Ratsbeschluss Bestandteil des Unionsrechts werden, müssen sich innerhalb der von Art. 153 AEUV erfassten Regelungsgebiete bewegen. Diese werden positiv von Abs. 1 und negativ in Abs. 5 bestimmt; es sind Materien wie Schutz der Gesundheit und Sicherheit der Arbeitnehmer, Arbeitsbedingungen, Unterrichtung und Anhörung der

---

260 Vgl. *Birk*, Vereinbarungen der Sozialpartner im Rahmen des Sozialen Dialogs und ihre Durchführung, EuZW 1997, S. 453 (454); *Däubler*, Europäische Tarifverträge nach Maastricht, EuZW 1992, S. 329 (333).

261 *Krebber*, in: Calliess/Ruffert (Hrsg.), EUV/AEUV, 4. Aufl. 2011, Art. 155 AEUV, Rn. 2; *Birk*, Vereinbarungen der Sozialpartner im Rahmen des Sozialen Dialogs und ihre Durchführung, EuZW 1997, S. 453 (454).

Arbeitnehmer, berufliche Eingliederung sowie Chancengleichheit von Männern und Frauen und Gleichbehandlung am Arbeitsplatz.[262] Art. 153 Abs. 5 AEUV schließt ausdrücklich Regelungen über das Arbeitsentgelt, das Koalitionsrecht, das Streikrecht sowie das Aussperrungsrecht aus.[263] Die Vorschriften zu Verfahren und Handlungsformen in Abs. 2, 3 und 4 richten sich an den Rat und an die Mitgliedstaaten als Adressaten und spielen auf der Ebene des Abschlusses einer Sozialpartnervereinbarung noch keine Rolle. Sie können relevant werden, wenn es um die konkrete Durchführung einer Sozialpartnervereinbarung geht. Hier bleibt festzuhalten, dass Vereinbarungen, deren Durchführung per Ratsbeschluss geplant ist, sich auf die in Art. 153 Abs. 1 lit. a)–k) AEUV genannten Sachbereiche beschränken müssen.

bb. Vereinbarungen gem. Art. 155 Abs. 2 Var. 1 AEUV

Im Umkehrschluss lässt sich aus Art. 155 Abs. 2 Var. 2 AEUV folgern, dass Vereinbarungen, die „nach den jeweiligen Verfahren und Gepflogenheiten der Sozialpartner und der Mitgliedstaaten" durchgeführt werden sollen, nicht auf die Regelungsbereiche des Art. 153 AEUV beschränkt sind. Gehen diese Vereinbarungen aus dem Anhörungsverfahren des Art. 154 AEUV hervor, ergibt sich aber schon aus Art. 154 Abs. 2 AEUV, dass sie „im Bereich der Sozialpolitik" liegen, also inhaltlich entsprechende Fragen berühren müssen. Ob sich weitere Einschränkungen aus dem Recht der Mitgliedstaaten ergeben können, ist eine Frage der konkreten Durchführung gem. Art. 155 Abs. 2 Var. 1 AEUV.

cc. Zusammenfassung

Folgt die Eingehung vertraglicher Beziehungen auf das Anhörungsverfahren gem. Art. 154 AEUV, sind die Sozialpartner inhaltlich auf den Bereich der Sozialpolitik gem. Art. 154 Abs. 2 EAUV beschränkt. Eine weitergehende Beschränkung ergibt sich für Vereinbarungen, die per Ratsbeschluss durchgeführt

---

262 Art. 153 Abs. 1 lit. a)–k) AEUV; s. dazu im Einzelnen *Rebhahn/Reiner*, in: Schwarze (Hrsg.), EU-Kommentar, 3. Aufl. 2012, Art. 153 AEUV, Rn. 31 ff; *Krebber*, in: Calliess/Ruffert (Hrsg.), 4. Aufl., Art. 153 AEUV, Rn. 16 ff; *Gassner*, in: Vedder/Heintschel vHeinegg (Hrsg.), Europäisches Unionsrecht, 1. Aufl. 2012, Art. 153 AEUV, Rn. 3 f.; s. auch *Streinz*, Europarecht, 2012, S. 448 f., Rn. 1123 ff.

263 *Krebber*, in: Callies/Ruffert (Hrsg.), EUV/AEUV, 4. Aufl. 2011, Art. 153, Rn. 4; *Rebhahn/Reiner*, in: Schwarze (Hrsg.), EU-Kommentar, 3. Aufl. 2012, Art. 153 AEUV, Rn. 63 ff.; *Gassner*, in: Vedder/Heintschel vHeinegg (Hrsg.), Europäisches Unionsrecht, 1. Aufl. 2012, Art. 153 AEUV, Rn. 14; *Eichenhofer*, in: Streinz (Hrsg.), EUV/AEUV, 2. Aufl. 2012, Art. 153 AEUV, Rn. 15 ff.

werden sollen; diese müssen sich inhaltlich auf die Regelungsbereiche des Art. 153 AEUV beschränken. Wie die Rechtslage für autonome vertragliche Beziehungen der Sozialpartner zu beurteilen ist, wird noch zu untersuchen sein (siehe Kapitel 2, B. II. der vorliegenden Arbeit).

3. *Durchführung*

Art. 155 Abs. 2 AEUV eröffnet den Sozialpartnern auf Unionsebene verschiedene Möglichkeiten, ihre Vereinbarungen durchzuführen, das heißt rechtlich umsetzen[264] zu lassen und so auf Unionsebene mit erheblicher rechtlicher Tragweite zu handeln. Den Vereinbarungen selbst kommt nämlich keine unmittelbare Wirkung zu.[265]

Die Variante der Durchführung „nach den jeweiligen Verfahren und Gepflogenheiten der Sozialpartner und der Mitgliedstaaten" wird auch als *voluntaristisches* Verfahren bezeichnet, die Durchführung „durch einen Beschluss des Rates" als *korporatives* Verfahren.[266] Letzteres kann, wie soeben dargelegt, nur auf Vereinbarungen in den durch Art. 153 AEUV erfassten Bereichen angewendet werden; fraglich ist, ob es hier sogar angewendet werden muss. Eine solche Beschränkung der Durchführungsmöglichkeiten könnte man dem Wortlaut von Art. 155 Abs. 2 AEUV entnehmen, dem zufolge die Umsetzung solcher Vereinbarungen „erfolgt" (und nicht etwa „erfolgen kann").[267] Bei zwingender Durchführung per Ratsbeschluss wäre aber der „gemeinsame Antrag der Unterzeichnerparteien", den Art. 155 Abs. 2 Var. 2 AEUV verlangt, überflüssig.[268] Also ist den Vertragsparteien in den unter Art. 153 AEUV fallenden Bereichen grundsätzlich ein Wahlrecht zuzusprechen, wie sie ihre Vereinbarungen durchführen lassen.[269]

---

264 Vgl. *Gilles*, Das Zustandekommen und die Durchführung von Sozialpartnervereinbarungen im Rahmen des europäischen Sozialen Dialogs, 1999, S. 94 f.

265 Vgl. etwa *Schnorr*, Kollektivverträge in einem integrierten Europa, DRdA, 1994, S. 193 (196).

266 *Deinert*, Partizipation europäischer Sozialpartner an der Gemeinschaftsrechtssetzung, RdA 2004, S. 211 (219).

267 Vgl. zum ASP *Schnorr*, Kollektivverträge in einem integrierten Europa, DRdA 1994, S. 193 (194).

268 *Spieß*, Sozialer Dialog und Demokratieprinzip, 2005, S. 86; *Reichel*, Die Kompetenzabgrenzung zwischen europäischem und nationalem Arbeitsrecht, 1995, S. 117 f.

269 *Eichenhofer*, in: Streinz (Hrsg.), EUV/AEUV, 2. Aufl. 2012, Art. 155 AEUV, Rn. 14; differenzierend *Krebber*, in: Calliess/Ruffert (Hrsg.), 4. Aufl. 2011, Art. 155 AEUV, Rn. 19; a.A. *Schnorr*, DRdA 1994, 193 (194, 197).

a. Voluntaristisches Verfahren

Die etwas umständliche Formulierung der Durchführung „nach den jeweiligen Verfahren und Gepflogenheiten der Sozialpartner und der Mitgliedstaaten" ist wohl auf die Rechtsprechung des EuGH zurückzuführen.[270] Beiden Varianten dieses Verfahrens (Durchführung durch die Sozialpartner/durch die Mitgliedstaaten)[271] ist gemeinsam, dass sie stark von den jeweiligen nationalen Eigenheiten geprägt sind und daher einen je nach Mitgliedstaat uneinheitlichen Rechtszustand schaffen.[272] Zum Teil wird die Durchführung von europäischen Rechtsakten mittels Verfahren und Gepflogenheiten der nationalen Sozialpartner auch als autonomer Sozialdialog bezeichnet,[273] in der vorliegenden Arbeit bleibt der Begriff aber Sozialpartnerkontakten ohne Initiative der Kommission vorbehalten.

aa. Variante 1: Sozialpartner

Dem Wortlaut von Art. 155 Abs. 2 Var. 1 AEUV lässt sich nicht eindeutig entnehmen, ob die Sozialpartner auf *mitgliedstaatlicher* Ebene oder auf *Unions*ebene angesprochen sind. Die Sozialpartner auf Unionsebene sind Spitzenverbände verschiedener nationaler Arbeitnehmer- und Arbeitgeberverbände. Da sie überwiegend kein Mandat haben, verbindliches Recht für Arbeitnehmer und Arbeitgeber zu setzen, fehlt ihnen das Instrumentarium zur eigenen Durchführung von Vereinbarungen.[274]

Führen die mitgliedstaatlichen Sozialpartner eine auf Unionsebene geschlossene Vereinbarung durch, richtet sich das Verfahren nach dem jeweiligen nationalen Tarifvertragsrecht.[275] Das Tarifrecht ist in den Mitgliedstaaten völlig unterschiedlich ausgestaltet; in Deutschland können Verbände etwa gem. § 4 Abs. 1 TVG mit unmittelbar zwingender Wirkung nur für ihre Mitglieder

270 *Piazolo*, Der Soziale Dialog nach dem Abkommen über die Sozialpolitik und dem Vertrag von Amsterdam, 1999, S. 121.

271 *Theiss*, Die Durchführung europäischer Sozialpartnervereinbarungen auf nationaler Ebene, 2005, S. 73.

272 *Gilles*, Das Zustandekommen und die Durchführung von Sozialpartnervereinbarungen im Rahmen des europäischen sozialen Dialogs, 1999, S. 95.

273 Vgl. *Theiss*, Die Durchführung europäischer Sozialpartnervereinbarungen auf nationaler Ebene, 2005, S. 73.

274 *Steinmeyer*, Der Vertrag von Amsterdam und seine Bedeutung für das Arbeits- und Sozialrecht, RdA, 2001, S. 10 (20).

275 *Birk*, Vereinbarungen der Sozialpartner im Rahmen des Sozialen Dialogs und ihre Durchführung, EuZW 1997, S. 453 (457).

handeln,[276] in anderen Ländern wie Belgien, Frankreich, Luxemburg und Österreich wirken die das Individualarbeitsverhältnis betreffenden Tarifnormen für alle Arbeitnehmer, deren Arbeitgeber tarifgebunden ist.[277]

bb. Variante 2: Mitgliedstaaten

Mitgliedstaaten können Vereinbarungen durchführen, indem sie nationales Recht erlassen;[278] in Deutschland kommen insbesondere Gesetze oder Rechtsverordnungen in Betracht. Denkbar ist auch, dass Mitgliedstaaten besondere Verfahren zur Durchführung von Sozialpartnervereinbarungen entwickeln. Die Vereinbarkeit der entsprechenden Rechtsakte mit der nationalen Tarifautonomie bestimmt sich nach dem Recht des jeweiligen Mitgliedstaates.[279] Eine (europa-)rechtliche Pflicht zur Umsetzung der europäischen Vereinbarungen trifft die Mitgliedstaaten nicht.[280]

b. Korporatives Verfahren

Während die erste Durchführungsvariante des Art. 155 Abs. 2 AEUV auf nationales Recht verweist, handelt es sich bei der Durchführung einer Vereinbarung per Ratsbeschluss „auf gemeinsamen Antrag der Unterzeichnerparteien (…) auf Vorschlag der Kommission" um einen originär unionsrechtlichen Vorgang[281]. Die zunächst nur inter partes wirkenden Vereinbarungen der Sozialpartner

---

276 Allerdings wird eine allgemeinverbindliche Wirkung zumeist kraft weitverbreiteter, individualvertraglicher Verweisungsklauseln erreicht.

277 M.w.N. *Spieß*, Sozialer Dialog und Demokratieprinzip, 2005, S. 88.

278 *Buchner*, Die sozialpolitische Entwicklung der Europäischen Gemeinschaft im Spannungsfeld von hoheitlicher Regelung und tarifautonomer Geltung, RdA 1993, S. 193 (201).

279 *Spieß*, Sozialer Dialog und Demokratieprinzip, 2005, S. 91 (f.).

280 Vgl. die Erklärung zu Art. 4 Abs. 2 ASP, welche dem Abkommen als Anhang beigefügt ist, ABl. C. 191 v. 29. 07. 1992, S. 92; *Spieß*, Sozialer Dialog und Demokratieprinnzip, 2005, S. 91; *Bödding*, Die europarechtlichen Instrumentarien der Sozialpartner, 1996, S. 99; *Heinze*, Europarecht im Spannungsverhältnis zum nationalen Arbeitsrecht, ZfA 1997; S. 505 (516); *Birk*, Vereinbarungen der Sozialpartner als Regelungsinstrumente, in: FS für Rehbinder, 2002, S. 3 (11); a.A. *Bercusson*, Social Policy, in: Dehousse (Hrgs.), Europe after Maastricht, 1994, S. 149 (177 f), der auf den englischen Wortlaut verweist, in dem es heißt: „Agreements concluded at Community level *shall* be implemented (…) in accordance with the procedures and practices specific to management and labour and the Member States."

281 *Krebber*, in: Calliess/Ruffert (Hrsg.), EUV/AEUV, 4. Aufl. 2011, Art. 155 AEUV, Rn. 26; *Rebhahn*, in: Schwarze (Hrsg.), 3. Aufl. 2012, Art. 155 AEUV, Rn. 5; *Eichenhofer*, in: Streinz (Hrsg.), EUV/AEUV, 2. Aufl. 2012, Art. 155 AEUV, Rn. 17.

werden mit den besonderen Wirkungen des Unionsrechts, wie Anwendungsvorrang und gegebenenfalls unmittelbare Wirkung, ausgestattet.

aa. Verfahrensablauf

Das Verfahren wird durch gemeinsamen Antrag der unterzeichnenden Sozialpartner an die Kommission in Gang gesetzt.[282] Fraglich ist, inwiefern die Kommission verpflichtet ist, diesen Antrag in unveränderter Form an den Rat weiter zu leiten. Das Meinungsspektrum hierzu ist breit gefächert[283] und reicht von umfassender Entscheidungsfreiheit der Kommission sowohl hinsichtlich des *Ob* als auch des *Wie* der Weiterleitung[284] bis hin zu einer Botenfunktion ohne eigenes Ermessen[285].

Damit die Kommission ihrer Rolle, die Wahrung der Unionsinteressen sicherzustellen, gerecht werden kann, müssen ihr auch im Bereich des Sozialen Dialogs eigene Entscheidungsbefugnisse verbleiben. Gleichzeitig müssen aber auch die besondere Bedeutung der Sozialpartner und ihre Autonomie, wie sie in der Konzeption des Sozialen Dialogs Niederschlag gefunden haben, berücksichtigt werden. Hiermit unvereinbar wäre es, wenn die Unionsorgane von den Sozialpartnern ausgehandelte Vereinbarungen beliebig abändern könnten. Daher erscheint es sachgerecht, zu differenzieren: Die Kommission kann die Recht- und Zweckmäßigkeit einer Sozialpartnervereinbarung eigenständig beurteilen und darüber entscheiden, ob sie diese an den Rat weiter leitet.[286] Hat sie sich aber zur Weiterleitung entschieden, ist sie an den Vorschlag der Sozialpartner gebunden und kann ihn nicht mehr inhaltlich abändern.

Im nächsten Verfahrensschritt ist der Rat an der Reihe, den durch die Kommission weitergeleiteten Antrag anzunehmen. Auch hier stellt sich die Frage, ob ihm ein Ablehnungs- oder Abänderungsrecht zukommt. Die Argumente zum

---

282 Vgl. *Spieß*, Sozialer Dialog und Demokratieprinzip, 2005, Fn. 396.

283 Ausführlich hierzu: *Piazolo*, Der Soziale Dialog nach dem Abkommen über die Sozialpolitik und dem Vertrag von Amsterdam, 1999, S. 130 ff.; *Bödding*, Die europarechtlichen Instrumentarien der Sozialpartner, 1996, S. 106 ff.

284 *Buchner*, Die sozialpolitische Entwicklung der Europäischen Gemeinschaft, RdA 1993, S. 193 (201); *Schnorr*, Kollektivverträge in einem integrierten Europa, DRdA 1994, S. 193 (197); *Bödding*, Die europarechtlichen Instrumentarien der Sozialpartner, 1996, S. 110 f.

285 *Watson*, Social Policy after Maastricht, CML Rev 1993, S. 481 (507); *Weiss*, Die Bedeutung von Maastricht für die EG-Sozialpolitik, in: FS Gnade, 1992, S. 583 (593); *Whiteford*, A Social Policy after Maastricht, ELR 1993, S. 202 (210).

286 *Höland*, Partnerschaftliche Setzung und Durchführung von Recht in der Europäischen Gemeinschaft, ZIAS 1995, S. 425 (442 ff.).

Abänderungsrecht der Kommission lassen sich weitgehend übertragen:[287] Unter Berücksichtigung der Autonomie der Sozialpartner einerseits und der Rolle des Rates andererseits besteht eine inhaltliche Bindung an den Vorschlag der Sozialpartner. Der Rat kann einen Vorschlag aber in Gänze ablehnen.

Wurde ein Vorschlag förmlich angenommen, muss über ihn im Rat abgestimmt werden. Seit der Vertragsrevision von Lissabon formuliert Art. 155 Abs. 2 UAbs. 2 AEUV klarer, in welchen Fällen eine qualifizierte Mehrheit ausreicht und in welchen ein einstimmiger Beschluss ergehen muss. Ein einstimmiger Beschluss muss ergehen, sofern die Vereinbarung einen der Bereiche berührt, für die auch gem. Art. 153 Abs. 2 AEUV Einstimmigkeit erforderlich ist. Das sind die Bereiche der sozialen Sicherheit und des sozialen Schutzes der Arbeitnehmer, der Schutz der Arbeitnehmer bei der Beendigung des Arbeitsvertrags, die Vertretung und kollektive Wahrnehmung der Arbeitnehmer- und Arbeitgeberinteressen einschließlich der Mitbestimmung und die Beschäftigungsbedingungen Drittstaatsangehöriger, die sich rechtmäßig im Gebiet der EU aufhalten.

Vor der Vertragsrevision von Lissabon wurde stets kritisiert, dass Art. 139 Abs. 2 EGV a.F. auf die „durch Artikel 137 erfassten Bereiche“ und nicht auf das Verfahren des Art. 137 EGV a.F. insgesamt verwies und damit keine obligatorische Beteiligung des Europäischen Parlaments anordnete.[288] Zwar unterrichtete die Kommission das Parlament freiwillig, wenn sie dem Rat die Umsetzung von autonom ausgehandelten und abgeschlossenen Vereinbarungen der Sozialpartner vorschlug. Hierbei handelte es sich aber um eine informelle und vor allem unverbindliche Einbeziehung des Parlaments.[289] Nun sieht Art. 155 Abs. 2 S. 2 AEUV ausdrücklich eine obligatorische Unterrichtung des Parlaments vor.

Gelangt der Rat im Abstimmungsverfahren einstimmig oder mit qualifizierter Mehrheit zu der Entscheidung, dem Antrag der Sozialpartner zu entsprechen, erstarkt die Vereinbarung durch den Ratsbeschluss zu Unionsrecht.

bb. Rechtsnatur des Ratsbeschlusses

Der Gesetzestext spricht von einem „Beschluss des Rates“ als Durchführungsinstrument. Vor der Vertragsrevision von Lissabon ließ der Begriff „Beschluss“ (englisch: *decision*; französisch: *décision*) keinerlei Rückschlüsse auf dessen

287 Vgl. ausführlich *Bödding*, Die europarechtlichen Instrumentarien der Sozialpartner, 1996, S. 112.

288 Vgl. zum insoweit wortgleichen ASP *Schulz*, Auf dem Weg zur Sozialunion, SozFort 1992, S. 79 (82 f.).

289 *Dederer*, Durchführung von Vereinbarungen der europäischen Sozialpartner, RdA 2000, S. 216 (218).

Rechtsnatur zu.[290] Es wurden entweder die Handlungsformen des Art. 249 EGV a.F. (Verordnung, Richtlinie, Entscheidung, Empfehlungen und Stellungnahmen) herangezogen[291], oder man ging von einem Rechtsakt sui generis aus.[292] Einer solchen Konstruktion bedarf es aber nur, wenn die im Primärrecht normierten Handlungsformen nicht ausreichen.[293] Im AEUV umfasst der Katalog der Handlungsformen der Union nunmehr „Verordnungen, Richtlinien, Beschlüsse, Empfehlungen und Stellungnahmen" (Art. 288 Abs. 1 AEUV; englisch: *regulations, directives, decisions, recommendations and opinions*; französisch: *des règlements, des directives, des décisions, des recommandations et des avis*), „Beschlüsse" werden also ausdrücklich genannt.

(1) Beschluss

Schon vor der Vertragsrevision von Lissabon verwendeten die romanischen Vertragssprachen und das Englische in Art. 139 Abs. 2 Var. 2 EGV a.F. der Begriff der Entscheidung (z.B. *décision; decision*). Daher wurde bereits früher diskutiert, ob der Ratsbeschluss des Art. 139 Abs. 2 Var. 2 EGV a.F. mit dieser Handlungsform i.S.d. Art. 249 EGV a.F. gleichgesetzt werden könne.[294] Der Vertrag von Lissabon hat nun auch im Deutschen den Begriff der Entscheidung durch denjenigen des Beschlusses in Art. 288 Abs. 1 AEUV ersetzt. Fraglich ist, ob dies einen Verweis auf Art. 288 Abs. 4 AEUV darstellt.

---

290 *Krebber*, in: Calliess/Ruffert (Hrsg.), EUV/AEUV, 4. Aufl. 2011, Art. 155 AEUV, Rn. 29.

291 So *Höland*, Partnerschaftliche Setzung und Durchführung von Recht in der Europäischen Gemeinschaft, ZIAS 1995, S. 425 (446); *Schwarze*, in: Oetker/Preis (Hrsg.), EAS, 114. EL, 2006, B 81000, Rn. 57; *Spieß*, Sozialer Dialog und Demokratieprinzip, 2005, S. 96.

292 *Schulz*, Grundlagen und Perspektiven einer Europäischen Sozialpolitik, 2003, S. 173 f.; *ders.*, Europarecht im Spannungsverhältnis zum nationalen Arbeitsrecht, ZfA 1992, S. 331 (338); *Bercusson*, The Dynamic of European Labour Law after Maastricht, ILJ 1994, S. 1 (27 f.); *Heinze*, Europa und das nationale Arbeits- und Sozialrecht, in: FS für Kissel, 1994, S. 363 (382); für richtlinienähnlich hält ihn *Balze*, Die sozialpolitischen Kompetenzen der Europäischen Union, 2004, S. 274.

293 So auch *Höland*, Partnerschaftliche Setzung und Durchführung von Recht in der Europäischen GemeinschaftZIAS 1995, S. 425 (446); *Schwarze*, in: Oetker/Preis (Hrsg.), EAS, 114. EL, 2006, B 81000 Rn. 57; *Spieß*, Sozialer Dialog und Demokratieprinzip, 2005, S. 96.

294 Vgl. *Birk*, Vereinbarungen der Sozialpartner im Rahmen des Sozialen Dialogs und ihre Durchführung, EuZW 1997, S. 453 (459).

Der Ratsbeschluss gem. Art. 155 Abs. 2 Var. 2 AEUV soll eine Sozialpartnervereinbarung für alle Mitgliedstaaten verbindlich machen. Nach der alten Rechtslage war problematisch, dass gem. Art. 249 Abs. 4 EGV in der Fassung von Nizza die Adressaten einer Entscheidung ausdrücklich benannt werden mussten. Wies eine Vereinbarung einen allgemeinen Inhalt auf, etwa wenn sie branchenübergreifend Arbeitsbedingungen für alle Arbeitnehmer regelte, hätten demzufolge alle Mitgliedstaaten und alle betroffenen Arbeitnehmer aufgelistet werden müssen.[295] Damit hätte aber wiederum der für eine Entscheidung notwendige, individualisierbare Adressatenkreis nicht vorgelegen.[296] Eine Durchführung mittels Entscheidung kam somit nur in Betracht, wenn eine Vereinbarung ausnahmsweise nur die Sozialpartner selbst betraf und der Adressatenkreis daher hinreichend eingegrenzt war.[297] Nach der Vertragsrevision von Lissabon wird zwischen adressatengerichteten Beschlüssen gem. Art. 288 Abs. 4 S. 2 AEUV und allgemeinen Beschlüssen gem. Art. 288 Abs. 4 S. 1 AEUV zu unterschieden. Für die adressatengerichteten Beschlüsse, die sich an Einzelne oder an eine begrenzte Zahl von Personen richten können,[298] gilt das oben Gesagte. Die Neuregelung erlaubt darüber hinaus auch Beschlüsse an einen unbestimmten Adressatenkreis, die in allgemeine Verbindlichkeit erwachsen können[299] und damit eine adäquate Möglichkeit zur Umsetzung von Sozialpartnervereinbarungen darstellen.

Die Handlungsform in Art. 155 Abs. 2 Var. 2 AEUV kann aber nicht pauschal mit einem Beschluss i.S.v. Art. 288 Abs. 4 AEUV gleichgesetzt werden. In Art. 288 AEUV sind neben Beschlüssen auch Verordnungen, Richtlinien, Empfehlungen und Stellungnahmen genannt. Empfehlungen und Stellungnahmen besitzen zwar politisches Gewicht,[300] gem. Art. 288 Abs. 5 AEUV sind sie aber

---

295 *Spieß*, Sozialer Dialog und Demokratieprinzip, 2005, S. 97 (99).

296 *Piazolo*, Der Soziale Dialog nach dem Abkommen über die Sozialpolitik und dem Vertrag von Amsterdam, 1999, S. 151; *Höland*, Partnerschaftliche Setzung und Durchführung von Recht in der Europäischen Gemeinschaft, ZIAS 1995, S. 425 (446).

297 So *Bödding*, Die europarechtlichen Instrumentarien der Sozialpartner, 1996, S. 123.

298 *Hetmeiner*, in: Lenz/Borchardt (Hrsg.), EU-Verträge, 6. Aufl. 2013, Art. 288, Rn. 18; *Biervert*, in: Schwarze (Hrsg.), EU-Kommentar, 3. Aufl. 2012, Art. 288 AEUV, Rn. 33; *Ruffert*, in: Calliess/Ruffert, EUV/AUEV, Art. 288, Rn. 90 ff.; *Schroeder*, in: Streinz (Hrsg.), EUV/AEUV, 2. Aufl. 2012, Art. 288 AEUV, Rn. 132 ff.

299 *Kotzur*, in: Geiger/Khan/Kotzur (Hrsg.), EUV/AEUV, 5. Aufl. 2010, Art. 288, Rn. 21; *Schroeder*, in: Streinz (Hrsg.), EUV/AEUV, 2. Aufl. 2012, Art. 288 AEUV, Rn. 134.

300 *Streinz*, Europarecht, 2012, S. 186, Rn. 517; *Biervert*, in: Schwarze (Hrsg.), EU-Kommentar, 3. Aufl. 2012, Art. 288 AEUV, Rn. 36 f.; *Vedder*, in: Vedder/Heintschel

nicht rechtsverbindlich. Sinn und Zweck der unionsrechtlichen Durchführung i.S.d. Art. 155 Abs. 2 Var. 2 AEUV ist es, Sozialpartnervereinbarungen unionsweite normative Wirkung zu verschaffen.[301] Damit müssen nicht rechtsverbindliche Handlungsformen ausscheiden. *Eichenhofer* zufolge komme eine Umsetzung durch einfachen „Beschluss" nicht in Betracht, weil die Parteien einer Sozialpartnervereinbarung einen Akt EU-rechtlicher Normsetzung begehrten, wenn sie die Umsetzung ihrer Vereinbarung durch die Union beantragten.[302] Dem kann in dieser Allgemeinheit nicht zugestimmt werden.

(2) Richtlinie

Teilweise wird aufgrund des Verweises in Art. 155 Abs. 2 Var. 2 AEUV auf Art. 153 AEUV angenommen, dass über die Beschränkung auf die die in Art. 153 Abs. 1 lit. a)–i) AEUV aufgezählten Sachgebiete hinaus auch die in Abs. 2 lit. b) genannte Beschränkung auf *Richtlinien* und *Mindestvorschriften* Anwendung finde. Gem. Art. 153 Abs. 2 lit. b) AEUV ist die Union auf den Erlass von Mindestvorschriften in der Sozialpolitik beschränkt, wenn sie im ordentlichen Gesetzgebungsverfahren tätig wird. Mit Mindestvorschriften legt die Union ein Schutzniveau fest, das von den Mitgliedstaaten nicht mehr unterschritten werden darf,[303] den Mitgliedstaaten steht es aber frei, im nationalen Recht ein höheres Schutzniveau vorzusehen oder beizubehalten.[304] Dahinter steht das Bestreben, angesichts der unterschiedlichen Traditionen und ökonomischen Möglichkeiten der nationalen Sozialpolitik die mitgliedstaatliche Handlungsfreiheit möglichst zu schonen.[305] Da der Soziale Dialog die gleichen Sachbereiche betrifft, kann dieser Gedanke auch hier Geltung

---

vHeinegg (Hrsg.), Europäisches Unionsrecht, 1. Aufl. 2012, Art. 288 AEUV, Rn. 44; *Ruffert*, in: Calliess/Ruffert (Hrsg.), EUV/AEUV, 4. Aufl. 2011, Art. 288 AEUV, Rn. 95 ff.; *Schroeder*, in: Streinz (Hrsg.), EUV/AEUV, 2. Aufl. 2012, Art. 288 AEUV, Rn. 143.

301 Siehe dazu *Steinmeyer*, Der Vertrag von Amsterdam und seine Bedeutung für das Arbeits- und Sozialrecht, RdA 2001 S. 10 (20); *Spieß*, Sozialer Dialog und Demokratieprinzip, 2005, S. 95. Nach *Reichel*, Die Kompetenzabgrenzung zwischen europäischem und nationalem Arbeitsrecht, 1995, S. 118, liegt der Zweck des Sozialen Dialogs darin, ein einheitliches europäisches Sozialrecht zu schaffen.

302 *Eichenhofer*, in: Streinz (Hrsg.), EUV/AEUV, 2. Aufl. 2012, Art. 155 AEUV, Rn. 17.

303 *Piazolo*, Der Soziale Dialog nach dem Abkommen über die Sozialpolitik und dem Vertrag von Amsterdam, 1999, S. 128.

304 *Blüm*, Europäische Sozialpolitik nach Maastricht, in: FS Klein, 1994, S. 43 (49).

305 Vgl. dazu *Theiss*, Die Durchführung europäischer Sozialpartnervereinbarungen auf nationaler Ebene, 2005, S. 72.

beanspruchen.[306] So ging die Kommission davon aus, dass nach Art. 139 Abs. 2 EGV a.F. durchgeführte Vereinbarungen nur Mindestanforderungen festlegen durften.[307] Allerdings findet sich im Wortlaut des Art. 155 Abs. 2 Var. 2 AEUV (auch nach der Vertragsrevision von Lissabon) gerade keine Beschränkung auf Mindestvorschriften. Das Verfahren des Sozialen Dialogs zeichnet sich dadurch aus, dass die umzusetzenden Vereinbarungen Verhandlungsergebnisse und damit Kompromisse zwischen den Sozialpartnern darstellen. Anders als im ordentlichen Gesetzgebungsverfahren kommen die Interessen von Arbeitnehmer- und Arbeitgeberseite in dem Verfahren des Sozialen Dialogs in besonderem Maße zur Geltung. Wenn sich die europäischen Sozialpartner aber für alle ihre nationalen Mitgliedsverbände auf über Mindestauflagen hinausgehende Regelungen einigen können, besteht kein Anlass, sie anderweitig zu beschränken.[308] Daher können im Sozialen Dialog auch sozialpolitische Regelungen getroffen werden, die über Mindeststandards hinausgehen.

Auch wenn Richtlinien in der Praxis die wichtigste Durchführungsvariante darstellen, verweist der Wortlaut von Art. 153 Abs. 2 AEUV gerade nicht auf die Beschränkungen des Art. 153 AEUV. Damit beinhaltet er aber auch keine Beschränkung auf die Handlungsform einer Richtlinie gem. Art. 288 Abs. 3 AEUV.

Werden Sozialpartnervereinbarungen mittels Richtlinien durchgeführt, bedürfen sie weiterer nationaler Umsetzungsakte, um Rechtswirkungen in den Mitgliedstaaten zu entfalten.[309] Das Verfahren bis zur normativen Verbindlichkeit einer Vereinbarung in den Mitgliedstaaten ist in diesen Fällen somit dreistufig: In der ersten Phase erfolgt der Abschluss einer Sozialpartnervereinbarung gem. Art. 155 Abs. 1 AEUV, in der zweiten Phase erlassen die Unionsorgane eine Richtlinie gem. Art. 155 Abs. 2 S. 1 Var. 2, 288 Abs. 3 AEUV und in der dritten Phase setzen die Mitgliedstaaten diese in nationales (in der Regel Gesetzes-) Recht[310] um.

---

306 So auch *Theiss*, Die Durchführung europäischer Sozialpartnervereinbarungen auf nationaler Ebene, 2005, S. 72.

307 KOM (2004) 557 endg., Partnerschaft für den Wandel in einem erweiterten Europa – Verbesserung des Beitrags des europäischen sozialen Dialogs, v. 12.08.2004, S. 16 (Anhang).

308 *Piazolo*, Der Soziale Dialog nach dem Abkommen über die Sozialpolitik und dem Vertrag von Amsterdam, 1999, S. 129 f.

309 Siehe dazu Kapitel 2, A. 3. b. cc. der vorliegenden Arbeit.

310 Vgl. *Biervert*, in: Schwarze (Hrsg.), EU-Kommentar, 3. Aufl. 2012, Art. 288 AEUV, Rn. 23; *Vedder*, in: Vedder/Heintschel vHeinegg (Hrsg.), Europäisches Unionsrecht, 1. Aufl. 2012, Art. 288 AEUV, Rn. 20; *Ruffert*, in: Calliess/Ruffert (Hrsg.), EUV/AEUV, 3. Aufl. 2011; *Schroeder*, in: Streinz (Hrsg.), EUV/AEUV, 2. Aufl. 2012, Art. 288 AEUV, Rn. 68.

(3) Verordnung

Da eine Verordnung gem. Art. 288 Abs. 2 AEUV in allen ihren Teilen verbindlich ist und unmittelbar in jedem Mitgliedstaat gilt, folglich keines Umsetzungsaktes bedarf, stellt sie ein besonders effektives Mittel der Rechtsetzung dar. Auch die Durchführung von Sozialpartnervereinbarungen mittels Verordnung empfiehlt sich unter Effektivitätsgesichtspunkten.[311] Diese Möglichkeit muss allerdings von denjenigen verneint werden, die eine Beschränkung der Sozialpartner auf Mindestvorschriften, die der Ausfüllung bedürfen, annehmen.[312]

Manche nehmen auch an, dass eine Verordnung eine spezielle Ermächtigung voraussetze, die jedoch nicht schon in Art. 155 AEUV begründet liege. Daher scheide eine Umsetzung durch Verordnung aus.[313]

(4) Ergebnis

Grundsätzlich obliegt dem Rat die Entscheidung darüber, ob eine Sozialpartnervereinbarung durch Verordnung, Richtlinie oder Beschluss i.S.d. Art. 288 AEUV umgesetzt wird.[314] Die Vorschriften zu Verfahren und Handlungsformen in Art. 153 Abs. 2, 3 und 4 AEUV spielen auf der Ebene der Durchführung einer Sozialpartnervereinbarung noch keine Rolle; aus praktischen Gründen wird aber meist eine Richtlinie die adäquate Handlungsform darstellen. Die Verwendung einer Richtlinie steht auch im Einklang mit dem in Art. 5 Abs. 4 EUV statuierten Grundsatz, dass stets die Maßnahme zu wählen ist, die für die Mitgliedstaaten am souveränitätsschonendsten ist.[315]

(5) Beispiele

Bislang wurden folgende im Rahmen des Art. 155 Abs. 1 AEUV geschlossenen Vereinbarungen durch Richtlinien des Rates umgesetzt:[316]

---

311 Vgl. *Birk*, Vereinbarungen der Sozialpartner im Rahmen des Sozialen Dialogs und ihre Durchführung, EuZW 2007, S. 453 (459).

312 *Spieß*, Sozialer Dialog und Demokratieprinzip, 2005, S. 97.

313 *Eichenhofer*, in: Streinz (Hrsg.), EUV/AEUV, 2. Aufl. 2012, Art. 155 AEUV, Rn. 17.

314 *Benecke*, in: Grabitz/Hilf/Nettesheim (Hrsg.), Das Recht der EU, 48. EL, 2012, Art. 155 AEUV, Rn. 11; wohl auch *Krebber*, in: Calliess/Ruffert (Hrsg.), EUV/AEUV, 4. Aufl. 2011, Art. 156 AEUV, Rn. 29; a.A. *Rebhahn*, in: Schwarze (Hrsg.), EU-Kommentar, 3. Aufl. 2012, Art. 155 AEUV, Rn. 5.

315 Vgl. *Calliess*, in: Calliess/Ruffert (Hrsg.), EUV/AEUV, 4. Aufl. 2011, Art. 5 EUV, Rn. 47, 55.

316 *Benecke*, in: Grabitz/Hilf/Nettesheim (Hrsg.), Das Recht der EU, 48. EL, 2012, Art. 155 AEUV, Rn. 14.

- Richtlinie Nr. 96/34/EG vom 3.6.1996 zu der von UNICE, CEEP und EGB geschlossenen Vereinbarung über Elternurlaub[317]
- Nr. 97/81/EG vom 15.12.1997 zu der von UNICE, CEEP und EGB geschlossenen Rahmenvereinbarung über Teilzeitarbeit[318]
- Richtlinie Nr. 99/63/EG des Rates vom 21.6.1999 zu der vom Verband der Reeder in der Europäischen Gemeinschaft und dem Verband der Verkehrsgewerkschaften in der Europäischen Union getroffenen Vereinbarung über die Regelung der Arbeitszeit von Seeleuten[319]
- Richtlinie Nr. 99/70/EG des Rates vom 28.6.1999 zu der von UNICE, CEEP und EGB geschlossenen Rahmenvereinbarung über befristete Arbeitsverträge[320]
- Richtlinie Nr. 2000/79/EG vom 27.11.2000 über die Durchführung der von der Vereinigung Europäischer Fluggesellschaften (AEA), der Europäischen Transportarbeiter-Föderation (ETF), der European Cockpit Association (ECA), der European Regions Airline Association (ERA) und der International Air Carrier Association (IACA) geschlossenen Europäischen Vereinbarung über die Arbeitszeitorganisation für das fliegende Personal der Zivilluftfahrt[321]
- Richtlinie Nr. 2005/47/EG des Rates vom 18.7.2005 betreffend die Vereinbarung zwischen der Gemeinschaft der Europäischen Bahnen (CER) und der Europäischen Transportarbeiter-Föderation (ETF) über bestimmte Aspekte der Einsatzbedingungen des fahrenden Personals im interoperablen grenzüberschreitenden Verkehr im Eisenbahnsektor[322].

cc. Umsetzung in den Mitgliedstaaten

Während Verordnungen und Beschlüsse gem. Art. 288 AEUV keines weiteren nationalen Umsetzungsaktes bedürfen, um in den Mitgliedstaaten bzw. für ihre ausdrücklich genannten Adressaten Wirksamkeit zu entfalten, ist es charakteristisches Merkmal einer Richtlinie gem. Art. 288 Abs. 3 AEUV, dass sie in nationales Recht umgesetzt werden muss. Diese Umsetzung in den Mitgliedstaaten ist von der Durchführung einer Sozialpartnervereinbarung „nach den jeweiligen Verfahren und Gepflogenheiten der Sozialpartner und der Mitgliedstaaten" gem.

---

317 ABl. Nr. L 154/4.

318 ABl. Nr. L 19.

319 ABl. Nr. L 167/33.

320 ABl. Nr. L 175/43.

321 ABl. L 302/5.

322 ABl. L 195/15.

Art. 155 Abs. 2 S. 1 Var. 2 AEUV zu unterscheiden: Sie stellt eine dritte Phase nach der Vereinbarung der Sozialpartner und dem Beschluss des Rates dar.

In der Regel werden Richtlinien i.S.d. Art. 288 Abs. 3 AEUV in den Mitgliedstaaten mittels nationaler Gesetze durch die innerstaatlich dazu berufenen Verfassungsorgane umgesetzt. Im Bereich der Sozialpolitik der EU gibt es die Besonderheit, dass Richtlinien des Rates gem. Art. 153 Abs. 3 AEUV in den Mitgliedstaaten auch durch die (nationalen) Sozialpartner umgesetzt werden können. Die Regelung geht auf Art. 2 Abs. 4 ASP zurück, vor dessen Geltung diese Möglichkeit für sozialrechtliche Richtlinien zumindest nicht eindeutig eröffnet war.[323] Mit dem Vertrag von Lissabon erledigt hat sich der eher theoretische Streit, ob auch Richtlinien in Durchführung einer Sozialpartnervereinbarung gem. Art. 153 Abs. 3 AEUV (Art. 137 Abs. 3 EGV a.F.) umgesetzt werden können.[324] Da der Wortlaut nun „die Durchführung eines nach Artikel 155 erlassenen Beschlusses des Rates" nennt, ist diese Möglichkeit – in Übereinstimmung mit der Rechtsprechung des EuGH – explizit eröffnet. Nicht eindeutig ergibt sich aus dem Wortlaut von Art. 153 Abs. 3 AEUV, ob die nationalen oder (auch) die Sozialpartner auf Unionsebene zur Umsetzung befugt sind. Wie bereits im Zusammenhang mit Art. 155 Abs. 2 Var. 1 AEUV festgestellt wurde, fehlt den Sozialpartnern auf Unionsebene in der Regel das Mandat zur verbindlichen Rechtsetzung in den Mitgliedstaaten. Die Richtlinienumsetzung kann dann nur durch die nationalen Sozialpartner erfolgen.

Hinsichtlich der Qualität eines nationalen Umsetzungsaktes hatte der EuGH zunächst allgemein gefordert, dass Richtlinien in verbindliche innerstaatliche Vorschriften, die den Erfordernissen der Rechtssicherheit und Rechtsklarheit genügen, umzusetzen sind.[325] Auch Kollektivverträge (in Deutschland also Tarifverträge) sind als nationale Umsetzungsakte anerkannt[326], wenn die Mitgliedstaaten die Erreichung der Richtlinienziele gegebenenfalls durch ergänzende gesetzgeberische Maßnahmen sicherstellen.[327] Damit ist die Durchführung einer Richtlinie durch die (mitgliedstaatlichen) Sozialpartner nur zulässig, wenn

---

323 *Bödding*, Die europarechtlichen Instrumentarien der Sozialpartner, 1996, S. 145.

324 Vgl. *Krebber*, in Calliess/Ruffert (Hrsg.), EUV/AEUV, 4. Aufl. 2011, Art. 155 AEUV, Rn. 29.

325 Ständige Rspr., vgl. EuGH Slg. 1986, 2945 Rn. 13 – Kommission; EuGH Slg. 1991, I-2567 Rn. 15 – Kommission.

326 Vgl. EuGH Slg. 1982, 2133 Rn. 9 – Kommission.

327 EuGH Slg. 1985, 427 Rn. 8 – Kommission; EuGH Slg. 1986, 2291 Rn. 18 ff. – Kommission.

diese verbindliche innerstaatliche Vorschriften erlassen können[328] bzw. die entsprechenden Maßnahmen durch nationale Gesetzgebung begleitet werden. In Deutschland können die Sozialpartner aufgrund ihrer Organisation keine einheitliche Rechtsetzung bewirken, so dass hier eine solche Durchführung nur in Betracht kommt, wenn die Verbände aller Branchen zusammenwirken und flächendeckend jeweils eine Allgemeinverbindlichkeitserklärung beantragen.[329]

Dem Erfordernis eines Antrags der Sozialpartner in Art. 155 Abs. 2 AEUV ist keine besondere Bedeutung zuzumessen, die Sozialpartner können sowieso nur aufgrund ihrer eigenen Entscheidung zur Umsetzung einer Richtlinie herangezogen und nicht dazu gezwungen werden.[330] Da den Mitgliedstaaten ausdrücklich die Letztverantwortung für die ordnungsgemäße Umsetzung zugewiesen ist,[331] können im Falle nicht oder nicht richtlinienkonform erfolgter Umsetzung Schadensersatzansprüche gegen sie geltend gemacht werden.[332]

dd. Akteure

In den drei unterschiedlichen Phasen des korporativen Verfahrens werden drei unterschiedliche Gruppen von Akteuren tätig: die Sozialpartner auf Unionsebene, die Gesetzgebungsorgane der EU (Kommission, Rat, Parlament) und die mitgliedstaatlichen Sozialpartner. Man könnte sich fragen, warum ein solches mehrstufiges Verfahren Anwendung findet, wenn die vereinbarungsschließenden Sozialpartner sich von vornherein für eine Durchführung „nach den jeweiligen Verfahren und Gepflogenheiten der Sozialpartner" gem. Art. 155 Abs. 2 Var. 1 AEUV, die ebenfalls die mitgliedstaatlichen Sozialpartner einbezieht, entscheiden können. Damit würde die zweite Phase, also der Erlass von Unionsrecht, wegfallen. Gleichzeitig wegfallen würden aber auch dessen besondere Wirkungen wie Vorrang des Unionsrechts, unmittelbare Geltung und unmittelbare Anwendbarkeit. Auch sind die nationalen Sozialpartner keineswegs rechtlich verpflichtet, eine Vereinbarung der Sozialpartner auf Unionsebene

328 *Krebber*, in: Callies/Ruffert (Hrsg.), EUV/AEUV, Art. 155 AEUV, Rn. 29.

329 *Buchner*, Die sozialpolitische Entwicklung der Europäischen Gemeinschaft, RdA, 1993, S. 193 (202).

330 Zur insoweit vergleichbaren Regelung in Art. 137 EGV a.F. *Steinmeyer*, Der Vertrag von Amsterdam und seine Bedeutung für das Arbeits- und Sozialrecht, RdA 2001, S. 10 (16).

331 Vgl noch zu Art. 2 Abs. 4 S. 2 ASP *Bödding*, Die europarechtlichen Instrumentarien der Sozialpartner, 1996, S. 149; *Eichenhofer*, in: Streinz (Hrsg.), EUV/AEUV, 2. Aufl. 2012, Art. 155 AEUV, Rn. 16; Art. 154 AEUV, Rn. 8.

332 Vgl. *Krebber*, in: Caliess/Ruffert (Hrsg.), EUV/AEUV, 4. Aufl. 2011, Art. 155, Rn. 30.

durchzuführen. Im Falle eines Ratsbeschlusses tragen dagegen die Mitgliedstaaten die rechtliche Verantwortung für eine ordnungsgemäße Umsetzung. Der „Umweg" über das ordentliche Gesetzgebungsverfahren der EU weist also auch im Falle der endgültigen Umsetzung einer Richtlinie durch mitgliedstaatliche Sozialpartner deutliche Vorzüge auf. Gleiches gilt für eine Umsetzung nach Art. 155 Abs. 2 Var. 2 AEUV in der Variante der Verfahren und Gepflogenheiten der Mitgliedstaaten.

B. Autonomer Sozialer Dialog

Das Verfahren des formellen Sozialen Dialogs gem. Art. 154 f. AEUV wird von der Kommission in Gang gesetzt. Weitgehend anerkannt ist darüber hinaus, dass die Sozialpartnerorganisationen auch selbstständig miteinander in Kontakt treten und Abkommen schließen können.[333] In der vorliegenden Arbeit werden solche unabhängigen Kontakte der europäischen Sozialpartner als autonomer Sozialer Dialog bezeichnet, so zustande gekommene Vereinbarungen als autonome Vereinbarungen.[334]

Das Initiativmonopol der Kommission bezweckt grundsätzlich, eine integrationsfreundliche Gesetzgebung zu fördern und Unionsinteressen gegen die Durchsetzung nationaler Partikularinteressen zu schützen.[335] Die europäischen Sozialpartner verfolgen aber keine nationalen Partikularinteressen[336], sondern diejenigen der von ihnen vertretenen Arbeitgeber und Arbeitnehmer. Aufgrund ihrer Sachnähe sind sie besonders befähigt, in der Sozialpolitik regelungsbedürftige Bereiche zu identifizieren und entsprechende Vorschläge zu unterbreiten.[337] Aus

---

333 Vgl. KOM (2004) 557 endg., Partnerschaft für den Wandel in einem erweiterten Europa – Verbesserung des Beitrags des europäischen sozialen Dialogs, v. 12.08.2004, S. 10 (Ziff. 4.2).

334 *Theiss*, Die Durchführung europäischer Sozialpartnervereinbarungen auf nationaler Ebene, 2005, dagegen verwendet den Begriff der „autonomen Vereinbarungen" für durch die Kommission initiierte Vereinbarungen, die gem. Art. 139 Abs. 2 Var. EGV a. F. durch die nationalen Sozialpartner oder die Mitgliedstaaten durchgeführt werden.

335 *Piazolo*, Der Soziale Dialog nach dem Abkommen über die Sozialpolitik und dem Vertrag von Amsterdam, 1999, S. 105; *Spieß*, Sozialer Dialog und Demokratieprinzip, 2005, S. 80; *Lennaerts*, CMLR 1991, S. 11 (28).

336 *Piazolo*, Der Soziale Dialog nach dem Abkommen über die Sozialpolitik und dem Vertrag von Amsterdam, 1999, S. 106.

337 *Piazolo*, Der Soziale Dialog nach dem Abkommen über die Sozialpolitik und dem Vertrag von Amsterdam, 1999, S. 106.

der besonderen Rolle bei der Gestaltung der europäischen Sozialpolitik, der Vertragsfreiheit und der Autonomie der Sozialpartner folgt somit, dass ihnen auch die Befugnis zukommen muss, aus eigener Initiative das Verfahren des Art. 155 Abs. 1 AEUV in Gang zu setzen und vertragliche Beziehungen, einschließlich Vereinbarungen miteinander einzugehen.[338] Gestützt wird diese Auffassung durch Art. 152 Abs. 1 AEUV, der die Autonomie der Sozialpartner nun explizit festschreibt.

I. Sachgebiete

Da das Primärrecht die autonomen Sozialpartnerverhandlungen nicht regelt, ergeben sich hieraus auch keine sachlichen Beschränkungen. Insbesondere können sie auch Verhandlungen über die Materien des Art. 153 Abs. 5 AEUV, also über Arbeitsentgelt, das Koalitionsrecht, das Streikrecht und das Aussperrungsrecht führen.[339] Das Argument, dass das Initiativrecht der Kommission im Bereich des Sozialen Dialogs nicht über die ihr ansonsten zugewiesenen Befugnisse hinausgehen könne, kann im Zusammenhang mit einer Initiative der Sozialpartner keine Geltung beanspruchen. Diese Sichtweise trägt auch der Tarif- und Vertragsautonomie der Sozialpartner Rechnung.[340] Man muss aber von einer Beschränkung auf die Sachbereiche ausgehen, mit denen sich die Sozialpartner beschäftigen, also auf den Bereich der Arbeits- und Sozialpolitik. Nicht vorstellbar ist es etwa, dass Sozialpartner Abkommen über Umweltschutz schließen, die keine Berührungspunkte mit der Sozialpolitik haben. Auch ist der autonome Soziale Dialog auf die Sozialpartner im engeren Sinn beschränkt. Alle anderen Verbände können im *informellen* Sozialen Dialog mitwirken. Kommt es zu Überschneidungen in der Zuständigkeit der europäischen und der nationalen Sozialpartner, muss das Konkurrenzverhältnis auf innerverbandlichem Wege gelöst werden.[341]

II. Durchführung

Fraglich erscheint aber, ob auch die vom Unionsrecht in Art. 155 Abs. 2 AEUV vorgesehenen Durchführungsmechanismen auch für autonome Vereinbarungen

---

338 *Krebber*, in: Calliess/Ruffert (Hrsg)., EUV/AEUV, 4. Aufl. 2011, Art. 155 AEUV, Rn. 1; a.A. *Gilles*, Das Zustandekommen und die Durchführung von Sozialpartnervereinbarungen im Rahmen des europäischen sozialen Dialogs, 1999, S. 103.

339 *Spieß*, Sozialer Dialog und Demokratieprinzip, 2005, S. 80.

340 *Gilles*, Das Zustandekommen und die Durchführung von Sozialpartnervereinbarungen im Rahmen des europäischen sozialen Dialogs, 1999, S. 104.

341 *Schwarze*, in: Oetker/Preis (Hrsg.), EAS, 114. EL, 2006, B 8100, Rn. 36.

zur Verfügung stehen, also für Vereinbarungen, die bis zu ihrem Abschluss ohne Beteiligung der Unionsorgane stattgefunden haben. Art. 155 AEUV selbst enthält keinen ausdrücklichen Verweis auf das Verfahren des Art. 154 AEUV und macht es somit nicht ausdrücklich zur Voraussetzung für den Abschluss von „vertraglichen Beziehungen, einschließlich (...) Vereinbarungen". Für eine sachgerechte Beurteilung muss man auch hier zwischen den Durchführungsvarianten unterscheiden.

1. Voluntaristisches Verfahren

Die Durchsetzung autonomer Sozialpartnervereinbarungen durch die Mitgliedstaaten oder die mitgliedstaatlichen Sozialpartner begegnet wenigen (europarechtlichen) Bedenken und hängt maßgeblich von der Überzeugungskraft der Sozialpartner auf Unionsebene ab. Als Mittel zur Durchführung kommen etwa Tarifverträge in Betracht, Einschränkungen können sich aus dem nationalen Recht ergeben.[342]

2. Korporatives Verfahren

Schwieriger zu beurteilen ist die Frage nach der Durchführung autonomer Vereinbarungen mittels Ratsbeschluss. Schließen die Sozialpartner Vereinbarungen in Bereichen miteinander ab, die nicht Art. 153 AEUV unterfallen, ist ihnen diese Möglichkeit von vornherein nicht eröffnet. Fraglich bleibt, ob sie in den von Art. 153 AEUV erfassten Bereichen die Kommission um die Vorlage einer Vereinbarung ersuchen können.

Vielfach wird diese Möglichkeit verneint.[343] Ihre Autonomie gewährleiste den Sozialpartnern zwar, eigenständig in Verhandlungen über sozialpolitische Fragen einzutreten und vertragliche Beziehungen und Vereinbarungen abzuschließen, nicht aber, das unionsrechtliche Instrumentarium zur Umsetzung von Vereinbarungen für sich in Anspruch zu nehmen.[344] Die Kommission stehe sonst

342 *Gilles*, Das Zustandekommen und die Durchführung von Sozialpartnervereinbarungen im Rahmen des europäischen sozialen Dialogs, 1999, S. 104.

343 So von *Birk*, Vereinbarungen der Sozialpartner im Rahmen des Sozialen Dialogs und ihre Durchführung, EuZW 1997, S. 453 (458); *Piazolo*, Der soziale Dialog nach dem Abkommen über die Sozialpolitik und dem Vertrag von Amsterdam, 1999, S. 101 ff; *Reichel*, Die Kompetenzabgrenzung zwischen europäischem und nationalem Arbeitsrecht, 1995, S. 113; *Schnorr*, Kollektivverträge in einem integrierten Europa DRdA 1994, S. 193 (196 f.).

344 *Spieß*, Sozialer Dialog und Demokratieprinzip, 2005, S. 81.

zur Disposition der Sozialpartner, was mit ihrer Stellung im Institutionengefüge der Union unvereinbar sei.[345] Unter dem Gesichtspunkt der Transparenz sei außerdem bedenklich, dass das Verfahren bis zum Antrag der Sozialpartner auf Durchführung mittels Ratsbeschluss rein intern stattfinde.

Die gegen die Überführung einer ohne Beteiligung der Unionsorgane zustande gekommenen Vereinbarung in Unionsrecht geäußerten Bedenken sind nachvollziehbar. Doch kommt sowohl der Kommission als auch dem Rat ein Ablehnungsrecht zu, so dass diese keineswegs auf eine bloße Boten- oder Mittlerfunktion beschränkt sind, sondern ihre Kontrollfunktion wahrnehmen können. Da auch das Europäische Parlament gem. Art. 155 Abs. 2 S. 2 AEUV obligatorisch unterrichtet wird, ist eine völlige Umgehung der unionsrechtlich vorgesehenen Legislativorgane nicht zu befürchten. Durch die Partizipation der Sozialpartner als zivilgesellschaftliche Organisationen wird die Öffentlichkeit gerade nicht ausgeschlossen, vielmehr werden zivilgesellschaftliche Einflussmöglichkeiten erhöht. Also können die Sozialpartner auf Unionsebene die Kommission auch um Weiterleitung einer autonom getroffenen Vereinbarung ersuchen, die durch Ratsbeschluss in Unionsrecht überführt werden soll.

In der Praxis sind autonome Vereinbarungen der europäischen Sozialpartner sehr selten. Die Normierung des Sozialen Dialogs im Primärrecht sollte sie gerade zu Verhandlungen anregen; das funktioniert gemäß dem Motto „legislate or we will legislate“[346] vor allem, wenn eigenständige Regelungen durch die Unionsorgane geplant sind. Finden sich die Sozialpartner aber selbstständig zu Verhandlungen zusammen und schließen Vereinbarungen miteinander ab, sind ihre Bemühungen auch dadurch zu unterstützen, dass ihnen das gesamte Durchsetzungsinstrumentarium zur Verfügung gestellt wird.

C. Die Sozialpartner

In der bisherigen Darstellung wurde noch nicht ausführlich untersucht, welche Akteure eigentlich zu den Sozialpartnern zählen, die in der europäischen Sozialpolitik mitwirken können.

Der Begriff „Sozialpartner“ wird im primären Unionsrecht mehrfach gebraucht (Art. 146 Abs. 2, Art. 150, Art. 152, Art. 153, Art. 154, Art. 155, Art. 160, Art. 164 Abs. 2 AEUV), ohne definiert zu werden. Dementsprechend gibt es

345 Vgl. *Gilles*, Das Zustandekommen und die Durchführung von Sozialpartnervereinbarungen im Rahmen des europäischen sozialen Dialogs, 1999, S. 106.

346 M.w.N. *Spieß*, Sozialer Dialog und Demokratieprinzip, 1996, S. 81.

unterschiedliche Auffassungen darüber, welche Organisationen hiervon erfasst sind. Die Kommission formulierte, noch zu den Beteiligungsmöglichkeiten nach dem ASP: „Die Frage der Teilnahme an Verhandlungen auf der Grundlage des Abkommens über die Sozialpolitik ist offensichtlich ein sehr sensibles und kontroverses Thema.“[347]

Im deutschen Recht versteht man unter Sozialpartnern die Arbeitgeberverbände und Gewerkschaften, die dazu legitimiert sind, Tarifverträge mit normativer Wirkung zu schließen.[348] Auch auf europäischer Ebene gab es in den 1960er und 1970er Jahren im Rahmen der Diskussion um „europäische Tarifverträge“ Bestrebungen, einen europaweit einheitlichen Begriff der „europäischen Tarifpartei“ zu bilden. Hierzu herangezogen wurden die mitgliedstaatlichen Kollektivvertragsordnungen und internationale Abkommen, insbesondere Art. 2 und 3 des ILO-Abkommens Nr. 87, Art. 2 des ILO-Abkommens Nr. 98 und Abschnitt II der ILO-Empfehlung Nr. 9. Da die vertraglichen Beziehungen im Sozialen Dialog gem. Art. 154 f. AEUV aber nicht als Kollektivverträge auf Unionsebene zu qualifizieren sind, lassen sich diese Überlegungen nicht übertragen.[349]

Die Kommission hat 1992 eine Untersuchung der Arbeitgeber- und Arbeitnehmerorganisationen und des Sozialen Dialogs auf nationaler Ebene durchgeführt und dabei festgestellt, dass sich die Verfahren in den einzelnen Mitgliedstaaten so stark voneinander unterscheiden, dass „keines davon als einheitliches Modell auf europäischer Ebene übernommen werden könnte.“[350] Es bedarf also einer autonomen Auslegung des Unionsrechts zur Bestimmung der „Sozialpartner“. Angesichts des offenen Vertragswortlauts werden vereinzelt extrem weite Definitionen vertreten: Einige bezweifeln, dass überhaupt Anforderungen an die Fähigkeit, am Sozialen Dialog teilzunehmen, zu stellen seien,[351] andere wollen selbst Verbände der freien Wohlfahrtspflege und Kirchen mit einbeziehen.[352] Die Kommission behält sich ausdrücklich vor, ihre „Politik einer umfassenden

---

347 KOM (96) 448 endg., Entwicklung des sozialen Dialogs auf Gemeinschaftsebene, v. 18.09.1996, S. 16, Rn. 70.

348 Vgl. *Linck*, in: Schaub, Arbeitsrechts-Handbuch, 14. Aufl. 2011, § 1 Rn. 9.

349 *Bödding*, Die europarechtlichen Instrumentarien der Sozialpartner, 1996, S. 84.

350 KOM (93) 600 endg., Die Anwendung des Protokolls über die Sozialpolitik, v. 14.12.1993, S. 13, Rn. 23 a).

351 Vgl. *Däubler*, Tarifvertragsrecht, 1993, S. 713, Rn. 1734; *ders.* EuZW 1992, S. 329, (332).

352 *Pitschas*, Die soziale Dimension der Europäischen Gemeinschaft, DÖV 1992, S. 277 (283).

Anhörung sämtlicher (...) Organisationen, die von der Sozialpolitik der Gemeinschaft betroffen sein könnten, fort[zu]führen"[353]. Fakultativ könnten auch Organisationen, die nicht zu den Arbeitsmarktparteien im engeren Sinn zählen, angehört werden. Ihnen werde damit aber nur eine Beteiligungsmöglichkeit, kein Beteiligungsrecht eingeräumt.

I. Auslegung

Zur Auslegung von Art. 154 f. AEUV müssen grundsätzlich alle authentischen Sprachen gleichwertig herangezogen werden. Während die meisten Vertragsfassungen von „Sozialpartnern auf Unionsebene" sprechen (vgl. französisch: *des partenaires sociaux au niveau de l'Union*; italienisch: *delle parti sociali a livello dell'Unione*; spanisch: *los interlocutores sociales a nivel comunitario*; niederländisch: *de sociale partners op het niveau van de Unie*), heißt es im Englischen „*management and labour (...) at Union level*". Die englische Fassung beschränkt den formellen Sozialen Dialog somit auf die (klassischen) Arbeitsmarktparteien („*management and labour*") und erteilt der Ansicht, dass anderen interessierten Organisationen wie Kirchen oder freien Wohlfahrtsverbänden ein Anhörungsrecht im formellen Sozialen Dialog eingeräumt sei, eine Absage. Außerdem lässt sich ableiten, dass ein Bezug zur Unionsebene bestehen muss und rein nationale Organisationen ausgeschlossen sind. Diese können lediglich fakultativ angehört werden.

Am historischen Treffen 1985 in Val Duchesse nahmen die drei auch heute noch existierenden europäischen Spitzenverbände der Arbeitgeber- und Arbeitnehmervereinigungen teil: die Union der Industrie- und Arbeitgeberverbände Europas (UNICE), der Europäische Zentralverband der öffentlichen Wirtschaft (CEEP), und der Europäische Gewerkschaftsbund (EGB). UNICE, CEEP und EGV setzen sich aus einer Vielzahl nationaler Arbeitgeber- und Arbeitnehmerverbände zusammen und befassen sich mit der Wahrnehmung ihrer Interessen auf europäischer Ebene.[354] Die Kommission hat sie stets zur Teilnahme am Sozialen Dialog aufgefordert,[355] und die Ausarbeitung der Art. 3 und 4 ASP sowie zahlreiche weitere gemeinsame Stellungnahmen und Abkommen gehen auf sie zurück.[356] Diese drei Verbände zählen unstreitig zu den Sozialpartnern im Sinne

353 KOM (96) 448 endg., Entwicklung des sozialen Dialogs auf Gemeinschaftsebene, v. 18.09.1996, Rn. 59.

354 *Bödding*, Die europarechtlichen Instrumentarien der Sozialpartner, 1996, S. 85.

355 Siehe z.B. Bull.EG 1-1985, Ziff. 2.4.19; Bull.EG 1-1989, Ziff. 1.2.1. ff.; Bull.EG 7/8-1992, Ziff. 1.3.107.

356 *Bödding*, Die europarechtlichen Instrumentarien der Sozialpartner, 1996, S. 85.

des Unionsrechts. Vereinzelt wird sogar die Auffassung vertreten, dass nur „EGB einerseits sowie UNICE und/oder CEEP andererseits“[357] im formellen Sozialen Dialog vertragliche Beziehungen eingehen könnten. Eine solche Beschränkung findet aber im Wortlaut des Primärrechts keine Stütze. Vielmehr werden an anderer Stelle des Unionsrechts auch weitere Organisationen als „Sozialpartner“ bezeichnet, so nannte z.B. der Anhang des Beschlusses zur Einsetzung eines Ständigen Ausschusses für Beschäftigungsfragen,[358] den „Ausschuss der berufsständischen landwirtschaftlichen Organisationen der EWG“ (XOPA), die „Union des Handwerks der EWG“ (UACEE) und das „Europäische Komitee der Versicherungswirtschaft“ (CEA) als Sozialpartner.

Zwar wird im Primärrecht nicht ausdrücklich aufgeführt, wer die Sozialpartner sind, für die das Verfahren der Verhandlung gelten soll, die systematische Anordnung der Vorschriften (Art. 154 und 155 AEUV) lässt aber erkennen, dass die an den Verhandlungen beteiligten Sozialpartner jedenfalls zu denen gehören, die von der Kommission gehört wurden. Das bedeutet umgekehrt jedoch nicht, dass zwangsläufig alle von der Kommission gehörten Sozialpartner berechtigt seien, an den geplanten Verhandlungen teilzunehmen. Die Besonderheiten des Sozialen Dialogs und seine Komplexität machen es vielmehr erforderlich, auch zur Bestimmung der einzubindenden Organisationen nach den einzelnen Phasen zu differenzieren.

II. Die unterschiedlichen Phasen

Anhörungs-, Verhandlungs- und Durchsetzungsphase sind ganz unterschiedlich ausgestaltet und stellen demnach auch unterschiedliche Anforderungen an die Sozialpartner.

1. Anhörungsphase

Die Anhörungsphase steht unter der Aufsicht der Kommission, die gem. Art. 154 Abs. 1 AEUV eine Neutralitätspflicht trifft. Wie bereits gezeigt wurde, kommen dem Wortlaut des Art. 154 Abs. 2, 3 AEUV nach viele Organisationen in Betracht. Sinn und Zweck der Vorschrift legen es nahe, eine große Anzahl von Sozialpartnern anzuhören, um ein möglichst ausgewogenes Meinungsspektrum berücksichtigen

---

357 *Weiss*, Die Bedeutung von Maastricht für die EG-Sozialpolitik, in: FS Gnade, 1992, S. 583 (593); auch *Venturini*, Ein europäischer Sozialraum für 1992, 1989, S. 11.

358 70/532/EWG, ABl. Nr. L 273, Einsetzung des Ständigen Ausschusses für Beschäftigungsfragen der Europäischen Gemeinschaften, v. 17.12.1970, S. 25 f.; aufgehoben durch 199/207/EG, ABl. Nr. L 72/33, Reform des Ständigen Ausschusses für Beschäftigungsfragen, v. 18.03.1999.

zu können. Auch aus praktischen Erwägungen ergibt sich, dass die Zahl der anhörungsberechtigen Sozialpartner größer sein kann als die derjenigen, die zwecks Eingehung vertraglicher Beziehungen einen Konsens finden müssen. So wird für die Anhörungsphase z.T. vertreten, auch eine sehr große Anzahl von anhörungsberechtigten Organisationen schade nicht, da diese sich schriftlich äußern würden.[359] Dies kann aber nicht gelten, wenn tatsächlich alle Stellungnahmen oder Empfehlungen beachtet werden sollen; ein effizientes Anhörungsverfahren setzt eine mengenmäßige Begrenzung der Organisationen voraus.[360] Das EuG fasst dieses Erfordernis im Kriterium der *Repräsentativität* zusammen, das auch in der Anhörungsphase gelte.[361] Zum Teil wird es damit erklärt, dass die weitgehende Ausschaltung des Europäischen Parlaments durch eine umfassende Berücksichtigung pluraler Gruppierungen und Meinungsspektren ersetzt werden könne.[362]

In der Anhörungsphase entscheidet sich, ob die Sozialpartner selbst in Verhandlungen zu einem bestimmten Thema eintreten möchten oder ob sie nach der Anhörung das weitere Normsetzungsverfahren den Unionsorganen überlassen. Geschieht letzteres, werden Normen im ordentlichen Gesetzgebungsverfahren gem. Art. 153, 294 AEUV unter Beteiligung des Europäischen Parlaments gesetzt. Hier tritt der Zweck der Substituierung des Europäischen Parlaments hinter demjenigen, durch den Sachverstand der Organisationen an Sachgerechtigkeit und Bürgernähe zu gewinnen, zurück.

a. Kriterien der Sozialpartner

Die drei großen branchenübergreifenden Verbände EGB, CEEP und UNICE verabschiedeten im Oktober 1993 eine gemeinsame Stellungnahme, welche Kriterien die im Rahmen der Art. 3, 4 ASP zu beteiligenden Organisationen erfüllen sollen.[363] Sie sollen (1) über eine branchenübergreifende oder sektorale Struktur

---

359 *Zeppenfeld*, Der Soziale Dialog in Europa, 2004, S. 42 ff.

360 Vgl. *Gilles*, Das Zustandekommen und die Durchführung von Sozialpartnervereinbarungen im Rahmen des europäischen sozialen Dialogs, 1999, S. 122.

361 EuG, Rs. T-135/96, UEAPME/Rat, Slg. 1998, II-2335, Rn. 72.

362 EuG Slg. 1998, II-2335 Rn. 89 – UEAPME; *Buchner*, Die sozialpolitische Entwicklung der Europäischen Gemeinschaft RdA 1993, S. 193 (202); *Höland*, Die Beteiligung der Sozialpartner nach dem Maastrichter Sozialabkommen ZIAS 1995, 425, 449; *Piazolo*, Der Soziale Dialog nach dem Abkommen über die Sozialpolitik und dem Vertrag von Amsterdam, S. 163 ff.

363 Gemeinsame Stellungnahme EGB/CEEP/UNICE, Vorschläge der Sozialpartner für die Umsetzung des dem Protokoll über die Sozialpolitik im Vertrag über die Europäische Union beigefügten Abkommen (29.10.1993), Ziff. 4, abgedruckt in: Soziales Europa 2/1995, S. 175.

auf europäischer Ebene verfügen; (2) aus Verbänden bestehen, die in ihrem jeweiligen Land als repräsentative Interessenvertretungen, vor allem in den Bereichen der Sozialpolitik, Beschäftigung und Arbeitsbeziehungen anerkannt sind; (3) in allen Mitgliedstaaten vertreten sein oder am „Sozialen Dialog von Val Duchesse" teilgenommen haben; (4) aus repräsentativen Arbeitgeber- und Arbeitnehmerverbänden bestehen, in denen die Mitgliedschaft sowohl auf nationaler als auch auf europäischer Ebene freiwillig ist; (5) von den ihnen angeschlossenen Verbänden den Auftrag erhalten haben, sie im Rahmen des sozialen Dialogs zu vertreten und (6) sollen die angeschlossenen Verbände das Recht haben, direkt oder über ihre Mitglieder an Tarifverhandlungen auf ihrer jeweiligen Ebene teilzunehmen. Die Organisationen, die am Anhörungsverfahren teilnehmen, sollen zudem nach den von der Kommission aufgegriffenen Themen ausgewählt werden.[364] Diese Kriterien erfüllen im Prinzip nur die drei großen Sozialpartnerorganisationen selbst.

Speziell für das Anhörungsverfahren vertreten diese die Auffassung, dass „die einzubeziehenden Organisationen jeweils nach den von der Kommission aufgegriffenen Themen auszuwählen sind und dass sie in jedem Fall den in Ziffer 4 genannten Kriterien entsprechen müssen."[365]

b. Kriterien der Kommission

Die Kommission beschränkt den Sozialpartnerbegriff auf Dachverbände, die aus etablierten mitgliedstaatlichen Mitgliedern bestehen sollen.[366] Ein Anspruch auf Anhörung setze voraus, dass (1) die Organisationen branchenübergreifend, sektor- oder berufsspezifisch seien und über eine Struktur auf europäische Ebene verfügen; (2) dass sie aus Verbänden bestehen, die in ihrem Land integraler und anerkannter Bestandteil des Systems der Arbeitsbeziehungen seien, Vereinbarungen aushandeln können und so weit wie möglich alle Mitgliedstaaten vertreten

364 Gemeinsame Stellungnahme EGB/CEEP/UNICE, Vorschläge der Sozialpartner für die Umsetzung des dem Protokoll über die Sozialpolitik im Vertrag über die Europäische Union beigefügten Abkommen (29.10.1993), Ziff. 4, abgedruckt in: Soziales Europa 2/1995, S. 176.

365 Gemeinsame Stellungnahme EGB/CEEP/UNICE, Vorschläge der Sozialpartner für die Umsetzung des dem Protokoll über die Sozialpolitik im Vertrag über die Europäische Union beigefügten Abkommen (29.10.1993), Ziff. 4, abgedruckt in: Soziales Europa 2/1995, S. 176.

366 KOM (93) 600 endg., Die Anwendung des Protokolls über die Sozialpolitik, v. 14.12.1993, S. 14 Tz. 28; *Krebber*, in: Calliess/Ruffert (Hrsg.), EUV/AEUV, 4. Aufl. 2011, Art. 154 AEUV, Rn. 8 f.

und (3) über die geeigneten Strukturen verfügen, um effektiv am Anhörungsprozess teilnehmen zu können. Anhand dieser Kriterien hat die Kommission eine Liste erstellt, die ihrer Mitteilung als Anhang 2 beigefügt ist und namentlich die einzelnen Verbände nennt, die von der Kommission im Rahmen des Art. 154 Abs. 2 und 3 AEUV angehört werden. In Ziffer 24 der Mitteilung heißt es, dass diese Liste ständig überprüft und gegebenenfalls ergänzt wird.

Gemäß der Liste von 1993[367] (KOM (93) 600 endg.) hatten 28 Organisationen einen Anspruch auf Konsultation, 1996 wurde 29 Organisationen dieser Anspruch eingeräumt,[368] 1998 waren es schon 44 Organisationen.[369] In den neueren Mitteilungen werden die tatsächlich konsultierten Organisationen benannt; ihre Zahl belief sich im Jahr 2002 auf 57,[370] im Jahr 2004 auf 70[371] und im Februar 2013 auf 86 Organisationen.[372] Man sieht also, dass die Zahl der beteiligten Organisationen wächst. Die Kommission ist zudem dazu übergegangen, nicht mehr abstrakt die Kriterien eines Anhörungsrechts darzulegen, sondern die tatsächlich beteiligten Verbände aufzulisten.

Die Kommission unterscheidet fünf verschiedene Kategorien von Organisationen, die am Anhörungsverfahren beteiligt werden: (1) allgemeine Arbeitgeber- und Arbeitnehmerorganisationen; (2) branchenübergreifende Arbeitgeber- und Arbeitnehmerorganisationen, die bestimmte Arbeitnehmer- oder Unternehmensgruppen vertreten; (3) spezifische Organisationen, (4) branchenbezogene Arbeitgeberorganisationen und (5) Europäische Gewerkschaftsverbände. Zahlenmäßig die meisten Organisationen umfasst die vierte Gruppe, nämlich 63[373]; als spezifische Organisation ist bisher nur Eurochambres anerkannt, als allgemeine Organisationen der Europäische Gewerkschaftsbund (EGB), der Europäische Zentralverband der öffentlichen Wirtschaft (CEEP) und BusinessEurope,

---

367 KOM (93) 600 endg., Die Anwendung des Protokolls über die Sozialpolitik, v. 14.12.1993.

368 KOM (96) 448 endg, Entwicklung des sozialen Dialogs auf Gemeinschaftsebene, v. 18.09.1996.

369 KOM (98) 322 endg., Anpassung und Förderung des Sozialen Dialogs auf Gemeinschaftsebene, v. 20.05.1998.

370 KOM (2002) 341 endg., Der europäische soziale Dialog, Determinante für Modernisierung und Wandel, v. 26.06.2002.

371 KOM (2004) 557 endg., Partnerschaft für den Wandel in einem erweiterten Europa – Verbesserung des Beitrags des europäischen sozialen Dialogs, v. 12.08.2004.

372 Verzeichnis der europäischen Organisationen der Sozialpartner, die gemäß Artikel 154 AEUV gehört werden.

373 Ausführlich *Krebber* in: Calliess/Ruffert (Hrsg.), EUV/AEUV, 4. Aufl. 2011, Art. 154 AEUV, Rn. 20.

und als branchenübergreifende Organisationen, die bestimmte Gruppen vertreten, Eurocadres, die Europäische Union des Handwerks und der Klein- und Mittelbetriebe (UEAPME) und die Europäische Vereinigung der leitenden Angestellten (CEC). Die fünfte Gruppe umfasst 17 Organisationen.

Es erscheint durchaus sinnvoll, in der Anhörungsphase eine große Anzahl von Organisationen anzuhören. Denn hier geht es vorrangig darum, eine Pluralität an Interessen und Meinungen einzuholen. Verbindliche Vereinbarungen werden erst später abgeschlossen.

Insgesamt fällt auf, dass die Entwicklung nicht zum Aufbau eines europäischen Gewerkschafts- und Arbeitgeberverbandswesens tendiert, sondern sich ein eigenes System herausgebildet hat, bei dem viele – allerdings nicht die wichtigsten Verbände UNICE, CEEP und EGV – der anerkannten Sozialpartner sektorielle industriepolitische Interessenverbände sind.[374]

c. Weitere Kriterien: Parlament und WSA

Das *Europäische Parlament* schlug in seinem 2. Bericht über die Anwendung des Protokolls Kriterien vor, die sich von denen der Kommission unterscheiden, um eine bessere Vertretung aller Arbeitnehmer- und Arbeitgeberorganisationen zu ermöglichen. Es betonte das Recht der Organisationen auf Teilnahme an Tarifverhandlungen, insofern sie von ihren Mitgliedsverbänden beauftragt seien, sie im Sozialen Dialog zu vertreten, und sie ihre Repräsentativität nachweisen können.

Der *Wirtschafts- und Sozialausschuss* forderte, das Kriterium der Repräsentativität müsse Verhandlungsfähigkeit mit einbeziehen.

d. Entscheidungskompetenz

Der Vertrag trifft keine Aussage dazu, wem die Kompetenz zukommt, den Begriff der Sozialpartner zu definieren oder im Einzelfall zu entscheiden, ob ein Sozialpartner beteiligt werden muss. Da Rat und Parlament nur tätig werden können, soweit dies der Vertrag vorsieht (vgl. Art. 192, 250 ff AEUV), hat die Kommission über die Konkretisierung des Begriffs ebenso wie über deren Zulassung zum Verfahren im Einzelfall zu entscheiden.[375] Die Entscheidung über

---

374 Vgl. *Arnold*, Die Stellung der Sozialpartner in der europäischen Sozialpolitik, NZA 2002, S. 1261 (1265 ff).

375 *Krebber*, in: Calliess/Ruffert (Hrsg.), EUV/AEUV, 4. Aufl. 2011, Art. 154 AEUV, Rn. 11; a.A. *Schnorr*, Kollektivverträge in einem integrierten Europa, DRdA 1994, S. 193 (195): „es wird (…) Aufgabe des EuGH sein, im Wege der richterlichen Rechtsfortbildung die Voraussetzungen zu entwickeln, die vorliegen müssen, damit eine Organisation als europäischer Sozialpartner anerkannt werden kann."

die Zulassung wird durch EuG und EuGH überprüft.[376] Der Gerichtshof hat sich hierzu bisher nicht geäußert; das Gericht erster Instanz stellt bestimmte Anforderungen an einen Sozialpartner, wenn eine von ihm abgeschlossene Vereinbarung durch Ratsbeschluss durchgesetzt werden soll.[377]

2. *Verhandlungsphase*

Die Verhandlungsphase stellt andere Anforderungen an die beteiligten Sozialpartner. Anders als in der Anhörungsphase besitzen die europäischen Institutionen hier nur wenige Einflussmöglichkeiten. Wenn Sozialpartnerorganisationen der Kommission während der Anhörungsphase mitteilen, in eigene Verhandlungen eintreten zu wollen (Art. 154 Abs. 4 AEUV), muss die Initiative der Kommission ausgesetzt werden; anstelle des üblichen Gesetzgebungsverfahrens unter Mitwirkung des Europäischen Parlaments können die Sozialpartner nunmehr autonom Vereinbarungen abschließen, die anschließend durchgeführt und dadurch in nationales oder Unionsrecht überführt werden. In der Variante der Durchführung „nach den jeweiligen Verfahren und Gepflogenheiten der Sozialpartner und der Mitgliedstaaten" erfordert dies von den Sozialpartnern, dass sie ihre Nationalstaaten oder ihre nationalen Sozialpartner dazu bewegen müssen, die von ihnen abgeschlossenen Vereinbarungen tatsächlich durchzuführen. Auch gibt es die Möglichkeit, „bloße" vertragliche Beziehungen einzugehen, die einer Durchführung nicht zugänglich sind.

Die Kommission greift in das Verhandlungsverfahren selbst nicht ein und hat keine Möglichkeiten zur Auswahl der verhandelnden Sozialpartner. Es handelt sich vielmehr um eine autonome Entscheidung der Organisationen, mit wem sie vertragliche Beziehungen eingehen bzw. Vereinbarungen abschließen möchten. Die Kommission kann erst wieder eingreifen, wenn die Sozialpartner bei ihr einen Antrag auf Durchführung gem. Art. 155 Abs. 2 AEUV stellen. Aus Art. 154 Abs. 4 AEUV lässt sich jedenfalls ableiten, dass diejenigen Sozialpartner in Verhandlungen eintreten können, die zuvor von der Kommission angehört wurden („bei den Anhörungen"). Da aber die Initiative für die Verhandlungsphase allein bei den Sozialpartnern selbst liegt, kann auch ein Sozialpartner, der bereits von der Kommission angehört wurde, keinen Anspruch auf Teilnahme an den Verhandlungen geltend machen. Ihm bleibt nur die Möglichkeit des nachträglichen Vorgehens gegen einen so zustande gekommenen Rechtsakt. Möglich ist auch,

376 Zum ASP *Höland,* Partnerschaftliche Setzung und Durchführung von Recht in der Europäischen Gemeinschaft, ZIAS 1995, S. 425 (448).

377 EuG, Rs. T-135/96, UEAPME/Rat, Slg. 1998, II-2335.

dass Sozialpartner ohne vorheriges Anhörungsverfahren aus eigener Initiative in Verhandlungen miteinander treten. *Eichenhofer* definiert die Sozialpartner i.S.d. Art. 154 Abs. 4 AEUV als „die im jeweiligen Mitgliedstaat tätigen, anerkannten Tarifvertragsparteien“[378]

Bisher fanden Verhandlungen allein zwischen den drei großen Organisationen UNICE (seit dem 23. 01. 2007 offiziell Businesseurope), CEEP einer- und EGB andererseits statt. Soweit es dabei zum Abschluss von Vereinbarungen kam, wurden sie allein von diesen Organisationen unterzeichnet.[379] Das Wesen des Sozialen Dialogs, im Widerstreit unterschiedlicher Interessen zu sachgerechten Kompromissen zu gelangen, verlangt jedenfalls, dass bei Vereinbarungen auf der einen Seite Arbeitnehmer- und auf der anderen Seite Arbeitgebervertreter stehen.

Gehen die Sozialpartner vertragliche Bindungen ein, die lediglich Verpflichtungen inter partes begründen, so sind ihnen hierbei nach dem Grundsatz der Vertragsfreiheit kaum Grenzen gesetzt. Anders sieht es bei den Vereinbarungen aus, die durchgeführt werden und damit Rechte und Pflichten für Dritte, nämlich für Mitgliedstaaten und letztlich für einzelne Bürger entfalten.

Da die Herrschaft über die gesamte Verhandlungsphase allein bei den Sozialpartnern liegt, haben die Unionsorgane keinen Einfluss und können auch keine (Gesamt-) Repräsentativität sicherstellen. Kommission und Rat sind aber angesprochen, wenn die Durchführung einer Sozialpartnervereinbarung auf Unionsebene beantragt wird. Hier haben sie im Hinblick auf den Inhalt des betreffenden Abkommens zu prüfen, ob die Sozialpartner, die die Vereinbarung unterzeichnet haben, hinreichend repräsentativ sind. Dies verlangt vor allem die Wahrung des demokratischen Prinzips, denn die Sozialpartnervereinbarung erhält eine legislative unionsrechtliche Grundlage, ohne dass hierfür auf das klassische Gesetzgebungsverfahren nach dem Vertrag zurückgegriffen würde. Vor In-Kraft-Treten des Vertrags von Lissabon war insbesondere problematisch, dass keinerlei Mitwirkung des Europäischen Parlaments vorgesehen war. Im reformierten AEUV ist immerhin eine obligatorische Unterrichtung des Parlaments vorgeschrieben, inhaltliche Mitwirkungsbefugnisse kommen ihm aber immer noch nicht zu. Dementsprechend gilt nach wie vor, dass es zur „Wahrung des demokratischen Prinzips“ erforderlich ist, dass „die Beteiligung der Völker an diesem Verfahren

378 *Eichenhofer*, in: Streinz (Hrsg.), EUV/AEUV, 2. Aufl. 2012, Art. 154 AEUV, Rn. 7.

379 *Britz/Schmidt*, Die institutionalisierte Mitwirkung der Sozialpartner an der Rechtsetzung der Europäischen Gemeinschaft, EuR 1999, S. 467 (473).

auf andere Weise sichergestellt wird", nämlich „durch Vermittlung der Sozialpartner, die die Vereinbarung geschlossen haben"[380].

3. *Durchführungsphase*

Die Sozialpartner, die in der Durchführungsphase tätig werden, sind in den allermeisten Fällen die nationalen Sozialpartner. Sie bestimmen sich nach nationalem (Tarif-) Recht. Sozialpartner auf Unionsebene können in der Durchführungsphase nur tätig werden, wenn sie verbindliches Recht für Arbeitnehmer und Arbeitgeber setzen können.

III. Demokratische Legitimation

Mit der Durchführung einer Sozialpartnervereinbarung wird diese in verbindliches Recht umgesetzt, das Verpflichtungen für Dritte begründet und daher demokratisch legitimiert sein muss.

Erfolgt die Durchführung gem. Art. 155 Abs. 2 S. 1 Var. 1 AEUV, beruht die demokratische Legitimation auf dem jeweiligen nationalen Recht. Im ersten Fall (Verfahren und Gepflogenheiten der Mitgliedstaaten) speist sie sich aus dem nationalen Gesetzgebungsverfahren, im zweiten (mitgliedstaatliche Sozialpartner) aus dem nationalen Tarifrecht (so beruht in Deutschland etwa die Tarifgeltung für die Arbeitsvertragsparteien wegen des Erfordernisses der beiderseitigen Tarifgebundenheit in der Regel auf einer privatautonom begründeten Legitimation). Die Durchführung einer Sozialpartnervereinbarung durch die Sozialpartner auf Unionsebene dagegen ist nur möglich, wenn diese verbindlich handeln können. Das können sie für ihre Verbandsangehörigen; dann ergibt sich die Legitimation ihres Handelns aus der (vermittelten) Verbandszugehörigkeit der Verpflichteten.

Bei der Umsetzung mittels Ratsbeschluss wird eine zwischen Sozialpartnerorganisationen abgeschlossene Vereinbarung in allgemein geltendes Unionsrecht transformiert. Damit entfaltet sie Bindungswirkung auch für Personen, die weder unmittelbar an ihrem Abschluss beteiligt waren, noch von ihnen kraft Mitgliedschaft repräsentiert werden. Diese Variante ist schwieriger zu beurteilen.

380 EuG, Rs. EuG, Rs. T-135/96, UEAPME/Rat, Slg. 1998, II-2335.

1. Staatliche Kategorien

Manche versuchen, die im nationalstaatlichen Kontext geltenden Kategorien demokratischer Legitimation auf den formellen Sozialen Dialog auf Unionsebene zu übertragen.[381]

Die organisatorisch-personelle Komponente der staatlichen Demokratietheorie verlangt eine auf das Volk zurück zu führende, ununterbrochene Legitimationskette, die durch mittelbare oder unmittelbare Berufung hergestellt werden kann.[382] Wegen der Autonomie des Sozialen Dialogs (insbesondere kann die Kommission den Sozialpartnern nicht vorschreiben, „wer an aus freier Initiative eingeleiteten Verhandlungen teilnehmen darf"[383]), werden die am Sozialen Dialog nach Art. 154, 155 AEUV im Einzelfall mitwirkenden Sozialpartner beziehungsweise deren Vertreter weder unmittelbar noch mittelbar durch die nationalen Staatsvölker individuell berufen. Die organisatorisch-personelle Legitimation des formellen Sozialen Dialogs ist darum sehr fraglich und kann nach einem klassisch staatsrechtlichen Demokratieverständnis auch nicht durch die „Verwurzelung der Sozialpartner in den Gesellschaften der Mitgliedstaaten"[384] ersetzt werden. Auch die bloße Möglichkeit eines Koalitionsbeitritts für Nichtmitglieder gewährleistet nicht die notwendige Rückbindung an die Regelungsunterworfenen,[385] denn diese sichert nicht den Einfluss auf die Regelungstätigkeit der Koalitionen, den ein tatsächlich bestehendes Mitwirkungsrecht gewährt.[386]

Fraglich ist, wie der sachlich-inhaltliche Aspekt des formellen Sozialen Dialogs beurteilt werden kann. Er verlangt, dass eine gesetzgebende Entscheidung auch ihrem Inhalt nach vom Volk und seinem Willen hergeleitet wird, sei es durch das Gesetzgebungsrecht des Parlaments, sei es durch die mittels regelmäßiger Wahlen hergestellte Verantwortlichkeit gegenüber dem Volk.

Es ist schon zweifelhaft, ob die fehlende organisatorisch-personelle Legitimation des Sozialen Dialogs überhaupt durch eine gestärkte sachliche-inhaltliche Komponente vollständig substituiert werden kann. Jedenfalls stellt sich auch diese als verkümmert dar. Die europäischen Sozialpartner entbehren nämlich

---

381 Vgl. *Spieß*, Sozialer Dialog und Demokratieprinzip, 2005, S. 118 ff.

382 Vgl. Kapitel 1, C. II. der vorliegenden Arbeit.

383 KOM (96) 448 endg., Die Anwendung des Protokolls über die Sozialpolitik an den Rat und das Europäische Parlament, v. 14.12.1993, Ziff. 69.

384 *Dederer*, Durchführung von Vereinbarungen der europäischen Sozialpartner, RdA 2000, S. 216 (218).

385 Anders *Hirsch*, Die öffentlichen Funktionen der Gewerkschaften, 1966, S. 15; *Däubler*, Das Grundrecht auf Mitbestimmung, 1976, S. 283 f.

386 *Schwarze*, Legitimation kraft virtueller Repräsentation, RdA 2001, S. 208 (220 f.).

weitgehend einer klassischen demokratischen Verantwortlichkeit. Infolge der Autonomie des Sozialen Dialogs werden sie bei ihren Verhandlungen weder durch die Staatsvölker noch durch nationale Parlamente oder das Europäische Parlament kontrolliert. Die von der Kommission und dem Rat vorgenommene nachträgliche Prüfung allein der Rechtmäßigkeit, und nicht auch der Zweckmäßigkeit einer Sozialpartnervereinbarung[387] gewährleistet keine klassisch sachlich-inhaltliche Rückkopplung an die Staatsvölker.

Hier muss ein weiteres Mal betont werden, dass die im staatlichen Kontext geltenden Prämissen nicht unmodifiziert auf die Europäische Union und ihre Herrschaftsweise übertragen werden können. Die aus dem nationalen Staatsrecht bekannten Kategorien der sachlich-inhaltlichen, organisatorisch-personellen und institutionell-funktionellen Legitimation können hilfsweise herangezogen werden, aber keineswegs als einzige Kriterien zur Beurteilung der demokratischen Legitimation der EU dienen. Wie bereits festgestellt wurde, lässt sich generalisiert sagen, dass der Kerngehalt von Demokratie die Rückbindung von Entscheidungen an die Normunterworfenen ist. Dieser Zurechnungszusammenhang muss aber auf europäischer Ebene nicht in gleicher Weise hergestellt werden wie auf nationalstaatlicher (vgl. Kapitel 1, C.).

Zudem sind es auf Unionsebene nicht allein die Sozialpartner, die verbindliche Entscheidungen treffen und folglich demokratisch legitimiert sein müssen. Sozialpartnervereinbarungen binden zunächst nur sie selbst und sind durch (über die nationalen Verbände vermittelte) Mitgliedschaft legitimiert. Es bedarf aber der Mitwirkung zusätzlicher Akteure, namentlich der Unionsorgane, damit eine Vereinbarung allgemein verbindlich wird. Dementsprechend müssen nicht nur die Sozialpartner allein auf ihre demokratische Legitimation hin untersucht werden, vielmehr muss der Durchführungsakt betrachtet werden, aus dem sich die allgemeine Verbindlichkeit ergibt. Bei einer Sozialpartnervereinbarung, die per Ratsbeschluss durchgeführt wird, muss also die über Rat, Parlament und Kommission vermittelte Legitimation ergänzend herangezogen werden.

2. Dreispurige Legitimation

Im formellen Sozialen Dialog auf Unionsebene werden durch die Sozialpartnerorganisationen Elemente der organisierten Zivilgesellschaft vergleichbar mit Legislativorganen in die (europäische) Rechtsetzung eingebunden. Zur

---

387 KOM (93) 600 endg., Die Anwendung des Protokolls über die Sozialpolitik, v. 14.12.1993, Ziff 39; KOM (96) 448 endg., Die Anwendung des Protokolls über die Sozialpolitik, v. 14.12.1993, Ziff 71.

Untersuchung dieses Verfahrens ist das in der vorliegenden Arbeit entwickelte Modell der dreispurigen Legitimation besonders geeignet.

Ein Charakteristikum des Sozialen Dialogs ist es, dass anders als im ordentlichen Gesetzgebungsverfahren das Europäische Parlament kaum beteiligt ist. Auf dessen legitimationsspendende Kraft käme es aber zunächst gar nicht an, wenn ein hinreichendes demokratisches Legitimationsniveau schon durch die Rechtsetzungstätigkeit des Ministerrats erreicht würde.

a. Erste Spur: Nationale Parlamente

Im Ministerrat konkretisiert sich die von den Staatsvölkern über die nationalen Parlamente vermittelte demokratische Legitimation in der Weise, dass dort die Vertreter der auf mitgliedstaatlicher Ebene demokratisch kontrollierten Regierungen versammelt sind. Der einzelne Vertreter im Rat handelt verbindlich für seine nationale Regierung und übt insoweit nationale Staatsgewalt aus. Doch verflüchtigt sich die den nationalen Regierungsvertretern mitgegebene demokratische Legitimation dann, wenn der Rat, wie grundsätzlich im Verfahren des Art. 155 Abs. 2 AEUV, mit (qualifizierter) Mehrheit entscheiden kann. Denn im Fall der Abstimmungsniederlage oder der fehlenden Teilnahme des eigenen Regierungsvertreters an Abstimmungen spiegelt sich die nationale Legitimation in der Ratsentscheidung nicht wider. Die so geschwächte Legitimation des Ministerrates wird in der Regel nur im Hinblick auf die ergänzende demokratische Legitimation durch das Europäische Parlament hingenommen.

Zudem können Entscheidungen, die in einer durch fortschreitende Integration gekennzeichneten Union getroffen werden, nicht allein durch eine rein nationale, mittelbare Rückbindung an die Bürger demokratisch legitimiert werden. Weder der Ministerrat als Gremium von Regierungsvertretern der Mitgliedstaaten noch die Kommission können alleine einen ausreichenden Grad an demokratischer Legitimation vermitteln.

b. Zweite Spur: Europäisches Parlament

Im Gegensatz zum ordentlichen Gesetzgebungsverfahren ist das Normerlassverfahren im formellen Sozialen Dialog dadurch gekennzeichnet, dass das Europäische Parlament weitgehend ausgeschaltet ist. Seit der Vertragsrevision von Lissabon sieht Art. 155 Abs. 2 S. 2 AEUV zwar ausdrücklich eine Unterrichtung des Parlaments vor, diese hat aber kaum Einfluss auf die konkrete Umsetzung der selbstständig ausgehandelten und abgeschlossenen Vereinbarungen der Sozialpartner. Angesichts der wichtigen Rolle, die das Europäische Parlament für die Herstellung demokratischer Legitimation spielt, erscheint eine solch schwache Ausprägung des genuin unionsrechtlichen „Legitimationsstrangs" zunächst bedenklich.

Hinzu kommt die Sitzverteilung im Europäischen Parlament, die nicht proportional zur Bevölkerungszahl ist.[388] Hier haben sich zwar mit dem Vertrag von Lissabon Veränderungen ergeben. Anders als früher ist die Sitzverteilung heute nicht länger im Primärrecht selbst geregelt. Art. 14 Abs. 2 UAbs. 2 S. 3 EUV bestimmt lediglich, dass die Unionsbürgerinnen und -bürger im Europäischen Parlament degressiv proportional vertreten werden. Damit findet immer noch eine strukturelle Diskriminierung der in größeren Mitgliedstaaten wohnhaften Unionsbürger und -bürgerinnen statt.[389] Nach wie vor besteht bei knapper Entscheidung im Europäischen Parlament keine Gewähr dafür, dass die Mehrheit der abgegebenen Stimmen auch eine Mehrheit der Unionsbürger repräsentiert.[390] Nach dem hier vertretenen Begriff demokratischer Legitimation bedarf es darum des Einflusses zusätzlicher Legitimationselemente (dritte Spur), um diese Defizite zu substituieren und ein ausreichendes Legitimationsniveau der im Sozialen Dialog getroffenen Entscheidungen zu gewährleisten.

c. Dritte Spur: Zivilgesellschaftliche Organisationen

Im Modell der dreispurigen Legitimation kann die zusätzliche Einbindung von zivilgesellschaftlichen Akteuren das Niveau demokratischer Legitimation von Entscheidungen in der EU erhöhen. Als zivilgesellschaftliche Akteure können die Sozialpartner auf Unionsebene diese Aufgabe übernehmen.

Das erforderliche Maß demokratischer Legitimation hängt davon ab, wie stark mit einer konkreten Entscheidung in die Lebenssphäre von Bürgern eingegriffen wird. Im formellen Sozialen Dialog sind die Anforderungen an die Sozialpartner somit davon abhängig, in welcher Phase sie tätig werden. Es geht bei der demokratischen Legitimation darum, einen Zurechnungszusammenhang zwischen Normsetzenden und Normunterworfenen herzustellen. Ein solcher besteht sicherlich kraft Mitgliedschaft in einer Sozialpartnerorganisation, dabei mag offen bleiben, ob Selbstbestimmungsprinzip (Beitritt zum Verband), Demokratieprinzip (innerverbandlicher Wahlakt) oder beides zusammen entscheidend sind.[391] Schwierigkeiten bereitet dagegen die Bindung

---

388 *Streinz*, Europarecht, 2012, S. 107 f.., Rn. 301; *Schoo*, in: Schwarze (Hrsg.), EU-Kommentar, 3. Aufl. 2012, Art. 14 EUV, Rn. 40; *Epping*, in: Vedder/Heintschel vHeinegg (Hrsg.), Europäisches Unionsrecht, 1. Aufl. 2012, Art. 14 EUV, Rn. 5; *Kluth*, in: Calliess/Ruffert (Hrsg.), 4. Aufl. 2011, Art. 14 EUV, Rn. 23; *Huber*, in: Streinz (Hrsg.), 2. Aufl. 2012, Art. 14 EUV, Rn. 47 f.

389 *Huber*, in: Streinz (Hrsg.), EUV/AEUV, 2. Aufl. 2012, Art. 14, Rn. 47.

390 Vgl. BVerfGE 123, 267 (372).

391 So *Schwarze*, Legitimation kraft virtueller Repräsentation, RdA 2001, S. 208 (209).

von Nicht- und Andersorganisierten, sog. Außenseitern.[392] Zwar wirken faktisch in allen Mitgliedstaaten Kollektivregelungen der nationalen Sozialpartner über ihren Mitgliederkreis hinaus,[393] allerdings in völlig unterschiedlicher rechtlicher Ausgestaltung. Dies wird alternativ durch gesetzliche erga-omnes-Wirkung der allgemeinen nationalen Tarifverträge,[394] durch einzelvertragliche Inbezugnahme,[395] durch Verpflichtung des Arbeitgebers, Nichtmitgliedern tarifliche Arbeitsbedingungen zu gewähren,[396] oder eine Kombination verschiedener Mechanismen[397] erreicht. Es lässt sich also kein allgemeiner Rechtsgrundsatz im Hinblick auf die rechtliche Bindungswirkung von nationalen Sozialpartnervereinbarungen identifizieren.

Soll die Normsetzung durch Sozialpartnerorganisationen auch für Außenseiter demokratisch legitimiert sein, müssen die Organisationen auch diese Bürger vertreten, also im ursprünglichen Wortsinn repräsentieren können. Es kommt nicht darauf an, dass jeder einzelne Verband alle Normunterworfenen repräsentiert, sondern dass die Sozialpartner in ihrer Gesamtheit alle Gruppen von Unternehmen und Arbeitnehmern auf europäischer Ebene repräsentieren können.[398] Die Rückbindung der den Sozialpartnervereinbarungen unterworfenen Bürger an die Sozialpartner selbst soll durch das Merkmal der *(Gesamt-) Repräsentativität* gewährleistet werden, dessen Anwendung auch das EuG[399] und viele Stimmen in der Literatur[400] fordern.

3. *Input- und Output-Legitimation*

Zu einem ähnlichen Ergebnis gelangt die Theorie der Input- und Output-Legitimation. Die demokratische Legitimation des Sozialen Dialogs unter *Input*-Gesichtspunkten begegnet schon der Schwierigkeit, dass keine kollektive Identität

---

392 Vgl. *Spieß*, Sozialer Dialog und Demokratieprinzip, 2005, S. 170.

393 *Schwarze*, Legitimation kraft virtueller Repräsentation, RdA 2001, S. 208.

394 In Frankreich, Belgien, Luxemburg, Spanien, und Osterreich.

395 In Deutschland, Italien und Portugal.

396 Dänemark, Schweden, Finnland und die Niederlande.

397 In Griechenland gelten allgemeine nationale Tarifverträge *erga omnes*, andere Tarifverträge wirken aber nur für organisierte Arbeitgeber und Arbeitnehmer.

398 *Spieß*, Sozialer Dialog und Demokratieprinzip, 2005, S. 167.

399 EuG, Rs. EuG, Rs. T-135/96, UEAPME/Rat, Slg. 1998, II-2335.

400 *Benecke*, in: Grabitz/Hilf/Nettesheim (Hrsg.), Das Recht der EU, 48. EL, 2012, Art. 154 AEUV, Rn. 7; *Spieß*, Sozialer Dialog und Demokratieprinzip, 2005, S. 169 ff; *Buchner*, Die sozialpolitische Entwicklung der Europäischen Gemeinschaft, RdA 1993, S. 193 (202 f.).

der europäischen Bürger existiert.[401] Auch vertreten die Sozialpartner gerade nicht Anders- oder Nichtorganisierte, so dass man von einem Vertrauen der Minderheit in die Mehrheit nicht ausgehen kann. Aus einer Input-Perspektive müsste die demokratische Legitimation des Sozialen Dialogs folglich verneint werden.

Das schließt aber nicht aus, dass ein ausreichendes Legitimationsniveau anders erreicht werden kann. Die *Output-Perspektive* erlaubt die Berücksichtigung einer größeren Zahl legitimierender Mechanismen, wie unabhängige Expertokratie, korporatistische und intergouvernementale Vereinbarungen sowie pluralistische Politiknetzwerke.[402]

Im formellen Sozialen Dialog werden zwischen den Sozialpartnern korporatistische Vereinbarungen geschlossen.[403] Korporatistische Vereinbarungen gründen sich auf eine lange Historie der Koalitionsfreiheit in allen Mitgliedstaaten, ihnen liegt die Annahme zu Grunde, dass „in Verhandlungen zwischen repräsentativen Großorganisationen mit teilweise gegensätzlichen Interessen – Gewerkschaften und Arbeitgeberverbände[n], Verbände[n] der Krankenkassen und der Kassenärzte, der Spediteure und der Verlader, usw. – Ergebnisse erreicht würden, die insgesamt auch dem öffentlichen Interesse dienten."[404]

Grundforderung output-orientierter Legitimation ist es, Herrschaft *für* das Volk, in der EU für die *Bürger* auszuüben. Vereinbarungen von Sozialpartnern können unter Output-Gesichtspunkten demokratisch legitimiert werden, wenn sie sachliche Qualität und die Fähigkeit zur Lösung von Problemen, die kollektiver Lösungen bedürfen, gewährleisten. Die Erfüllung dieser Anforderungen kann nicht pauschal für alle Sozialpartnervereinbarungen bejaht werden, sondern muss im jeweiligen Einzelfall im Hinblick auf den Vereinbarungsgegenstand untersucht werden. Hier kommt die Forderung nach (Gesamt-)Repräsentativität der Sozialpartner zum Tragen. Auch dem Modell der Output-Legitimation

---

401 Vgl. Kapitel 1, C. IV. der vorliegenden Arbeit.

402 *Scharpf*, Regieren in Europa: effektiv und demokratisch?, 1999, S. 20; vgl. auch *Schliesky*, Souveränität und Legitimität, 2004, S. 402 ff.

403 Wenn das politische System in der EU als „korporatistisch" beschrieben wird, wird damit die mannigfaltigen Formen der institutionalisierten Beteiligung organisierter Gruppen („Koporationen") an politischen Entscheidungen auf europäischer Ebene gemeint. Koporatistische Politik setzt Verbände voraus, die genügend Autonomie besitzen, um Kompromisse auszuhandeln und gegenüber ihre Mitgliedern durchsetzen zu können. Siehe dazu *Schäfer/Streeck*, Korporatismus in der Europäischen Union, in: Höpner/Schäfer (Hrsg.), Die Politische Ökonomie der europäischen Integration, 2008, S. 203 (226).

404 *Scharpf*, Regieren in Europa: effektiv und demokratisch?, 1999, S. 25.

zufolge bedarf es der Feststellung, dass die vereinbarungsschließenden Sozialpartner repräsentativ im Hinblick auf den Vereinbarungsgegenstand sind, um eine Vereinbarung demokratisch zu legitimieren.

4. *(Gesamt-)Repräsentativität*

Dem Europäischen Gericht (EG) zufolge existiert ein demokratisches Grundprinzip, wonach die Völker, vermittelt durch eine repräsentative Versammlung, an der Ausübung von Hoheitsgewalt zu beteiligen sind;[405] geschehe dies nicht durch das Europäische Parlament, müssen eben die Sozialpartner die Beteiligung der Völker am Verfahren sicherstellen.[406] Dem ist insofern zuzustimmen, als der Erlass von Regelungen, die für nicht unmittelbar an ihrem Erlass Beteiligte Verpflichtungen begründen sollen, unter Legitimationsgesichtspunkten nur zu akzeptieren ist, wenn die Verpflichteten zumindest mittelbar repräsentiert werden.

Die Kommission hat sich in einer Mitteilung selbst dazu verpflichtet, die Repräsentativität der Sozialpartner, die Unterzeichnerparteien einer Vereinbarung sind, zu prüfen, bevor sie dem Rat einen Beschluss vorschlägt, mit dem diese auf Unionsebene durchgeführt wird[407]. Darüber hinaus hat das EuG eine solche Prüfungspflicht aus dem Primärrecht hergeleitet.[408]

Auch der Rat habe seinerseits zu prüfen, ob die Kommission ihre Verpflichtungen erfüllt habe, weil er sonst einen Verfahrensfehler bestätigen würde, der die Rechtmäßigkeit des von ihm letztlich erlassenen Rechtsaktes beeinträchtigen könne[409] Die Einhaltung der Verpflichtungen werde von der europäischen Gerichtsbarkeit kontrolliert; insbesondere in seiner „UEAPME"-Entscheidung[410] hat das EuG grundlegende Feststellungen zur Repräsentativität der Sozialpartner getroffen.

a. EuG: UEAPME

Die *Union Euopéenne de l'artisanat et des petites et moyennes entreprises* (UAEPME), eine Organisation, die die Interessen kleiner und mittlerer Unternehmen vertritt, war der Meinung, zu Unrecht nicht am Verhandlungsverfahren zur Richtlinie 96/34 beteiligt worden zu sein. Sie erhob daher Klage auf Nichtigerklärung

---

405 EuG, Rs. T-135/96, UEAPME/Rat, Slg. 1998, II-2335, Rn. 88.

406 EuG, Rs. T-135/96, UEAPME/Rat, Slg. 1998, II-2335, Rn. 89.

407 KOM (93) 600, Die Anwendung des Protokolls über die Sozialpolitik, S. 16, Rn. 39.

408 EuG, Slg. 1998, II-2335 Rn. 89 f. – UEAPME.

409 EuG, Slg. 1998, II-2335 Rn. 87 – UEAPME.

410 EuG, Slg. 1998, II-2335 – UEAPME.

dieser Richtlinie. Das EuG setzte sich mit der Frage eines Teilnahmeanspruchs am Verhandlungsverfahren im Rahmen der Klagebefugnis auseinander. Es stellte zunächst fest, dass die Herrschaft über die eigentliche Verhandlungsphase ausschließlich bei den betreffenden Sozialpartnern liege. Die Prüfungskompetenz der Kommission setze erst wieder ein, wenn die Durchführung einer Vereinbarung auf Unionsebene beim Rat beantragt werde. Wichtigster Aspekt dieser Prüfung soll die (Gesamt-) Repräsentativität der unterzeichnenden Sozialpartner im Hinblick auf den Inhalt einer Vereinbarung sein. In der konkreten Entscheidung hielt das EuG die Mitwirkung der UEAPME an der Richtlinie zur Herstellung von Gesamtrepräsentativität für nicht erforderlich, so dass sie mangels möglicher eigener Rechtsverletzung schon nicht klagebefugt sei und die Klage als unzulässig abgewiesen werden konnte.

Da das Europäische Gericht nur die Entscheidungen der Unionsorgane Kommission und Ministerrat, nicht aber die der Sozialpartner überprüfen kann, bezieht sich das Urteil auf deren Ausübung der Prüfungskompetenz. Das EuG kontrolliert zunächst formell, ob Kommission und Rat *überhaupt* eine Prüfung durchgeführt haben. Für die Kommission lässt sich das etwa an den Begründungserwägungen der Richtlinie nachvollziehen, für den Rat können Niederschriften über die Sitzungen belegen, dass die Frage der Repräsentativität erörtert wurde. Auf der zweiten Stufe prüft das EuG dann *inhaltlich*, ob Repräsentativität im Hinblick auf den sachlichen Anwendungsbereich einer Vereinbarung vorliegt. Wenn – wie im Fall UEAPME – eine Rahmenvereinbarung beispielsweise bezweckt, Mindestanforderungen für alle Arbeitsverhältnisse ungeachtet ihres jeweiligen Rahmens festzulegen, ist das Erfordernis einer ausreichenden Gesamtrepräsentativität nur dann erfüllt, wenn die einzelnen Unterzeichner der Rahmenvereinbarung alle Gruppen von Unternehmen und Arbeitnehmern auf europäischer Ebene repräsentieren können.

Eine genaue Definition des Merkmals „Repräsentativität" nimmt das Urteil des EuG aber nicht vor. Auch die anderen Sprachfassungen helfen hier nicht weiter: *representativity* (englisch), *représentativité* (französisch), *rappresentativitá* (italienisch), *repraesentationsevne* (dänisch), *representativiteit* (niederländisch), *representatividade* (portugiesisch), *representatvitet* (schwedisch), oder *representatividad* (spanisch)[411] liefern keine ergänzenden Anhaltspunkte zur Begriffsbestimmung.

411 Siehe dazu http://eur-lex.europa.eu/smartapi/cgi/sga_doc?smartapi!celexapi!prod!CELEXnumdoc&numdoc=61996A0135&model=guicheti&lg=de [letzter Zugriff 03.06.2013].

Das Gericht bildet zwei Vergleichsgruppen, um die Frage zu beantworten, ob die Beteiligung einer bestimmen Organisation zur Herstellung von Gesamtrepräsentativität erforderlich war: die tatsächlich beteiligten Organisationen und die tatsächlich nicht beteiligten Organisationen. Im Fall UEAPME waren die Unterzeichner der Rahmenvereinbarung die drei Sozialpartner, die die Kommission im Anhang ihrer Mitteilung als überbereichliche Organisationen mit allgemeiner Bestimmung eingestuft hatte (UNICE, CEEP, EGB).[412] Faktoren, die das Gericht bei seinem Vergleich berücksichtigt, sind die allgemeine oder spezifischere Bestimmung der Organisation, die Anzahl der von ihr vertretenen Mitglieder und ihre wirtschaftliche Bedeutung. Außerdem prüfte das EuG, ob eine besondere Gruppe von Unternehmen (z.B. die des öffentlichen Sektors) überhaupt nicht vertreten gewesen ist, und ob Mitglieder der nicht berücksichtigten UEAPME zusätzlich einer anderen, beteiligten Organisation angeschlossen seien. Von besonderer Bedeutung sei weiterhin, ob die Vereinbarung für eine nicht beteiligte Organisation nachteilige Regelungen beinhaltet, etwa finanzielle oder rechtliche Zwänge auferlegt. Im konkreten Fall gelangt das Gericht zu dem Ergebnis, dass die Gesamtrepräsentativität der Unterzeichner angesichts ihres überbereichlichen Charakters und ihrer allgemeinen Bestimmung ausreichend wäre. Auch konnte die UEAPME nicht darlegen, dass sie sich im zu beurteilenden Fall aufgrund ihrer Repräsentativität von allen anderen von der Kommission angehörten Organisationen der Sozialpartner unterschied, die die Rahmenvereinbarung ebenfalls nicht abgeschlossen hatten.

b. Tariffähigkeit in der BRD

Aus der Sicht eines deutschen Juristen liegt es nahe, eine Parallele zur Tariffähigkeit im deutschen Recht zu ziehen. Denn auch hier geht es darum, dass bestimmte, repräsentative Verbände mit verbindlicher Wirkung für Individuen kollektive Vereinbarungen aushandeln und abschließen. Dabei handelt es sich um ein weit entwickeltes und etabliertes System.

Im deutschen Arbeitsrecht bedarf es zum Abschluss eines Tarifvertrags der Tarifzuständigkeit und der Tariffähigkeit der Vertragsparteien. ***Tarifzuständigkeit*** ist die Befugnis, Tarifverträge mit einem bestimmten räumlichen, zeitlichen, fachlichen und persönlichen Geltungsbereich abzuschließen.[413] Die Tarifzuständigkeit von Verbänden richtet sich nach ihrem

412 Im Gegensatz dazu stehen überbereichliche Organisationen, die nur bestimmte Gruppen von Arbeitnehmern und Unternehmen vertreten.

413 *Brox/Rüthers/Henssler*, Arbeitsrecht, 2011, S. 241, Rn. 672.

in der Satzung festgelegten Geschäftsbereich. ***Tariffähigkeit*** ist die Fähigkeit, Partei eines Tarifvertrags sein zu können.[414] Auch Zusammenschlüsse von Gewerkschaften oder von Vereinigungen von Arbeitgebern gem. § 2 Abs. 2 TVG, sog. Spitzenorganisationen, können selbst tariffähig sein. Die Tariffähigkeit einer Spitzenorganisation ergibt sich entweder aus der Tariffähigkeit aller ihrer Mitgliedsorganisationen, oder die Spitzenorganisation selbst erfüllt die Voraussetzungen der Tariffähigkeit.[415]

Die Tarifgeltung für die Arbeitsvertragsparteien beruht wegen des Erfordernisses der beiderseitigen Tarifgebundenheit bei Inhaltsnormen auf einer privatautonom begründeten Legitimation. Es ist grundsätzlich nicht geboten, die Verbandsmitglieder vor ihrem Verband in Schutz zu nehmen. Soweit aber dem Arbeitgeber auch gegenüber Nichtmitgliedern gestattet ist, die gesetzliche privatautonom durch eine tarifliche Ordnung zu ersetzen, darf diese Ersetzungsmöglichkeit nicht dazu führen, „dass der Bürger schrankenlos der normsetzenden Gewalt der Tarifvertragsparteien ausgeliefert wird, die ihm gegenüber weder staatlich-demokratisch noch mitgliedschaftlich legitimiert sind."[416] Daraus ergibt sich die Rechtfertigung für das Merkmal der Tariffähigkeit; bezieht der Gesetzgeber die Tarifvertragsparteien in die Wahrnehmung sozialstaatlicher Ordnungs- und Schutzaufgaben ein, so kann er auch Voraussetzungen festlegen, um zu gewährleisten, dass eine Vereinigung auch dazu befähigt ist, im Tarifvertragsabschuss an seine Stelle zu treten.

Eine Arbeitnehmervereinigung muss nach der ständigen Rechtsprechung des Bundesarbeitsgerichts (BAG) „Durchsetzungskraft" oder „soziale Mächtigkeit" besitzen. Die Arbeitnehmervereinigung müsse von ihrem sozialen Gegenspieler ernst genommen werden, so dass Arbeitsbedingungen nicht einseitig von der Arbeitgeberseite festgelegt, sondern tatsächlich ausgehandelt werden.[417] Auch Spitzenorganisationen seien nur tariffähig, wenn sie über ausreichende soziale Mächtigkeit verfügen, wie sie eine Einzelgewerkschaft aufweisen müsse.[418] Die Rechtsprechung hat bestimmte Kriterien entwickelt, anhand derer die soziale Mächtigkeit einer (Spitzen-)Organisation beurteilt werde kann. Habe eine Partei bereits aktiv am Tarifgeschehen teilgenommen, belege dies regelmäßig ihre Durchsetzungskraft und Leistungsfähigkeit.

414 BAG 28.3.2006 AP TVG § 2 Tariffähigkeit Nr. 4; JKO/*Oetker* § 2 Rn. 13.

415 ArbG Berlin, BE v. 1.4.2009, 23 TaBV 1016/09, NZA 2009, S. 740 (744).

416 BVerfGE 64, 208 (214).

417 BAG, Tariffähigkeit einer Arbeitnehmervereinigung, BE v. 28.03.2006, 1 ABR 58/04 = NZA 2006, S. 1112.

418 ArbG Berlin, BE v. 1.4.2009, 23 TaBV 1016/09, NZA 2009, S. 740.

Andernfalls müsse die Durchsetzungsfähigkeit prognostisch beurteilt werden. Ein wichtiger Aspekt sei die Fähigkeit der Organisation, durch Arbeitnehmer in Schlüsselpositionen Druck auszuüben. Zudem müsse sie von ihrem organisatorischen Aufbau her in der Lage sein, die ihr gestellten Aufgaben zu erfüllen. Dabei sei Voraussetzung weder eine Mindestmitgliederzahl, noch dass eine Gewerkschaft in den Betrieben vertreten sei, die dem räumlichen und fachlichen Geltungsbereich eines Tarifvertrags unterfallen. Die Repräsentanz einer Gewerkschaft für den Tarifbereich könne gering sein oder gänzlich fehlen. Zudem sei Arbeitskampfbereitschaft zwar kein notwendiges Kriterium der Tariffähigkeit, ihr Vorhandensein stelle aber ein Indiz für die Durchsetzungskraft dar. Außerdem müssen die Statuten der Organisation demokratischen Grundsätzen entsprechen, insbesondere müsse ihre demokratische Willensbildung gewährleistet sein. Einem Tarifvertrag könne dann die Anerkennung versagt werden, wenn die reale Durchsetzungskraft einer Arbeitnehmervereinigung so gering sei, dass ein Interessenausgleich mit der Arbeitgeberseite nicht mehr der Vertragsgerechtigkeit entspreche. Diese Organisationen können dann nur schuldrechtliche Vereinbarungen, sog. Koalitionsvereinbarungen abschließen.

Während beim einzelnen Arbeitgeber Tariffähigkeit stets gegeben ist, ist sie bei Koalitionen an weitere Voraussetzungen geknüpft.[419] Das BAG will hier auf das Erfordernis der Mächtigkeit verzichten.[420] Hauptargument ist, dass der einzelne Arbeitgeber seinerseits ohne weitere Voraussetzungen tariffähig sei; für Zusammenschlüsse mehrerer Arbeitgeber können keine strengeren Maßstäbe gelten. Diese Ansicht ist in der Literatur umstritten.[421] Weitgehend Einigkeit besteht aber darüber, dass die übrigen Voraussetzungen der Tariffähigkeit, Koalitionseigenschaft und demokratische Organisation, erfüllt sein müssen.

c. Übertragbarkeit

Das Erfordernis der „Repräsentativität“ im europäischen Sozialen Dialog und das Erfordernis der „Tariffähigkeit“ im deutschen Arbeitsrecht weisen einige Gemeinsamkeiten auf; Funktion und Zielsetzung unterscheiden sich aber so

---

419 *Rieble/Klumpp,* Münchener Handbuch Arbeitsrecht, 3. Aufl. 2009, § 164, Rn. 2.

420 M.w.N. *Rieble/Klumpp,* Münchener Handbuch Arbeitsrecht, 3. Aufl. 2009, § 164 Rn. 26.

421 Dagegen *Rieble/Klumpp*, in: Münchener Handbuch zum Arbeitsrecht, 3. Auf. 2009, § 164, Rn. 10 ff; *Hanau,* Verbands-, Tarif- und Gerichtspluralismus, NZA 2003, 128 (129); *Gitter,* FS Kissel 1994, S. 265 (269).

wesentlich voneinander, dass die im nationalen Kontext getroffenen Feststellungen nur sehr begrenzt übertragbar sind.

Im Gegensatz zu Tarifverträgen kommt Sozialpartnervereinbarungen als solchen keine unmittelbare normative Wirkung zu, dazu müssen sie erst durchgeführt werden. Dann allerdings werden sie für alle von ihnen in Bezug genommenen Arbeitgeber und Arbeitnehmer verbindlich, unabhängig von deren Mitgliedschaft in einer Sozialpartnerorganisation. Dagegen gelten Tarifverträge in Deutschland nur für – durch Mitgliedschaft oder Allgemeinverbindlichkeitserklärung – gebundene Personen. Von grundsätzlicher Bedeutung ist daher die Frage, mit welcher Legitimation Sozialpartner auf Unionsebene für nicht mitgliedschaftlich gebundene Außenseiter handeln können. Verbreitet wird der Zurechnungszusammenhang hier über das Merkmal der „Repräsentativität" hergestellt. Da sich im nationalen Tarifrecht die Legitimation aus der Mitgliedschaft in einer Organisation ergibt, kommt hier dem Merkmal der Repräsentativität nur untergeordnete Bedeutung zu. Es ist keine notwendige Voraussetzung für die (nationale) Tariffähigkeit, dass eine Gewerkschaft in den Betrieben vertreten ist, die dem räumlichen und fachlichen Geltungsbereich eines Tarifvertrags unterfallen, weil ohnehin nur die durch Mitgliedschaft tariflich Gebundenen verpflichtet werden. Dann ist es aber nicht notwendig, die Verbandsmitglieder vor ihrem Verband selbst in Schutz zu nehmen. Da Sozialpartnervereinbarungen auf Unionsebene hingegen normative Wirkung auch für Nichtmitglieder entfalten, besteht ein umso größeres Bedürfnis, dass auch diese von den vereinbarungsschließenden Organisationen vertreten, also repräsentiert werden.

Die Rechtsprechung verlangt auf nationaler Ebene für die Tariffähigkeit von Arbeitnehmervereinigungen soziale Mächtigkeit, also ein Mindestmaß an Durchsetzungskraft gegenüber dem sozialen Gegenspieler. Dagegen besteht auf Unionsebene das strukturelle Ungleichgewicht zwischen Arbeitgeber- und Arbeitnehmer-Organisationen nicht in demselben Maße. Da die Europäische Kommission beide Seiten gleichberechtigt anhören muss (vgl. Art. 154 Abs. 1 AEUV), besteht keine Gefahr, dass Arbeitgeber(-Organisationen) einseitig Arbeitsbedingungen diktieren. Zudem geht die Initiative für ein Anhörungsverfahren meist von der Kommission aus, so dass die Arbeitnehmerorganisationen nicht auf das Wohlwollen der Arbeitgeberorganisationen für Verhandlungen angewiesen sind. In der zweiten Anhörungsphase bestimmt die Kommission Ausrichtung und Inhalt einer Unionsmaßnahme, insofern besteht für die Arbeitgeberorganisationen keine Möglichkeit, lediglich einseitig günstige Regelungen durchzusetzen. Ebenso stehen sich in der Verhandlungsphase beide Seiten gleichberechtigt gegenüber: Scheitern die Verhandlungen, werden die Unionsorgane eigenständig regeln. Da zumeist sowohl Arbeitgeber- als auch Arbeitnehmerseite hierdurch ungünstigere Regelungen befürchten, wird sich die Arbeitnehmerseite nur dann auf eine Vereinbarung einlassen, wenn diese für sie günstiger ist, als eine von der Kommission erwartete („bargaining in the shadows of the law"). Auch bei autonomen Sozialpartnervereinbarungen haben die Arbeitnehmerorganisationen keine Veranlassung, sich auf einseitig von der Arbeitgeberseite diktierte Bedingungen einzulassen, denn grundsätzlich besteht keine Notwendigkeit, eine solche Vereinbarung überhaupt abzuschließen.

Vor allem ist es nicht erforderlich, dass die europäischen Sozialpartnerorganisationen ihre Vereinbarungen gegenüber dem sozialen Gegenspieler durchsetzen. Auf nationaler Ebene heißt es, dass eine Arbeitnehmervereinigung nach ihrer Satzung und Organisation in der Lage sein muss, durch Ausüben von Druck auf den Tarifpartner zu einem Tarifabschluss zu kommen. Wenn auf Unionsebene die Durchsetzung von Vereinbarungen aber von den Unionsorganen oder von den nationalen Gesetzgebungsorganen übernommen wird, besteht keine Notwendigkeit für eine organisationseigene Durchsetzung. Diese kann sich höchstens mittelbar ergeben, wenn die Umsetzung von den nationalen Arbeitsmarktparteien übernommen wird. Auf Unionsebene gibt es kein Streik- und Aussperrungsrecht, sondern lediglich den Druck, einen Konsens herbeizuführen. Damit ist das Ergebnis mit hoher Wahrscheinlichkeit neutral zwischen den Beteiligten, aber außenseiterfeindlich.

Geltung kann dagegen auch im formellen Sozialen Dialog das Indiz der bisherigen Teilnahme am Tarifgeschehen beanspruchen. Wenn eine Organisation in der Vergangenheit bereits an Sozialpartnerverhandlungen beteiligt war, spricht dies für ihre Repräsentativität (in dem entsprechenden Bereich). Der Vorteil dieses Kriteriums ist seine einfache Bestimmbarkeit und Anwendbarkeit. Gleichzeitig muss aber sichergestellt werden, dass der Zugang zu Verhandlungen auch für neue Organisationen stets möglich ist. Die Anwendung des Kriteriums darf jedenfalls nicht dazu führen, dass sich bestehende Verhältnisse lediglich manifestieren, ohne dass reelle Chancen auf eine Neuzulassung bestehen. Es darf daher nicht als alleiniges Auswahlkriterium verwendet werden.

Zum Teil wird auch das ausschließliche Abstellen auf die Repräsentativität der Sozialpartner als unzureichend empfunden. Die Sozialpartner auf Unionsebene sind Spitzenverbände verschiedener nationaler Arbeitnehmer- und Arbeitgeberverbände. Von Fall zu Fall erteilen einige der Mitgliedsverbände ihr Einverständnis zu Verhandlungen auf europäischer Ebene, die zum Abschluss einer Vereinbarung nach Art. 155 Abs. 2 AEUV führen können. Dieses Einverständnis wird als *Mandat* bezeichnet und von einigen als zusätzliche Voraussetzung für

Vereinbarungen gefordert.[422] Andere lehnen das Erfordernis eines solchen Mandats ab, allerdings mit sehr unterschiedlichen Begründungsansätzen. Während es teilweise einfach für nicht erforderlich gehalten wird, wird andererseits die Annahme, die bei den nationalen Tarifvertragsparteien vorhandene Legitimation zur Regelung der Arbeitsbedingungen könne auf die Europäischen Sozialpartner übertragen werden, als grundsätzlich verfehlt angesehen.[423] Fundamentaler Unterschied zwischen nationalem und europäischem Arbeitsrecht sei, dass in der ganz überwiegenden Zahl der Mitgliedstaaten eine Befugnis zur Regelung der Arbeitsrechtsordnung mit Wirkung für alle Arbeitnehmer und Arbeitgeber nicht vorgesehen ist. Vielmehr gehe es im Grundsatz immer um ein Tätigwerden der Verbände für ihre Mitglieder. Diese haben die Verbände durch ihren Beitritt zur Reglung ihrer Arbeitsbedingungen ermächtigt, so dass eine Kongruenz von legitimierendem und regelungsunterworfenem Personenkreis gegeben sei. Daher könne auch ein den nationalen Tarifvertragspartnern erteiltes Mandat den Europäischen Sozialpartnern keine Legitimation zur Beteiligung an einer Rechtsetzung geben, die die rechtlichen Grenzen der Mandanten bei weitem übersteige.[424]

Es sind bereits Unterschiede zwischen dem nationalen und dem europäischen Arbeitsrecht aufgezeigt worden. Es stimmt, dass die Regelungsbefugnis durch die Bindung von Außenseitern auf Unionsebene über das hinaus reicht, was auf nationaler Ebene möglich ist. Eine kontrollierende Rückbindung und Begrenzung kann aber durch die ebenfalls involvierten Unionsorgane gewährleistet werden. Es sind dann nämlich nicht mehr nur die nationalen Sozialpartner, die die Vereinbarung demokratisch legitimieren. Die entsprechende Legitimation wird vielmehr im Zusammenwirken mit den Unionsorganen (Rat, Kommission, evtl. Parlament) vermittelt und ist spezifisch europarechtlich. Ein Mandat der nationalen Tarifparteien kann nützlich sein, wenn eine Sozialpartnervereinbarung durch die Sozialpartner auf Unionsebene durchgeführt werden soll. Zum Abschluss von Vereinbarungen auf Unionsebene erforderlich ist es nicht.

---

422 *Arnold*, Sylvia, Der Soziale Dialog nach Art. 139 EG, 2008, S. 185.

423 *Arnold*, Christian, Die Stellung der Sozialpartner in der europäischen Sozialpolitik, in: NZA 2002, S. 1261 (1267).

424 *Arnold*, Christian, Die Stellung der Sozialpartner in der europäischen Sozialpolitik, in: NZA 2002, S. 1261 (1267).

d. Fazit

Die Beurteilung der (Gesamt-) Repräsentativität von Sozialpartnern kann immer nur im Hinblick auf den Inhalt einer von ihnen abgeschlossenen Vereinbarung erfolgen. Wichtiges Indiz ist ihre bisherige Teilnahme an Verhandlungen. Um den Sozialen Dialog offen zu halten für die Beteiligung neuer Akteure bedarf es darüber hinaus weiterer Kriterien.

Es wurde bereits festgestellt, dass die Kriterien in der Anhörungsphase weniger streng sein müssen als in der Verhandlungsphase: Während es in ersterer hauptsächlich darum geht, eine Pluralität an Interessen und Meinungen einzuholen und berücksichtigen zu können, geht es in der Verhandlungsphase darum, dass Vereinbarungen mit Bindungswirkung für Dritte geschlossen werden. Deshalb kommt es darauf an, dass hier Organisationen beteiligt sind, die eine gewisse Repräsentativität im Hinblick auf ihre Mitglieder besitzen.

Die Anhörungsphase steht unter Aufsicht der Kommission. Wenn diese das Anhörungsverfahren des Art. 154 AEUV überhaupt nicht durchführt, so muss der auf der Grundlage des Kommissionsvorschlags erlassene Rechtsakt nichtig sein.[425] Wurde nur das Anhörungsrecht einzelner Sozialpartner verletzt, so ist diesen ein Anspruch auf zukünftige Zulassung zuzusprechen. Welche Organisationen konkret anzuhören sind, ergibt sich verbindlich aus der Mitteilung der Kommission.

Schwieriger ist die Bestimmung der Repräsentativität von Sozialpartnerorganisationen in der Verhandlungsphase. Diese Phase unterfällt vollständig der Autonomie der Sozialpartner, so dass die Unionsorgane die Sozialpartnerauswahl erst dann wieder überprüfen können, wenn sie in die Durchführung eingeschaltet werden. Dann aber kann eine ex-post-Kontrolle auch der Repräsentativität der vereinbarungsschließenden Sozialpartner erfolgen. Waren diese im Hinblick auf den Vereinbarungsgegenstand nicht (gesamt-) repräsentativ, ist der darauf beruhende Rechtsakt nichtig. Dabei kann auch das Fehlen einer einzigen Organisation zur Nichtigkeit führen. Die Repräsentativität in dieser Phase soll von den Unionsorganen in zwei Schritten beurteilt werden: Es muss erstens (formell) überhaupt eine Prüfung durchgeführt werden, und zweitens muss die Repräsentativität (inhaltlich) im Hinblick auf den Verhandlungsgegenstand überprüft werden. Zur Prüfung können die tatsächlich beteiligten und die tatsächlich nicht beteiligten Organisationen als Vergleichsgruppen herangezogen werden.

Die Beteiligung von Sozialpartnerorganisationen kann zu einem kompensatorischen Legitimationszuwachs und zur Sicherung von Akzeptanz durch die Nutzung der inhaltlichen Sach- und Betroffenennähe führen. Gleichzeitig

---

425 S. *Eichenhofer,* in: Streinz (Hrsg.), Art. 154, Rn. 4.

werden die Unionsorgane durch den sozialen Dialog von der gerade im Bereich der Arbeits- und Sozialpolitik regelmäßig schwierigen Aufgabe materieller Unionsgesetzgebung entbunden.[426]

5. *Ergebnis*

Wenn im Sozialen Dialog verbindliche Vereinbarungen zwischen Sozialpartnern abgeschlossen werden, die Bindungswirkung auch für nicht unmittelbar Beteiligte entfalten, müssen die Sozialpartner repräsentativ sein, damit Verfahren und Vereinbarungen demokratisch legitimiert sind. Repräsentativität bestimmt sich immer im Hinblick auf den konkreten Regelungsgegenstand. Die Ausfüllung dieses Merkmals erfolgt anhand eines Vergleichs zwischen der Gruppe der beteiligten und der Gruppe der nicht beteiligten Organisationen. Hierbei sind folgende Faktoren relevant: allgemeine oder spezifische Ausrichtung, Anzahl der vertretenen Mitglieder, wirtschaftliche Bedeutung und Auferlegung nachteiliger Regelungen für eine bestimmte Gruppe. Wichtiges Indiz ist außerdem die bisherige Teilnahme an Verhandlungen. Ministerrat und Kommission haben eine Prüfungspflicht hinsichtlich der so zu beurteilenden Repräsentativität. Ein Mandat der nationalen Tarifverbände ist dabei nicht erforderlich.

D. Dreiseitiger Sozialer Dialog

Der formelle Soziale Dialog der Art. 154 f. AEUV wird zwar zumeist durch die Kommission angestoßen, es verhandeln aber Arbeitgeber- und Arbeitnehmervertreter miteinander. Die Unionsorgane, nämlich Rat und Kommission, werden erst wieder auf der Durchführungsebene fakultativ hinzugezogen. Daher wird diese Form des Dialogs auch als zweiseitiger Dialog (Arbeitnehmer- und Arbeitgeberorganisationen) bezeichnet. Wirken schon in der Verhandlungsphase Unionsorgane mit, spricht man vom dreiseitigen Sozialen Dialog.[427]

I. Dreigliedriger Sozialgipfel für Wachstum und Beschäftigung

Der Dreigliedrige Sozialgipfel für Wachstum und Beschäftigung hat sich aus dem 1970 eingesetzten Ständigen Ausschuss für Beschäftigungsfragen[428]

---

426 *Hoffmann-Riem*, Tendenzen in der Verwaltungsrechtsentwicklung, DÖV 1997, S. 433 (438).

427 Wie hier *Eichenhofer*, in: Streinz (Hrsg.), 2. Aufl. 2012, Art. 155 AEUV, Rn. 1.

428 ABl. Nr. L 273, Einsetzung des Ständigen Ausschusses für Beschäftigungsfragen der Europäischen Gemeinschaften, v. 17.12.1970.

entwickelt, in dem Arbeitnehmer- und Arbeitgeberorganisationen, Kommission und Rat vertreten waren.[429] Der Ausschuss wurde durch den Beschluss des Rates 1999/207/EG reformiert[430] und im Jahr 2003 durch den Dreigliedrigen Sozialgipfel für Wachstum und Beschäftigung (Sozialgipfel) auf der Grundlage des Beschlusses 2003/174/EG ersetzt. Seine Einrichtung geht auf einen gemeinsamen Vorschlag der europäischen Sozialpartnerorganisationen zurück und ist die institutionalisierte Fortsetzung der informellen Sozialgipfel, die es seit Dezember 2000 gibt. Am Sozialgipfel nehmen der amtierende und die beiden anschließenden Ratsvorsitze, die Kommission und die auf höchster Ebene vertretenen Sozialpartner teil. Ferner anwesend sind diejenigen für Arbeit und Soziales zuständigen Minister der drei Vorsitze und das entsprechende Kommissionsmitglied. Die Tagungen des Gipfels werden in Absprache mit den Sozialpartnern von den beiden Vorsitzenden mindestens einmal im Jahr, jeweils vor der Frühjahrstagung des Europäischen Rates, einberufen. Das erste Treffen des Dreigliedrigen Sozialgipfels fand am 20. 03. 2003 im Vorfeld der Frühjahrstagung des Europäischen Rats in Brüssel statt.[431] Hier legten die Sozialpartner einen ersten Bericht über die Umsetzung des Aktionsrahmens zum lebenslangen Lernen vor.[432] Generelles Ziel der dreigliedrigen Konzertierung ist es, Rat, Kommission und europäischen Sozialpartnern als gemeinsame Plattform für die Abstimmung ihrer Vorhaben zur Verwirklichung der Lissabonner Agenda aus dem Jahre 2000 zu dienen. Ihre Sachgebiete umfassen Makroökonomie, Beschäftigung, Sozialschutz sowie allgemeine und berufliche Bildung.[433] Seit der Lissabonner Vertragsrevision statuiert Art. 152 AEUV ausdrücklich, dass „der Dreigliedrige Sozialgipfel für Wachstum und Beschäftigung (...) zum sozialen Dialog bei[trägt]".

---

429 *Theiss*, Die Durchführung europäischer Sozialpartnervereinbarungen auf nationaler Ebene, 2005, S. 6.

430 ABl. Nr. L 72/33, Reform des Ständigen Ausschusses für Beschäftigungsfragen, v. 18.03.1999.

431 *Theiss*, Die Durchführung europäischer Sozialpartnervereinbarungen auf nationaler Ebene, 2005, S. 8, Fn. 31.

432 Aktionsrahmen für den lebenslangen Ausbau von Kenntnissen und Qualifikationen, unterzeichnet von EGV, UNICE/UEAPME und CEEP am 28.02.2002.

433 http://europa.eu/legislation_summaries/employment_and_social_policy/social_dialogue/c10132_de.htm [letzter Zugriff 03.06.2013].

II. Konsultation im Rahmen branchenübergreifender beratender Ausschüsse

Eine andere Form der Konsultation findet in branchenübergreifenden beratenden Ausschüssen statt, deren Einrichtung im AEU-Vertrag, in Verordnungen oder Beschlüssen des Rates vorgesehen ist.[434] Aufgabe dieser Ausschüsse ist es, die Kommission durch Stellungnahmen bei der Ausarbeitung bestimmter politischer Maßnahmen zu beraten und einen Beitrag zu deren Umsetzung zu leisten. Im AEUV vorgesehen sind beispielsweise der Ausschuss für Beschäftigung nach Art. 150, der Ausschuss zum Sozialschutz gem. Art. 160 und der Ausschuss zum Sozialfonds gem. Art. 163 Abs. 2. Als Bestandteil spezifischer Politiken eingesetzt sind die Ausschüsse für die Chancengleichheit von Frauen und Männern, für Sicherheit, Arbeitshygiene und Gesundheitsschutz am Arbeitsplatz, für die Freizügigkeit der Arbeitnehmer, für die soziale Sicherheit der Wanderarbeitnehmer und für die berufliche Bildung. Die meisten dieser Ausschüsse sind trilateral besetzt mit Regierungsvertretern, Vertreter der gewerkschaftlichen Arbeitnehmerverbände und Berufsorganisationen der Arbeitgeber. Der Ausschuss für Beschäftigung hört die Sozialpartner an, der Ausschuss zum Sozialschutz stellt „geeignete Kontakte" zu den Sozialpartnern her.

E. Informeller Sozialer Dialog

Der sogenannte informelle soziale Dialog stellt kein in sich geschlossenes rechtliches Institut dar, sondern einen deskriptiven Begriff für verschiedene Erscheinungsformen der Einbindung der Sozialpartner in die Gestaltung der europäischen Sozialpolitik.[435] Auch hier lassen sich zwei- und dreiseitige Kontakte unterscheiden. Bilateral ist ein Dialog zwischen Sozialpartnern außerhalb der Verfahren der Art. 144, 155 AEUV möglich. Dieser kann stattfinden zwischen Sozialpartnern, denen die Rechte der Art. 154, 155 Abs. 1 AEUV nicht zustehen und deren Vereinbarungen nicht nach Art. 155 Abs. 2 AEUV durchgeführt werden können.[436] Auch mitgliedstaatliche Sozialpartner können sich hier

434 Zu der insoweit vergleichbaren Rechtslage vor der Vertragsrevision von Lissabon *Rust*, in: vdGroeben/Schwarze (Hrsg.), EUV/EGV Kommentar, 6. Aufl. 2003, Art. 138, Rn. 8; vgl. auch *Hix*, in: Schwarze (Hrsg.), EU-Kommentar, 3. Aufl. 2012, Art. 242 AEUV, Rn. 1 ff.

435 *Krebber*, in: Calliess/Ruffert (Hrsg.), EUV/AEUV, 4. Aufl. 2011, Art. 154, Rn. 5.

436 Zur insoweit vergleichbaren Rechtslage vor In-Kraft-Treten des Lissaboner Reformvertrags *Birk*, Vereinbarungen der Sozialpartner als Regelungsinstrumente, in: FS Rehbinder, 2002, S. 3 (10).

einbringen. Mögliche Ergebnisse sind gemeinsame Aktionsprogramme, gemeinsame Stellungnahmen, Erklärungen, Leitlinien oder vertragliche Beziehungen.[437]

Zudem sind Gespräche zwischen Arbeitnehmer- und Arbeitgeberorganisationen und europäischen Institutionen möglich, die keiner festen Form unterliegen. Diese Gespräche können Initiativen anregen und Informationen liefern, nicht aber zu verbindlichen Vereinbarungen führen.[438] Sowohl die Verbände als auch die europäischen Institutionen haben Interesse an solchen Kontakten und initiieren diese.

F. Bewertung

Man kann den Sozialen Dialog auf Unionsebene durchaus als Erfolgsgeschichte bezeichnen. Hier ist die Einbindung von zivilgesellschaftlichen Organisationen in einzigartig weitgehender Weise verwirklicht. Dies hat mit Sicherheit die lange Tradition des kollektiven Arbeitsrechts in allen Mitgliedstaaten ermöglicht. Erstaunlich ist trotzdem, oder gerade deswegen, dass das Verfahren auf Unionsebene von der Öffentlichkeit derart wenig wahrgenommen wird.

Schon das Weißbuch „Europäisches Regieren"[439] beschäftigte sich intensiv mit der Rolle der organisierten Zivilgesellschaft in Europa. Hier wurde betont, dass das Verhältnis zwischen den europäischen Institutionen, den nationalen Regierungen, den regionalen und lokalen Gebietskörperschaften und den Organisationen der Zivilgesellschaft, zu denen die Sozialpartner gehören, interaktiver gestaltet werden muss. Konkret beschäftigte sich dann die Mitteilung der Kommission „Partnerschaft für den Wandel in einem erweiterten Europa – Verbesserung des Beitrags des europäischen sozialen Dialogs"[440] mit den Entwicklungsperspektiven.

Zu Recht begegnet die weitgehende Ausschaltung des Europäischen Parlaments Bedenken. Zwar wurde die ursprünglich in Art. III-106 Abs. 2 S. 2 VV kodifizierte Pflicht zur Unterrichtung des Europäischen Parlaments mit dem Vertrag von Lissabon übernommen. Damit sind dem Parlament aber keine inhaltlichen Mitgestaltungsrechte eingeräumt. Zwar kann dieses Defizit teilweise

---

437 M.w.N. *Theiss*, 2005, S. 28.

438 Zur insoweit vergleichbaren Rechtslage vor der Vertragsrevision von Lissabon *Rust*, in: vdGroeben/Schwarze (Hrsg.), EUV/EGV Kommentar, 6. Aufl. 2003, Art. 138, Rn. 7.

439 KOM (2001) 428 endg., Europäisches Regieren – ein Weissbuch, v. 25.07.2001.

440 KOM (2004) 557 endg., Partnerschaft für den Wandel in einem erweiterten Europa – Verbesserung des Beitrags des europäischen sozialen Dialogs, v. 12.08.2004.

durch die verstärkte Partizipation der zivilgesellschaftlichen Sozialpartnerorganisationen ausgeglichen werden, partizipative Demokratieelemente können und sollen aber immer nur eine ergänzende, keine ersetzende Funktion zur repräsentativen Demokratie wahrnehmen. Mit dem Vertrag von Lissabon sind die Rechte des Parlaments auch im speziellen Bereich des Sozialen Dialogs gestärkt worden. Es muss aber weiterhin an einem Ausbau der parlamentarischen Rechte gearbeitet werden.

Zuzugeben ist, dass es bis heute keine „echten" europäischen Tarifverträge gibt. Die vorliegende Arbeit vertritt aber die Auffassung, dass dies keine allzu utopische Perspektive für die Zukunft darstellt. Grund hierfür ist einmal die lange Tradition von Kollektivvereinbarungen in den Mitgliedstaaten.

Auch ist das Recht auf Kollektivverhandlungen und Kollektivmaßnahmen mit dem Vertrag von Lissabon in Art. 28 der nunmehr im Rang von Primärrecht stehenden[441] Grundrechte-Charta (GR-Ch) aufgenommen worden. Art. 28 GR-Ch gewährt Arbeitnehmer und Arbeitgebern das Recht, Kollektivverhandlungen zu führen und Tarifverträge abzuschließen sowie zur Verteidigung ihrer Rechte kollektive Maßnahmen zu ergreifen.[442] Dem Recht aus Art. 28 GR-Ch entspricht zwar nur eine indirekte Kompetenz der Union.[443] Denn gem. Art. 153 Abs. 6 AEUV gelten die sozialpolitischen Zuständigkeiten der Union nicht für das Koalitions-, Streik- und Aussperrungsrecht. Die Vorschrift kann aber im Fall einer zukünftigen Erweiterung von Unionszuständigkeiten an Relevanz gewinnen[444] und ist außerdem Indiz dafür, dass die EU auf fortschreitende Integration auch im Bereich der kollektiven Arbeitsrechts angelegt ist.

Fraglich bleibt, inwieweit die im Rahmen des Sozialen Dialogs stattfindende Einbindung zivilgesellschaftlicher Organisationen in die Rechtsetzung (und auch Rechtsdurchsetzung). Beispiel für andere Bereiche der Unionspolitik sein kann. Hier bedarf es sicherlich schon aufgrund der unterschiedlichen Materien erheblicher Modifikation. Nicht zu vergessen ist auch, dass zwar in allen Mitgliedstaaten Koalitionsvereinbarungen existieren und effektiv umgesetzt werden, für andere Bereiche als das Arbeits- und Sozialrecht gilt dies aber nicht, so dass

441 *Streinz,* Europarecht, 9. Aufl. 2012, S. 269, Rn. 732.

442 *Holoubek,* in: Schwarze (Hrsg.), EU-Kommentar, 3. Aufl. 2012, Art. 28 GRC, Rn. 10; *Folz,* in: Vedder/Heintschel vHeinegg (Hrsg.), Europäisches Unionsrecht, 2012, Art. 28 GR-Charta, Rn. 1.

443 M.w.N. *Folz,* in: Vedder/Heintschel vHeinegg (Hrsg.), Europäisches Unionsrecht, 2012, Art. 28 GR-Ch, Rn. 3.

444 *Folz,* in: Vedder/Heitschel vHeinegg (Hrsg.), Europäisches Unionsrecht, 2012, Art. 28 GR-Charta, Rn. 3.

die tatsächliche Ausgestaltung und Akzeptanz eines vergleichbaren „Dialogs“ für andere Bereiche des Unionshandelns sicherlich nicht so einfach zu erreichen ist. Neben der langen Tradition vergleichbarer Koalitionsvereinbarungen kommt hinzu, dass im Arbeits- und Sozialrecht klar definierte Antagonismen existieren (Arbeitnehmer- und Arbeitgeberinteressen). Solche a priori entgegen gesetzte Interessen gibt es dagegen in anderen Bereichen nicht. Beispielsweise wird es im kulturellen Sektor eher um die Berücksichtigung verschiedenster unterschiedlicher Positionen gehen. Zwar lassen sich auch in anderen Bereichen Antagonismen vorstellen (man denke etwa an Umweltschutz und industriellen Wachstum), diese sind aber nicht so klar definiert und verfügen nicht über eine solch lange Tradition wie diejenigen der Arbeitsmarktparteien.

Kapitel 3: Der Zivile Dialog

Eine heterogene Struktur wie die EU, die vor dem Hintergrund unterschiedlicher historischer und kultureller Erfahrungen eine Vielzahl von Mitgliedstaaten mit unterschiedlichen nationalen Rechtssystemen umfasst, bedarf einer Vielzahl gesellschaftlicher Akteure, die sich an der Einheitsstiftung beteiligen.[445] So gibt es verstärkt Bestrebungen, zivilgesellschaftliche Organisationen auch in anderen Bereichen als dem Sozial- und Arbeitsrecht an der europäischen Rechtsetzung (und Rechtsdurchsetzung) zu beteiligen. In Anlehnung an den „Sozialen Dialog“ entstand als Oberbegriff hierfür die Terminologie des „Zivilen Dialogs“.[446]

Neben den Unionsorganen und den mitgliedstaatlichen Institutionen sollen auch die Bürger und deren Interessengruppen einbezogen werden und Mitverantwortung übernehmen.[447] Institutionell abgesicherte Formen der Repräsentation organisierter Zivilgesellschaft haben insbesondere in den EWG-Gründerstaaten eine lange Tradition.[448] Auf EU-Ebene gibt unterschiedliche Formen der Einbeziehung, die (nur) teilweise im Primär- und Sekundärrecht kodifiziert sind. Sie wurden verstärkt seit den 1990er Jahren wahrgenommen und gefördert.[449] Besondere Beachtung wurde ihnen dadurch zuteil, dass sich die Unionsorgane angesichts der in dem niederländischen und französischen „Nein“ zum Verfassungsvertrag zum Ausdruck kommenden Akzeptanzkrise mit der Herausforderung konfrontiert sahen, nach alternativen Formen des Kontaktes zu den europäischen Bürgern zu suchen.

---

445 *Häberle*, Die offene Gesellschaft der Verfassungsinterpreten, in: Häberle., Die Verfassung des Pluralismus, 1980, S. 79 ff.

446 Vgl. etwa WSA, Die Rolle und der Beitrag der organisierten Zivilgesellschaft zum europäischen Einigungswerk, ABl. C 329, v. 17.11.1999, S. 30, Rn. 9; *Europäische Kommission*, Ziviler Dialog und Sozialpolitik in der erweiterten Europäischen Union, 2003; *Fazi/Smith*, Civil dialogue: making it work better, 2006.

447 Vgl. m.w.N. *Jaeckel*, in: Grabitz/Hilf/Nettesheim (Hrsg.), Das Recht der EU, 48. EL, 2012, Art. 301 AEUV, Rn. 4; *Hönle/Sichert*, in: Schwarze (Hrsg.), EU-Kommentar, 3. Aufl. 2012, Art 300 AEUV, Rn. 11; *Burgi/Hölbling*, in: Streinz (Hrsg.), EUV/AEUV, 2. Aufl. 2012, Art. 300 EUV, Rn. 6.

448 *Oppermann/Classen/Nettesheim*, Europarecht, 5. Aufl., 2011, S. 72, Rn. 3.

449 *Fazi/Smith*, Civil dialogue: making it work better, 2006, S. 9.

Eine der frühesten Formen institutionalisierter zivilgesellschaftlicher Partizipation stellt der Europäische Wirtschafts- und Sozialausschuss selbst dar, der bereits 1958 mit den Römischen Verträgen konstituiert wurde.

A. Europäischer Wirtschafts- und Sozialausschuss

Der Wirtschafts- und Sozialausschuss (WSA) mit Sitz in Brüssel[450] fungiert seinem Selbstverständnis nach als „Brücke zwischen Europa und der organisierten Zivilgesellschaft"[451] und stellt „das Sprachrohr [dar], das es deren Vertretern (im wirtschaftlichen, sozialen und bürgerschaftlichen Bereich) ermöglicht, fester Bestandteil des politischen Entscheidungsprozesses auf Gemeinschaftsebene zu sein."[452] Konkret besteht seine Hauptaufgabe darin, durch (inhaltlich unverbindliche) Stellungnahmen am Rechtsetzungsverfahren mitzuwirken. Der Ausschuss setzt sich aktuell aus 344 Vertretern verschiedener Gruppen des wirtschaftlichen und sozialen Lebens der EU-Mitgliedsländer zusammen.[453]

I. Entwicklung

Beratende Versammlungen wirtschaftlicher und sozialer Gruppen existieren in vielen Mitgliedstaaten.[454] Daher forderten schon in den Verhandlungen zur Gründung von EWG und EAG nicht nur Vertreter der Gewerkschaften und europäischen Interessenverbände, sondern auch die Delegationen der Beneluxländer, einen europäischen Wirtschafts- und Sozialrat zu errichten.[455] Demgegenüber zeigte sich insbesondere die Bundesrepublik Deutschland skeptisch.

---

450 Protokoll über die Festlegung der Sitze der Organe und bestimmter Einrichtungen und Dienststellen der Europäischen Gemeinschaften sowie des Sitzes von Europol, ABl. Nr. C 340 v.10.11.1997, S. 112.

451 Vgl. *Wirtschafts- und Sozialausschuss,* Der EWSA: Brücke zwischen Europa und der organisierten Zivilgesellschaft/Entschließung des WSA an die Adresse des Europäischen Konvents, Dok. CONV 323/02, Ziff. 4. 12.

452 *Briesch*, Roger, Präsident des Europäischen Wirtschafts- und Sozialausschusses Mandatsperiode Oktober 2002 – September 2006, in: Der EWSA, S. 3. [aktueller Präsident: Nilsson, Staffan, Mandatsperiode 2010–2015].

453 Genaue Verteilung nach Mitgliedstaaten http://www.eesc.europa.eu/?i=portal.de.home [letzter Zugriff 03.06.2013].

454 Vgl. *Siebeke*, Institutionalisierte Interessenvertretungen in der EU, 1996, S. 132 ff.

455 Zur insoweit vergleichbaren Rechtslage vor In-Kraft-Treten des Vertrags von Lissabon *Siebeke*, in: vdGroeben/Schwarze (Hrsg.), EUV/EGV, 6. Aufl. 2003, Vor Art. 257–262, Rn. 9; *Siebeke*, Institutionalisierte Interessenvertretungen in der EU, 1996, S. 23.

Man hatte mit dem historischen Vorbild des vorläufigen Reichswirtschaftsrates gem. Art. 165 WRV[456] schlechte Erfahrungen gemacht.[457] Bis heute existiert auf Bundesebene keine Tradition der institutionalisierten Interessenvertretung, lediglich der mittlerweile abgeschaffte Bayerische Senat stand für eine Einbindung organisierter zivilgesellschaftlicher Interessen in demokratische Entscheidungsstrukturen.[458]

Um Bedenken gegenüber der Konstitutionalisierung einer „vierten Gewalt“ Rechnung zu tragen, wurden dem WSA zunächst nur sehr eingeschränkte Rechte verliehen. Das von der belgischen und niederländischen Delegation vorgeschlagene Initiativrecht wurde abgelehnt, die Geschäftsordnung des WSA bedurfte der einstimmigen Genehmigung durch den Ministerrat, eine Einberufung war nur auf Antrag des Rates oder der Kommission möglich, und der WSA erhielt kein Recht, seinen Haushalt selbst zu verabschieden.[459] Anders als die mitgliedstaatlichen Wirtschafts- und Sozial-*Räte* oder der Economic and Social *Council* (Wirtschafts- und Sozial-*Rat*) auf UN-Ebene wurde der WSA als *Ausschuss* (*Committee; Comité*) gegründet. Auch mit der Namensgebung sollte seine untergeordnete Rolle deutlich gemacht werden.[460]

In der Folgezeit wurden die Rechte des WSA dann entscheidend erweitert. Bereits 1974 erhielt er durch einstimmigen Beschluss des Rates ein Selbstbefassungs- bzw. Initiativrecht; mit dem Vertrag über die Europäische Union (1992) und dem Vertrag von Amsterdam (1997) wurde sein Beratungsauftrag auf das Europäische Parlament ausgedehnt, die Geschäftsordnung bedurfte nicht mehr der Genehmigung des Rates, und ihm wurde weitgehende Haushalts- und

---

456 „Weimarer Reichsverfassung“, Die Verfassung des Deutschen Reichs, v. 11.08.1919.

457 *Smismans*, Law, Legitimacy, and European Governance, 2004, S. 124.

458 *Blanke*, in: Grabitz/Hilf/Nettesheim (Hrsg.), Das Recht der EU, 48. EL, 2012, Art. 300 AEUV, Rn. 29.

459 Zur insoweit vergleichbaren Rechtslage vor In-Kraft-Treten des Vertrags von Lissabon *Siebeke*, in: vdGroeben/Schwarze, EUV/EGV, 6. Aufl. 2003, Vor Art. 257–262, Rn. 9; *Siekbek*, Institutionalisierte Interessenvertretungen in der EU, 1996, S. 27.

460 *Blanke*, in: Grabitz/Hilf/Nettesheim (Hrsg.), Das Recht der EU, 48. EL, 2012, Art. 300 AEUV, Rn. 29; zur insoweit vergleichbaren Rechtslage vor In-Kraft-Treten des Vertrags von Lissabon *Siebeke*, in: vdGroeben/Schwarze (Hrsg.), EUV/EGV, 6. Aufl. 2003, Vor Art. 257–262, Rn. 9.

Personalhoheit eingeräumt.[461] Damit näherte sich der Status des WSA demjenigen eines Organs stark an.[462]

II. Rechtsnatur

Entgegen seinen Forderungen[463] hat der WSA bis heute nicht den Status eines Organs erhalten. Auch nach der Vertragsrevision von Lissabon zählt er nicht zu den in Art. 13 Abs. 1 EUV genannten Organen der EU, sondern „unterstützt" nur gem. Art. 13 Abs. 4 EUV Parlament, Rat und Kommission.[464] Zwar wurde im Rahmen der Verfassungsdebatte diskutiert, den WSA zum „beratenden Organ" institutionell aufzuwerten[465], letztlich hat sich aber die Bezeichnung als „beratende Einrichtung der Union"[466] durchgesetzt. Teilweise wird der Ausschuss aufgrund partieller Gleichstellung mit einem Unionsorgan im Sekundärrecht[467] als Neben- oder Hilfsorgan bezeichnet.[468] Einigkeit besteht jedoch darüber, dass die Vorschriften des EUV und des AEUV, die an eine Organeigenschaft anknüpfen,

461 *Blanke*, in: Grabitz/Hilf/Nettesheim (Hrsg.), Das Recht der EU, 48. EL, 2012, Art. 300 AEUV, Rn. 31; vgl. *Hönle/Sichert*, in: Schwarze (Hrsg.), EU-Kommentar, 3. Aufl. 2012, Art. 300 AEUV, Rn. 9.

462 *Blanke*, in: Grabitz/Hilf/Nettesheim (Hrsg.), Das Recht der EU, 48. EL, 2012, Art. 300, Rn. 31; vgl. auch *Hönle/Sichert*, in: Schwarze (Hrsg.), EU-Kommentar, 3. Aufl. 2012, Art. 300 AEUV, Rn. 6.

463 Vgl. Anlage zum Schreiben des Präsidenten des WSA an den Vorsitzenden des Ausschusses der Ständigen Vertreter vom 5.3.1991, DI 22/92 S. 3.

464 Siehe auch *Schwarze*, Der Reformvertrag von Lissabon, EuR 2009, Beiheft 1, S. 9 (15).

465 *Suhr*, in: Calliess/Ruffert (Hrsg.), EUV/AEUV, Art. 300 AEUV, Rn. 6 ff; zu Art. 257 EGV a.F. m.w.N. *Kotzur*, in: Grabitz/Hilf/Nettesheim (Hrsg.), Das Recht der EU, Band III, 40. EL, 2009, Rn. 40.

466 Sechster Teil, Titel 1, Kapitel 3 EUV.

467 Z.B. in Art. 1b lit. a) des Statuts der Beamten der EU, VO Nr. 31 (EWG) 11 (EAG), ABl. Nr. P 45 v. 14.06.1962, S. 1385; Art. 9 Abs. 1 des Beschlusses über die Einrichtung des Amtes für amtliche Veröffentlichungen und für die Ausführung des Haushaltsplanes, 69/13/Euratom/EGKS/EWG, v. 16.01.1969, ABl. Nr. L 13 v. 18.01.1969, S. 19–22.

468 *Blanke* in: Grabitz/Hilf/Nettesheim (Hrsg.), Das Recht der EU, 48. EL, 2012, Art. 300 AEUV, Rn. 2; *Hönle/Sichert*, in: Schwarze (Hrsg.), EU-Kommentar, 3. Aufl. 2012, Art. 300 AEUV, Rn. 4; *Hilf*, Die Organisationsstruktur der Europäischen Gemeinschaften, 1982, S. 22, 302 f; *Suhr*, in: Calliess/Ruffert (Hrsg.), EUV/AEUV, 4. Aufl. 2011, Art. 300 AEUV, Rn. 47.

für den WSA grundsätzlich nicht gelten. Auch der EuGH verneint in ständiger Rechtsprechung die Organeigenschaft des WSA.[469]

III. Zusammensetzung

Dem Wortlaut der Gründungsverträge gemäß (Art. 193 Abs. 2 EGV a.F.) bestand der WSA „aus Vertretern der verschiedenen Gruppen des wirtschaftlichen und sozialen Lebens, insbesondere der Erzeuger, der Landwirte, der Verkehrsunternehmer, der Arbeitnehmer, der Kaufleute und Handwerker, der freien Berufe und der Allgemeinheit". Auf Wunsch des Ausschusses selbst wurde diese Formulierung mit dem Vertrag von Nizza[470] durch diejenige der „Vertreter der verschiedenen wirtschaftlichen und sozialen Bereiche der organisierten Zivilgesellschaft" (Art. 257 Abs. 2 EGV a.F.) ersetzt.[471] Dies stellte – gemeinsam mit dem gleich lautenden Art. 165 Abs. 2 EAGV – die erstmalige Verwendung des Terminus „Zivilgesellschaft" im europäischen Primärrecht dar.

Seit dem In-Kraft-Treten des Vertrags von Lissabon ist die Zusammensetzung des WSA in Art. 300 Abs. 2 AEUV geregelt, demzufolge er aus „Vertretern der Organisationen der Arbeitgeber und der Arbeitnehmer sowie aus Vertretern der Zivilgesellschaft, insbesondere aus dem sozialen und wirtschaftlichen, dem staatsbürgerlichen, dem beruflichen und dem kulturellen Bereich" besteht.

1. Ernennungsverfahren

Um die Funktionsfähigkeit des Ausschusses zu gewährleisten, sind gem. Art. 301 Abs. 1 EGV maximal 350 Mitglieder zulässig. Deren Ernennung erfolgt in zwei Stufen: Auf nationaler Ebene treffen die Regierungen der einzelnen Mitgliedstaaten eine Vorauswahl, auf europäischer Ebene nimmt dann der Ministerrat die Ernennung vor. Die einzelnen Mitglieder des WSA werden gem. Art. 301, Art. 302 AEUV vom Rat einstimmig auf fünf Jahre ernannt, eine Wiederwahl ist zulässig.

Innerhalb der Mitgliedstaaten werden die Kandidaten meist zunächst von ihren jeweiligen Organisationen nominiert, die Ausgestaltung der Ernennungsverfahren ist dann unterschiedlich. In Deutschland ist das

---

469 Z.B. EuGH Slg. 1982, 269 Rn. 26 f. – Adam; EuGH Slg. 1982, 297 Rn. 26 – Battaglia; EuGH Slg. 1988, 3531 Rn. 17 – CIDA.

470 „Parties representative of civil society"/„acteurs repésentatifs de la société civile".

471 Siehe *Hrbek/Große Hüttemann,* Der Wirtschafts- und Sozialausschuss, in: Jahrbuch der Europäischen Integration 2001/2002, S. 105 f.

Bundeswirtschaftsministerium zuständig, seine Vorschlagsliste bedarf der Zustimmung des Bundeskabinetts.[472]

Eine gesetzliche Grundlage existiert nicht. Auch schreiben weder der AEUV noch die GO WSA vor, welche organisierten Gruppeninteressen über die in Art. 300 Abs. 2 AEUV genannten hinaus zu berücksichtigen sind und nach welchen Kriterien die Auswahl der einzelnen Personen erfolgen soll. Umstritten ist weiterhin, ob die adäquate Vertretung der verschiedenen gesellschaftlichen Gruppen bereits auf nationaler Ebene oder erst auf Unionsebene gesichert werden muss. In der Praxis versuchen bereits die Regierungen bei ihrer Kandidatenbenennung, ein Spiegelbild der nationalen wirtschaftlichen und sozialen Gruppierungen herzustellen.[473] Obwohl es kein für alle Mitgliedstaaten der EU einheitliches Vorauswahlverfahren gibt, scheinen die maßgeblichen Auswahlkriterien wie Stellung und Einfluss der einzelnen Verbände länderübergreifend ähnlich zu sein.[474] In der Regel handelt es sich bei den vorgeschlagenen Kandidaten um Vertreter nationaler Verbände (ca. 90% der Mitglieder des WSA sind Verbandsrepräsentanten), die Mitgliedstaaten können aber auch Vertreter für sie bedeutsamer europäischer Organisationen unabhängig von deren Staatsangehörigkeit benennen.[475] Entfallen ist mit dem Vertrag von Nizza das Erfordernis, dem Rat eine Liste mit doppelt so vielen Kandidaten, wie Sitze verfügbar sind, vorzulegen (vgl. Art. 259 Abs. 1 EGV i.d.F. von Amsterdam). Die Mitgliedstaaten erhalten dadurch formal mehr Entscheidungsbefugnis hinsichtlich der endgültigen Festlegung ihrer Ausschussvertreter. Anders als bei sonstigen beratenden Ausschüssen der EU steht den europäischen und nationalen Verbänden und Gruppierungen selbst kein Vorschlagsrecht für die Zusammensetzung des WSA zu.[476]

Die „europäischen Organisationen des Wirtschafts- und Soziallebens" können aber vor der Ernennung der WSA-Mitglieder durch den Rat fakultativ angehört werden, obligatorisch ist die Kommission anzuhören (Art. 302 Abs. 2 AEUV).[477] Hier hat sich der Wortlaut der Vorschrift nach dem Vertrag von Lissabon insofern geändert, als die entsprechenden Organisationen nicht

---

472 *Zellentin*, Der Wirtschafts- und Sozialausschuss der EWG und Euratom, 1962, S. 35.

473 *Sichert*, in: Schwarze (Hrsg.), EU-Kommentar, 3. Aufl. 2012, Art. 302 AEUV, Rn. 5.

474 *Bernard/Laval/Nys*, Le comité économique et social, 1972, S. 60 f.

475 *Suhr*, in: Calliess/Ruffert (Hrsg.), EUV/AEUV, 4. Aufl. 2011, Art. 302 AEUV, Rn. 7; *Burgi/Hölbling*, in: Streinz (Hrsg.), EUV/AEUV, 2. Aufl. 2012, Art. 302 AEUV, Rn. 3.

476 Vgl. *Sichert*, in: Schwarze (Hrsg.), EU-Kommentar, 3. Aufl. 2012, Art. 302 AEUV, Rn. 4 f.

477 *Wiegner*, Die Funktion des Wirtschafts- und Sozialausschusses als demokratisches Element in der EG, 2004, S. 109.

lediglich „an der Tätigkeit der Gemeinschaft interessiert“ (Art. 259 Abs. 2 S. 2 a.F.), sondern „von der Tätigkeit der Union betroffen“ sein müssen. Der Rat hat von dieser Möglichkeit allerdings bis auf das erste Ernennungsverfahren im Jahr 1958 keinen Gebrauch gemacht. Außerdem war in Art. 258 Abs. 1 a.F. die Sitzverteilung auf die Mitgliedstaaten nach einem ponderierten Schlüssel ausdrücklich geregelt.[478] Von nun an erlässt der Rat – in Anlehnung an seine künftige Rolle bei der Aufteilung der Sitze im Parlament – einstimmig einen Beschluss über die Zusammensetzung des Ausschusses.

2. *Stellung der Mitglieder*

Ca. 90 % der Mitglieder des WSA sind Verbandsrepräsentanten und damit Vertreter der organisierten wirtschaftlichen und sozialen Gruppen innerhalb der Union.[479] Grundsätzlich sind gem. Art. 300 Abs. 4 AEUV alle Mitglieder des WSA weisungsfrei und unabhängig, sowohl gegenüber ihren entsendenden Staaten als auch gegenüber ihren Verbänden. Ihre Tätigkeit ist gem. Art. 300 Abs. 4 S. 2 AEUV der Orientierung am Unionswohl unterworfen und soll nicht einseitig den Interessen eines bestimmten wirtschaftlichen oder sozialen Bereiches oder eines einzelnen Verbandes dienen.[480] Verfahrensrechtlich wird die Unabhängigkeit von den Verbänden dadurch erleichtert, dass die Mitglieder des WSA von den Regierungen vorgeschlagen werden.[481] In der Praxis führen die Erwartungen der Verbände aber wohl doch dazu, dass Unabhängigkeit und Unionswohlbindung durch Verbandsinteressen überlagert werden.[482] An das Abstimmungsverhalten im WSA dürfen zwar keine rechtlichen Konsequenzen

478 Vgl. *Vierlich-Jürcke*, Der Wirtschafts- und Sozialausschuss der Europäischen Gemeinschaften, 1998, S. 25 f.; *Suhr*, in: Calliess/Ruffert (Hrsg.), EUV/EGV, 3. Aufl. 2007, Art. 258, Rn. 2.

479 Vgl. zu Art. 257 EGV a.F. *Siebeke*, vdGroeben/Schwarze (Hrsg.), EGV/EUV, 2004, Rn. 8; *Sichert*, in: Schwarze (Hrsg.), EU-Kommentar, 3. Aufl. 2012, Art. 302 AEUV, Rn. 6; *Vierlich-Jürcke*, Der Wirtschafts- und Sozialausschuss der Europäischen Gemeinschaften, 1998, S. 33, 41 ff; *Burgi/Hölbling*, in: Streinz (Hrsg.), EUV/AEUV, 2. Aufl. 2012, Art. 300 AEUV, Rn. 13.

480 *Suhr*, in: Calliess/Ruffert (Hrsg.), EUV/AEUV, 4. Aufl. 2011, Art. 300 AEUV, Rn. 50 ff; *Burgi/Hölbling*, in: Streinz (Hrsg.), EUV/AEUV, 2. Aufl. 2012, Art. 300 AEUV, Rn. 34.

481 *Brüske*, Der Wirtschafts- und Sozialausschuss der Europäischen Gemeinschaften, 1979, S. 43.

482 *Suhr*, in: Calliess/Ruffert (Hrsg.), EUV/AEUV, 4. Aufl. 2011, Art. 300 AEUV, Rn. 50 ff; *Burgi/Hölbling*, in: Streinz (Hrsg.), EUV/AEUV, 2. Aufl. 2012, Art. 300 AEUV, Rn. 35.

geknüpft werden, die Verbände können aber versuchen, ein „illoyales“ Mitglied nicht mehr in die von der Regierung aufgestellte Vorschlagsliste aufnehmen zu lassen. Dagegen folgt aus dem Grundsatz des freien Mandats, dass die WSA-Mitglieder nicht zum Rücktritt verpflichtet sind, wenn sie aus ihrer Tätigkeit innerhalb der Verbände, denen sie angehören, ausscheiden.[483] Die Mitglieder des WSA stehen bei ihrer Amtsausübung also stets in einem Spannungsverhältnis zwischen freiem Mandat, ihrer Eigenschaft als Verbandsvertretern und den Interessen der EU.[484]

Auch die Regelungen zur Inkompatibilität sind bei der Besetzung des WSA zu beachten. Der Direktwahlakt[485] schließt eine gleichzeitige Mitgliedschaft im Europäischen Parlament und WSA aus, gem. Art. 70 Abs. 3 GO WSA sind außerdem die Stellung als Mitglied einer Regierung, eines nationalen Parlaments, eines Organs der EU, des Ausschusses der Regionen oder des Verwaltungsrats der Europäischen Investitionsbank, sowie als Beamter oder Bediensteter im aktiven Dienst der EU, mit einer Mitgliedschaft im WSA unvereinbar.

Art. 303 AEUV legt die Rahmenbedingungen für die Ausübung des Selbstorganisationrechts des WSA fest und verweist in UAbs. 2 auf die Geschäftsordnung des WSA, die die interne Organisation und den genauen Arbeitsablauf regelt.[486] Mit den Änderungen durch den Vertrag von Lissabon, insbesondere durch den Wegfall der primärrechtlichen Regelung der Gruppenstruktur, wurde eine Neuregelung der GO erforderlich, die 2010 erfolgte.[487] Diese wird abermals ausgefüllt mit den „Durchführungsbestimmungen zur Geschäftsordnung des europäischen Wirtschafts- und Sozialausschusses“ vom September 2010.[488]

3. *Präsident und Präsidium*

Die Beschlussfassungsorgane des WSA sind Präsidentschaft, Präsidium und Plenum (vgl. Art. 2 GO WSA). Die Notwendigkeit der Wahl eines Präsidenten

---

483 Str., ebenso: *Zellentin*, Der Wirtschafts- und Sozialausschuss der EWG und Euratom, 1962, S. 115; a.A. *Vierlich-Jürcke*, Der Wirtschafts- und Sozialausschuss der Europäischen Gemeinschaften, 1998, S. 79.

484 Vgl. *Brüske*, Der Wirtschafts- und Sozialausschuss, in: JdEI 1981, S. 107 (109); *Burgi/Hölbling*, in: Streinz (Hrsg.), EUV/AEUV, 2. Aufl. 2012, Art. 300 AEUV, Rn. 35.

485 Beschluss und Akt zur Einführung allgemeiner und unmittelbarer Wahlen der Mitglieder des Europäischen Parlaments, ABl. Nr. L 278 S. 5 v. 20.09.1975, ber. ABl. 1976 Nr. L 326 S. 32.

486 Geschäftsordnung, Juli 2010, CESE 1083/3010.

487 *Kotzur*, in: Geiger/Khan/Kotzur (Hrsg.): EUV/AEUV, 5. Aufl. 2010, Art. 303, Rn. 2.

488 CESE 1246/2010.

und eines Präsidiums ist ausdrücklich primärrechtlich geregelt (Art. 303 UAbs. 1 AEUV). Die Präsidentschaft besteht aus dem Präsidenten und den beiden Vizepräsidenten (Art. 11 GO WSA), das Präsidium besteht aus Präsident, zwei Vizepräsidenten, den Vorsitzenden der Fachgruppen sowie maximal 27 direkt vom Plenum gewählten Mitgliedern (Art. 3 GO WSA).

4. *Drei Gruppen*

Kurz nach der Errichtung des WSA teilten sich seine Vertreter in drei Gruppen auf. Eine solche Einteilung wurde schon 1958 im sog. Nominierungsleitfaden des Rates den Mitgliedstaaten empfohlen und hat sich in der praktischen Anwendung bewährt. Hierdurch soll auch verdeutlicht werden, dass sich nicht nationale Delegationen, sondern europäische Gruppen mit gleichgelagerten Interessen innerhalb des WSA zusammenfinden.[489]

Gemäß Art. 27 Abs. 1 der GO WSA vom Juli 2010[490] vertreten die jeweiligen Gruppen Arbeitgeber, Arbeitnehmer und „die sonstigen wirtschaftlichen und sozialen Bereiche der organisierten Zivilgesellschaft“. Die Mitglieder des WSA bestimmen selbst, welcher Gruppe sie angehören möchten, dabei kann die zahlenmäßige Stärke der einzelnen Gruppen differieren. In der Praxis verteilen sich die Ausschussmitglieder meist zu etwa gleichen Teilen.

Der ***Gruppe der Arbeitgeber*** gehören Vertreter des privaten wie des öffentlichen gewerblichen Sektors, der kleineren und mittleren Unternehmen, der Handelskammern, des Groß- und Einzelhandels, des Verkehrswesens, des Bank- und Versicherungswesens sowie der Landwirtschaft an.[491] Ihre Politik will sich an den Zielen Wachstum, Wettbewerbsfähigkeit und Beschäftigung orientieren; die Gruppe setzt sich für freien Handel und Produktverkehr sowie die Wirtschafts- und Währungsunion ein.[492] Enge Kontakte unterhält die Gruppe zur UNICE (Union der Industrie- und Arbeitgeberverbände Europas), zur CEEP (Europäische Zentrale der öffentlichen Wirtschaft), zu Eurochambres (Ständige Konferenz der Industrie- und Handelskammern), Eurocommerce

---

489 Zu Art. 257 EGV a.F. *Siebeke*, vdGroeben/Schwarze (Hrsg.): EGV/EUV, 2004, Rn. 6; *Sichert*, in: Schwarze (Hrsg.): EU-Kommentar, 3. Aufl. 2012, Art. 303 AEUV, Rn. 11.

490 ABl. Nr. L 324, Kodifizierte Fassung der Geschäftsordnung des Europäischen Wirtschafts- und Sozialausschusses, v. 09.12.2010, S. 52–68.

491 *Europäischer Wirtschafts- und Sozialausschuss*, Der EWSA, 2003, S. 13.

492 *Europäischer Wirtschafts- und Sozialausschuss*, Der EWSA, 2003, S. 13.

(Vertretung des Einzel, Groß- und Außenhandels) und zu zahlreichen fachspezifischen Organisationen der Industrie auf europäischer Ebene.[493]

Die ***Gruppe der Arbeitnehmer*** setzt sich für die Verbesserung der Lebens- und Arbeitsbedingungen der Arbeitnehmer in der EU ein und möchte darüber hinaus die Gründung von repräsentativen Organisationen der Zivilgesellschaft in allen Teilen der Welt fördern. Die meisten Mitglieder der Gruppe vertreten einzelstaatliche Gewerkschaften, die ihrerseits dem europäischen Gewerkschaftsbund (EGB) angehören; einige Mitglieder wurden von Gewerkschaften des Europäischen Verbands der Führungskräfte (CEC, Confédération Européenne des Cadres) entsandt, wenige gehören keiner europäischen Organisation an.[494]

Die ***dritte Gruppe*** soll ein „Spiegelbild der europäischen Gesellschaft"[495] darstellen und umfasst ein breites Spektrum gesellschaftlicher Gruppen. Ihre Mitglieder vertreten u. a. Verbraucher- und Umweltschutzverbände, Freiwilligen- und Behindertenorganisationen, Verbände der Forschung und Lehre, des Handwerks, der freien Berufe, der Landwirte, sozialwirtschaftlichen Einrichtungen (Genossenschaften und Vereine auf Gegenseitigkeit), Familienverbände und sonstige NGOs. Diese Vielfalt ist der Intention des Art. 300 Abs. 2 AEUV, im WSA die verschiedenen Bereiche der organisierten Zivilgesellschaft zusammen zu führen, geschuldet.[496]

5. *Fachgruppen, Unterausschüsse und weitere Gremien*

Vor der Lissabonner Vertragsrevision war zudem in Art. 261 Abs. 1 EGV a.F. obligatorisch die Einrichtung von „fachlichen Gruppen" und gem. Art. 261 Abs. 3 EGV a.F. fakultativ von „Unterausschüssen" vorgesehen. Jetzt ist diese Einteilung nur noch in Art. 14–18 GO WSA geregelt. Damit soll auch die Einheitlichkeit des WSA betont werden.[497]

Die generelle Zusammensetzung der ***Fachgruppen*** wird vom WSA zu Beginn der Mandatsperiode auf Vorschlag des Präsidiums festgelegt, wobei eine

---

493 *Europäischer Wirtschafts- und Sozialausschuss*, Der EWSA, 2003, S. 13.

494 *Sepi*, Vorsitzender der Gruppe II in der Mandatsperiode Oktober 2002 – September 2006, in: Wirtschafts- und Sozialausschuss, Der EWSA, S. 14.

495 *Sigmund*, Vorsitzende der Gruppe III in der Mandatsperiode Oktober 2002 – September 2006, in: Wirtschafts- und Sozialausschuss, Der EWSA, S. 15.

496 Vgl. *Suhr*, in: Calliess/Ruffert (Hrsg.), EUV/AEUV, 4. Aufl. 2011, Art. 300 AEUV, Rn. 13; *Burgi/Hölbling*, in: Streinz (Hrsg.), EUV/AEUV, 2. Aufl. 2012, Art. 300 AEUV, Rn. 11.

497 *Kotzur*, in: Geiger/Khan/Kotzur (Hrsg.): EUV/AEUV, 5. Aufl. 2010, Art. 304, Rn. 2.

angemessene Vertretung der Mitgliedstaaten und der verschiedenen Gruppen des wirtschaftlichen und sozialen Lebens angestrebt wird.[498] Wichtigstes Auswahlkriterium soll Fachkompetenz sein. Auch für die 14. Mandatsperiode (seit 2010) gliedert sich der WSA in sechs Fachgruppen, die thematisch alle Rechtsetzungsgebiete der EU abdecken:[499] Landwirtschaft, ländliche Entwicklung, Umweltschutz (NAT); Wirtschafts- und Währungsunion, wirtschaftlicher und sozialer Zusammenhalt (ECO); Beschäftigung, Sozialfragen, Unionsbürgerschaft (SOC); Außenbeziehungen (REX); Binnenmarkt, Produktion und Verbrauch (INT); Verkehr, Energie, Infrastrukturen, Informationsgesellschaft (TEN).[500]

Aufgabe der Fachgruppen ist es, Stellungnahmen oder Informationsberichte auszuarbeiten, die der Vorbereitung des WSA dienen. Sobald eine Fachgruppe eine Stellungnahme und/oder einen Bericht erstellt hat, übermittelt ihr Vorsitzender sie dem WSA-Präsidenten. Das Präsidium legt die Dokumente so schnell wie möglich der Vollversammlung vor, dann berät und verabschiedet das Plenum seine eigene Stellungnahme auf der Grundlage der Stellungnahme der Fachgruppe und etwaiger Änderungsanträge. Die Stellungnahme des WSA und die der vorbereitend tätig gewordenen Fachgruppe werden Rat, Kommission und Parlament übermittelt, Art. 304 Abs. 3 AEUV.

Zur Behandlung eines einzelnen konkreten Beratungsgegenstandes oder von Themen, die in den Zuständigkeitsbereich mehrerer Fachgruppen fallen, kann der WSA auf ***Unterausschüsse*** zurückgreifen.[501] Auch diese bereiten die Beschlussfassung des WSA vor und helfen, Kompetenzstreitigkeiten zwischen verschiedenen Fachgruppen zu vermeiden. Die Einrichtung von Unterausschüssen ist fakultativ und soll die Ausnahme bleiben, um eine überkomplexe Infrastruktur aufgrund kleinteiliger Organisationsformen zu vermeiden.[502] Sobald über die von einem Unterausschuss vorbereitete Stellungnahme im WSA abgestimmt wurde, erlischt sein Mandat. Vormals in Art. 261 Abs. 3 EGV geregelt, finden sich Einzelheiten zu Unterausschüssen nunmehr noch in Art. 19 GO WSA. Für ihre Tätigkeit finden gem. Art. 19 Abs. 4 GO WSA die Vorschriften über Fachgruppen entsprechende Anwendung.

---

498 Vgl. zu Art. 261 EGV a.F. *Wirtschafts- und Sozialausschuss*, Der EWSA, 2003, S. 16.

499 *Sichert*, in: Schwarze (Hrsg.): EU-Kommentar, 3. Aufl. 2012, Art. 303 AEUV, Rn. 9.

500 *Europäischer Wirtschafts- und Sozialausschuss*, Der EWSA, 2003, S. 16.

501 *Vierlich-Jürcke*, Der Wirtschafts- und Sozialausschuss der Europäischen Gemeinschaften, 1998, S. 127.

502 Vgl. Art. 19 Abs. 1 S. 1 GO WSA; noch zu Art. 261 EGV a.F. *Kotzur*, in: Grabitz/Hilf/Nettesheim (Hrsg.), Das Recht der EU, 40. EL, 2009, Rn. 11; vgl. auch *Burgi/Hölbling*, in: Streinz (Hrsg.), EUV/AEUV, 2. Aufl. 2012, Art. 303 AEUV, Rn. 6.

Weitere beratende Gremien des WSA sind (vgl. Art. 24 GO WSA) die Kommission für industriellen Wandel (CCMI)[503], die Binnenmarktbeobachtungsstelle (SMO)[504], die Beobachtungsstelle für nachhaltige Entwicklung (SCO)[505], die Arbeitsmarktbeobachtungsstelle (LMO)[506] und – ganz neu – die Beobachtungsstelle für die Lissabon-Strategie (LSO)[507]. Die CCMI wurde gegründet, um die Zuständigkeiten des Beratenden EGKS-Ausschusses nach Auslaufen des EGKS-Vertrags wahrzunehmen. Dem EGKS-Ausschuss kam anfangs gem. Art. 18 f. EGKSV sogar eine stärkere Position als dem WSA zu, da er gem. Art. 19 Abs. 4 EGKSV über ein selbstständiges Initiativrecht verfügte und seine Geschäftsordnung gem. Art. 18 Abs. 5 EGKSV ohne Genehmigung des Rates erlassen konnte. Der mit dem industriellen Wandel einhergehende Bedeutungsschwund der Kohle- und Stahlindustrie rechtfertigte seine Sonderstellung längst nicht mehr, so dass mit dem Außer-Kraft-Treten des EGKSV im Juli 2003 der WSA die thematischen Kompetenzen übernahm.[508]

Alle Mitglieder und Gremien des WSA werden bei ihrer Arbeit vom ***Generalsekretariat*** unterstützt (vgl. Art. 27 Abs. 2, Art. 71–75 GO WSA).

IV. Aufgaben und Arbeitsweise

Die Funktion des WSA besteht gem. Art. 300 Abs. 1 AEUV in Beratung und Unterstützung der Unionsorgane bei ihrer Rechtsetzungstätigkeit. Diese Aufgabe nimmt der Ausschuss in erster Linie durch die Abgabe unverbindlicher Stellungnahmen wahr, wie Art. 304 AEUV sowie eine Vereinbarung mit der Kommission[509] präzisieren. Pro Jahr erarbeitet der Ausschuss etwa 200 Stellungnahmen und Informationsberichte.[510] Seine Anhörungsrechte gliedern sich gem. Art. 304

---

503 Consultative Committee on Industrial Change.

504 Single Market Observatory.

505 Sustainable Development Obversatory.

506 Labour Market Observatory.

507 Lisbon Stragety Observatory.

508 *Blanke*, in: Grabitz/Hilf/Nettesheim (Hrsg.), Das Recht der EU, 48. EL, 2012, Art. 300 AEUV, Rn. 32.

509 Protokoll über die Zusammenarbeit zwischen der Europäischen Kommission und dem Europäischen Wirtschafts- und Sozialausschuss, Dok. CESE 1391/2005., v. 07.11.2005.

510 *Hayder*, Der EWSA – eine unterschätzte EU-Institution, EuZW 2010, S. 171 (172); *Europäischer Wirtschafts- und Sozialausschuss*, Zehn Fragen und Antworten zum Europäischen Wirtschafts- und Sozialausschuss.

AEUV in obligatorische Anhörungen gem. Abs. 1 S. 1, fakultative Anhörungen gem. Abs. 1 S. 2 und die Möglichkeit der Selbstbefassung gem. Abs. 1 S. 3.

1. Obligatorische Anhörung

Zwingend angehört werden muss der WSA nur in den Fällen, in denen dies im AEUV ausdrücklich vorgesehen ist. Das sind schwerpunktmäßig die Bereiche Binnenmarkt, Personenverkehrsfreiheiten, Sozialpolitik, Verbraucherschutz, Gesundheit, Agrar-, Verkehrs-, Umweltpolitik sowie Bildung und Jugend.[511] Teilweise wird das Fehlen von Anhörungspflichten in den Bereichen Handelspolitik, Außenbeziehungen, Wirtschafts- und Währungsunion, freier Kapitalverkehr, Nichtdiskriminierung sowie Asyl- und Einwanderungspolitik moniert.[512]

Obligatorische Anhörung bedeutet allerdings nicht, dass sich die Gesetzgebungsorgane inhaltlich eingehend mit der Stellungnahme auseinandersetzen müssen; wie Art. 296 Abs. 2 AEUV zu entnehmen ist, ist auf die Stellungnahmen „Bezug zu nehmen". Das heißt, dass sich die Gesetzgebungsorgane formell auf die Anhörung des WSA berufen müssen, bevor sie einen bindenden Rechtsakt erlassen. Ob und inwieweit sie die Stellungnahme inhaltlich bei ihren Entscheidungen berücksichtigen, steht in ihrem Ermessen.[513] Auch hat der EuGH bereits in den 1980er Jahren festgestellt, dass der WSA nur bei konkreten, nicht bei bloß vorbereitenden Maßnahmen der Gesetzgebung anzuhören ist.[514] Dagegen reicht das bloße Ersuchen um eine Stellungnahme nicht aus, diese muss auch abgewartet werden (sofern nicht eine nach Art. 304 Abs. 2 AEUV gesetzte Frist verstrichen ist[515] oder der WSA die Abgabe einer Stellungnahme ausdrücklich abgelehnt hat).

Unterbleibt eine obligatorische Anhörung oder wird sie nicht vorschriftsmäßig durchgeführt, stellt dies die Verletzung einer wesentlichen Formvorschrift im

511 Für eine ausführliche Aufzählung siehe *Jaeckel*, in: Grabitz/Hilf/Nettesheim (Hrsg.), Das Recht der EU, 48. EL, 2012, Art. 304 AEUV, Rn. 9; *Suhr*, in: Calliess/Ruffert (Hrsg.), EUV/AEUV, 4. Aufl. 2011, Art. 304 AEUV, Art. 304 AEUV, Rn. 5; *Burgi/Hölbling*, in: Streinz (Hrsg.), 2. Aufl. 2012, Art. 304 AEUV, Rn. 2.

512 *Jaeckel*, in: Grabitz/Hilf/Nettesheim (Hrsg.), Das Recht der EU, 48. EL, 2012, Art. 304 AEUV, Rn. 9.

513 Vgl. *Krajewski/Rösslein*, in: Grabitz/Hilf/Nettesheim (Hrsg.), Das Recht der EU, 48. EL, 2012, Art. 296 AEUV, Rn. 45; *Siebeke*, in: vd Groeben/Schwarze (Hrsg.), Art. 262 EGV a.F., Rn. 2; *Burgi/Hölbling*, in: Streinz (Hrsg.), 2. Aufl. 2012, Art. 304 AEUV, Rn. 4.

514 EuGH Slg. 1987, 3202 Rn. 38 f. – Deutschland u.a.

515 EuGH Slg. 1980, 3333 Rn. 34. – Roquette Frères.

Sinne von Art. 263 Abs. 2 AEUV dar, der entsprechende Rechtsakt kann gem. Art. 264 Abs. 2 AEUV für nichtig erklärt werden.[516] Schließlich könnte bei erfolgter Anhörung und Berücksichtigung der vorgebrachten Argumente die inhaltliche Entscheidung der zuständigen Organe anders ausgefallen sein.[517] Das gilt auch, wenn eine obligatorisch gebotene Anhörung fälschlicherweise als fakultative deklariert wird, da nicht auszuschließen ist, dass bei ordnungsgemäßer Benennung die Entscheidungsträger der Stellungnahme größeres Gewicht beigemessen hätten.[518] Allerdings hat der WSA selbst nicht die Möglichkeit, den EuGH im Rahmen einer Nichtigkeitsklage anzurufen, da er weder zum Kreis der privilegierten Klagebefugten gem. Art. 263 Abs. 2 AEUV, noch zu den sonstigen Klagebefugten gem. Art. 263 Abs. 3 AEUV gehört.[519] Mangels Organstatus besteht auch kein Raum für eine analoge Anwendung der Vorschrift.[520] Rechtsschutz ist nur möglich, indem die Kommission den Verfahrensfehler im Rahmen einer Nichtigkeitsklage (Art. 263 Abs. 2 AEUV) rügt oder der Mangel inzident geltend gemacht wird, etwa im Vorabentscheidungsverfahren gem. Art. 267 AEUV oder im Verfahren gem. Art. 277 AEUV.[521]

2. Fakultative Anhörung

Der Rat, die Kommission und das Europäische Parlament können den WSA gem. Art. 304 Abs. 1 S. 2 AEUV fakultativ anhören, wenn sie es für zweckmäßig halten. Diese Art der Konsultation ist in allen Bereichen und zu allen Maßnahmen der Union möglich, soweit keine obligatorische Anhörung vorgesehen ist.[522] Von ihr wird häufig Gebrauch gemacht, am stärksten durch den Rat. Dem Parlament ist

---

516 *Suhr*, in: Calliess/Ruffert (Hrsg.), EUV/AEUV, 4. Aufl. 2011, Art. 304 AEUV, Rn. 7; *Sichert*, in: Schwarze (Hrsg.), EU-Kommentar, 3. Aufl. 2012, Art. 304 AEUV, Rn. 5; *Epping*, in: Vedder/Heintschel vHeinegg (Hrsg.), Europäisches Unionsrecht, 1. Aufl. 2012, Art. 304 AEUV, Rn. 3; *Burgi/Hölbling*, in: Streinz (Hrsg.), EUV/AEUV, 2. Aufl. 2012, Art. 304 AEUV, Rn. 4; *Streinz*, Europarecht, 2012, S. 148, Rn. 429.

517 Vgl. EuGH Slg. 1980, 2229 Rn. 26 – Distillers Company; EuGH Slg. 1982, 269 Rn. 24 – Adam.

518 EuGH Slg. 1994, I-625 Rn. 16 f. – Parlament.

519 Anders als der AdR.

520 Vgl. *Jaeckel* in Grabitz/Hilf/Nettesheim (Hrsg.), Das Recht der EU, 48. EL, 2012, Art 304 AEUV, Rn. 14; *Burgi/Hölbling*, in: Streinz (Hrsg.), EUV/AEUV, 2. Aufl. 2012, Art. 304 AEUV, Rn. 4; *Suhr*, in: Calliess/Ruffert (Hrsg.), EUV/AEUV, 4. Aufl. 2011, Art. 304 AEUV, Rn. 8 f.

521 *Kotzur*, in: Geiger/Khan/Kotzur (Hrsg.), EUV/AEUV, 5. Aufl. 2010, Art. 304, Rn. 2.

522 *Vierlich-Jürcke*, Der Wirtschafts- und Sozialausschuss der Europäischen Gemeinschaften, 1998, S. 135.

erst seit dem Vertrag von Amsterdam das gleiche Anhörungsrecht wie Rat und Kommission eingeräumt.[523] Die Kommission verfügt ihrerseits selbst über einen umfangreichen Beratungsapparat und ist oft Ziel direkter Lobbyarbeit verschiedener Interessengruppen.[524] Hat ein Organ fakultativ eine Stellungnahme des WSA angefordert, so folgt aus Art. 304 Abs. 2 S. 2 AEGV und aus dem Grundsatz der Organtreue, dass diese Stellungnahme auch abzuwarten ist.

Die europäischen Institutionen können den WSA auch losgelöst von einem konkreten Rechtsetzungsverfahren um Sondierungsstellungnahmen ersuchen. Die Kommission und auch die zukünftige Ratspräsidentschaft machen von dieser Möglichkeit regen Gebrauch, um die Expertise des WSA zu ihren politischen Prioritäten und Gestaltungsvorhaben einzuholen.[525] So ist etwa die Stellungnahme „Eine nachhaltige, dauerhafte und multisektorale Basis für die EU-Strategie zur Verringerung alkoholbedingter Schäden"[526] vom schwedischen Ratsvorsitz erbeten worden.

3. *Initiativstellungnahmen*

Darüber hinaus kann der WSA gem. Art. 304 Abs. 1 S. 3 AEUV in allen Fällen, in denen es ihm zweckmäßig erscheint, von sich aus Stellungnahmen abgeben. Die Möglichkeit zu Initiativstellungnahmen wird ihm bereits seit 1974 durch den Rat gewährt, sie ist aber erst seit dem Vertrag von Maastricht primärrechtlich verankert.[527] Initiativstellungnahmen machen etwa 15 % aller Stellungnahmen des WSA aus[528] und ermöglichen es ihm, Themen zu behandeln, die seinen wirtschaftlichen und sozialen Vertretern besonders wichtig sind.[529] So kann sich

523 Vgl. *Siebeke*, in: vdGroeben/Schwarze (Hrsg.) EUV/EGV, 6. Aufl. 2004, Art. 262 EGV a.F., Rn. 7; *Hönle/Sichert*, in: Schwarze (Hrsg.), EU-Kommentar, 3. Aufl. 2012, Art. 300 AEUV, Rn. 22; *Burgi/Hölbling*, in: Streinz (Hrsg.), EUV/AEUV, 2. Aufl. 2012, Art. 304 AEUV, Rn. 1, 10.

524 *Krajewski/Rösslein*, in: Grabitz/Hilf/Nettesheim (Hrsg.), Das Recht der EU, 48. EL, 2012, Art. 289 AEUV, Rn. 33 ff.

525 *Hayder*, Der EWSA – eine unterschätzte EU-Institution, EuZW 2010, S. 171 (172).

526 Stellungnahme SOC 340/2009, angenommen am 30.09.2009.

527 *Jaeckel*, in: Grabitz/Hilf/Nettesheim (Hrsg.), Das Recht der EU, 48. EL, 2012, Art. 304 AEUV, Rn. 17; *Burgi/Hölbling*, in: Streinz (Hrsg.), EUV/AEUV, 2. Aufl. 2012, Art. 304 AEUV, Rn. 7.

528 *Europäischer Wirtschafts- und Sozialausschuss*, Zehn Fragen und Antworten zum EWSA.

529 *Vierlich-Jürcke*, Der Wirtschafts- und Sozialausschuss der Europäischen Gemeinschaften, 1998, S. 177.

der Ausschuss beispielsweise mit Fragen der Wirtschafts- und Sozialpolitik der Union, der institutionellen Entwicklung und sonstigen allgemeinen Fragen der Unionspolitik beschäftigen und sich hiermit bewusst zum Sprachrohr zivilgesellschaftlicher Akteure machen.[530]

Außerdem ist in Art. 29 lit. a. der Durchführungsbestimmungen zur GO WSA die Möglichkeit geregelt, eine ***ergänzende Stellungnahme*** vorzunehmen. Damit wird die Untersuchung von Gegenständen fortgesetzt, zu denen der Ausschuss bereits eine (obligatorische, fakultative oder Initiativ-) Stellungnahme abgegeben hat. Die Möglichkeit kommt in Betracht, wenn sich tatsächliche oder rechtliche Verhältnisse geändert haben.[531]

Nach langen Diskussionen ist im Jahr 2007 auf Initiative des damaligen WSA-Präsidenten *Dimitris Dimitriadis* eine interne Klassifizierung eingeführt worden: Politisch bedeutsame Themen fallen in Kategorie A und werden mit einem erhöhten Aufwand an Ressourcen erarbeitet; weniger wichtige Gesetzgebungsvorhaben (z. B. die technische Anpassung von Richtlinien) fallen in Kategorie B und gehen mit einem reduzierten Arbeitsaufwand einher; Kategorie C schließlich umfasst reine Routinevorhaben (z.B. Kodifizierungen von mehreren Richtlinien), die in schlichten Formalstellungnahmen behandelt werden können.[532]

4. Verfahren der Stellungnahme

Das Verfahren, in dem eine Stellungnahme ausgearbeitet und übermittelt wird, ist nach Maßgabe des Art. 304 AEUV und der GO WSA ausgestaltet. Es verläuft in der Regel folgendermaßen: In den Fällen der obligatorischen und der fakultativen Stellungnahme übermitteln der Rat, die Kommission oder das Parlament dem WSA-Präsidenten ihr Stellungnahmeersuchen, bei Initiativstellungnahmen entfällt das Ersuchen. Das Präsidium des WSA bestimmt die für die Vorbereitung zuständige Fachgruppe, die daraufhin meist eine Studiengruppe einrichtet und einen von Sachverständigen unterstützten Berichterstatter bestellt. Nachdem die Gruppe ihre Stellungnahme ausgearbeitet hat, übermittelt sie diese dem Präsidenten des WSA. Der beruft dann den WSA ein, der im Plenum eine eigene

530 Vgl. *Jaeckel*, in: Grabitz/Hilf/Nettesheim (Hrsg.), Das Recht der EU, 48. EL, 2012, Art. 304 AEUV, Rn. 17; noch zu Art. 262 EGV a.F. *Kotzur*, in: Grabitz/Hilf/Nettesheim (Hrsg.), Das Recht der EU, 40. EL, 2009, Rn. 14; *Burgi/Hölbling*, in: Streinz (Hrsg.), EUV/AEUV, 2. Aufl. 2012, Art. 304 AEUV, Rn. 7.

531 Vgl. *Siebeke*, Institutionalisierte Interessenvertretungen in der EU, 1996, S. 15.

532 *Hayder*, Der EWSA – eine unterschätzte EU-Institution, EuZW 2010, S. 171 (173).

Stellungnahme auf der Grundlage der Arbeiten der Fachgruppe erarbeitet und nach einer allgemeinen Aussprache mit einfacher Mehrheit verabschiedet.

Für die Stellungnahme sieht Art. 54 GO WSA folgenden formalen Aufbau vor: Der erste Teil enthält die Angabe der Rechtsgrundlage und eine Begründung. In der Präambel muss das Ergebnis der Abstimmung über den Gesamttext Erwähnung finden, bei namentlicher Abstimmung sind die Namen der Abstimmenden anzuführen. Der zweite Teil enthält die Ansichten des WSA zum jeweiligen Beratungsgegenstand. Neben den für den Ausschuss wesentlichen Argumenten können auch ergänzende Problemlösungsvorschläge aufgenommen werden.[533] In einem Anhang müssen der Wortlaut und die Begründung der vom Plenum abgelehnten Änderungsanträge mit Angabe des Abstimmungsergebnisses wiedergegeben werden, wenn sie mindestens ein Viertel der abgegebenen Ja-Stimmen erhalten haben. Gleiches gilt für die Textstellen der vorgelegten Fachstellungnahmen, die infolge der von im Plenum angenommenen Änderungsanträge entfallen. Vertritt eine im Ausschuss gem. Art. 27 GO WSA gebildete Gruppe oder eine gem. Art. 28 GO WSA gebildete Interessengruppe eine abweichende Auffassung, kann diese in einer kurzen Erklärung dargelegt werden, die ebenfalls dem Anhang beigefügt wird. So sollen die pluralen Interessen im WSA transparent und die einzelnen Gruppenstandpunkte für die EU-Organe abwägbar gemacht werden.[534]

Damit das Rechtsetzungsverfahren durch die Stellungnahmen des WSA nicht unnötig verlangsamt oder blockiert wird, sieht Art. 304 Abs. 2 AEUV die Möglichkeit einer Fristsetzung durch Rat, Kommission oder Parlament vor. Nach ungenutztem Ablauf dieser Frist, die mindestens einen Monat betragen muss, können die Organe auch dann ohne Stellungnahme des WSA beschließen, wenn diese obligatorisch war. Die Entscheidung über die Notwendigkeit einer Frist und über ihre Länge liegt im pflichtgemäßen Ermessen des jeweiligen Organs. Bei der Ermessensausübung sind die Dringlichkeit einer baldigen Stellungnahme und die Notwendigkeit eingehender Auseinandersetzung mit pluralen Interessen und komplexen Regelungsmaterien gegeneinander abzuwägen.[535] Bei

---

533 *Kotzur*, in: Grabitz/Hilf/Nettesheim (Hrsg.), Das Recht der EU, 40. EL, 2009, Art. 262 EGV a.F., Rn. 16; vgl. auch *Jaeckel*, in Grabitz/Hilf/Nettesheim (Hrsg.), Das Recht der EU, 48. EL, Art. 304, Rn. 20.

534 *Kotzur*, in: Grabitz/Hilf/Nettesheim (Hrsg.), Das Recht der EU, Band III, 40. EL, 2009, Art. 262 EGV a.F., Rn. 17; vgl. auch *Jaeckel*, in Grabitz/Hilf/Nettesheim (Hrsg.), Das Recht der EU, 48. EL, Art. 304, Rn. 20.

535 *Jaeckel*, in: Grabitz/Hilf/Nettesheim (Hrsg.), Das Recht der EU, 48. EL, 2012, Art. 304 AEUV, Rn. 23 f.; zu Art. 262 EGV a.F. *Kotzur*, in: Grabitz/Hilf/Nettesheim

besonders raschem Handlungsbedarf ist eine Abweichung von den herkömmlichen Verfahrensfristen im Dringlichkeitsverfahren gem. Art. 57, 59 GO WSA möglich. Nach Verabschiedung einer Stellungnahme durch den WSA wird diese gem. Art. 304 Abs. 3 AEUV an den Rat, die Kommission und das Parlament übermittelt und im Amtsblatt der Europäischen Union veröffentlicht.

Problematisch ist, dass die Stellungnahmen des WSA erst nach der Unterbreitung von Initiativen gegenüber der Legislative abgegeben werden, denn dies verringert die Wahrscheinlichkeit einer effektiven Einflussnahme. Der WSA selbst hat immer wieder eine frühzeitige „Vorabbefassung" mit Rechtsetzungsvorhaben gefordert.[536] In einer interinstitutionellen Kooperationsvereinbarung erklärt sich die Kommission zumindest bereit, zu Änderungsvorschlägen systematisch Stellung zu nehmen und ihre (Nicht-) Berücksichtigung zu begründen.[537]

5. *Weitere Funktionen*

Neben den (primär-) rechtlich weitgehend ausgestalteten Anhörungsrechten nimmt der WSA weitere Funktionen wahr, die sich insbesondere aus seinem Selbstverständnis als „Sprachrohr der Zivilgesellschaft" ergeben.[538]

Er will darauf hin arbeiten, eine größere Zustimmung der Zivilgesellschaft zum europäischen Einigungswerk zu erreichen und verstärkte Beteiligung zu ermöglichen.[539] Dies soll dadurch geschehen, dass die WSA-Mitglieder ihre Heimatverbände direkt mit Informationen von der europäischen Ebene versorgen und die Politiken und Rechtsetzungsvorhaben der EU in den jeweiligen Heimatstaaten präsenter machen können.[540] Der Ausschuss veranstaltet außerdem

---

(Hrsg.), Das Recht der EU, 40. EL, 2009, Art. 262 EGV a.F., Rn. 20; *Siebeke*, in: vdGroeben/Schwarze (Hrsg.), EUV/EGV, 6. Aufl. 2003, Art. 262 EGV a.F., Rn. 5; *Burgi/Hölbling*, in: Streinz (Hrsg.), EUV/AEUV, 2. Aufl. 2012, Art. 304 AEUV, Rn. 8.

536 *Jaeckel*, in: Grabitz/Hilf/Nettesheim (Hrsg.), Das Recht der EU, 48. EL, 2012, Art. 304 AEUV, Rn. 26; vlg. Auch *Burgi/Hölbling*, in: Streinz (Hrsg.), EUV/AEUV, 2. Aufl. 2012, Art. 304 AEUV, Rn. 5.

537 Protokoll über die Zusammenarbeit zwischen der Europäischen Kommission und dem europäischen Wirtschafts- und Sozialausschuss vom 7. 11. 2005, Dok. CESE 1391/2005, Nachweise zum Ganzen bei *Suhr*, in: Calliess/Ruffert (Hrsg.), EUV/AEUV, 4. Aufl. 2011, Art. 304 AEUV, Rn. 4.

538 Ausführlich *Siebeke*, Institutionalisierte Interessenvertretungen in der EU, 1996, S. 59 ff.

539 *Europäischer Wirtschafts- und Sozialausschuss*, Zehn Fragen und Antworten zum EWSA.

540 *Hayder*, Der EWSA – eine unterschätzte EU-Institution, EuZW 2010, S. 171 (173).

Konferenzen, Seminare und Workshops zu aktuellen europapolitischen Fragestellungen.[541] Gleichzeitig verfügen die Verbände mit dem WSA über eine Plattform, ihre Meinung zu EU-Vorhaben kundzutun.

So unterhält er regelmäßige Kontakte zu den Netzwerken der nationalen Wirtschafts- und Sozialräte und den Organisationen der Zivilgesellschaft innerhalb und außerhalb der EU.[542] In der EU selbst gibt es mittlerweile 22 Räte in 21 Ländern, mit denen sich die Mitglieder des WSA bei regelmäßigen Zusammenkünften zu bestimmten Themen treffen und Informationen austauschen. Außerdem beteiligt sich der WSA an den Arbeiten der Internationalen Vereinigung der Wirtschafts- und Sozialräte und vergleichbarer Einrichtungen (AICESIS).[543] Dort sind praktisch alle bisher gegründeten nationalen Wirtschafts- und Sozialräte sowie deren regionale Zusammenschlüsse und der WSA als supranationale Einrichtung vertreten.[544] Ebenfalls intensiv praktiziert wird die Beratung von Beitrittskandidaten durch den WSA.[545] Hier trägt er auch zur Entwicklung von sozialen und wirtschaftlichen Organisationen der Zivilgesellschaft in Drittländern, insbesondere den Beitrittsanwärterstaaten, bei.[546]

Der WSA verleiht einen „Preis der organisierten Zivilgesellschaft“, mit dem besonderes bürgerschaftliches Engagement in der EU ausgezeichnet wird. 2009 wurde dieser beispielsweise zum dritten Mal vergeben, es erhielten ihn an erster Stelle zu gleichen Teilen der sizilianische Regionalverband des italienischen Unternehmensverbandes *Confindustria* sowie die Vereinigung *Libera*, die gegen das

---

541 *Hayder*, Der EWSA – eine unterschätzte EU-Institution, EuZW 2010, S. 171 (173).

542 *Europäischer Wirtschafts- und Sozialausschuss*, Zehn Fragen und Antworten zum EWSA; zur insoweit vergleichbaren Rechtslage vor In-Kraft-Treten des Vertrags von Lissabon *Siebeke*, in: vdGroeben/Schwarze (Hrsg.), EUV/EGV, 6. Aufl. 2003, Vor Art. 257–262 EGV a.F., Rn. 26; *Hönle/Sichert*, in: Schwarze (Hrsg.), EU-Kommentar, 3. Aufl. 2012, Art. 300 AEUV, Rn. 11.

543 *Europäischer Wirtschafts- und Sozialausschuss*, Zehn Fragen und Antworten zum EWSA.

544 *Hayder*, Der EWSA – eine unterschätzte EU-Institution, EuZW 2010, S. 171 (173).

545 *Burgi/Hölbling*, in: Streinz (Hrsg.), EUV/AEUV, 2. Aufl. 2012, Art 300 AEUV, Rn. 8; vgl. zur insoweit vergleichbaren Rechtslage vor In-Kraft-Treten des Vertrags von Lissabon *Kotzur*, in Grabitz/Hilf/Nettesheim (Hrsg.), Das Recht der EU, 40. EL, 2009, Art. 257 EGV a.F., Rn. 2.

546 *Siebeke*, in: vdGroeben/Schwarze (Hrsg.), EUV/EGV, 6. Aufl. 2003, Vor Art. 257–262 EGV a.F., Rn. 17; vgl. auch *Suhr*, in: Calliess/Ruffert (Hrsg.), EUV/AEUV, Art. 300 AEUV, Rn. 15; *Burgi/Hölbling*, in: Streinz (Hrsg.), EUV/AEUV (Hrsg.), 2. Aufl. 2012, Art. 300 AEUV, Rn. 11; *Hönle/Sichert*, in: Schwarze (Hrsg.), EU-Kommentar, 3. Aufl. 2012, Art. 300 AEUV, Rn. 17.

organisierte Verbrechen in diesem Landesteil Italiens kämpft. 2011 ging der Preis der organisierten Zivilgesellschaft an das „Erasmus Student Network (ESN)" mit seinem Programm „SocialErasmus". Dessen Grundgedanke ist es, Studierenden ihr Erasmus-Gastland näher zubringen, indem sie zu Tätigkeiten angeregt werden, die der örtlichen Bevölkerung zugutekommen.[547]

V. Kritik

Inwiefern wird der WSA wirklich seinem Anspruch gerecht, „Sprachrohr der organisierten Zivilgesellschaft" zu sein? Der Ausschuss stellt die früheste Form der institutionalisierten Einbindung zivilgesellschaftlicher Akteure in die europäische Rechtsetzung dar. Diese Anerkennung der Mitwirkung von Interessenvertretern mag vor allem aus deutscher Perspektive bahnbrechend erscheinen, angesichts der verbreiteten Tradition von Wirtschafts- und Sozialausschüssen in anderen Mitgliedstaaten handelt es sich aber um kein Novum. Nichtsdestotrotz war und ist der WSA häufig Kritik hinsichtlich seiner Existenzberechtigung, Funktionsweise und Legitimation ausgesetzt. Teilweise wird sogar seine vollständige Abschaffung gefordert.[548] Die Kommission selbst weist in ihrem Weißbuch „Europäisches Regieren"[549], das sich fokussiert mit der besseren Einbindung von Akteuren der Zivilgesellschaft beschäftigt, dem Wirtschafts- und Sozialausschuss die Rolle zu, „zur Entwicklung neuer Beziehungen gegenseitiger Verantwortlichkeit zwischen den Institutionen der Zivilgesellschaft (...) bei[zu]tragen."[550] Sie merkt aber auch an, dass „neu über seine Organisation und seine Rolle nachgedacht"[551] werden müsse und kritisiert, dass in der gegenwärtigen Konzeption des Gesetzgebungsverfahrens der WSA erst *nach* der Unterbreitung von Vorschlägen an die Legislative angehört werde. Insgesamt müsse er aktiver werden. Zudem sollen die zivilgesellschaftlichen Akteure über die im WSA repräsentierten Vertreter hinaus in das unionale „policy making" eingebunden werden.[552]

---

547 EWSA info – Januar 2012/1 Sonderausgabe.

548 *Thorning-Schmidt*, Four good reasons to abolish the Economic and Social Committee, CONV 139/03, v. 15. 09. 2003.

549 KOM (2001) 428, Europäisches Regieren – ein Weissbuch, v. 24.07.2001.

550 KOM (2001) 428, Europäisches Regieren – ein Weissbuch, v. 24.07.2001, S. 20.

551 KOM (2001) 428, Europäisches Regieren – ein Weissbuch, v. 24.07.2001, S. 20.

552 M.w.N. *Kotzur*, in Grabitz/Hilf/Nettesheim (Hrsg.), Das Recht der EU, 40. EL, 2009, Art. 257 EGV a.F., Rn. 21; vgl. auch *Jaeckel*, in: Grabitz/Hilf/Nettesheim (Hrsg.), Das Recht der EU, 48. EL, 2012, Art. 301, Rn. 31; *Burgi/Hölbling*, in: Streinz (Hrsg.), EUV/AEUV, 2. Aufl. 2012, Art. 300 AEUV, Rn. 14; *Suhr*, n: Calliess/Ruffert (Hrsg.), EUV/AEUV, 4. Aufl. 2011, Art. 300 AEUV, Rn. 14.

Aktuelle Änderungen seiner primärrechtlichen Ausgestaltung hat der WSA durch den Vertrag von Lissabon erfahren. Diese sollen im Folgenden näher betrachtet werden, um daraus Rückschlüsse hinsichtlich seiner Bedeutung im Institutionengefüge der EU und für die Einbindung zivilgesellschaftlicher Akteure zu ziehen.

1. Änderungen im Vertrag von Lissabon

Auf den ersten Blick sieht man, dass sich der Umfang der primärrechtlichen Regelungen über den WSA verringert hat: War er vor dem Vertrag von Lissabon in den Art. 257–262 EGV geregelt, befassen sich nun die Art. 301–304 AEUV ausschließlich mit dem WSA; quasi „vor die Klammer gezogen" ist Art. 300 AEUV, der Aufgaben und Zusammensetzung von WSA und Ausschuss der Regionen (AdR) als den „beratenden Einrichtungen der Union" regelt. Nicht mehr im Primärrecht geregelt sind die ponderierte Verteilung der WSA-Sitze auf die Mitgliedstaaten und die Gliederung des Ausschusses in Fachgruppen und Unterausschüsse. Letzteres fällt nunmehr vollständig in die Geschäftsordnungsautonomie des WSA. Die Verringerung des Regelungsumfangs im Primärrecht ist aber nicht zwingend als Verringerung der tatsächlichen Bedeutung des WSA zu verstehen. Vielmehr wurde generell im Zuge der Verfassungsdebatte versucht, die früher geläufige primärrechtliche Festlegung von Detailfragen mit Geschäftsordnungscharakter zugunsten eines konstitutionell verdichteten Primärrechts mit knappen, transparenten Regelungen aufzugeben. Das Primärrecht sollte nicht mehr seine eigenen Ausführungsbestimmungen inkorporieren.[553]

Die Mandatszeit der WSA-Mitglieder wird gem. Art. 302 AEUV auf fünf Jahre, die Amtszeit von Präsident und Präsidium in Art. 303 AEUV auf zweieinhalb Jahre verlängert. Damit wird der Gleichlauf mit der Amtszeit von Europäischem Parlament und Rat, der entsprechend vor dem Vertrag von Lissabon bestand, wieder hergestellt. Auch im Interesse der Kontinuität ist dies grundsätzlich zu begrüßen. Ebenfalls begrüßenswert ist die gleichberechtigte Nennung des Europäischen Parlaments neben Rat und Kommission in Art. 300 Abs. 1 AEUV und Art. 304 AEUV als zur Anhörung berechtigtes bzw. -verpflichtetes Organ. Vormals war ihm lediglich eine fakultative Anhörungsmöglichkeit in Art. 262

553 *Kotzur*, in Grabitz/Hilf/Nettesheim (Hrsg.), Das Recht der EU, 40. EL, 2009, Art. 261 EGV a.F., Rn. 14; *Jaeckel* in: Grabitz/Hilf/Nettesheim (Hrsg.), Das Recht der EU, 48. EL, Art. 303 AEUV, Rn. 13; *Burgi/Hölbling*, in: Streinz (Hrsg.), EUV/AEUV, 2. Aufl. 2012, Art. 303 AEUV, Rn. 4; *Epping*, in: Vedder/Heintschel vHeinegg (Hrsg.), Europäisches Unionsrecht, 1. Aufl. 2012, Art 303 AEUV, Rn. 1.

Abs. 4 EGV a.F. eingeräumt, die seiner gewachsenen Bedeutung im europäischen Institutionengefüge und seiner Rolle als gleichberechtigter Mitgesetzgeber des europäischen Rechts nicht mehr gerecht wurde.

Im Zuge der Erarbeitung des Vertrags von Lissabon wurde für den WSA und den AdR die Bezeichnung „beratende Organe" diskutiert, im Ergebnis hat sich aber die Bezeichnung „beratende Einrichtungen" durchgesetzt. Damit wird weiterhin klar zwischen echter Organqualität und organunterstützender Beratungsfunktion unterschieden.[554] Eine Aufwertung des WSA im institutionellen Gefüge ist nicht vorgenommen worden.

WSA und AdR wurden und werden oftmals ähnlich behandelt, dies macht der Vertrag von Lissabon ebenfalls deutlich, etwa in Art. 300 AEUV. Ursprünglich war der Ausschuss der Regionen dem WSA nachgebildet und parallel zu ihm entwickelt worden. Der Vertrag von Lissabon bestätigt aber eine sich schon länger abzeichnende Divergenz in der Entwicklung: In Art. 263 Abs. 3 AEUV wird dem Ausschuss der Regionen die Erhebung einer Nichtigkeitsklage zur Wahrung seiner Rechte ermöglicht, dem WSA dagegen wurde diese Möglichkeit ganz bewusst nicht eingeräumt.[555] Zwar wird gefordert, dass dem WSA im Zuge einer künftigen Vertragsänderung ebenfalls ein Klagerecht vor dem EuGH in Luxemburg in eigenen Angelegenheiten zukommen müsse,[556] an der Tatsache, dass eine solche Aufwertung bisher nicht konsensfähig war, ändert dies aber nichts. Auch erhält nur der AdR eine gestärkte Funktion bei der Überwachung des Subsidiaritätsprinzips.[557] Damit verstärkt sich die Kluft zwischen dem AdR und dem WSA.[558] Der aktiveren Rolle, die vom WSA gefordert wird, ist hiermit zumindest teilweise eine Absage erteilt worden.

---

554 M.w.N. *Blanke*, in: Grabitz/Hilf/Nettesheim (Hrsg.), Das Recht der EU, 48. EL, 2012, Art. 300 AEUV, Rn. 5; *Burgi/Hölbling*, in: Streinz (Hrsg.), EUV/AEUV, 2. Aufl. 2012, Art. 300 AEUV, Rn. 3; *Hönle/Sichert*, in: Schwarze (Hrsg.), EU-Kommentar, 3. Aufl. 2012, Art. 300 AEUV, Rn. 5 betonen, dass sich der WSA als „Nebenorgan" „deutlich von den zahlreichen anderen beratenden Ausschüssen ab[hebt]".

555 Vgl. die Forderung des WSA nach einer diesbezüglichen „Gleichbehandlung mit dem AdR" in seiner Stellungnahme für die Regierungskonferenz 2003, ABl. 2004 Nr. C 10 /43, v. 14.01.2004, Ziff. 1.3., 3.3.2. und 3.3.4.

556 *Hayder*, Der EWSA- eine unterschätzte EU-Institution, EuZW 2010, S. 171 (176).

557 *Kotzur*, in: Geiger/Khan/Kotzur (Hrsg.), EUV/AEUV, 5. Aufl. 2010, Art. 305, Rn. 1; *Hönle/Sichert*, in: Schwarze (Hrsg.), EU-Kommentar, 3. Aufl. 2012, Art. 300 AEUV, Rn. 26; *Suhr*, in: Calliess/Ruffert (Hrsg.), EUV/AEUV, 4. Aufl. 2011, Art. 300 AEUV, Rn. 25; *Burgi/Hölbling*, in: Streinz (Hrsg.), EUV/AUEV, 2. Aufl. 2012, Art. 300, Rn. 19.

558 *Suhr*, in: Calliess/Ruffert (Hrsg.), EUV/AEUV, 4. Aufl. 2011, Art. 300 AEUV, Rn. 14; *Blanke*, in: Grabitz/Hilf/Nettesheim (Hrsg.), Das Recht der EU, 48. EL, 2012, Art. 300

Die Beschreibung der Zusammensetzung des WSA wurde, bei gleich bleibender Mitgliederzahl, geändert. Vormals hieß es, der Ausschuss „besteht aus Vertretern der verschiedenen wirtschaftlichen und sozialen Bereiche der organisierten Zivilgesellschaft", beispielhaft („insbesondere") „der Erzeuger, der Landwirte, der Verkehrsunternehmer, der Arbeitnehmer, der Kaufleute und Handwerker, der freien Berufe, der Verbraucher und des Allgemeininteresses". Nach Lissabon setzt sich der Ausschuss zusammen „aus Vertretern der Organisationen der Arbeitgeber und Arbeitnehmer sowie anderen Vertretern der Zivilgesellschaft, insbesondere aus dem sozialen und wirtschaftlichen, dem staatsbürgerlichen, dem beruflichen und dem kulturellen Bereich". Art. 300 Abs. 5 AEUV hält die Zusammensetzung entwicklungsoffen, indem er eine Änderung der Art der Zusammensetzung durch Ratsbeschluss ermöglicht. Die beispielhaft aufgezählten Bereiche sind stärker zusammengefasst worden (sozial, wirtschaftlich, staatsbürgerlich), der kulturelle Bereich ist hinzugekommen. Damit wird die veraltete Enumeration, die sich an den ursprünglichen Kompetenzen der Europäischen Wirtschaftsgemeinschaft orientierte, durch eine zeitgemäßere ersetzt.[559] Begrüßenswert ist auch, dass der kulturelle Sektor explizite Erwähnung erfährt.[560] Es fällt auf, dass die exponierte Stellung der Arbeitgeber- und Arbeitnehmervertreter beibehalten, wenn nicht sogar durch den Wortlaut verstärkt wird. Zum Teil wird eingewandt, prägend für den Titel des Ausschusses und die starken Gruppen der Arbeitgeber- und Arbeitnehmervertreter sei die traditionelle Industriegesellschaft der 50er Jahre des 20. Jahrhunderts gewesen. Es sei grundsätzlich zu überdenken, ob die jetzige Drittelparität der Gruppen noch im Einklang mit der Ausdifferenzierung gesellschaftlicher Interessen und deren Organisation der europäischen Zivilgesellschaft des 21. Jahrhunderts stehe.[561] Auch nach der

---

AEUV, Rn. 3; *Burgi/Hölbling,* in: Streinz (Hrsg.), EUV/AEUV, 2. Aufl. 2012, Art. 300 AEUV, Rn. 1; *Hönle/Sichert,* in: Schwarze (Hrsg.), EUV/AEUV, 3. Aufl. 2012, Art 300 AEUV, Rn. 2; *Suhr,* in: Calliess/Ruffert (Hrsg.), EUV/AEUV, 4. Aufl. 2012, Art. 300 AEUV, Rn. 2.

559 Vgl. zu Art. 257 EGV a.F. *Suhr,* in: Calliess/Ruffert (Hrsg.), EUV/EGV, 3. Aufl. 2007, Rn. 11; *Suhr,* in: Calliess/Ruffert (Hrsg.), EUV/AEUV, 3. Aufl. 2011, Art. 300 AEUV, Rn. 13; *Hönle/Sichert,* in: Schwarze (Hrsg.), EU-Kommentar, 3. Aufl. 2012, Art. 300, Rn. 13; *Burgi/Hölbling,* in: Streinz (Hrsg.), EUV/AEUV, 2. Aufl. 2012, Art. 300 AEUV, Rn. 11.

560 Jaeckel, in: Grabitz/Hilf/Nettesheim (Hrsg.), Das Recht der EU, 48. EL, 2012, Art. 300 AEUV, Rn. 34; das frühere Fehlen des Kulturbereichs wurde als Defizit empfunden, vgl. *Kotzur* in: Grabitz/Hilf/Nettesheim (Hrsg.), EUV/EGV, 40. EL, 2009, Art. 257 EGV a.F., Rn. 17.

561 *Hayder,* Der EWSA – eine unterschätzte EU-Institution, EuZW 2010, S.171 (176).

Vertragsrevision behalten die Arbeitgeber- und Arbeitnehmerorganisationen ihre exponierte Stellung[562], der Verweis auf die Allgemeininteressen entfällt aber ebenso wie die Aufzählung spezifischer Berufsgruppen.

Weggefallen ist der Terminus der „organisierten Zivilgesellschaft“, die Rede ist von „Organisationen der Arbeitgeber und Arbeitnehmer“ und „anderen Vertretern der Zivilgesellschaft.“ Das Merkmal der Organisiertheit wird also nur im Zusammenhang mit Arbeitgeber- und Arbeitnehmervertretern erwähnt, nicht hinsichtlich der übrigen Bereiche der Zivilgesellschaft. Nicht zuzustimmen ist dem pauschalen Befund, „der neu verwendete Begriff Organisationen schreibe die vorherrschende Zusammensetzung aus Verbandsvertretern deutlich fest“.[563] Im Gegenteil legt der Wortlaut vielmehr nahe, dass eine Verbandszugehörigkeit keine zwingende Voraussetzung für die Mitgliedschaft im WSA ist. Angesichts der besonderen Steuerungskraft, die die Zivilgesellschaft dort entfaltet, wo sie sich organisiert, war vertreten worden, dass die Formulierung „Vertreter der (...) organisierten Zivilgesellschaft“ verlange, dass es sich bei den Ausschussmitgliedern um Vertreter von Verbänden oder sonstigen Vereinigungen mit einem Mindestmaß an Organisation handeln müsse.[564] An diesem Erfordernis festzuhalten, würde nach dem geänderten Wortlaut jedenfalls eines erhöhten Begründungsaufwandes bedürfen.

Blanke folgert differenzierend, dass dass eine organisatorische Verbundenheit zwischen den Mitgliedern des WSA und der repräsentierten Zivilgesellschaft in Form einer Mitgliedschaft in einem Verband der organisierten Zivilgesellschaft nunmehr jedenfalls für die Vertreter der „Organisationen der Arbeitgeber und der Arbeitnehmer“ zu fordern sei, nicht jedoch für die „anderen Vertreter der Zivilgesellschaft“.[565]

Fraglich ist, ob die Argumente für eine Verbandszugehörigkeit im Zusammenhang mit dem WSA überhaupt schlagkräftig ist. Auch die vorliegende Arbeit betrachtet die Rolle der *organisierten* Zivilgesellschaft in der europäischen

---

562 *Kotzur* in: Grabitz/Hilf/Nettesheim (Hrsg.), EUV/EGV, 40. EL, 2009, Art. 257 EGV a.F., Rn. 41; *Jaeckel*, in: Grabitz/Hilf/Nettesheim (Hrsg.), Das Recht der EU, 48. EL, 2012, Art. 300 AEUV, Rn. 34; *Hönle/Sichert,* in: Schwarze (Hrsg.), EU-Kommentar, 3. Aufl. 2012, Art. 300 AEUV, Rn. 13.

563 *Hayder*, Der EWSA – eine unterschätzte EU-Institution, EuZW 2010, S. 171 (172).

564 *Kotzur*, in: Grabitz/Hilf/Nettesheim (Hrsg.), Das Recht der EU, 40. EL, 2009, Art. 257 EGV a.F., Rn. 34; *Burgi/Hölbling,* in: Streinz (Hrsg.), EUV/AEUV, 2. Aufl. 2012, Art 300, Rn. 9; *Hönle/Sichert,* in: Schwarze (Hrsg.), EU-Kommentar, 3. Aufl. 2012, Art. 300 AEUV, Rn. 13 f.

565 *Blanke,* in: Hilfs/Nettesheim, 49. EL 2012, Art. 300 AEUV, Rn. 36.

Rechtsetzung. Die institutionelle Verfestigung, die entscheidend für die Möglichkeit ist, zivilgesellschaftliche Akteure in die Rechtsetzung einzubinden, ist beim WSA aber schon durch seine Organisationsform selbst gewährleistet. So wird vertreten, der Ausschuss sei „unabhängig von seiner Stellung als Nebenorgan und der daraus resultierenden organschaftlichen Stellung seiner Mitglieder“[566] selbst zivilgesellschaftlicher Akteur. Die Ausschussmitglieder müssen nicht zwangsläufig Vertreter zivilgesellschaftlicher Organisationen sein, da sie sich zwecks gemeinsamen Handelns im WSA zusammen finden. Der Notwendigkeit, dass sie relevante Teile der Zivilgesellschaft repräsentieren und nicht lediglich singuläre persönliche Interessen, wird durch das Ernennungsverfahren Rechnung getragen: Zunächst muss eine Person von ihrem Heimatstaat als Ausschussmitglied vorgeschlagen, dann vom Rat ernannt werden. Daher verlangt die Neufassung des AEUV nach Lissabon nicht, dass es sich bei den Vertretern der sonstigen Bereiche der Zivilgesellschaft um Mitglieder von Vereinigungen handeln muss; nur für die Arbeitgeber- und Arbeitnehmervertreter gilt etwas andres.

Es wurde im Hinblick auf Entwicklung und Ausgestaltung der organisierten Zivilgesellschaft in Europa als Meilenstein angesehen, dass mit dem Vertrag von Nizza eine ausdrückliche Bezugnahme auf die Vertreter der „organisierten Zivilgesellschaft“ ins Primärrecht aufgenommen werde.[567] Dies könne als ein erster Ansatzpunkt zur europarechtlichen Auseinandersetzung mit dem Topos „civil society“ betrachtet werden.[568] Gleichzeitig muss dieser Begriff inhaltlich unter Berücksichtigung der Funktion des Ausschusses ausgefüllt werden. Eine besondere Rolle spielte hierbei das Merkmal der Repräsentativität, das sich nirgends ausdrücklich kodifiziert fand, das aber in Art. 257 Abs. 2 EGV hinein gelesen wurde. Auch nach dem Vertrag von Lissabon sind keine Kriterien zur Bestimmung der Repräsentativität aufgenommen worden, die zur vorigen Rechtslage angestellten Überlegungen vermögen aber weiterhin Relevanz zu beanspruchen und sind für eine Auseinandersetzung mit der organisierten Zivilgesellschaft auf europäischer Ebene wichtig.

566 M.w.N. *Kotzur*, in: Grabitz/Hilf/Nettesheim (Hrsg.), Das Recht der EU, 40. EL, 2009, Art. 257 EGV a.F., Rn. 3.

567 *Kotzur*, in: Grabitz/Hilf/Nettesheim (Hrsg.), Das Recht der EU, 40. EL, 2009, Art. 257 EGV a.F., Rn. 32; *Suhr*, in: Calliess/Ruffert (Hrsg.), EUV/AEUV, Art. 300 AEUV, Rn. 12.

568 So *Kotzur*, in: Grabitz/Hilf/Nettesheim (Hrsg.), Das Recht der EU, 40. EL, 2009, Art. 257 EGV a.F., Rn. 21.

2. Diskussion über Rolle und Bedeutung des WSA

Die Vertragsrevision von Lissabon hat aber auch gezeigt, dass dem WSA die Erreichung dieses Ziels nicht uneingeschränkt zugetraut wird. Auch in der Literatur werden Rolle und Bedeutung des WSA kontrovers diskutiert. Teilweise wird sogar seine Abschaffung gefordert.[569]

Einerseits hat mit der schrittweisen Aufwertung des Europäischen Parlaments dieses teilweise Dialogaufgaben des WSA übernommen. So wurde schon 1979 nach den Direktwahlen zum Europäischen Parlament die Erforderlichkeit des WSA bezweifelt und vereinzelt seine Auflösung gefordert.[570]

In eine andere Richtung gehen Befürchtungen, der WSA könne sich zu einer zweiten Kammer im Gesetzgebungsverfahren entwickeln. Jedoch ist die Entwicklung des WSA zu einem „Ständeparlament“[571] durch die Zuordnung lediglich beratender Funktionen nicht zu befürchten. Dem WSA wird keine verbindliche gesetzgebende Gewalt anstelle des Parlaments eingeräumt. Betrachtet man zudem die Entwicklung der letzten 50 Jahre, so stellt eine übermäßige Machtfülle des WSA definitiv kein Problem dar.

Da die Arbeit des WSA auch von zivilgesellschaftlichen Vertretungen selbst kritisch beurteilt wird, haben viele Organisationen Kontakte außerhalb des Ausschusses gesucht. So treten europäische und nationale Verbände oftmals direkt mit den Unionsorganen oder mit einzelnen Entscheidungsträgern in Kontakt (klassisches Lobbying). Der WSA ist weder der einzige Ort der „Organisation repräsentativer Interessen“, noch ist er stets der für jene Interessen wichtigste Adressat.[572] Zum Teil wird gar behauptet, dass es „kein Unternehmen mehr“ gebe, „das den Wirtschafts- und Sozialausschuss aufsucht, um durch ihn seine Interessen vertreten zu lassen“[573]. Neben dem klassischen Lobbying gibt es die Möglichkeit der Mitwirkung in zahlreichen Ausschüssen, Arbeitsgruppen, Expertengruppen oder Komitees, die insbesondere bei der Kommission gebildet

---

569 *Thorning-Schmidt*, Four good reasons to abolish the Economic and Social Committee, CONV 139/03, v. 15. 09. 2003.

570 *Lodge*, EC Policymaking, in: Lodge (Hrsg), European Community and the Challenge of the Future, London 1989, S. 26 (50 f).

571 Vgl. etwa Bundesarbeitsgemeinschaft der Freien Wohlfahrtspflege e.V., Jahresbericht 1995, S. 18.

572 *Burgi/Hölbling*, in: Streinz (Hrsg.), EUV/AEUV, 2. Aufl. 2012, Art. 300 AEUV, Rn. 14.

573 *Gündisch/Mathijsen*, Rechtsetzung und Interessenvertretung in der Europäischen Union, 1999, S. 161.

wurden und sich aus Beamten der Mitgliedstaaten und aus Vertretern von Handel, Industrie, Wissenschaft etc. zusammen setzen.[574]

Die primärrechtliche Institutionalisierung der zivilgesellschaftlichen Mitwirkung im WSA bringt aber auch Vorteile mit sich. Durch diese Institutionalisierung wird die Mitwirkung von Verbänden an Gesetzgebungsvorhaben der EU offiziell anerkannt.[575] Gleichzeitig sorgt sie für eine Transparenz der Verbandseinflüsse[576] und soll so missbräuchlichem Lobbyismus vorbeugen. Inwiefern das gelungen ist, ist umstritten.[577]

Dem WSA wurden als einzigem Ausschuss der EU im Primärrecht bereichsübergreifende Kompetenzen verliehen. Eine fach- und interessenübergreifende Orientierung sind kennzeichnend für ihn.[578] Alle anderen Ausschüsse beratender Art, etwa auch der Ausschuss der Regionen, sind auf bestimmte Sachgebiete beschränkt. Zwar wird dem WSA seine fehlende Spezialisierung von einigen vorgeworfen: In seiner „Ausrichtung auf das Allgemeine" konkurriere er mit dem Europäischen Parlament, so dass seine Bedeutung in dem Maße zurückgehen dürfte, in dem die Aufgaben und Befugnisse des Europäischen Parlaments zunähmen.[579] Das Europäische Parlament setzt sich aber ganz anders zusammen und übernimmt ganz andere Aufgaben als der WSA, so dass beide ihre Existenzberechtigung nebeneinander haben. Der WSA bietet die nach demokratischen Grundsätzen gebotene wirtschaftliche und soziale Beteiligung repräsentativer Gruppen, während das Europäische Parlament demgegenüber die politische Mitwirkung gewährleistet.

Es ist schwierig, den tatsächlichen Einfluss auf die europäische Rechtsetzungstätigkeit ohne empirische Erhebungen zu bestimmen. Auch spiegelt sich der Einfluss des WSA häufig nicht offensichtlich wider. So berücksichtigt die Kommission oftmals schon bei der Erstellung von Vorschlägen grundlegende Positionen des WSA, um ihre Vorschläge möglichst widerspruchsfrei durchzusetzen.[580] Nach eigener

574 *Burgi/Hölbling,* in: Streinz (Hrsg.), EUV/AEUV, 2. Aufl. 2012, Art. 300 AEUV, Rn. 14.

575 *Siebeke,* Institutionalisierte Interessenvertretungen in der EU, 1996, S. 60.

576 *Constantinesco,* Das Recht der Europäischen Gemeinschaften, 1977, S. 441.

577 Kritisch *Siebeke,* Institutionalisierte Interessenvertretungen in der EU, 1996, S. 58 ff15047; *Pierucci,* La Commission européenne et le lois de l'Union, RMC 2001, 50 (53).

578 *Burgi/Hölbling,* in: Streinz (Hrsg.), EUV/AEUV, 2. Aufl. 2012, Art. 300 AEUV, Rn. 14, kritisch: *Suhr,* in: Calliess/Ruffert (Hrsg.), EUV/AEUV, 4. Aufl. 2011, Art. 300 AEUV, Rn. 14.

579 *Burgi*/Hölbling, in: Streinz (Hrsg.), EUV/AEUV, 2. Aufl. 2012, Art. 300 AEUV, Rn. 14.

580 *Siebeke,* Institutionalisierte Interessenvertretungen in der EU, 1996, S. 64.

Aussage des WSA werden zwei Drittel seiner Empfehlungen berücksichtigt.[581] Um seine Tätigkeit und seine Notwendigkeit bzw. Nützlichkeit zu beurteilen, wendet die vorliegende Arbeit den Maßstab der demokratischen Legitimation angewendet.

VI. Demokratische Legitimation

Bereits auf seine demokratische Legitimation untersucht wurde das Verfahren des Sozialen Dialogs. Beim WSA stellt sich die Frage mit verändertem Fokus: Während die zivilgesellschaftlichen (Sozialpartner-) Organisationen im Sozialen Dialog über weitreichende (autonome) Rechtsetzungsbefugnisse verfügen, kommen dem WSA lediglich Anhörungsrechte zu. Dennoch müssen sowohl Zusammensetzung und Willensbildung des WSA als auch seine konkrete Einbindung in die legislative Tätigkeit der EU demokratisch legitimiert sein. Denn die Union setzt auch unter Mitwirkung des WSA verbindliches Recht und begründet Verpflichtungen für Dritte.

1. Repräsentativität

Die europäischen Gerichte[582] und viele Stimmen in der Literatur fordern, bei der Zusammensetzung der WSA das Kriterium der „Repräsentativität" zu beachten. Hierdurch soll die Rückbindung der den Regelungen unterworfenen Bürger an den WSA gewährleistet werden. Hergeleitet wird das Merkmal aus dem Wortlaut der Verträge. Man fühlt sich sofort erinnert an das entsprechende Kriterium im Rahmen des Sozialen Dialogs. Die Übertragbarkeit der dort gewonnenen Erkenntnisse soll noch gründlicher untersucht werden, nachdem das Merkmal im Kontext des WSA ausgelegt wurde.[583] Es lässt sich aber bereits an dieser Stelle sagen, dass die Anforderungen im WSA geringer sind als beim Sozialen Dialog, weil hier lediglich eine beratende, und keine rechtsetzende Funktion ausgeübt wird. Dies gilt insbesondere im Vergleich mit der Verhandlungsphase im Sozialen Dialog.

a. Angemessenheitsformel

Gem. Art. 257 Abs. 2, 259 Abs. 1 S. 2 EGV in der Fassung des Vertrags von Amsterdam bestand der WSA aus Vertretern der verschiedenen Gruppen des wirtschaftlichen und sozialen Lebens, denen bei der Zusammensetzung des

581 *Wirtschafts- und Sozialausschuss*, Zehn Fragen und Antworten zum EWSA, S. 7.

582 EuGH, Slg. 1988, 3531 – CIDA; EuG Slg. 1995, II-2741 – Sindacato Pensionati Italiani; EuG Slg. 1996, II-519 – Confindustria.

583 Siehe Kapitel 3, A. VI. d. der vorliegenden Arbeit.

Ausschusses eine „angemessene Vertretung“ gesichert werden muss.[584] Aus dieser Formulierung wurde unter Berücksichtigung der Funktion des WSA hergeleitet, dass seine Mitglieder *repräsentativ* für die in den Mitgliedstaaten existierenden zivilgesellschaftlichen Gruppierungen sein müssen. Das Erfordernis der Repräsentativität wurde vor allem mit dem Begriff der „Vertreter“ verknüpft, gleichzeitig sah man es durch die Formel von der „angemessenen Vertretung“ zumindest ansatzweise konkretisiert.[585] Mit dem Vertrag von Nizza wurde die „Angemessenheits-Formel“ gestrichen, Überlegungen zur Repräsentativität wurden nunmehr allein auf den Begriff der „Vertreter“ gestützt.[586] In anderen Vertragssprachen (*representatives*; *répresentants*) wird diese Verbindung noch deutlicher. Da der AEUV am Begriff der „Vertreter“ festhält, haben die Überlegungen auch nach der Vertragsrevision von Lissabon noch Gültigkeit.

b. Prüfungspflicht

Gem. Art. 302 AEUV liegt die Letztentscheidungskompetenz für die Ernennung der WSA-Mitglieder beim Ministerrat. Dementsprechend ist er auch für die Herstellung der Repräsentativität verantwortlich.[587] Aufgrund der Vielgestaltigkeit der Wirklichkeit in der EU kann aber mehr als eine Besetzung des WSA repräsentativ sein,[588] so dass dem Rat bei der Prüfung ein weites Ermessen zusteht.[589]

Die Kommission ist obligatorisch anzuhören. Mit dem Vertrag von Nizza entfallen ist die Vorgabe, dass sie bei der Zusammensetzung des WSA ebenfalls auf eine angemessene und ausgewogene Vertretung der Interessen achten muss. Angesichts der Rolle der Kommission als Hüterin der Verträge[590] muss dieser

584 *Vierlich-Jürcke*, Der Wirtschafts- und Sozialausschuss der Europäischen Gemeinschaften, 1998, S. 27.

585 *Vierlich-Jürcke*, Der Wirtschafts- und Sozialausschuss der Europäischen Gemeinschaften, 1998, S. 27.

586 *Kotzur*, in: Grabitz/Hilf/Nettesheim (Hrsg.), Das Recht der EU, 40. EL, 2009, Art. 259 EGV a.F., Rn. 4; *Wiegner*, Die Funktion des WSA als demokratisches Element in der EG, 2004, S. 154.

587 EuGH Slg. 1988, 3531 Rn. 17 f. – CIDA; EuG Slg. 1996, II-519 Rn. 26, 42 – Confindustria.

588 EuG Slg. 1996, II-519 Rn. 42 – Confindustria.

589 M.w.N. *Jaeckel*, in: Grabitz/Hilf/Nettesheim (Hrsg.), Das Recht der EU, 48. EL, 2012, Art. 302 AEUV, Rn. 21; *Suhr*, in: Calliess/Ruffert (Hrsg.), EUV/AEUV, 4. Aufl. 2011, Art. 300 AEUV, Rn. 29.

590 Vgl. *Ehricke*, in: Streinz (Hrsg.), EUV/AEUV, 2012, Art. 258 AEUV, Rn. 1; Art. 259 AEUV, Rn. 10.

Grundgedanke aber weiterhin gelten.[591] Fakultativ können Organisationen der Zivilgesellschaft angehört werden (Art. 302 Abs. 2 S. 2 AEUV). Hier ergibt sich mit dem Vertrag von Lissabon eine Neuerung: Es genügt nicht mehr, dass die Organisationen an der Tätigkeit der EU „interessiert" sind, vielmehr müssen die relevanten Organisationen von der Tätigkeit der Union „betroffen" sein. Die praktischen Auswirkungen dieser Änderung werden aber wohl gering bleiben,[592] zumal von dieser Möglichkeit überhaupt erst ein Mal Gebrauch gemacht wurde. Die Ausübung der Prüfungspflicht wird durch EuG und EuGH kontrolliert.

c. Inhaltliche Ausgestaltung

Die primärrechtliche Aufzählung in Art. 300 Abs. 2 AEUV, „insbesondere aus dem sozialen und wirtschaftlichen, dem staatsbürgerlichen, dem beruflichen und dem kulturellen Bereich", stellt zumindest klar, dass die Vertretung nicht allein durch die antagonistisch gedachten Gruppen der Arbeitswelt erfolgen, sondern dass die gesamte Vielfalt gesellschaftlicher Interessen vertreten sein soll. Es soll erreicht werden, dass der WSA und seine Mitglieder die postulierte Vertretung der verschiedenen Gruppen des wirtschaftlichen und sozialen Lebens tatsächlich für sich in Anspruch nehmen können. Das ist dann der Fall, wenn die Vertretung der Bedeutung der verschiedenen Interessen in der Wirklichkeit gerecht wird. Als Anhaltspunkt wurde stets die bisherige Praxis im WSA herangezogen,[593] darüber hinaus muss es aber weitere Kriterien zur Bestimmung der Repräsentativität geben.

Auch nach der Vertragsrevision von Lissabon bleibt unklar, ob eine angemessene Vertretung bereits auf Ebene der Mitgliedstaaten oder erst auf europäischer Ebene verwirklicht werden muss.[594] Folglich bleibt streitig, ob das Erfordernis angemessen differenzierter Interessenrepräsentation bereits bei der Zusammenstellung der einzelnen nationalen Listen oder erst auf europäischer Ebene zu prüfen ist.[595] Der WSA soll eine angemessene Repräsentation der *europäischen*

---

591 So auch *Kaufmann-Bühler*, in: Lenz/Borchardt (Hrsg.), EU-Verträge, 6. Aufl. 2013, Art. 302, Rn. 3.

592 Vgl. auch *Kotzur*, in: Geiger/Khan/Kotzur (Hrsg.), EUV/AEUV, 5. Aufl. 2010, Art. 302 AEUV Rn. 2.

593 *Vierlich-Jürcke*, Der Wirtschafts- und Sozialausschuss der Europäischen Gemeinschaften, 1998, S. 31.

594 Vgl. *Wiegner*, Die Funktion des WSA als demokratisches Element in der EG, 2004, S. 154 f.

595 *Jaeckel*, in: Grabitz/Hilf/Nettesheim (Hrsg.), Das Recht der EU, 48. EL, 2012, Art. 303 AEUV, Rn. 13.

Zivilgesellschaft darstellen. Aus europäischer Perspektive lässt sich (Gesamt-) Repräsentativität aber erst bei Vorliegen der vollständigen Liste beurteilen.[596] Eine Repräsentativität der jeweiligen nationalen Listen für die im jeweiligen Mitgliedstaat vorhandenen zivilgesellschaftlichen Gruppierungen ist dazu nicht zwingend erforderlich. Einzuräumen ist aber, dass dies unter Umständen die Entscheidung über die gesamteuropäische Repräsentativität erleichtern kann, da die nationalen Regierungen in der Regel die gesellschaftlichen Strukturen in ihren Ländern besser einschätzen können.[597] Gleichzeitig kommen in immer größerem Maße originär europäische Gruppierungen hinzu. Die „europäische“ Zivilgesellschaft ist zwar in vielen Bereichen noch nicht hinreichend ausgebildet, ihre fortschreitende Entwicklung ist aber eine Perspektive, die es zu fördern gilt. Dementsprechend muss sich die angemessene Vertretung im WSA auf die *europäische* Ebene beziehen.

Dabei muss aber selbstverständlich sein, dass jeder Mitgliedstaat vertreten ist. Außerdem muss es die Anzahl der Mitglieder zumindest im Ansatz ermöglichen, der Vielzahl der auch in kleinen Mitgliedstaaten vorhandenen Interessen gerecht zu werden. Da sich die Gesamtzahl der WSA-Mitglieder aber am Prinzip der Arbeitsfähigkeit jedes Gremiums orientieren muss, kann selbst in den strukturell begünstigten kleineren Staaten das breitgefächerte und ausdifferenzierte Spektrum von Gruppeninteressen nicht abgedeckt werden. Diese Beschränkung der Repräsentativität ist zugunsten der Effizienz des WSA hinzunehmen.

Bisher wurde also festgestellt, dass Bezugspunkt der Repräsentativität die *europäische* Zivilgesellschaft ist. Dabei muss aber gesichert sein, dass jeder Mitgliedstaat angemessen vertreten ist. Zur Bestimmung der Repräsentativität der WSA-Mitglieder kann zunächst die bisherige Praxis herangezogen werden; darüber hinaus muss es aber weitere Kriterien geben. Um diese zu bestimmen, soll ein Vergleich zur Repräsentativität im Sozialen Dialog angestellt werden.

d. Übertragbarkeit der Repräsentativität im Sozialen Dialog

Schon der Begriff der „Repräsentativität“, aber auch dessen Konkretisierung etwa durch die bisherige Praxis als maßgebliches Kriterium erinnern an das entsprechende Merkmal im Sozialen Dialog. Da die Rechte des WSA im

596 So auch *Jaeckel*, in: Grabitz/Hilf/Nettesheim (Hrsg.), Das Recht der EU, 48. EL, 2012, Art. 302 AEUV, Rn. 13.

597 Vgl. *Burgi*, in: Streinz (Hrsg.), EUV/AEUV, 2. Aufl. 2012, Art. 259 AEUV, Rn. 2; *Kotzur*, in: Grabitz/Hilf/Nettesheim (Hrsg.), Das Recht der EU, 40. EL, 2009, Art. 259 EGV a.F., Rn. 6; *Vierlich-Jürcke*, Der Wirtschafts- und Sozialausschuss der Europäischen Gemeinschaften, 1998, S. 33.

Rechtsetzungsverfahren aber weit hinter denen der Sozialpartner im Sozialen Dialog zurück bleiben, kommt ihm hier eine andere Relevanz und Dringlichkeit zu. Auch ist das Europäische Parlament im ordentlichen Legislativverfahren unter Beteiligung des WSA nicht derart ausgeschaltet, dass die zivilgesellschaftlichen Organisationen dessen Mitwirkung vollständig substituieren müssen. Vielmehr sollen sie (lediglich) einen Ausgleich seiner grundsätzlichen strukturellen Schwäche bewirken.

Die Tatsache, dass als Anhaltspunkt die bisherige Praxis im WSA dienen kann, ist vergleichbar mit der Auslegung des Repräsentativitätskriteriums im Sozialen Dialog. Auch an dieser Stelle der Arbeit gilt es festzuhalten, dass diese Praxis nicht zur Perpetuierung der Zusammensetzung führen und das Merkmal nicht als einziger Faktor zur Bestimmung der Repräsentativität dienen darf. Im Sozialen Dialog bildet das EuG zur Bestimmung des Merkmals „Repräsentativität" darüber hinaus zwei Vergleichsgruppen: die tatsächlich beteiligten und die nicht beteiligten Organisationen.

Während es je nach Sozialpartnervereinbarung und je nach Phase ihres Erlasses beziehungsweise ihrer Durchführung im Sozialen Dialog aber unterschiedliche Organisationen sein können, die zur Mitwirkung berufen sind, ist die Zusammensetzung des WSA in einer Legislaturperiode (fünf Jahre, vgl. Art. 302 Abs. 1 S. 1 EUV) aber statisch. Die einzelnen Faktoren, die das EuG bei seinem Vergleich im Sozialen Dialog berücksichtigt hat, könnten dennoch bei der Zusammensetzung des WSA eine Rolle spielen. Das sind namentlich die allgemeine oder spezifische Bestimmung einer Organisation, die Anzahl der von ihr vertretenen Mitglieder und ihre wirtschaftliche Bedeutung. Außerdem prüft das EuG, ob eine besondere Gruppe von Unternehmen überhaupt nicht vertreten ist. Diese Faktoren sind auch bei der Besetzung des WSA zu beachten. Ob eine Vereinbarung für eine nicht beteiligte Organisation nachteilige Regelungen beinhaltet, etwa finanzielle oder rechtliche Zwänge auferlegt, kann für den WSA wegen seiner vergleichsweise statischen Zusammensetzung allerdings nicht entscheidend sein.

2. *Einbindung in die legislative Tätigkeit der EU*

Nachdem die demokratische Legitimation der Zusammensetzung des WSA mit dem Schlagwort der „Repräsentativität" untersucht wurde, wendet sich die vorliegende Arbeit nunmehr der Frage nach der Legitimation der unter Mitwirkung des WSA erlassenen Rechtsakte selbst zu.

a. Staatliche Kategorien

Bezweifelt wird die demokratische Legitimation des WSA vor allem von jenen, die seine Tätigkeit an nationalstaatlichen Kriterien messen möchten. Da die organisatorisch-personelle Komponente der staatlichen Demokratietheorie eine auf das Volk zurück zu führende, ununterbrochene Legitimationskette verlangt, wird insbesondere die Tatsache, dass der WSA nicht aus gewählten Repräsentanten besteht, kritisiert.[598] Als Institution des Korporatismus repräsentiere er nicht die Allgemeinheit und bringe das erforderliche Maß an demokratischer Legitimation weder unmittelbar (wie das Europäische Parlament) noch mittelbar (wie Ministerrat und Kommission) auf.[599]

Selbst wenn man annimmt, dass mangelnde organisatorisch-personelle Legitimation grundsätzlich durch eine gestärkte sachlich-inhaltliche Komponente substituiert werden kann, ist diese Voraussetzung beim WSA nicht gegeben. Denn seine Mitglieder werden von den nationalen Regierungen nach zum Teil gesetzlich nicht geregelten Verfahren nominiert und dann vom Ministerrat ernannt. Der sachlich-inhaltliche Aspekt (staatsrechtlicher) demokratischer Legitimation verlangt aber, dass eine gesetzgebende Entscheidung auch ihrem Inhalt nach vom Volk und seinem Willen hergeleitet wird, was durch das Gesetzgebungsrecht des Parlaments und durch die mittels regelmäßiger Wahlen hergestellte Verantwortlichkeit gegenüber dem Volk geschehen kann.

Kritik an diesem staatsrechtlichen Maßstab ist in zweierlei Hinsicht zu üben. Zunächst muss ein weiteres Mal betont werden, dass die im staatlichen Kontext geltenden Prämissen nicht unmodifiziert auf die Europäische Union und ihre Herrschaftsweise übertragen werden können. Die aus dem nationalen Staatsrecht bekannten Kategorien können hilfsweise herangezogen, aber keineswegs als einzige Methode zur Untersuchung der EU verwendet werden. Wie bereits erläutert, ist Kerngehalt von Demokratie die Rückbindung von Entscheidungen an die Normunterworfenen. Dieser Zurechnungszusammenhang muss auf europäischer Ebene nicht in gleicher Weise wie auf nationalstaatlicher hergestellt werden.[600]

Zudem ist es nicht der WSA allein, der verbindliche Entscheidungen trifft. Seine Mitwirkung an den Legislativvorhaben der EU besteht in der Abgabe unverbindlicher Stellungnahmen und ist somit gegenüber derjenigen der Unionsorgane Kommission, Ministerrat und Parlament nicht nur zeitlich, sondern auch

598 So auch *Siebeke*, Institutionalisierte Interessenvertretungen in der EU, 1996, S. 59.

599 Vgl. *Vierlich-Jürcke*, Der Wirtschafts- und Sozialausschuss der Europäischen Gemeinschaften, 1998, S. 281 ff.

600 Kapitel 1, C. I. der vorliegenden Arbeit.

qualitativ nachrangig. Dementsprechend muss durch das besondere Zusammenwirken *aller* Institutionen ein hinreichendes Maß demokratischer Legitimation erreicht werden. Dies gilt hier in noch stärkerem Maße als im Sozialen Dialog, gerade weil dem WSA weitaus geringere Mitwirkungsbefugnisse eingeräumt sind.

b. Input- und Output-Legitimation

In *Scharpfs* Theorie der Input- und Output-Legitimation begegnet die demokratische Legitimation des WSA unter *Input*-Gesichtspunkten der Schwierigkeit, dass (noch) keine kollektive Identität der europäischen Bürger existiert. Die *Output*-Perspektive dagegen erlaubt die Berücksichtigung einer größeren Zahl legitimierender Mechanismen und ermöglicht Legitimation durch zivilgesellschaftliche Partizipation. Die Mitwirkung des WSA kann unter Output-Gesichtspunkten demokratisch legitimiert werden, wenn sie sachliche Qualität und die Fähigkeit zur Lösung von Problemen, die kollektiver Lösungen bedürfen, gewährleistet. Da der Sachverstand der Mitglieder des WSA die Qualität und Praktikabilität der Gesetzesvorhaben erhöhen kann, ist seine Mitwirkung *output-legitimiert.*

c. Dreispurige Legitimation

Da der WSA allein kein Recht setzen kann, muss das *gesamte* Gesetzgebungsverfahren betrachtet werden. Hierbei soll abermals das Modell der dreispurigen Legitimation angewendet werden.

aa. Nationale Parlamente und Europäisches Parlament

Die geschwächte mittelbare demokratische Legitimation von Ministerrat (und Kommission) kann im Hinblick auf die ergänzende demokratische Legitimation durch das Europäische Parlament hingenommen werden. Dem kommt zwar als unmittelbar von den Unionsbürgern gewähltes und originär europäisches Vertretungsorgan eine besondere Rolle bei der Legitimationsvermittlung zu, doch auch seine durch regelmäßige Wahlen hergestellte Verantwortlichkeit gegenüber den Bürgern ist in mehrerlei Hinsicht durchbrochen (Grundsatz der Wahlgleichheit). Ohne die zusätzliche Einbindung zivilgesellschaftlicher Gruppen könnte kein ausreichendes Maß demokratischer Legitimation erreicht werden.[601]

bb. Zivilgesellschaftliche Akteure

Im hier entwickelten Modell der dreispurigen Legitimation kann die zusätzliche Einbindung von zivilgesellschaftlichen Akteuren das Niveau demokratischer Legitimation in der EU erhöhen. Diese Aufgabe kommt den Mitgliedern des

601 Kapitel 1, C. V. der vorliegenden Arbeit.

WSA als zivilgesellschaftlichen Akteuren zu. Da dem WSA aber nur (sehr) beschränkte Mitwirkungsbefugnisse zukommen, geht es hier – anders als im Sozialen Dialog – nicht darum, das Europäische Parlament (vollständig) zu substituieren.

Von vielen wird das Potential des WSA betont, das in der EU bestehende Demokratiedefizit auszugleichen.[602] Die Möglichkeit der wirtschaftlichen und sozialen Gruppen, sich im WSA zu Gesetzesvorhaben zu äußern, bewirke einen Ausgleich der fehlenden Rechte des Europäischen Parlaments. Zugleich verkürze es den Abstand zwischen den Unionsorganen und den Bürgern der Mitgliedstaaten.[603] Auch die WSA-Mitglieder selbst sehen sich als Sprecher der öffentlichen Meinung Europas[604] und haben sich zum Ziel die „Umsetzung einer partizipativen Demokratiemodells in Europa und der übrigen Welt als Ergänzung zur repräsentativen Demokratie“[605] gesetzt. Bereits in der wirtschaftlich geprägten und demokratisch nur schwach legitimierten EWG gab es Bestrebungen, die betroffenen Wirtschaftssubjekte beratend an Rechtsetzungsakten zu beteiligen, um so anderweitige Legitimationsdefizite zu kompensieren.[606]

Hier kommt der durchaus zutreffende Gedanke zum Ausdruck, dass zusätzliche Akteure als „Legitimationsverschaffer“ fungieren können. Dieser Gedanke steht im Einklang mit neueren Entwicklungen im Völkerrecht, dass auch NGOs (partielle) Völkerrechtsfähigkeit zukommt. Beispielsweise kann der

---

602 *Vierlich-Jürcke*, Der Wirtschafts- und Sozialausschuss der Europäischen Gemeinschaften, 1998, S. 310; *Siebeke*, Institutionalisierte Interessenvertretungen in der EU, 1996, S. 62; *Jaeckel*, in: Grabitz/Hilf/Nettesheim (Hrsg.), Das Recht der EU, 48. Aufl. 2012, Art. 304 AEUV, Rn. 2; auch *Kotzur*, in: Grabitz/Hilf/Nettesheim (Hrsg.), Das Recht der EU, 40. EL, Art. 257 EGV a.F., Rn. 6; jetzt kritisch: *Kaufmann-Bühler*, in: Lenz/Borchardt (Hrsg.), EU-Verträge, 6. Aufl. 2013, Art. 300 AEUV, Nr. 18.

603 *Siebeke*, Institutionalisierte Interessenvertretungen in der EU, 1996, S. 62.

604 Stellungnahme des WSA zu den Anträgen auf Aufnahme Griechenlands, Portugals und Spaniens in die EG, ABl. Nr. C 247 S. 24 (26), v. 01.10.1979.

605 *Europäischer Wirtschafts- und Sozialausschuss*, Zehn Fragen und Antworten zum EWSA.

606 *Kotzur*, in: Grabitz/Hilf/Nettesheim (Hrsg.), Das Recht der EU, 40. EL, 2009, Art. 257 EGV a.F., Rn. 6; vgl. auch *Jaeckel*, in: Grabitz/Hilf/Nettesheim (Hrsg.), Das Recht der EU, 48. EL, 2012, Art. 304 AEUV, Rn. 2; *Smismans*, Law, Legitimacy and European Governance: Functional Participation in Social Regulation, 2004, S. 124 f; *ders.*, An Economic and Social Committee for the Citizen, or a Citizen for the European and Social Committee?, EPL 5 (1999), 557 (559); vgl. auch *Suhr*, in: Calliess/Ruffert (Hrsg.), EUV/AEUV, 4. Aufl. 2011, Art. 300 AEUV, Rn. 5; *Ruffert*, in: Calliess/Ruffert (Hrsg.), EUV/AEUV, 2011, Art. 11 EUV, Rn. 1 ff.

Wirtschafts- und Sozialrat (= Economic and Social Council, ECOSOC) gem. Art. 71 UN-Charta mit NGOs Abmachungen treffen. Auch haben die meisten UN-Sonderorganisationen zahlreichen NGOs Konsultativstatus verliehen.[607] Der WSA soll für eine neue Form der Verantwortungsteilung zwischen Staat und Gesellschaft stehen und der Unionsbürger als *citoyen* idealiter zum mitgestaltenden Akteur der Unionspolitik werden.[608] In der Praxis ist es aber wohl so, dass eine generelle Europaskepsis und zunehmende Politikverdrossenheit manche Politikverweigerung bedingen.

Dennoch hilft der WSA dabei, die in den jeweils betroffenen Teilen der europäischen Zivilgesellschaft vorhandenen Potentiale wie Sachkompetenz, Praxisbezug und Bürgernähe zu erfassen, zu strukturieren und in den politischen Willensbildungsprozess aufzunehmen.[609] Indem er Vertreter von Gruppen beteiligt, in denen sich Bürger zur Verfolgung spezifischer, selbst gewählter Interessen zusammengefunden haben, verkürzt der WSA den Abstand zwischen den Unionsorganen und den Bürgern jenseits von parteipolitischem Engagement und erkennt die Mitwirkung von Verbänden an Gesetzgebungsvorhaben der EU offiziell an.[610] Hiermit kann einerseits ihr Sachverstand für die EU genutzt werden, andererseits lassen sich erhöhte Akzeptanz und Unterstützung für den europäischen Integrationsprozess erreichen. Der WSA informiert die in ihm vertretenen Verbände über neue Gesetzesvorhaben der EU und erleichtert somit die Information und Konsultation der Verbandsmitglieder. Es werden aber nicht nur bereits bestehende nationale Verbände einbezogen, die Existenz des WSA trägt auch zur Entstehung einer übernationalen europäischen Verbandsebene und damit einer originär europäischen Zivilgesellschaft bei.[611] Das Ziel, die EU

607 *Vitzthum,* in Graf Vitzthum (Hrsg.), Völkerrecht, 5. Aufl. 2010, S. 13 f.

608 *Blanke,* in: Grabitz/Hilf/Nettesheim (Hrsg.), Das Recht der EU, 48. EL, 2012, Art. 300, Rn. 33; *Kotzur,* in: Grabitz/Hilf/Nettesheim (Hrsg.), Das Recht der EU, 40. EL, 2009, Art. 257 EGV a.F., Rn. 33.

609 *Siebeke,* in: vdGroeben/Schwarze (Hrsg.), 6. Aufl. 2003, Art. 262 EGV a.F., Rn. 17; *Hönle/Sichert,* in: Schwarze (Hrsg.), EU-Kommentar, 2012; vgl. auch *Burgi/Hölbling,* in: Streinz (Hrsg.), EUV/AEUV, 2. Aufl. 2012, Art. 300 AEUV, Rn. 9.

610 *Siebeke,* in: vdGroeben/Schwarze (Hrsg.), 6. Aufl. 2003, Art. 262 EGV a.F., Rn. 17; *Hönle/Sichert,* in: Schwarze (Hrsg.), EU-Kommentar, 2012, Art. 300 AEUV, Rn. 11 f; vgl. auch *Suhr,* in: Calliess/Ruffert (Hrsg.), EUV/AEUV, 4. Aufl. 2011, Art. 300 AEUV, Rn. 4.

611 *Oppermann/Classen/Nettesheim,* Europarecht, 5. Aufl., 2011, S. 73, Rn. 11; vgl. auch *Siebeke,* in: vdGroeben/Schwarze (Hrsg.), EUV/EGV, 6. Aufl. 2003, Vor Art. 257–262 EGV a.F., Rn. 17; *Suhr,* in: Calliess/Ruffert (Hrsg.), EUV/AEUV, Art. 300 AEUV, Rn. 15; *Burgi/Hölbling,* in: Streinz (Hrsg.), EUV/AEUV (Hrsg.), 2. Aufl.

bürgernäher zu gestalten und ihre Gesetzgebung und Politik an den Bedürfnissen der Bürgerinnen und Bürger auszurichten, wird so befördert. Dabei sorgt die Institutionalisierung der Mitwirkung von Verbänden an Gesetzgebungsvorhaben der EU für eine stärkere Transparenz der Verbandseinflüsse und soll helfen, missbräuchlichem Lobbyismus vorzubeugen.[612]

3. *Fazit*

Die Fragen nach der demokratischen Legitimation der Zusammensetzung des WSA und seinem Beitrag zu (besserer) Legitimation von Legislativentscheidungen in der EU sind untrennbar miteinander verknüpft. Sie sind positiv zu beantworten, wenn die Repräsentativität des Ausschusses beachtet und gewahrt wird. Die Repräsentativität bezieht sich auf eine europäische gedachte Zivilgesellschaft. Wichtiger Anhaltspunkt ist stets die bisherige Zusammensetzung des Ausschusses, einzubeziehende Kriterien sind die Nationalität einer Organisation, ihre (allgemeine oder spezifische) Bestimmung, die Anzahl der von ihr vertretenen Mitglieder und ihre wirtschaftliche Bedeutung. Diesbezüglich trifft Ministerrat und Kommission eine Prüfungspflicht, die sie auch inhaltlich ausüben müssen. Ihre Entscheidung muss durch die europäische Gerichtsbarkeit kontrollierbar sein.

B. Entwicklung des sonstigen Zivilen Dialogs

Bis zum Vertrag von Lissabon war der Terminus „Ziviler Dialog“ nicht ausdrücklich im Primärrecht normiert, wurde aber bereits verwendet, um die vielfältigen Formen des Kontaktes der europäischen Organe mit der organisierten Zivilgesellschaft, insbesondere mit Nichtregierungsorganisationen (NGOs) zu erfassen.

Zum Teil wird der Beginn des Zivilen Dialogs auf das „europäische Forum der Sozialpolitik“ zurückgeführt, das erstmals 1996 von der Kommission veranstaltet wurde, um Vertreter von Verbänden, nichtstaatlichen Organisationen, Sozialpartnern, Europäischen Institutionen und Mitgliedstaaten zusammenzuführen.[613] Erstmals in eben dieser Wortfolge erwähnt wurde der „Zivile Dialog“

2012, Art. 300 AEUV, Rn. 11; *Hönle/Sichert,* in: Schwarze (Hrsg.), EU-Kommentar, 3. Aufl. 2012, Art. 300 AEUV, Rn. 17.

612 Es ist streitig, inwiefern das gelungen ist; dazu *Siebeke*, in: vdGroeben/Schwarze (Hrsg.), 6. Aufl. 2003, Art. 262 EGV a.F., Rn. 17; *Vierlich-Jürcke,* Der Wirtschafts- und Sozialausschuss der Europäischen Gemeinschaften, 1998, S. 306 f.

613 Missverständlich insoweit *Schulte*, Das Europäische Sozialmodell im künftigen Europa, ZFSH/SGB 2001, S. 67 (74).

1999 in einer Initiativstellungnahme des WSA zum Thema „Die Rolle und der Beitrag der organisierten Zivilgesellschaft zum europäischen Einigungswerk“[614].

Die vorliegende Arbeit versteht, wie oben ausgeführt[615], auch die Aktivitäten des WSA als Bestandteil eines „Zivilen Dialogs“ auf Unionsebene. Darüber hinaus wird untersucht, welche zusätzlichen Möglichkeiten bürgerschaftlicher Partizipation das Unionsrecht eröffnet. Mit dem Vertrag von Lissabon ist dieser „übrige“ Zivile Dialog primärrechtlich festgeschrieben worden. Art. 11 EUV statuiert nun den Grundsatz der partizipativen Demokratie, wobei die Einbindung der Zivilgesellschaft und die Durchführung von Konsultationen in dessen Abs. 2 und 3 ausdrücklich vorgesehen sind. Im Folgenden wird zunächst die Entwicklung nachgezeichnet, die dieser primärrechtlichen Kodifizierung voran ging. Dann wird untersucht, welche Rahmenbedingungen die neuen Regelungen festlegen und wie diese inhaltlich auszufüllen sind. Angesichts ihrer Aktualität gibt es bisher kaum Praxis und wenig Literatur, die man zur Ausfüllung heranziehen könnte. Hier kann ein Vergleich mit den anderen Formen zivilgesellschaftlicher Partizipation helfen, Parallelen zu erkennen und Erkenntnisse zu übertragen.

I. Der Vertrag von Maastricht und die frühen 1990er Jahre

Ein ausdrücklicher Verweis auf die Zusammenarbeit mit „Wohlfahrtsverbänden“[616] fand sich schon in der ***Erklärung Nr. 23 zum Vertrag von Maastricht***[617]. Dort wurde nämlich betont, dass zur Erreichung der in Art. 117 EGV[618] genannten Ziele eine Zusammenarbeit mit den „Verbänden der Wohlfahrtspflege und den Stiftungen als Trägern sozialer Einrichtungen und Dienste von großer Bedeutung ist.“ Die Erklärung ging also von einer thematischen Eingrenzung auf den sozialen Bereich aus.

---

614 WSA, Die Rolle und der Beitrag der organisierten Zivilgesellschaft zum europäischen Einigungswerk, ABl. C 329, v. 17.11.1999, S. 30.

615 Kapitel 3, A.

616 Englisch: *charitable associations;* französisch: *associations de solidarité.*

617 ABl. Nr. C 191, Vertrag über die Europäische Union, v. 29.07.1992, Erklärung (Nr. 23) zur Zusammenarbeit mit den Wohlfahrtsverbänden.

618 *Artikel 117*: „Die Mitgliedstaaten sind sich über die Notwendigkeit einig, auf eine Verbesserung der Lebens- und Arbeitsbedingungen der Arbeitskräfte hinzuwirken und dadurch auf dem Wege des Fortschritts ihre Angleichung zu ermöglichen.
Sie sind der Auffassung, dass sich eine solche Entwicklung sowohl aus dem eine Abstimmung der Sozialordnungen begünstigenden Wirken des Gemeinsamen Marktes als auch aus den in diesem Vertrag vorgesehenen Verfahren sowie aus der Angleichung ihrer Rechts- und Verwaltungsvorschriften ergeben wird.“

Mit seiner Initiativstellungnahme zum Thema „***Europa der Bürger***“[619] wollte der WSA den Fokus auf die in Europa lebenden Menschen richten. Es galt, „das Demokratiedefizit auf europäischer Ebene zu überwinden [und] eine bürgernahe und soziale „Union“ zu schaffen“[620]. Als Empfehlung sprach der WSA aus, europäische Beschäftigungs- und Berufsbildungspolitiken „unter maßgeblicher Beteiligung der Sozialpartner (sozialer Dialog) und in zunehmendem Maße auch anderer Interessengruppen“[621] in den Mittelpunkt des unionsweiten Handelns zu stellen. Die „anderen Interessengruppen“ fanden also ausdrückliche Erwähnung und wurden in Bezug zum etablierten Sozialen Dialog gesetzt.

Interessengruppen allgemein wurden in der Mitteilung der Kommission „***Ein offener und strukturierter Dialog zwischen der Kommission und den Interessengruppen***“ vom 02. 12. 1992[622] angesprochen. Die Mitteilung lieferte Informationen zur Landschaft der zivilgesellschaftlichen Organisationen in Brüssel und formulierte als wichtigen Schritt, die Kontakte mit Interessengruppen zu strukturieren, etwa mittels eines Wohlverhaltenskodex.[623] Dabei war nur von einer „minimalen Struktur“[624] die Rede, ein „formelles Akkreditierungssystem“ wurde gänzlich abgelehnt.[625] Unterschieden wurde zwischen Organisationen ohne Erwerbszweck und solchen, die auf Erwerb ausgerichtet seien. Organisationen ohne Erwerbszweck umfassten „europäische, internationale und nationale Vereinigungen bzw. Verbände“[626], Beispiele für erwerbsorientierte Organisation seien Rechtsberater, PR-Firmen und Consultingunternehmen.[627] Ihre wichtigste

---

619 WSA, Die Rolle und der Beitrag der organisierten Zivilgesellschaft zum europäischen Einigungswerk, ABl. C 313, v. 30.11.1992, S. 30.

620 WSA, Die Rolle und der Beitrag der organisierten Zivilgesellschaft zum europäischen Einigungswerk, ABl. C 313, v. 30.11.1992, S. 34, Rn. 1.1.3.

621 WSA, Die Rolle und der Beitrag der organisierten Zivilgesellschaft zum europäischen Einigungswerk, ABl. C 313, v. 30.11.1992, S. 34, Rn. 2.1, 10.

622 KOM (93), Ein offener und strukturierter Dialog zwischen der Kommission und den Interessengruppen, ABl. C 63, v. 05.03.1993, S. 2.

623 KOM (93), Ein offener und strukturierter Dialog zwischen der Kommission und den Interessengruppen, ABl. C 63, v. 05.03.1993, S. 2.

624 KOM (93), Ein offener und strukturierter Dialog zwischen der Kommission und den Interessengruppen, ABl. C 63, v. 05.03.1993, S. 2.

625 KOM (93), Ein offener und strukturierter Dialog zwischen der Kommission und den Interessengruppen, ABl. C 63, v. 05.03.1993, S. 3.

626 KOM (93), Ein offener und strukturierter Dialog zwischen der Kommission und den Interessengruppen, ABl. C 63, v. 05.03.1993, S. 2.

627 KOM (93), Ein offener und strukturierter Dialog zwischen der Kommission und den Interessengruppen, ABl. C 63, v. 05.03.1993, S. 2.

Aufgabe auf europäischer Ebene solle die Bereitstellung von Sachverstand, Informationen und Anregungen, insbesondere bezüglich technischer Vorschriften, sein.[628]

Die Dienststellen der Kommission hatten bereits Verzeichnisse der Handels-, Landwirtschafts-, Industrie- und sonstigen Verbände erstellt, also der nicht erwerbsorientierten Organisationen. Vorgeschlagen wurde, diese fragmentierten Informationen in einem Gesamtverzeichnis zu bündeln,[629] das sowohl von der Kommission und dem Europäischen Parlament, als auch von Außenstehenden genutzt werden konnte.[630] Besondere Rechte sollten mit der Aufnahme in das Verzeichnis aber nicht verbunden sein. Im Hinblick auf die erwerbsorientierten Lobbyorganisationen regte die Kommission an, dass diese ein eigenes Verzeichnis erstellten. Sie räumte aber zugleich Schwierigkeiten ein, über eine Aufnahme in das Verzeichnis zu entscheiden.

Die Kommission stellte ferner fest, dass sich in ihrer jahrelangen Praxis der Konsultation bestimmte Verhaltensgrundsätze herausgebildet haben, die in einem schriftlichen Verhaltenskodex niedergelegt werden sollen. Sie nahm Bezug auf eine Empfehlung des Europäischen Parlaments, das für die Vertretung von Interessengruppen ein Register, einen Verhaltenskodex, Rechte im Zusammenhang mit der Registrierung und ein Verfahren im Falle von Verstößen vorsah.[631] Leitprinzipien für den Umgang mit Interessenvertretern sollen Bürgernähe, Gleichbehandlung, klare Vertretungsverhältnisse, Offenheit und Einfachheit der Verfahren sein. Diese Grundsätze sollen gleichermaßen für nicht erwerbsorientierte Organisationen und erwerbsorientierte Gruppen (= Lobbies) gelten. Als Beispiele für erwerbsorientierte Lobbyorganisationen führte sie „Beratungsunternehmen, Rechtsberater, PR-Firmen und sonstige Privatunternehmen“[632] an. Die Kommission gab zu bedenken, dass es für sie selbst schwierig sei, „eine

---

628 KOM (93), Ein offener und strukturierter Dialog zwischen der Kommission und den Interessengruppen, ABl. C 63, v. 05.03.1993, S. 2.

629 Z.B. Name der Organisation, Anschrift/Telefon/Fax, Gründungsdatum, Rechtsstatus und Struktur, bevollmächtigte Vertreter, Mitgliedsorganisationen, Hauptziele; vgl. KOM (93), Ein offener und strukturierter Dialog zwischen der Kommission und den Interessengruppen, ABl. C 63, v. 05.03.1993, S. 3 f.

630 KOM (93), Ein offener und strukturierter Dialog zwischen der Kommission und den Interessengruppen, ABl. C 63, v. 05.03.1993, S. 3.

631 KOM (93), Ein offener und strukturierter Dialog zwischen der Kommission und den Interessengruppen, ABl. C 63, v. 05.03.1993, S. 2.

632 KOM (93), Ein offener und strukturierter Dialog zwischen der Kommission und den Interessengruppen, ABl. C 63, v. 05.03.1993, S. 3.

Unterscheidung zwischen denen, die in das Verzeichnis aufgenommen werden und denen, die nicht aufzunehmen sind, zu treffen“[633] und ermutigte speziell die erwerbsorientierten Gruppen, ein eigenes Register zu erstellen. Außerdem könne das geplante Register der Europäischen Kommission über Lobbies eine weitere wichtige Informationsquelle sein. Der Verhaltenskodex solle aber für „sowohl erwerbsorientierte Gruppen als auch Organisationen ohne Erwerbszweck“[634] gleichermaßen gelten.

Der Mitteilung der Kommission beigefügt war außerdem ein einseitiger Katalog mit Mindestanforderungen eines solchen Kodex' für die Beziehungen zwischen der Kommission und den Interessengruppen. Hier waren vor allem Regelungen hinsichtlich lauteren Verhaltens im Zusammenhang mit Informationen statuiert.[635]

Ein weiterer Anhang[636] stellte überblicksartig die rechtliche Behandlung von Interessengruppen in verschiedenen Staaten (Deutschland, Vereinigtes Königreich, Vereinigte Staaten, Kanada) und bei verschiedenen internationalen Institutionen (Europäisches Parlament, Vereinte Nationen) dar. Das Europäische Parlament vergebe beispielsweise Ausweise an Lobbyisten, mit denen diese die Gebäude betreten können.

II. Die späten 1990er Jahre

1. Gemeinnützige Vereine und Stiftungen

Am 20. 09. 1997 veröffentlichte die Kommission eine 95 Seiten lange Mitteilung über „Die (…) Rolle gemeinnütziger Vereine und Stiftungen in Europa“[637]. Zunächst betonte sie die Vielgestaltigkeit der ***gemeinnützigen Vereine.*** Auf den kleinsten gemeinsamen Nenner gebracht seien gemeinnützige Vereine „Gruppen von Personen, die zu einem bestimmten Zweck zusammengekommen sind.“[638]

633 KOM (93), Ein offener und strukturierter Dialog zwischen der Kommission und den Interessengruppen, ABl. C 63, v. 05.03.1993, S. 3.

634 KOM (93), Ein offener und strukturierter Dialog zwischen der Kommission und den Interessengruppen, ABl. C 63, v. 05.03.1993, S. 3.

635 Etwa keine Verbreitung von irreführenden Informationen, keine unehrliche Weise der Informationsbeschaffung, keine Veräußerung von Informationen.

636 KOM (93), Ein offener und strukturierter Dialog zwischen der Kommission und den Interessengruppen, ABl. C 63, v. 05.03.1993, S. 5 f.

637 KOM (1997) 241, Förderung der Rolle gemeinnütziger Vereine und Stiftungen in Europa, ABl. C 285, v. 20.09.1997.

638 KOM (1997) 241, Förderung der Rolle gemeinnütziger Vereine und Stiftungen in Europa, ABl. C 285, v. 20.09.1997, S. 1, Rn. 2.1.

Da mit einer derart allgemeinen Definition noch nicht viel erreicht war, bemühte sich die Kommission, weitere positive Merkmale zur Begriffsbestimmung zu finden. Folgende fünf Voraussetzungen sollen entscheidend sein:

(1) *Gewisser Grad an Formalität oder Institutionalität:* Es genüge wenn dieser rudimentär sei. Das Merkmal diene der Abgrenzung zu formlosen oder ad hoc gebildeten, rein privaten oder familiären Gruppierungen. (2) *Keine Gewinnerzielungsabsicht*: Der Zweck der Vereinigung dürfe nicht darin bestehen, Gewinne zu erwirtschaften und an ihre Führungskräfte oder Mitglieder auszuschütten. (3) *Unabhängigkeit*: Besonders wichtig sei die Unabhängigkeit von staatlichen Stellen. Diese sei gewährleistet, wenn die Vereinigungen Selbstbestimmung nach ihren eigenen Regeln und Verfahren ausüben. (4) *Uneigennützigkeit:* Dieses Merkmal hinge eng mit der fehlenden Gewinnerzielungsabsicht zusammen. Darüber hinaus sollen die Vorstandsmitglieder ihre Tätigkeit nicht zum Zwecke der persönlichen Bereicherung ausüben. (5) *Öffentlichkeit:* Die Tätigkeit der Vereine müsse zu einem gewissen Grad in der Öffentlichkeit stattfinden und zumindest teilweise auf das Gemeinwohl ausgerichtet sein. (6) *Negative Abgrenzung*: Ganz bewusst ausgeklammert würden politische Parteien, Religionsgemeinschaften sowie Gewerkschaften und Arbeitgeberverbände.[639]

Stiftungen definierte die Kommission als „Körperschaften mit eigenen finanziellen Mitteln, die nach eigenem Ermessen für dem Gemeinwohl dienende Vorhaben oder Tätigkeiten verwendet wurden." Sie sollen „vollkommen unabhängig von staatlichen Stellen" sein und „von eigenständigen Vorständen oder Treuhändern geführt"[640] werden.

Nachdem sie die wirtschaftliche Bedeutung des gemeinnützigen Sektors hervorgehoben hatte, ging die Mitteilung auf dessen soziale und politische Bedeutung ein. Betont wurde, dass gemeinnützige Vereine und Stiftungen die Bürger anregen können, „ihre staatsbürgerliche Verantwortung zu übernehmen"[641] und ein Bewusstsein der Europabürgerschaft zu entwickeln.[642] Sie können einen wesentlichen Beitrag zur Effektivität der repräsentativen Demokratie leisten, insbesondere durch ihre „Mittlerrolle beim Informations- und Meinungsaustausch

---

639 KOM (1997) 241, Förderung der Rolle gemeinnütziger Vereine und Stiftungen in Europa, ABl. C 285, v. 20.09.1997, S. 2, Rn. 2.5.

640 KOM (1997) 241, Förderung der Rolle gemeinnütziger Vereine und Stiftungen in Europa, ABl. C 285, v. 20.09.1997, S. 2, Rn. 3.1.

641 KOM (1997) 241, Förderung der Rolle gemeinnütziger Vereine und Stiftungen in Europa, ABl. C 285, v. 20.09.1997, S. 6, Rn. 8.1.

642 KOM (1997) 241, Förderung der Rolle gemeinnütziger Vereine und Stiftungen in Europa, ABl. C 285, v. 20.09.1997, S. 6, Rn. 8.1.

zwischen Staat und Bürger."[643] Gleichzeitig wurde vor den Gefahren einer „Ein-Punkt-Lobbyarbeit" gewarnt;[644] im Unterschied zu gewählten Volksvertretern seien gemeinnützige Vereine und Stiftungen meist weniger um einen Ausgleich konkurrierender Interessen bemüht, sondern treten oft ausschließlich für eine bestimmte Idee oder Personengruppe auf. Daher können sie laut Kommission nur als Ergänzung zu einer demokratisch gewählten Regierung fungieren.

2. *Wohlfahrtsverbände*

Eine Initiativstellungnahme des WSA zum Thema „***Zusammenarbeit mit den Wohlfahrtsverbänden*** als Wirtschafts- und Sozialpartner im sozialen Bereich" nahm ausdrücklich Bezug auf Erklärung Nr. 23.[645] Zunächst wurde beschrieben, wie sozial tätige Organisationen vor allem im Zuge der Industrialisierung des 19. Jahrhunderts gegründet wurden. Wohlfahrtsverbände wurden als Teil des „Dritten Sektors" verstanden, dessen Heterogenität der WSA betont.[646] Der Terminus „Wohlfahrtsverbände" sei grundsätzlich weit zu verstehen und schließe alle sozial tätigen Organisationen ein, „die auf Dauer angelegte und auf Nachhaltigkeit der Wirkung zielende Maßnahmen zugunsten der auf soziale Hilfen aller Art angewiesenen Personen durchführen"[647]. Zu beachten sei aber, „dass der Begriff der Wohlfahrtsverbände in allen Amtssprachen der EU eine eigene, der jeweiligen Sprachkultur gemäße Ausprägung gefunden"[648] habe. Die Mitteilung ging dagegen von einem europarechtlichen Begriff eigener Art aus.[649]

Der WSA stellte fest, dass es bisher in der Kommission keine „besonderen institutionellen Vorkehrungen"[650] gebe, die die Zusammenarbeit mit

---

643 KOM (1997) 241, Förderung der Rolle gemeinnütziger Vereine und Stiftungen in Europa, ABl. C 285, v. 20.09.1997, S. 6, Rn. 9.2.

644 KOM (1997) 241, Förderung der Rolle gemeinnütziger Vereine und Stiftungen in Europa, ABl. C 285, v. 20.09.1997, S. 6, Rn. 9.3.

645 WSA, Zusammenarbeit mit den Wohlfahrtsverbänden als Wirtschafts- und Sozialpartner im sozialen Bereich, CES 1398/97, v. 10.12.1997, S. 4, Rn. 2.2.

646 WSA, Zusammenarbeit mit den Wohlfahrtsverbänden als Wirtschafts- und Sozialpartner im sozialen Bereich, CES 1398/97, v. 10.12.1997, S. 1, Präambel.

647 WSA, Zusammenarbeit mit den Wohlfahrtsverbänden als Wirtschafts- und Sozialpartner im sozialen Bereich, CES 1398/97, v. 10.12.1997, S. 4, Rn. 2.2.

648 WSA, Zusammenarbeit mit den Wohlfahrtsverbänden als Wirtschafts- und Sozialpartner im sozialen Bereich, CES 1398/97, v. 10.12.1997, S. 5, Rn. 2.4.

649 WSA, Zusammenarbeit mit den Wohlfahrtsverbänden als Wirtschafts- und Sozialpartner im sozialen Bereich, CES 1398/97, v. 10.12.1997, S. 5, Rn. 2.4.

650 WSA, Zusammenarbeit mit den Wohlfahrtsverbänden als Wirtschafts- und Sozialpartner im sozialen Bereich, CES 1398/97, v. 10.12.1997, S. 6, Rn. 4.1.

Wohlfahrtsverbänden betreffen. Angesichts dessen schlug er vor, etwa die Generaldirektion V – „Beschäftigung, Arbeitsbeziehungen und soziale Angelegenheiten“ – damit zu beauftragen, die Zusammenarbeit mit den Wohlfahrtsverbänden zu koordinieren und weiter zu entwickeln.[651]

Anhang 2 der Stellungnahme enthielt „Statistische Angaben zur wirtschaftlichen Bedeutung der Wohlfahrtsverbände“[652]. Diese stützten sich auf Untersuchungen des John Hopkins Institute for Policy Studies[653] und betrafen Organisationen, die nicht gewinnorientiert, formell strukturiert und organisatorisch unabhängig vom Staat waren, eigenständig verwaltet wurden und keine Zwangsverbände darstellten.[654] Explizit ausgeschlossen wurden Organisationen mit primär religiösen oder primär politischen Zielsetzungen. Außerdem wurden die Organisationen anhand der International Classification of Non-Profit-Organizations (ICNPO) in zwölf Gruppen entsprechend ihrem Themenschwerpunkt eingeteilt.[655]

Anhang 2[656] erörterte, inwiefern die Erklärung Nr. 23 bisher verwirklicht wurde. Die Kommission habe ein „Europäisches Forum für Sozialpolitik“ angekündigt und im März 1996 durchgeführt. In diesem Rahmen sei abermals festgestellt worden, dass „die in der zivilen Gesellschaft tätigen kollektiven Akteure in den sozialpolitischen Entscheidungsprozess einbezogen werden“[657] sollen. Außerdem wurde berichtet, wie unter ausdrücklichem Bezug auf die Erklärung Nr. 23 der „Europäische Runde Tisch der Wohlfahrtsverbände“[658] 1992 gegründet wurde, und dass die sozial tätigen NGOs zwecks Vorbereitung des sozialpolitischen

---

651 WSA, Zusammenarbeit mit den Wohlfahrtsverbänden als Wirtschafts- und Sozialpartner im sozialen Bereich, CES 1398/97, v. 10.12.1997, S. 7, Rn. 4.2.

652 WSA, Zusammenarbeit mit den Wohlfahrtsverbänden als Wirtschafts- und Sozialpartner im sozialen Bereich, CES 1398/97, v. 10.12.1997, S. 9 ff.

653 *Salamon/Anheiner/Wojciech/ass.*, The Emerging Sector: A Statistical Supplement, The Johns Hopkins Institute for Policy Studies, Baltimore, 1996.

654 WSA, Zusammenarbeit mit den Wohlfahrtsverbänden als Wirtschafts- und Sozialpartner im sozialen Bereich, CES 1398/97, v. 10.12.1997, S. 9 f.

655 Kultur und Erholung; Bildung und Forschung; Gesundheitswesen; Soziale Dienste; Umwelt- und Naturschutz; Wohnungswesen und Beschäftigung; Vertretung von Bürger- und Verbraucherinteressen; Stiftungen sowie Spendenwesen und ehrenamtliche Arbeit ; Internationale Aktivitäten; Wirtschafts- und Berufsverbände, Gewerkschaften; Sonstiges.

656 WSA, Zusammenarbeit mit den Wohlfahrtsverbänden als Wirtschafts- und Sozialpartner im sozialen Bereich, CES 1398/97, v. 10.12.1997, S. 15 ff.

657 „Bericht der Weisen“, Teil V, Nr. 1, Brüssel 1995 – Februar 1996.

658 European Round Table of Charitable Social Welfare Associations – ETWelfare.

Forums 1996 eine „Platform of Social NGOs“ gebildet haben[659]. Systematisch unterschied die Stellungnahme zwischen sektoriell und intersektoriell (fachübergreifend) tätigen Zusammenschlüssen.[660]

3. *Die Förderung gemeinnütziger Vereine und Stiftungen*

Unmittelbaren Bezug auf die Mitteilung KOM (97) 241 nahm die Stellungnahme des WSA vom 30. 03. 1998[661]. Zunächst wurde der Inhalt des Kommissionsdokumentes zusammengefasst: Gemeinnützige Vereine und Stiftungen spielen eine wichtige Rolle und trugen „zu einer aktiven Beteiligung an der Gesellschaft und der Demokratie bei.“[662] Bezug genommen wurde auch auf die Stellungnahme des WSA „Zusammenarbeit mit den Wohlfahrtsverbänden“,[663] im Unterschied zu dieser solle das aktuelle Dokument aber „breiter angelegt [sein] und (...) die Tätigkeit von gemeinnützigen Vereinen und Stiftungen im allgemeinen“[664] behandeln. Ausgeklammert werden auch hier „politische Parteien, Religionsgemeinschaften und Sozialpartner“[665]. Dem Zusammenschluss von europäischen Bürgern in selbstgewählten Organisationen werden mehrere Funktionen zugeschrieben, insbesondere Mittlerfunktion, Vertrauensbildung, Bürgernähe und Diversität.

Der „Aufbau eines wirklichen Dialogs mit dem Bürger (...) parallel zum Sozialen Dialog mit den Sozialpartnern“[666] wurde als politisches Ziel formuliert.[667] Der WSA hielt den „Dialog mit gut eingeführten und repräsentativen

659 WSA, Zusammenarbeit mit den Wohlfahrtsverbänden als Wirtschafts- und Sozialpartner im sozialen Bereich, CES 1398/97, v. 10.12.1997.

660 Vgl. WSA, Zusammenarbeit mit den Wohlfahrtsverbänden als Wirtschafts- und Sozialpartner im sozialen Bereich, CES 1398/97, v. 10.12.1997, S. 17.

661 WSA, Die Förderung der Rolle gemeinnütziger Vereine und Stiftungen in Europa, ABl. C-95/99, v. 30.03.1998, S. 30.

662 WSA, Die Förderung der Rolle gemeinnütziger Vereine und Stiftungen in Europa, ABl. C-95/99, v. 30.03.1998, S. 30, Rn. 1.1.

663 WSA, Zusammenarbeit mit den Wohlfahrtsverbänden als Wirtschafts- und Sozialpartner im sozialen Bereich, CES 1398/97, v. 10.12.1997, S. 4, Rn. 2.2.

664 WSA, Die Förderung der Rolle gemeinnütziger Vereine und Stiftungen in Europa, ABl. C-95/99, v. 30.03.1998, S. 30, Rn. 1.2.

665 WSA, Die Förderung der Rolle gemeinnütziger Vereine und Stiftungen in Europa, ABl. C-95/99, v. 30.03.1998, S. 30, Rn. 1.1.

666 WSA, Die Förderung der Rolle gemeinnütziger Vereine und Stiftungen in Europa, ABl. C-95/99, v. 30.03.1998, S. 30, Rn. 1.2.

667 WSA, Die Förderung der Rolle gemeinnütziger Vereine und Stiftungen in Europa, ABl. C-95/99, v. 30.03.1998, S. 30, Rn. 9.3.

europäischen Netzstrukturen und Organisationen"[668] für wichtig. Dieser solle in vier verschiedenen Konstellationen stattfinden: zwischen zivilgesellschaftlichen Organisationen und wirtschaftlichen Interessenorganisationen (das wurde allerdings als Zusammenarbeit, nicht als Dialog tituliert und solle „z.B. in den Bereichen Umwelt, Kultur, Bildung, Gesundheitswesen und soziale Sicherung"[669] stattfinden), zwischen zivilgesellschaftlichen Organisationen selbst (auch hier „Zusammenarbeit")[670], zwischen zivilgesellschaftlichen Organisationen und der Kommission (hier „Dialog", sektorspezifisch)[671] sowie zwischen zivilgesellschaftlichen Organisationen und Sozialpartnern („Dialog")[672]. Interessant war die Erwähnung eines „freiwilligen" Sozialen Dialogs, der den Sozialen Dialog unter den Sozialpartnern im engeren Sinne um Organisationen der Solidarwirtschaft ergänzen könnte.

III. Die Jahrtausendwende und das Governance-Weißbuch

1. Der Beitrag der organisierten Zivilgesellschaft

Die Formulierung „Ziviler Dialog" tauchte erstmals explizit in einer Initiativstellungnahme des WSA vom 17. 11. 1999[673] auf. Hier wurde er als Oberbegriff für „die Rolle der organisierten Zivilgesellschaft auf Gemeinschaftsebene"[674] verwendet. Der WSA konstatierte, dass Organisationsdichte und Repräsentativitätsgrad der zivilgesellschaftlichen Vertretungen völlig unterschiedlich seien, der Bogen reiche „von ad hoc agierenden Lobbies bis zu hochorganisierten Vereinigungen."[675]

---

668 WSA, Die Förderung der Rolle gemeinnütziger Vereine und Stiftungen in Europa, ABl. C-95/99, v. 30.03.1998, S. 30, Rn. 7.3.

669 WSA, Die Förderung der Rolle gemeinnütziger Vereine und Stiftungen in Europa, ABl. C-95/99, v. 30.03.1998, S. 30, Rn. 6.2.

670 WSA, Die Förderung der Rolle gemeinnütziger Vereine und Stiftungen in Europa, ABl. C-95/99, v. 30.03.1998, S. 30, Rn. 6.3.

671 WSA, Die Förderung der Rolle gemeinnütziger Vereine und Stiftungen in Europa, ABl. C-95/99, v. 30.03.1998, S. 30, Rn. 7.3.

672 WSA, Die Förderung der Rolle gemeinnütziger Vereine und Stiftungen in Europa, ABl. C-95/99, v. 30.03.1998, S. 30, Rn. 7.5.

673 WSA, Die Rolle und der Beitrag der organisierten Zivilgesellschaft zum europäischen Einigungswerk, ABl. C 313, v. 30.11.1992, S. 30.

674 WSA, Die Rolle und der Beitrag der organisierten Zivilgesellschaft zum europäischen Einigungswerk, ABl. C 313, v. 30.11.1992, S. 30, Rn. 9.

675 WSA, Die Rolle und der Beitrag der organisierten Zivilgesellschaft zum europäischen Einigungswerk, ABl. C 313, v. 30.11.1992, S. 30, Rn. 9.1.

Wenn der sogenannte Zivile Dialog auch kaum näher konkretisiert wurde,[676] wurde er doch ins Verhältnis zum Sozialen Dialog gesetzt: Er stelle keine „Alternative oder Konkurrenz zum Sozialen Dialog“ dar, sondern müsse vielmehr „als notwendige Ergänzung (…) betrachtet werden, an dem die Sozialpartner (…) ebenso teilnehmen werden wie alle anderen zuständigen Akteure der organisierten Zivilgesellschaft“[677].

Als „Orte des Dialog“[678] stellte sich der WSA vor allem sich selbst in den Vordergrund, nannte unter Bezugnahme auf eine Mitteilung der Kommission[679] und auf den Bericht über das zweite Europäische Forum für Sozialpolitik 1998 aber auch die Kommission und das Europäische Parlament.

2. *Partnerschaftliche Zusammenarbeit mit den Nichtregierungsorganisationen*

Die wichtigsten Akteure der organisierten Zivilgesellschaft stellen NGOs dar. Im Diskussionspapier KOM (2000) 11 vom 18. 01. 2000 ging es um den „Ausbau der partnerschaftlichen Zusammenarbeit zwischen der Kommission und Nichtregierungsorganisationen“[680]. Die Kommission betonte die Schwierigkeit, „eine allgemeingültige Definition für den Begriff der ‚Nichtregierungsorganisation‘ festzulegen.“[681] Stattdessen stellte die Kommission einen Kriterienkatalog auf, der von einer Organisation erfüllt sein müsse, um als NGO anerkannt zu werden (kein Gewinnerzielung, Freiwilligkeit, gewisser Grad an Formalität und Satzung, uneingennützige Ziele, keine wirtschaftlichen oder beruflichen Interessen). Dabei orientierte sich die Kommission ausdrücklich an der Mitteilung „Förderung der Rolle gemeinnütziger Vereine und Stiftungen in Europa“ vom

---

676 Eine der wesentlichen inhaltlichen Aussagen lautet: „Der Zivile Dialog ist prädestiniert als Kommunikationsforum der organisierten Zivilgesellschaft auf Gemeinschaftsebene“; WSA, Die Rolle und der Beitrag der organisierten Zivilgesellschaft zum europäischen Einigungswerk, ABl. C 313, v. 30.1.1992, S. 0030, Rn. 9.4.

677 WSA, Die Rolle und der Beitrag der organisierten Zivilgesellschaft zum europäischen Einigungswerk, ABl. C 313, v. 30.11.1992, S. 30, Rn. 9.4.

678 WSA, Die Rolle und der Beitrag der organisierten Zivilgesellschaft zum europäischen Einigungswerk, ABl. C 313, v. 30.11.1992, S. 30, Rn. 9.7.

679 KOM (1997) 241, Förderung der Rolle gemeinnütziger Vereine und Stiftungen in Europa, ABl. C 285, v. 20.09.1997.

680 KOM (2000) 11 endg., Ausbau der partnerschaftlichen Zusammenarbeit zwischen der Kommission und den Nichtregierungsorganisationen, v. 18.01.2000.

681 KOM (2000) 11 endg., Ausbau der partnerschaftlichen Zusammenarbeit zwischen der Kommission und den Nichtregierungsorganisationen, v. 18.01.2000, S. 2.

Juni 1997 (KOM/97/0241). Im weiteren Sinne können auch Gewerkschaften und kommerzielle Organisationen als NGOs angesehen werden; im vorliegenden Diskussionspapier gehe es aber vorrangig um solche aus dem „Dritten Sektor“.[682] Die Kommission legte im Einzelnen dar, in welcher Form der Dialog mit den NGOs stattfand. Ihre Kontakte reichen von Ad-hoc-Treffen über einen Strukturierten Dialog bis hin zu institutionalisierter Konsultation.[683]

3. *Weißbuch Europäisches Regieren*

Am 25. 7. 2001 veröffentlichte die Europäische Kommission ihr viel beachtetes Weißbuch „Europäisches Regieren“ („European Governance“). Dieses Weißbuch hatte auch für die Frage nach der Beteiligung der Zivilgesellschaft große Relevanz. Vor dem Hintergrund einer deutlichen Kluft zwischen der Europäischen Union und ihren Bürgern[684], die sich unter anderem im Ausgang der irischen Volksbefragung zum Vertrag von Nizza manifestierte, wurden Wege gesucht, um die Arbeitsweise der EU-Institutionen in ihren Beziehungen zu den Mitgliedstaten und zu den Bürgerinnen und Bürgern zu verbessern. Dabei wurde vor allem der Zivilgesellschaft eine wichtige Rolle zugewiesen, es hieß sogar: „Das Weißbuch ist in erster Linie an sie gerichtet“[685].

a. Inhalt

Gutes Regieren beruhe auf den fünf Grundsätzen Offenheit, Partizipation, Verantwortlichkeit, Effektivität und Kohärenz.[686] Für den Zivilen Dialog bedeutsam war insbesondere der Grundsatz der Partizipation, dem zufolge verstärkte Teilhabe größeres Vertrauen in die Politik der europäischen Institutionen bewirkte.[687] Wiederholt wurde gefordert, „möglichst viele Akteure“ in die „Vorbereitung, Anwendung und Durchsetzung“ der Politiken einzubeziehen.[688] Diese

---

682 KOM (2000) 11 endg., Ausbau der partnerschaftlichen Zusammenarbeit zwischen der Kommission und den Nichtregierungsorganisationen, v. 18.01.2000, S. 3.

683 Vgl. KOM (2000) 11 endg., Ausbau der partnerschaftlichen Zusammenarbeit zwischen der Kommission und den Nichtregierungsorganisationen, v. 18.01.2000, S. 9 f.

684 KOM (2000) 11 endg., Ausbau der partnerschaftlichen Zusammenarbeit zwischen der Kommission und den Nichtregierungsorganisationen, v. 18.01.2000, S. 3; vgl. auch *Wägenbaur*, „European Governance“ - Ein Weißbuch der Kommission soll dazu beitragen, das Funktionieren der EU zu verbessern, ZRP 2001, S. 485.

685 KOM (2001) 428, Europäisches Regieren - ein Weissbuch, v. 25.07.2001, S. 4.

686 Vgl. KOM (2001) 428, Europäisches Regieren - ein Weissbuch, v. 25.07.2001, S. 13.

687 KOM (2001) 428, Europäisches Regieren - ein Weissbuch, v. 25.07.2001, S. 13.

688 KOM (2001) 428, Europäisches Regieren - ein Weissbuch, v. 25.07.2001, S. 14.

Forderung schien im Spannungsverhältnis zu stehen mit dem Anspruch, den Rechtsetzungsprozess der Union zu beschleunigen.[689] Der – optimistischen – Einschätzung der Kommission zufolge könne die zusätzlich für Konsultationen aufgewandte Zeit „zu besseren Rechtsvorschriften, die rascher verabschiedet werden und leichter anzuwenden und durchzusetzen sind"[690] führen, so dass es zu keinen Verzögerungen komme.

Wenn auch nicht der exakte Terminus des „Zivilen Dialogs" verwendet wurde, so sprach das Weißbuch doch immer wieder vom Dialog „mit den nationalen und europäischen Verbänden"[691], mit „nichtstaatlichen Akteuren"[692] und generell mit der „Zivilgesellschaft"[693]. Die Kommission forderte, dass das Verhältnis zur Zivilgesellschaft „interaktiver" gestaltet werden müsse.[694] Die Verantwortung hierfür sah sie primär bei den Mitgliedstaaten, stellte aber auch eigene Maßnahmen in Aussicht. Konkret plante sie, „Mindeststandards für Konsultationen zur Politik der EU" zu erarbeiten[695] sowie darüber hinausgehende „partnerschaftliche Vereinbarungen"[696] zu schließen, in denen sie sich zu zusätzlichen Konsultationen verpflichtete, während die konsultierten Organisationen „Offenheit und Repräsentativität garantier[t]en"[697]. Die Einbeziehung von Bürgern und Bürgerorganisationen solle zusätzlich durch aktivere Kommunikation mit der breiten Öffentlichkeit verbessert werden.[698] Beispielsweise wurde vorgeschlagen, EUR-LEX zu einem Online-Portal weiterzuentwickeln, mit dem politische Vorschläge während des gesamten Entscheidungsprozesses verfolgt werden können.

b. Einbindung von zivilgesellschaftlichen Organisationen

Der „Einbindung der Zivilgesellschaft" war ein eigener Abschnitt im Weißbuch der Kommission gewidmet.[699] Die Kommission nahm zunächst eine Definition vor, die allerdings keine abstrakten Merkmale bestimmte, sondern konkret die einzelnen Organisationsformen aufzählte: „Gewerkschaften und Arbeitgeberverbände

---

689 Vgl. KOM (2001) 428, Europäisches Regieren – ein Weissbuch, v. 25.07.2001, S. 5.
690 KOM (2001) 428, Europäisches Regieren – ein Weissbuch, v. 25.07.2001, S. 26.
691 KOM (2001) 428, Europäisches Regieren – ein Weissbuch, v. 25.07.2001, S. 5, 14, 18, 39.
692 KOM (2001) 428, Europäisches Regieren – ein Weissbuch, v. 25.07.2001, S. 6, 36.
693 KOM (2001) 428, Europäisches Regieren – ein Weissbuch, v. 25.07.2001, S. 42.
694 KOM (2001) 428, Europäisches Regieren – ein Weissbuch, v. 25.07.2001, S. 5.
695 Siehe dazu S. 145 der vorliegenden Arbeit.
696 KOM (2001) 428, Europäisches Regieren – ein Weissbuch, v. 25.07.2001, S. 5.
697 KOM (2001) 428, Europäisches Regieren – ein Weissbuch, v. 25.07.2001, S. 4.
698 KOM (2001) 428, Europäisches Regieren – ein Weissbuch, v. 25.07.2001, S. 15.
699 KOM (2001) 428, Europäisches Regieren – ein Weissbuch, v. 25.07.2001, S. 19–24.

(„Sozialpartner"), Nichtregierungsorganisationen, Berufsverbände, gemeinnützige Einrichtungen, gesellschaftliche Basisgruppen, Organisationen, über die sich die Bürger am lokalen und kommunalen Leben beteiligen, insbesondere Kirchen und Religionsgemeinschaften."[700] Damit schloss sie sich der Definition des WSA an. Die Rolle des WSA beurteilte die Kommission kritisch; insbesondere sei der Zeitpunkt seiner Konsultation (erst *nach* der Unterbreitung von Vorschlägen an die Legislative) zu hinterfragen.

Die Kommission wollte die Akteure der Zivilgesellschaft selbst zur Einhaltung der Grundsätze guten Regierens, insbesondere hinsichtlich Verantwortlichkeit und Offenheit, verpflichten.[701] Sie kündigte an, eine umfassende Online-Datenbank zu erstellen, die auch einen Anreiz zur Verbesserung der internen Organisation der Gruppierungen darstellen solle. Zudem solle ein Verhaltenskodex mit Mindeststandards für die Konsultation erarbeitet werden. Diese Standards sollen auch den repräsentativen Charakter der zivilgesellschaftlichen Organisationen befördern. Darüber hinaus wolle die Kommission in einigen Politikbereichen „weiterreichende Partnerschaften"[702] entwickeln, die eine Verpflichtung zur Konsultation begründen. Der Rat und das Europäische Parlament wurden aufgefordert, zur Entwicklung eines „allgemeinen Referenzrahmens" für Konsultationen externer Akteure beizutragen.[703] Auch mit nichtstaatlichen Interessengruppen aus Drittländern solle der Dialog intensiviert werden, wenn diese repräsentativ seien.[704]

c. Einbindung von Expertenwissen

Neben der Einbeziehung der organisierten Zivilgesellschaft solle verstärkt Expertenwissen von Wissenschaftlern und sonstigen Sachverständigen eingeholt werden.[705] Die Kommission bemängelte das „undurchsichtige System der EU-Sachverständigenausschüsse"[706] und kündigte die Erstellung von Leitlinien an.[707] Kritisch kündigte sie an, die Existenzberechtigung mancher Ausschüsse, „namentlich der Regelungs- und Verwaltungsausschüsse"[708] überprüfen zu wollen.

700 KOM (2001) 428, Europäisches Regieren – ein Weissbuch, v. 25.07.2001, S. 19, Rn. 9.
701 KOM (2001) 428, Europäisches Regieren – ein Weissbuch, v. 25.07.2001, S. 20.
702 KOM (2001) 428, Europäisches Regieren – ein Weissbuch, v. 25.07.2001, S. 22.
703 KOM (2001) 428, Europäisches Regieren – ein Weissbuch, v. 25.07.2001, S. 23.
704 KOM (2001) 428, Europäisches Regieren – ein Weissbuch, v. 25.07.2001, S. 6, 35.
705 KOM (2001) 428, Europäisches Regieren – ein Weissbuch, v. 25.07.2001, S. 6, 35 f.
706 KOM (2001) 428, Europäisches Regieren – ein Weissbuch, v. 25.07.2001, S. 25.
707 KOM (2001) 428, Europäisches Regieren – ein Weissbuch, v. 25.07.2001, S. 6.
708 KOM (2001) 428, Europäisches Regieren – ein Weissbuch, v. 25.07.2001, S. 40.

Die Kommission betonte, dass sie sich signifikant von den nationalen Regierungen unterscheide und daher auch ihre Politiken unterschiedlicher Art und Weise entwickeln, insbesondere sich „auf ein breites Spektrum von Akteuren stützen“[709] müsse.

4. *Stellungnahme des WSA*

Unter Betonung seiner Rolle als „institutioneller Vertreter der organisierten Zivilgesellschaft“[710] begrüßte der WSA das Weißbuch der Kommission. Er verwies auf seine Aktivitäten seit 1999 in Bezug auf die effektive Beteiligung der organisierten Zivilgesellschaft. Insbesondere erwähnte er die „Erste Konferenz der organisierten Zivilgesellschaft auf europäischer Ebene“ im Oktober 1999, „Shaping the strategy for a sustainable European Union: views from civil society and public authorities“ im April 2001 und die „Konferenz über die Rolle der organisierten Zivilgesellschaft bei der europäischen „Governance“ im November 2001.

Inhaltlich ergänzte der WSA die von der Kommission postulierten Grundsätze guten Regierens um das Subsidiaritätsprinzip, hinsichtlich dessen er zwischen „territorialen“ und „funktionalen“ Kriterien differenzierte.[711] Die am besten geeignete Ebene solle auch gemäß dem spezifischen Fachwissen bestimmt werden, das bei öffentlichen Stellen, Wirtschaft, Sozialpartnern und anderen Organisationen der Zivilgesellschaft vorhanden sei.[712] Dabei wolle sich der WSA als „Schnittstelle zwischen der territorialen und der funktionalen Subsidiarität“[713] positionieren.

Zur Verbesserung von Transparenz und Kommunikation auf europäischer Ebene sollen die zivilgesellschaftlichen Akteure in den Mitgliedstaaten einbezogen werden, indem der Informations- und Meinungsaustausch von der europäischen Ebene aus nachdrücklich gefördert werde.[714] Es sollen möglichst vielfältige

---

709 KOM (2001) 428, Europäisches Regieren – ein Weissbuch, v. 25.07.2001, S. 42.

710 CES 2002/357, Europäisches Regieren – ein Weissbuch, v. 20.02.2002, ABl. C 125/13, v. 27.05.2002, S. 61.

711 CES 2002/357, Europäisches Regieren – ein Weissbuch, v. 20.02.2002, ABl. C 125/13, v. 27.05.2002, S. 62 f.

712 CES 2002/357, Europäisches Regieren – ein Weissbuch, v. 20.02.2002, ABl. C 125/13, v. 27.05.2002, S. 63.

713 CES 2002/357, Europäisches Regieren – ein Weissbuch, v. 20.02.2002, ABl. C 125/13, v. 27.05.2002, S. 63.

714 CES 2002/357, Europäisches Regieren – ein Weissbuch, v. 20.02.2002, ABl. C 125/13, v. 27.05.2002, S. 63.

Kommunikationsformen genutzt werden, um einen interaktiven Dialog in allen Mitgliedstaaten anzustoßen.

Ein interessanter Aspekt, der vom WSA hervorgehoben wurde, ist die Bedeutung des Bildungswesens und von Organisationen der Zivilgesellschaft als Bildungsanbietern.[715] Außerdem betonte der WSA neben der Entwicklungspolitik die Rolle von NGOs „im Bereich des Umwelt-, Sozial- und Verbraucherschutzes, der Menschenrechte und der Kultur im weitesten Sinne"[716]. Hier fiel auch der Begriff des „Zivilen Dialogs"[717]. Wesentlich war die Forderung, qualitative und quantitative Kriterien hinsichtlich der Repräsentativität zu beteiligender Organisationen zu definieren. Unter Bezugnahme auf seine Stellungnahme vom 25. April 2001[718] zählte der WSA neun Kriterien auf, die eine europäische Organisation gewährleisten musste, um am zivilen Dialog teilnehmen zu können: 1. dauerhafte Organisation auf europäischer Ebene; 2. direkter Zugriff auf die Expertise ihrer Mitglieder zwecks rascher und konstruktiver Konsultationen; 3. Vertretung allgemeiner Anliegen, die den Interessen der europäischen Gesellschaft entsprachen; 4. Zusammensetzung aus Organisationen, die auf der Ebene des jeweiligen Mitgliedstaates als repräsentativ für die von ihnen vertretenen Interessen anerkannt waren; 5. Mitgliederorganisationen in der großen Mehrheit der Mitgliedstaaten der EU; 6. Rechenschaftspflicht gegenüber den Mitgliedern der Organisationen; 7. Mandat zur Vertretung und Handlung auf europäischer Ebene; 8. Unabhängigkeit und Weisungsungebundenheit von außen; 9. Transparenz, vor allem in finanzieller Hinsicht und in den Entscheidungsstrukturen. Vorbildcharakter sollen die Sozialpartner haben, die im Rahmen des Sozialen Dialogs über „paralegislative Kompetenzen" und einen „quasi-konstitutionellen Status"[719] verfügen. Anders als im Sozialen Dialog wolle der WSA aber im Rahmen eines auszubauenden Zivilen Dialogs eine Schlüsselrolle einnehmen.[720]

---

715 CES 2002/357, Europäisches Regieren – ein Weissbuch, v. 20.02.2002, ABl. C 125/13, v. 27.05.2002, S. 63.

716 CES 2002/357, Europäisches Regieren – ein Weissbuch, v. 20.02.2002, ABl. C 125/13, v. 27.05.2002, S. 63 f.

717 CES 2002/357, Europäisches Regieren – ein Weissbuch, v. 20.02.2002, ABl. C 125/13, v. 27.05.2002, S. 64.

718 CES 535/2001, Die organisierte Zivilgesellschaft und europäische Governance, v. 25.04.2001.

719 CES 2002/357, Europäisches Regieren – ein Weissbuch, v. 20.02.2002, ABl. C 125/13, v. 27.05.2002, S. 64.

720 CES 811/2000, Ausbau der partnerschaftlichen Zusammenarbeit zwischen der Kommission und Nichtregierungsorganisationen, Ziff. 5.1.3.

Der WSA wies auch darauf hin, dass der Zivile Dialog zur Schaffung eines öffentlichen Raums auf europäischer Ebene beitragen könne, der „eine Voraussetzung sine qua non für die europäische Identität“[721] war. Er betonte dennoch, dass in einer repräsentativen Demokratie, wie sie die Europäische Union darstelle, die Letztverantwortung für Rechtsvorschriften bei den offiziellen Institutionen verbleiben müsse, die verantwortlich für den Ausgleich zwischen Allgemeinwohl- und Partikularinteressen seien.[722] Denn andere konsultierte Organisationen neigen dazu, „ihr Partikularinteresse als Interesse der Allgemeinheit anzusehen“[723]. Auch erkannte der WSA den Widerspruch zwischen stärkerer Einbeziehung von zusätzlichen Akteuren in den europäischen Politikprozess und der Beschleunigung von Entscheidungsprozessen. Er sprach sich dennoch zugunsten stärkerer Einbeziehung aus.[724]

5. Allgemeine Grundsätze und Mindeststandards

Mit der Mitteilung vom 11. 12. 2002 kam die Kommission der von ihr im Governance-Weißbuch übernommenen Verpflichtung nach, einheitliche Standards für die Konsultation externer Akteure, insbesondere Interessengruppen, auszuarbeiten. Das Verfahren zur Verabschiedung dieser Standards, war seinerseits ein Beispiel für die Einbindung externer Stellungnahmen: Zunächst veröffentlichte die Kommission am 05. 06. 2002 einen „Vorschlag für allgemeine Grundsätze und Mindeststandards für die Konsultation betroffener Parteien durch die Kommission“[725]. Daraufhin gingen insgesamt 88 schriftliche Beiträge u. a. von Regierungen, Sozialpartnern, anderen europäischen und internationalen NGOs per E-Mail oder Post bei der Kommission ein[726], die auf einer Internetseite

721 CES 2002/357, Europäisches Regieren – ein Weissbuch, v. 20.02.2002, ABl. C 125/13, v. 27.05.2002, S. 64.

722 CES 2002/357, Europäisches Regieren – ein Weissbuch, v. 20.02.2002, ABl. C 125/13, v. 27.05.2002, S. 65.

723 CES 2002/357, Europäisches Regieren – ein Weissbuch, v. 20.02.2002, ABl. C 125/13, v. 27.05.2002, S. 67.

724 CES 2002/357, Europäisches Regieren – ein Weissbuch, v. 20.02.2002, ABl. C 125/13, v. 27.05.2002, S. 65.

725 KOM (2002) 277 endg., Hin zu einer verstärkten Kultur der Konsultation und des Dialogs – Vorschlag für allgemeine Grundsätze und Mindeststandards für die Konsultation betroffener Parteien durch die Kommission, v. 05.06.2002.

726 KOM (2002) 704 endg., Hin zu einer verstärkten Kultur der Konsultation und des Dialogs – Allgemeine Grundsätze und Mindeststandards für die Konsultation betroffener Parteien durch die Kommission, v. 11.12.2002; *König*, Dialog mit den Nichtregierungsorganisationen, EuR 2004, S. 132 (138).

veröffentlicht wurden.[727] Nach Auswertung der Kommentare durch die Kommission verabschiedete diese die Grundsätze und Mindeststandards im Dezember 2002 endgültig.

Dennoch ist festzuhalten, dass diese Standards rechtlich nicht verbindlich waren, sondern lediglich eine politische Absichtserklärung darstellten. Dies ist auf einige Kritik gestoßen.[728] Die Kommission rechtfertigte ihre Entscheidung damit, dass klar unterschieden werden müsse zwischen dem formellen Entscheidungsverfahren entsprechend dem europäischen Primärrecht und den vorgeschalteten unverbindlichen Konsultationen.[729] Sie erklärte aber, dass sie sich selbst als an die von ihr verabschiedeten Grundsätze und Mindeststandards gebunden betrachte und diese auch in ihren Dienststellen durchsetzen wolle.[730]

Der Anwendungsbereich der allgemeinen Grundsätze und Mindeststandards sollen „größere politische Initiativen" sein. Darunter verstand die Kommission in erster Linie solche Initiativen, die einer ausführlichen Wirkungsanalyse unterlagen. Das war etwa der Fall, wenn ein Vorhaben wesentliche ökonomische, umweltpolitische oder gesellschaftliche Auswirkungen auf einen bestimmten Sektor oder wichtige betroffene Parteien habe.[731] „Konsultation" bezeichne einen Prozess, in dessen Rahmen die Kommission die betroffenen externen Parteien vor einem Beschluss, insbesondere einer Gesetzesinitiative, in die Politikgestaltung einbeziehe.[732] Sie finden in beinahe allen Politikbereichen statt und erfolgen bisher ohne einheitliches Konzept aller Dienststellen.[733] Als mögliche Gesprächspartner zählte sie „Vertreter regionaler und kommunaler Gebietskörperschaften, Organisationen der Zivilgesellschaft, Unternehmen und

727 Diese Seite ist nicht mehr verfügbar. Vormals war sie erreichbar unter http://ec.europa.eu/dgs/secretariat_general/sgc/consultation/index_de.htm [letzter Zugriff 01.06.2010].

728 Siehe dazu *König*, Dialog mit den Nichtregierungsorganisationen, EuR 2004, S. 132 (138).

729 KOM (2002) 704 endg., Hin zu einer verstärkten Kultur der Konsultation und des Dialogs – Allgemeine Grundsätze und Mindeststandards für die Konsultation betroffener Parteien durch die Kommission, v. 11.12.2002, S. 9.

730 KOM (2002) 704 endg., Hin zu einer verstärkten Kultur der Konsultation und des Dialogs – Allgemeine Grundsätze und Mindeststandards für die Konsultation betroffener Parteien durch die Kommission, v. 11.12.2002, S. 10.

731 Vgl. *König*, Dialog mit den Nichtregierungsorganisationen, EuR 2004, S. 132 (139).

732 *König*, Dialog mit den Nichtregierungsorganisationen, EuR 2004, S. 132 (139).

733 KOM (2002) 704 endg., Hin zu einer verstärkten Kultur der Konsultation und des Dialogs – Allgemeine Grundsätze und Mindeststandards für die Konsultation betroffener Parteien durch die Kommission, v. 11.12.2002, S. 3.

Unternehmensverbände, einzelne betroffene Bürger, Wissenschaftler oder Sachverständige sowie betroffene Parteien in Drittländern"[734] auf. Der organisierten Zivilgesellschaft schrieb die Kommission eine „besondere Rolle"[735] zu: Sie ermögliche einen umfassenden politischen Dialog und sei eng verknüpft mit der Vereinigungsfreiheit gem. Art. 12 EU-Grundrechtecharta.[736] Die Kommission erkannte aber auch, dass es „keine gemeinsame oder gar rechtliche Definition des Begriffs ‚organisierte Zivilgesellschaft'"[737] gab und stützte sich auf das vom WSA entwickelte Enumerativprinzip.[738]

Die Zielgruppen für Konsultationen unterschieden sich nach dem Inhalt einer geplanten Maßnahme. Es sollen diejenigen einbezogen werden, die von der Maßnahme betroffen waren oder ein unmittelbares Interesse an ihr hatten. Es sollen auch Gruppen berücksichtigt werden, auf deren Aktionsfelder (beispielsweise Umwelt- oder Verbraucherschutz) sich die geplante Regelung auswirken könne. Dabei müsse die Kommission auf eine gewisse Ausgewogenheit zwischen den Vertretern verschiedener gesellschaftlicher Gruppen achten.[739] Die Kommission sagte aber nicht, wie ein „rechtmäßiges Interesse" nachgewiesen werden könne und welche weiteren Voraussetzungen eine Organisation erfüllen müsse, um konsultiert zu werden. Das zu regeln blieb den jeweiligen Mitgliedstaaten überlassen.[740]

In der Mitteilung wurde auch die Datenbank ***CONECCS***[741] (Consultation, the European Commission and Civil Society) beschrieben. Diese stelle freiwillige

---

734 KOM (2002) 704 endg., Hin zu einer verstärkten Kultur der Konsultation und des Dialogs – Allgemeine Grundsätze und Mindeststandards für die Konsultation betroffener Parteien durch die Kommission, v. 11.12.2002, S. 4.

735 KOM (2002) 704 endg., Hin zu einer verstärkten Kultur der Konsultation und des Dialogs – Allgemeine Grundsätze und Mindeststandards für die Konsultation betroffener Parteien durch die Kommission, v. 11.12.2002, S. 5.

736 Charta der Grundrechte der Europäischen Union, ABl. Nr. C 364/1, v. 18.12.2000.

737 KOM (2002) 704 endg., Hin zu einer verstärkten Kultur der Konsultation und des Dialogs – Allgemeine Grundsätze und Mindeststandards für die Konsultation betroffener Parteien durch die Kommission, v. 11.12.2002, S. 6.

738 Vgl. WSA, Die Rolle und der Beitrag der organisierten Zivilgesellschaft zum europäischen Einigungswerk, ABl. C 329 vom 17.11.1999, S. 0030.

739 Die Kontakte der europäischen Organe mit den gesellschaftlichen Gruppierungen finden über das Europäische Parlament statt, über die im Primärrecht vorgesehenen institutionalisierten Beratungsgremien, aber auch als formlose direkte Kontakte.

740 *König*, Dialog mit den Nichtregierungsorganisationen, EuR 2004, S. 132 (143).

741 Diese Datenbank ist inzwischen geschlossen. Vormals war sie erreichbar unter http://ec.europa.eu/civil_society/coneccs/index.htm; [letzter Zugriff 12.03.2011].

Informationen über nicht gewinnorientierte Organisationen der Zivilgesellschaft auf europäischer Ebene, und über Konsultationsverfahren der Kommission, in denen die organisierte Zivilgesellschaft in förmlicher oder strukturierter Weise angehört wurde, bereit.[742] CONECCS ist mittlerweile durch ein neues Verzeichnis für Interessenvertreter abgelöst worden.[743] Bei der Auswahl der Beteiligten eines Konsultationsverfahrens unterschied die Kommission nicht mehr, wie noch im ursprünglichen Vorschlag vorgesehen, zwischen offenen und zielgerichteten Konsultationen[744], sondern hob ihr „einschließende[s] Konzept entsprechend dem Grundsatz des offenen Regierens“ [745] hervor. Dennoch wies sie auf die Bedeutung repräsentativer europäischer Organisationen hin, sowie auf die Auswahlkriterien, die der WSA für den Dialog mit der Zivilgesellschaft aufgestellt habe.[746] Dabei solle Repräsentativität nicht das einzige Auswahlkriterium darstellen.

Die Grundsätze, die die Kommission unter Bezugnahme auf ihr Weißbuch zum europäischen Regieren[747] nannte, waren Partizipation, Offenheit, Verantwortlichkeit, Effektivität und Kohärenz. Ihr Anwendungsbereich wurde durch die Definition von Konsultation als „Prozess (…), in dessen Rahmen die Kommission die betroffenen externen Parteien vor einem Beschluss durch die Kommission in die Politikgestaltung einbeziehen möchte“[748] bestimmt.

Ausgefüllt wurden die allgemeinen Grundsätze durch folgende ***Mindeststandards***[749]: eindeutiger Inhalt der Konsultationsverfahren; Parteien, die unmittelbares Interesse an einer Politik haben, müssten angemessen beteiligt werden; dabei sei auf eine Ausgewogenheit zwischen Interessenvertretern zu achten,

742 KOM (2002) 704 endg., Hin zu einer verstärkten Kultur der Konsultation und des Dialogs – Allgemeine Grundsätze und Mindeststandards für die Konsultation betroffener Parteien durch die Kommission, v. 11.12.2002, v. 11.12.2002, S. 7.

743 KOM (2001) 428 endg., Europäisches Regieren – ein Weissbuch, v. 25.07.2001.

744 KOM (2002) 704 endg., Hin zu einer verstärkten Kultur der Konsultation und des Dialogs – Allgemeine Grundsätze und Mindeststandards für die Konsultation betroffener Parteien durch die Kommission, v. 11.12.2002, S. 7; vgl. dazu *König*, Dialog mit den Nichtregierungsorganisationen, EuR 2004, S. 132 (140).

745 KOM (2002) 704 endg., Hin zu einer verstärkten Kultur der Konsultation und des Dialogs – Allgemeine Grundsätze und Mindeststandards für die Konsultation betroffener Parteien durch die Kommission, v. 11.12.2002, v. 11.12.2002, S. 11.

746 CES 357/2002, Stellungnahme des WSA zum Thema „Europäisches Regieren – Ein Weißbuch“, v. 20.03.2002.

747 KOM (2001) 428 endg., Europäisches Regieren – ein Weissbuch, v. 25.07.2001.

748 KOM (2001) 428 endg., Europäisches Regieren – ein Weissbuch, v. 25.07.2001, S. 15.

749 *König*, Dialog mit den Nichtregierungsorganisationen, EuR 2004, S. 132 (139).

gegebenenfalls seien sowohl soziale und wirtschaftliche Gremien, große und kleine Organisationen oder Unternehmen, Religionsgemeinschaften und besondere Zielgruppen (z.B. Frauen, ältere Menschen, Erwerbslose oder ethnische Minderheiten) anzuhören. Es könne auch erforderlich sein, nicht organisierte Interessengruppen zu konsultieren. Weitere Standards seien angemessene Veröffentlichung; angemessene Fristen für Konsultationen; Eingangsbestätigung und Feedback.

Zur Umsetzung der Grundsätze und Mindeststandards sah die Mitteilung einige Maßnahmen vor, die sich vor allem an die Mitarbeiter der Kommission richten: Es sollen Sensibilisierungs- und besondere Schulungsmaßnahmen durchgeführt werden, im Kommissions-Intranet solle eine praktische Anleitung zur Verfügung gestellt werden und ein „Helpdesk" mit einer Mailbox zur Beantwortung von Fragen der Bediensteten solle eingerichtet werden.[750]

6. *Einholung und Nutzung von Expertenwissen*

In der Mitteilung der Kommission vom 11. 12. 2002[751] wurden Grundsätze und Leitlinien zugunsten „eine[r] bessere[n] Wissensgrundlage für eine bessere Politik" formuliert. Auch Ausgangspunkt dieser Mitteilung war das Weißbuch über europäisches Regieren[752].

Die dargelegten Grundprinzipien sollen für den Fall angewendet werden, dass eine Dienststelle der Kommission Sachverständigenrat von außerhalb der Dienststelle einhole.[753] Damit fanden sie in personeller Hinsicht Anwendung auf Ad-hoc- sowie ständige Expertengruppen, externe Berater und Gremien (Einzelpersonen, Gruppen, Unternehmen), andere Dienststellen der Kommission und EU-Agenturen.[754] Vom Anwendungsbereich explizit ausgenommen waren das formelle Legislativverfahren und das Komitologieverfahren im engeren Sinne. Gelten sollen die Grundprinzipien in allen anderen Phasen des politischen Entscheidungsprozesses, von der anfänglichen Prüfung des „Ob" bis

750 KOM (2001) 704 endg., Hin zu einer verstärkten Kultur der Konsultation und des Dialogs – Allgemeine Grundsätze und Mindeststandards für die Konsultation betroffener Parteien durch die Kommission, v. 11.12.2002, S. 13.

751 KOM (2002) 713, Eine bessere Wissensgrundlage für eine bessere Politik, v. 11.12.2002.

752 KOM (2001) 428 endg., Europäisches Regieren – ein Weissbuch, v. 25. 07. 2001; vgl. KOM(2002) 713 endg. v. 11.12.2002, S. 2.

753 KOM (2002) 713 endg., Eine bessere Wissensgrundlage für eine bessere Politik, v. 11.12.2002, S. 8.

754 Z.B. Europäische Umweltagentur, Europäische Behörde für Lebensmittelsicherheit.

zur abschließenden Evaluierung einer politischen Maßnahme.[755] Sie sind am 01. 01. 2003 in Kraft getreten.

Zu unterscheiden waren die Grundprinzipien für die Einholung von Expertenwissen von den Mindeststandards der Kommission für öffentliche Konsultationen.[756] Während die Kommission zivilgesellschaftliche Gruppierungen und beteiligte Parteien primär wegen ihrer „Repräsentativität" einbeziehen wollte, stand bei der Einholung von Expertise das externe Fachwissen im Vordergrund. Innerhalb eines Politikprozesses konnten aber beide Alternativen eingesetzt werden. In zeitlicher Hinsicht hatten die Grundprinzipien zum Expertenwissen einen umfassenderen Anwendungsbereich. Konsultationsverfahren mit zivilgesellschaftlichen Organisationen oder beteiligten Parteien fanden demgegenüber nur *vor* der förmlichen Ausübung des Initiativrechts der Kommission statt.

Die wichtigsten Grundprinzipien seien Qualität, Offenheit und Effizienz.[757] Zur Umsetzung dieser Grundsätze wurden Leitlinien für die Kommissionsdienststellen formuliert. Die Kommission selbst müsse auch ein „angemessenes Niveau an internen Fachkenntnissen"[758] wahren.

Im Anhang ihrer Mitteilung ging die Kommission auf praktische Fragen im Zusammenhang mit der Anwendung der Prinzipien und Leitlinien ein.[759] Bei der Frage nach der Beteiligung von verschiedenen Gruppen wurden explizit Vertreter der Zivilgesellschaft genannt;[760] hier solle eine Abwägung vorgenommen werden zwischen den „Vorteile[n] eines sehr breiten Ansatzes und (...) Ressourcenknappheit"[761]. Insbesondere in sensiblen Fällen solle eine Interaktion „zwischen Experten, beteiligten Parteien und Entscheidungsträgern" in Erwägung gezogen werden. Die Kommission verwies auch darauf, dass auf nationaler

755 KOM (2002) 713 endg., Eine bessere Wissensgrundlage für eine bessere Politik, v. 11.12.2002, S. 8.

756 KOM (2001) 704 endg., Hin zu einer verstärkten Kultur der Konsultation und des Dialogs – Allgemeine Grundsätze und Mindeststandards für die Konsultation betroffener Parteien durch die Kommission, v. 11.12.2002.

757 KOM (2002) 713 endg., Eine bessere Wissensgrundlage für eine bessere Politik, v. 11.12.2002, S. 9 ff.

758 KOM (2002) 713 endg., Eine bessere Wissensgrundlage für eine bessere Politik, v. 11.12.2002, S. 13.

759 KOM (2002) 713 endg., Eine bessere Wissensgrundlage für eine bessere Politik, v. 11.12.2002, S. 17 ff.

760 KOM (2002) 713 endg., Eine bessere Wissensgrundlage für eine bessere Politik, v. 11.12.2002, S. 19.

761 KOM (2002) 713 endg., Eine bessere Wissensgrundlage für eine bessere Politik, v. 11.12.2002, S. 19.

und regionaler Ebene partizipative Verfahren bereits erfolgreich eingesetzt werden.

IV. Das Scheitern des Verfassungsvertrags und die Europäische Transparenzinitiative

Der Entwurf eines EU-Verfassungsvertrags wurde 2003 von einem Europäischen Konvent erarbeitet und am 29. Oktober 2004 feierlich in Rom unterzeichnet. Er sollte ursprünglich am 1. November 2006 in Kraft treten. Zuvor war aber seine Ratifikation in allen – seinerzeit – 25 Mitgliedstaaten notwendig, entweder durch die dafür zuständigen nationalen Parlamente oder in Volksabstimmungen. Dieser Prozess erlitt durch die Ablehnung der EU-Verfassung bei Volksabstimmungen in Frankreich am 29. Mai 2005 und in den Niederlanden am 1. Juni 2005 einen schweren Rückschlag.

Nach dem Scheitern der Referenden riefen die Staats- und Regierungschefs in der Erklärung zur „Ratifizierung des Vertrags über eine Verfassung für Europa“[762] eine „Zeit der Reflexion“ aus, um über ihr weiteres Vorgehen zu entscheiden. Dabei wollten sie Diskussionen führen mit den Bürgern, der Zivilgesellschaft, den Sozialpartnern, den nationalen Parlamenten und den politischen Parteien. Um umfassende Diskussionen über die zukünftige Gestalt der EU und den Einigungsprozess anzuregen, schlug die Kommission den „Plan D für Demokratie, Dialog und Diskussion“[763] vor, der in Form einer Mitteilung an den Rat, das Parlament, den WSA und den Ausschuss der Regionen erging. Dieser Plan beabsichtigte, die europäische Demokratie wieder zu beleben und zum Entstehen einer europäischen Öffentlichkeit beizutragen.[764] Dabei wolle sich auch die Kommission bemühen, verschiedene Personengruppen, insbesondere die Zivilgesellschaft, die Sozialpartner, die nationalen Parlamente und die politischen Parteien einzubinden. Dies solle vor allem mit Hilfe verbesserter Anhörungsverfahren geschehen, wobei bereits eine erhebliche Zunahme der Anhörung interessierter Gruppen mit Hilfe von Grün- und Weißbüchern sowie zu Internet-Befragungen zu beobachten sei.[765]

---

762 DOC (05) 3, Erklärung der Staats- und Regierungschefs der Mitgliedstaaten der Europäischen Union zur Ratifizierung des Vertrags über eine Verfassung für Europa – Tagung des Europäischen Rates am 16./17. Juni 2005, v. 18.06.2005.

763 KOM (2005) 494 endg., Der Beitrag der Kommission in der Zeit der Reflexion und danach: Plan D für Demokratie, Dialog und Diskussion, v. 13.10.2005.

764 KOM (2005) 494 endg., Der Beitrag der Kommission in der Zeit der Reflexion und danach: Plan D für Demokratie, Dialog und Diskussion, v. 13.10.2005, S. 3.

765 KOM (2005) 494 endg., Der Beitrag der Kommission in der Zeit der Reflexion und danach: Plan D für Demokratie, Dialog und Diskussion, v. 13.10.2005, S. 9 f.

„Plan D" war eingebettet in den „Aktionsplan für eine verbesserte Kommunikationsarbeit der Kommission zu Europa"[766] vom 20. 06. 2005, der ebenfalls eine Reaktion auf die gescheiterten Verfassungsreferenden darstellte. Politische Kommunikation wurde nun als eigenständiger Politikbereich, den es an zentraler Stelle zu koordinieren und mit entsprechenden personellen und organisatorischen Kapazitäten auszustatten galt, definiert.[767] Als Ergänzung legte die Kommission am 01. 02. 2006 ihr „Weißbuch über eine europäische Kommunikationspolitik"[768] vor. Hier unternahm sie ausdrücklich den Versuch, eine europäische öffentliche Sphäre zu schaffen.[769] Damit stellt sie ausdrücklich den Zusammenhang zwischen einer funktionierenden europäischen Öffentlichkeit und einer funktionierenden europäischen Demokratie her.[770] Sie suchte nach Wegen, wie trotz mangelhafter Ausprägung von intermediären Strukturen wie z.B. Parteien oder Verbänden die europäische öffentliche Meinung zu den Entscheidungsträgern transportiert werden konnte. Dies solle über eine Ausweitung der Partizipationsmöglichkeiten für die Bürger und eine partnerschaftliche Einbeziehung aller Ebenen und Akteure geschehen. Die Zivilgesellschaft[771] bezeichnete die Kommission als „Schlüsselakteur" neben den EU-Organen, den Behörden der Mitgliedstaaten und den politischen Parteien.[772]

1. Grünbuch

Kernstück der Initiative stellte das Grünbuch „Europäische Transparenzinitative" vom 03. 05. 2006 dar[773]. Das darin behandelte Themenspektrum reichte von umfassenderer Information hinsichtlich der Verwaltung und Verwendung

---

766 SEK (2005) 985 endg., Aktionsplan für eine bessere Kommunikationsarbeit der Kommission zu Europa, v. 20.07.2005.

767 *Seeger*, Das Weißbuch der Kommission über eine europäische Kommunikationspolitik, CAP Aktuell, Nr. 1, 2006, S. 1 (2).

768 KOM (2006) 35 endg., Weissbuch über eine europäische Kommunikationspolitik, v. 01.02.2006.

769 Vgl. etwa SEK (2005) 985 endg., Aktionsplan für eine bessere Kommunikationsarbeit der Kommission zu Europa, v. 20.07.2005, S. 4.

770 *Seeger*, Das Weißbuch der Kommission über eine europäische Kommunikationspolitik?, CAP Aktuell, Nr. 1, 2006, S. 1 (4).

771 KOM (2006) 35 endg., Weissbuch über eine europäische Kommunikationspolitik, v. 01.02.2006, S. 2, 5, 8, 9, 12, 14, 15.

772 KOM (2006) 35 endg., Weissbuch über eine europäische Kommunikationspolitik, v. 01.02.2006, S. 2.

773 KOM (2006) 194 endg., Grünbuch Europäische Transparenzzinitiative, v. 03.05.2006.

von EU-Geldern über berufsethische Regeln für die europäischen Organe und Einrichtungen bis zu dem Rahmen, in dem Lobbyisten und Organisationen der Zivilgesellschaft ihre Tätigkeit ausüben. Zu diesen Aspekten führe die Kommission eine öffentliche Konsultation mit interessierten Kreisen durch und veröffentlichte diese auf ihrer Website.

Besondere Priorität räume sie dem offenen Umgang mit Interessenvertretern ein. Sie selbst habe in den letzten Jahren die Einbindung von Organisationen der Zivilgesellschaft und anderen wichtigen Akteuren verstärkt und weiter entwickelt, umso wichtiger seien damit aber ein strukturierter Rahmen und wirksame Kontrollmöglichkeiten der Beziehungen durch die Öffentlichkeit geworden.[774] Die Kommission setze Interessenvertretung mit Lobbyarbeit gleich und definiere sie als Tätigkeiten, „mit denen auf die Politikgestaltung und den Entscheidungsprozess der europäischen Organe und Einrichtungen Einfluss genommen werden soll“[775]. Als Beispiele für Organisationen, in denen Lobbyisten tätig sind, wurden NGOs, Wirtschaftsverbände oder Unternehmenslobbys („Inhouse-Vertreter“), Denkfabriken, Beraterorganisationen für öffentliche Angelegenheiten und Anwaltskanzleien genannt. Lobbyarbeit könne aber auch durch einzelne Bürger beziehungsweise Unternehmen betrieben werden.

In ihrem Grünbuch betonte die Kommission, dass sie Lobbyarbeit gegenüber grundsätzlich positiv eingestellt sei, da hierdurch die europäischen Organe und Institutionen auf wichtige Themen aufmerksam gemacht werden können. Deutlich sprach sie aber auch die problematischen Aspekte einer solchen Interessenvertretung an: Dabei ging es weniger um eindeutig rechtswidrige Praktiken der Beeinflussung, sondern vielmehr um die verzerrte Wiedergabe von Informationen und tatsächlichem Meinungsspektrum der europäischen Bürger. Hierfür verantwortlich sei auch die ungleiche Verteilung finanzieller Ressourcen zwischen verschiedenen Interessengruppen.[776]

Die Kommission führte aus, welche Kontrollmöglichkeiten für die Öffentlichkeit bisher existieren. Ein wichtiges Instrument stelle CONECCS dar, die Datenbank der Kommission, in der sich Organisationen der Zivilgesellschaft registrieren können. Da eine (Nicht-) Registrierung ohne Konsequenzen (positiver oder negativer Art) blieb, war die Relevanz dieser Datenbank nicht besonders groß. Als Beispiele für wirkungsvollere Instrumente wurden das

774 KOM (2006) 194 endg., Grünbuch Europäische Transparenzinitiative, v. 03.05.2006, S. 4.

775 KOM (2006) 194 endg., Grünbuch Europäische Transparenzinitiative, v. 03.05.2006.

776 So verfügen NGOs in aller Regel über weniger finanzielle Ausstattung als Großunternehmen.

Akkreditierungssystem des Europäischen Parlaments und die förmliche Registrierung von Lobbygruppen beim Deutschen Bundestag genannt; bei beiden war eine Eintragung mit erweiterten Zugangs- und Beteiligungsrechten verbunden.

Im Zuge der Forderung nach mehr Transparenz schlug die Kommission umfassendere Information der Öffentlichkeit über die Mitwirkenden politischer und rechtlicher Initiativen vor, die etwa über das Internet erfolgen konnte.[777]

Ein weiterer wichtiger Punkt waren die Regelungen zum Verhältnis zwischen EU-Organen und Interessenvertretern. Hier setzte die Kommission auf freiwillige Verhaltenskodizes für Lobbyisten. Insbesondere forderte sie, dass sich die Lobbyisten ehrenhaft verhalten, keine missverständlichen Informationen verbreiten und keine finanziellen Zuwendungen anbieten, um vorteilhafte Behandlung zu erfahren. Es solle aber nach einer gewissen Zeit geprüft werden, ob das System der Selbstregulierung funktionierten. Sollte es sich als unwirksam erweisen, können ein verbindlicher Verhaltenskodex und eine obligatorische Registrierung in Betracht gezogen werden.[778]

2. *Stellungnahmen*

Der WSA sowie der Ausschuss der Regionen veröffentlichten schriftliche Stellungnahmen zum Grünbuch.[779] Grundsätzlich begrüßten beide Ausschüsse die „Europäische Transparenzinitiative". Sie waren sich einig, dass ein Unterschied zwischen Lobby-Organisationen, die enge kommerzielle oder sonstige Interessen vertreten, und Verbänden beziehungsweise Gebietskörperschaften, die schon quantitativ deutlich größere Bevölkerungsteile repräsentieren, gemacht werden müsse. Zudem forderten sie nachdrücklich, die Registrierung der Interessengruppen obligatorisch auszugestalten und sich diesbezüglich an der Regelung des Europäischen Parlaments zu orientieren. Die vom WSA aufgeworfene Frage, ob Lobbygruppen automatisch konsultiert werden müssen, wenn sie im Register stehen,[780] sei zu verneinen. Zur Abgrenzung von Organisationen der Zivilgesellschaft gegenüber Lobbygruppen verwies der WSA auf die von ihm entwickelte Definition organisierter Zivilgesellschaft.

---

777 KOM (2006) 194 endg., Grünbuch Europäische Transparenzinitiative, v. 03.05.2006, S. 8 f.; vgl. auch *Hasler*, Die Europäische Transparenzinitiative und „Europäisches Lobbying", ZEuS 2007, S. 503 (510 f.).

778 KOM (2006) 194 endg., Grünbuch Europäische Transparenzinitiative, v. 03.05.2006, S. 11.

779 Stellungnahme WSA, ABl. C 324 v. 30.12.2006, S. 74 und Stellungnahme AdR, ABl. C 146 vom 30.06.2007, S. 53.

780 WSA, Grünbuch „Europäische Transparenzinitiative, ABl. C 324 v. 30.12.2006, S. 74 (75).

3. *Folgemaßnahmen*

Am 21. 03. 2007 veröffentlichte die Kommission eine Mitteilung über Folgemaßnahmen zum oben genannten Grünbuch, in der die Beiträge der beratenden Institutionen und der sonstigen Interessierten[781] berücksichtigt wurden.[782] Die Kommission betonte zunächst, dass ihre Definition von Interessenvertretung beziehungsweise Lobbyismus mit keinerlei negativem Werturteil verbunden war.[783] Explizit zur Eintragung in ein neues Register der Interessenvertreter aufgefordert wurden „Berater für öffentliche Angelegenheiten, Unternehmenslobbys, NGOs, Denkfabriken, Wirtschaftsverbände und Anwaltskanzleien“[784]. Voraussetzung für eine Eintragung solle die Übernahme des Verhaltenskodex sein. Als Beispiele können Register und Kodex des Europäischen Parlaments dienen. Dabei sprach sich die Kommission für einen interinstitutionellen Ansatz aus, so dass lediglich eine einmalige Eintragung erforderlich sei.

Konkrete Folgemaßnahmen waren die Ablösung der bestehenden Datenbank CONECCS durch ein neues freiwilliges Register der Interessenvertreter im Jahr 2008[785], die Einrichtung einer Standard-Website für Internetkonsultationen, die Erstellung eines Verhaltenskodex im Jahr 2007 und die Fortsetzung der Veröffentlichung von EU-Geldern.[786]

4. *Register und Verhaltenskodex*

Das freiwillige Register für Interessenvertreter und der angekündigte Verhaltenskodex rief die Kommission mit der Mitteilung KOM (2008) 323 endg. vom 27. 5. 2008 ins Leben. Auch in dieser Mitteilung erfolgte zunächst eine Bestimmung der Begriffe „Interessenvertretung“ und „Lobbyarbeit“, die synonym

---

781 Z.B. Mitgliedstaaten, Interessenvertreter der Privatwirtschaft, NGOs, einzelne Bürger.

782 Das Konsultationsverfahren lief vom 03.05.2006 bis zum 31.08.2006; eine öffentliche Anhörung fand am 11.07.2006 statt, siehe DAV-Pressemitteilung v. 14.7.2006, EuZW 2006, S. 482.

783 KOM (2007) 127 endg., Folgemaßnahmen zu dem Grünbuch „Europäische Transparenzinitiative“ {SEC (2007) 360}, v. 21.03.2007, S. 3.

784 KOM (2007) 127 endg., Folgemaßnahmen zu dem Grünbuch „Europäische Transparenzinitiative“ {SEC (2007) 360}, v. 21.03.2007, S. 3.

785 Im Juni 2011 wurde dann ein gemeinsames Register der EU-Kommission und des Parlaments unter dem Titel *Transparenz-Register* eingeführt, das die vormaligen Register ablöste.

786 KOM (2007) 127 endg., Folgemaßnahmen zu dem Grünbuch „Europäische Transparenzinitiative“ {SEC (2007) 360}, v. 21.03.2007, S. 9.

gebraucht wurden: Es handele sich um „Tätigkeiten, mit denen auf die Politikgestaltung und den Entscheidungsprozess der europäischen Organe und Einrichtungen Einfluss genommen werden soll“[787]. Ausdrücklich ausgenommen seien die Bereiche der Rechtsberatung, des Sozialen Dialogs und des direkten Ersuchens durch die Kommission.

Die öffentlichen Konsultationen der Kommission wurden gebündelt über die Internetseite „Ihre Stimme in Europa“[788] bekannt gemacht. Hier fand sich auch ein Verweis auf das Register für Interessenvertreter.

Der Verhaltenskodex für Interessenvertreter bestand aus sieben knapp gefassten Regeln: Namensnennung, wahrheitsgetreue Angaben hinsichtlich vertretener Interessen, Mitglieder und Klienten, lauteres Verhalten in Bezug auf Informationsbeschaffung und Beeinflussung von Entscheidungen sowie Respektierung der Verpflichtungen der EU-Bediensteten.[789] Die Regeln basieren auf den Grundsätzen der Offenheit, Transparenz, Ehrlichkeit und Integrität. Zwar handelt es sich bei dem Verhaltenskodex nicht um einen verbindlichen Rechtsakt. Dessen Einhaltung ist aber dergestalt an die – freiwillige – Eintragung in das Register für Interessenvertreter gekoppelt, dass ein Verstoß zu einem Ausschluss aus dem Register führen kann.[790]

Kodex und Register traten zum 23. 6. 2008 in Kraft. Die Zahl der registrierten Interessenvertreter wuchs stetig. Am 20. 5. 2011 (kurz bevor im Juni 2011 dieses Register durch ein neues Transparenz-Register, das von Kommission und Parlament zusammen geführt wird, ersetzt wurde) waren ca. 4.000 Lobbyorganisationen registriert.[791]

---

787 KOM (2008) 323, Europäische Transparenzinitiative – Rahmen für die Beziehungen zu Interessenvertretern (Register und Verhaltenskodex), {SEC (2008) 1926}, v. 27.05.2008, S. 3; KOM (2006) 194 endg., Grünbuch Europäische Transparenzinitiative, v. 03.05.2006, S. 5.

788 http://ec.europa.eu/yourvoice/index_de.htm [letzter Zugriff 03.06.2013].

789 KOM (2008) 323, Europäische Transparenzinitiative – Rahmen für die Beziehungen zu Interessenvertretern (Register und Verhaltenskodex), {SEC (2008) 1926}, v. 27.05.2008, S. 8.

790 KOM (2008) 323, Europäische Transparenzinitiative – Rahmen für die Beziehungen zu Interessenvertretern (Register und Verhaltenskodex), {SEC (2008) 1926}, v. 27.05.2008, S. 5; dazu *Wägenbaur*, Transparenzregeln für EU-Interessenvertreter, EuZW 2008, S. 481.

791 Zahlen nach Redaktion, Gemeinsames Lobbyistenregister von Kommission und EU-Parlament, EuZW 2011, 575; s.a. beck-aktuell-Redaktion, becklink 1014271, 24. Juni 2011.

Die Definition von „Interessenvertretung" als Tätigkeiten, „mit denen auf die Politikgestaltung und den Entscheidungsprozess der europäischen Organe und Einrichtungen Einfluss genommen werden soll"[792], wurde ergänzt durch den ausdrücklichen Ausschluss von Einzelpersonen: „Die Aufforderung zur Eintragung richtet sich nicht an Einzelpersonen, sondern nur an Organisationen und Einrichtungen, die wie vorstehend beschrieben Lobbyarbeit leisten."[793] Teilweise wurde diese Differenzierung zwischen Einzelpersonen und Organisationen als nicht sachgerecht angesehen.[794] *Arnaud* sah die Basis für diese Unterscheidung nämlich darin, dass „solche Personen keine eigenen, sondern lediglich auf vertraglicher Grundlage fremde Interessen ihres Auftraggebers vertreten (...). Vielmehr sei der im Hintergrund verbleibende Auftraggeber selbst Interessenakteur, der vermittelt über den Lobbyisten handelt." Das gelte ebenso „für solche Lobby-Agenturen oder Kanzleien, die als Zusammenschluss mehrerer Personen organisiert fremde Privatinteressen in einen Entscheidungsprozess einbringen."[795] Stellt man aber weniger auf das Vertreten eigener Interessen und mehr auf die fehlende Organisiertheit beziehungsweise Eigenschaft als Gruppe ab, ergab die Unterscheidung durchaus Sinn.

Die im Register anzugebenden Informationen unterschieden sich danach, in welche der vier folgenden Kategorien eine Organisation einzutragen war: (1) Professionelle Berater und Anwaltskanzleien, die in der EU-Lobbyarbeit tätig waren; (2) Unternehmenslobbyisten und Wirtschaftsverbände; (3) NGOs und Denkfabriken; (4) andere Organisationen. Diese vier Hauptkategorien waren weiter untergliedert in (1) Anwaltskanzleien, Beratungsunternehmen für öffentliche Angelegenheiten, unabhängige Berater für öffentliche Angelegenheiten, Organisationen ähnlicher Art; (2) Unternehmen, Wirtschaftsverbände, Gewerkschaften, Unternehmen ähnlicher Art; (3) Nichtregierungsorganisationen und deren Verbände, Denkfabriken („think tanks"), Organisationen ähnlicher Art; (4) akademische Organisationen und deren Verbände; Vertreter von Religionen, Kirchen und

792 KOM (2008) 323, Europäische Transparenzinitiative - Rahmen für die Beziehungen zu Interessenvertretern (Register und Verhaltenskodex), {SEC (2008) 1926}, v. 27.05.2008, S. 3.

793 KOM (2008) 323, Europäische Transparenzinitiative - Rahmen für die Beziehungen zu Interessenvertretern (Register und Verhaltenskodex), {SEC (2008) 1926}, v. 27.05.2008, S. 5.

794 So Arnaud, Das neue Register der Kommission für Interessenvertreter, ZEuS 2008, S. 549 (554).

795 *Arnaud*, Das neue Register der Kommission für Interessenvertreter, ZEuS 2008, S. 549 (554).

Glaubensgemeinschaften, Regierungsverbände, Organisationen ähnlicher Art. Bei jeder Organisation seien ihr Name, rechtlicher Status, Adresse und Leitungspersonal anzugeben. Weiterhin seien Angaben zu den Finanzen einer Organisation zu machen, insbesondere zu den geschätzten Kosten der direkten Lobbyarbeit bei den EU-Organen. Sie können durch weitere Angaben, wie etwa das Gesamtbudget, ergänzt werden. Organisationen der Kategorien „NRO und Denkfabriken" sowie „andere Organisationen" müssen ihr Budget und ihre Finanzierungsquellen zwingend angeben. „Externe" Organisationen, die im Auftrag Dritter Lobbying betreiben, müssen den geschätzten Umsatz aus ihrer Lobbyarbeit bei den EU-Organen angeben. Fakultativ können alle Interessengruppen auch Angaben darüber machen, auf welche Weise die Interessenvertretung betrieben wurde.

Im Grunde genommen erlangte das Register keine besondere Bedeutung, denn eine – erfolgte oder unterbliebene – Registrierung war mit keinen besonderen Rechtswirkungen verknüpft. Zwar wurde den Kommissionsbeamten „nahegelegt, das Register als Referenz für Kontakte zu nutzen"[796] und „nicht registrierte Organisationen (...) zur Registrierung aufzufordern"[797]. Außerdem wurden registrierte Interessenvertreter in den von ihnen angegebenen Politikbereichen über öffentliche Konsultationen der Kommission per E-Mail benachrichtigt. Hierbei handelte es sich aber um Informationen, die auch jedermann im Internet abrufen konnte.[798] Da eine Registrierung freiwillig war, bestand in der Tat auch das Risiko, dass sich lediglich Organisationen, die sich eh korrekt verhalten, eintragen lassen.[799] Aufgrund fehlender Registrierungsanreize hatten sich selbst wichtige Interessengruppen (wie z.B. Business Europe, ETUC, BDI) lange Zeit gar nicht registriert.[800]

5. *Transparenz-Register*

Das freiwillige Register für Interessenvertreter ist im Juni 2011 durch ein sog. „Transparenz-Register" abgelöst worden, das von der Kommission und dem

796 KOM (2008) 323, Europäische Transparenzinitiative – Rahmen für die Beziehungen zu Interessenvertretern (Register und Verhaltenskodex), {SEC (2008) 1926}, v. 27.05.2008, S. 6.

797 KOM (2008) 323, Europäische Transparenzinitiative – Rahmen für die Beziehungen zu Interessenvertretern (Register und Verhaltenskodex), {SEC (2008) 1926}, v. 27.05.2008, S. 6.

798 *Arnaud*, Das neue Register der Kommission für Interessenvertreter, ZEuS 2008, S. 549 (560).

799 Vgl. *Wägenbaur*, Transparenzregeln für EU-Interessenvertreter, EuZW 2008, S. 481.

800 *Arnaud*, Das neue Register der Kommission für Interessenvertreter, ZEuS 2008, S. 549 (562).

Europäischen Parlament gemeinsam geführt wird. Schon die Namensgebung solle verdeutlichen, dass dieses Register nicht nur klassischen Lobbyisten, sondern auch Think Tanks, Kirchen und Religionsgemeinschaften offen stehe. Die Registrierung sei weiterhin freiwillig, für den Zugang zum Europäischen Parlament sei sie aber zwingend notwendig.[801] Eine Eintragung erfordere die pflichtweise Anerkennung eine Verhaltenskodex;[802] Verstöße gegen diesen können mit Maßnahmen von der zeitweiligen Aussetzung der Registrierung bis zur Streichung aus dem Register geahndet werden.[803] Es bleibt abzuwarten, wie sich das neue Register in Zukunft bewähren wird. Zu begrüßen ist jedenfalls, dass hier die Kommission und das Europäische Parlament zusammen arbeiten, und dass eine Registrierung zumindest klare Vorteile (Zutritt zum Parlament) verschafft. So kann das Transparenz-Register durch die Sichtbarmachung von Entscheidungsstrukturen dazu beitragen, Legitimationszweifel zu vermindern.[804]

V. Fazit

Die geschilderten Entwicklungen mündeten in den Verfassungsvertrag und fanden auch nach dessen Scheitern Berücksichtigung im Vertrag von Lissabon. Auf dem Europäischen Rat vom 21./22. Juni 2007 beschlossen die Staats- und Regierungschefs nämlich, die bestehenden Verträge lediglich zu verändern, statt sie durch eine Verfassung zu ersetzen. Der Vertrag von Lissabon stützt sich aber trotzdem in weiten Teilen auf die inhaltliche Ausrichtung des ehemaligen Verfassungskonzept.[805] Nach einer Verzögerung des Verfahren durch die Ablehnung des Vertrags beim Referendum in Irland konnte der Vertrag von Lissabon am 1.12.2009 endlich in Kraft treten.

Die primärrechtliche Regelung lässt sich als vorläufiger Höhepunkt des Bemühens um verstärkte zivilgesellschaftliche Partizipation verstehen, wie es sich in den oben dargestellten (unverbindlichen) Mitteilungen der europäischen Institutionen abgezeichnet hat. Vor allem bei dem in Art. 11 Abs. 2 EUV konstituierten „Dialog mit den repräsentativen Verbänden und der Zivilgesellschaft" handelt es sich um ein Novum in den Vertragstexten. Die nunmehr in Art. 11 EUV festgeschriebene „Partizipative Demokratie" muss ausgelegt und mit Leben

---

801 *Philipp*, Transparenz-Register für Lobbyisten, EuZW 2011, 452.
802 *Bremer*, Neues Europäisches Transparenzregister, NZG 2011, 826.
803 *Philipp*, Transparenz-Register für Lobbyisten, EuZW 2011, 452.
804 So auch *Hrbek*, in: Bergmann (Hrsg.), Handlexikon der Europäischen Union, 4. Aufl. 2012, zu „Lobbying".
805 *Bitterlich*, in: Lenz/Borchardt (Hrsg.), EU-Verträge, 6. Aufl. 2013, Vorbem. Präambel.

gefüllt werden. Dabei ist es hilfreich, sich die Entstehungsgeschichte der Norm, wie sie oben nachgezeichnet wurde, zu vergegenwärtigen. Manche Unklarheiten lassen sich durch Rückgriff auf vorangegangene Stellungnahmen beseitigen.

C. Vertrag von Lissabon

Der Verfassungsvertrag schrieb in Teil I die Grundlagen der zukünftigen Europäischen Union fest. Titel VI dieses Teils enthielt Bestimmungen über „Das demokratische Leben der Union“: Art. I - 45 VV statuierte den „Grundsatz der demokratischen Gleichheit“, Art. I - 46 VV den „Grundsatz der repräsentativen Demokratie“ und Art. I - 47 den „Grundsatz der partizipativen Demokratie“. Darauf folgten Bestimmungen über den Sozialen Dialog (Art. I - 48 VV), den Europäischen Bürgerbeauftragten (Art. I - 49 VV) und zur transparenten Arbeitsweise der Union (Art. I - 50 VV).

Auch der EUV stellt dem institutionellen Titel III einen neuen Titel II voran (Art. 9–12 EUV), der überschrieben ist mit „Bestimmungen über die demokratischen Grundsätze“. Das Demokratieprinzip gehört zu den allen Mitgliedstaaten gemeinsamen Werten, auf die die Union sich gründet (Art. 2 EUV). Art. 10 EUV erläutert die Bedeutung des Prinzips für die Arbeitsweise der Union.[806] Ergänzt wird dies durch Art. 11 EUV, der den Grundsatz der partizipativen Demokratie statuiert. Die Einbindung der Zivilgesellschaft und die Durchführung von Konsultationen sind in Art. 11 Abs. 2 und 3 EUV ausdrücklich vorgesehen, ihr systematischer Zusammenhang mit den Sozialpartnern und ihrer Rolle im Sozialen Dialog ist allerdings entfallen.

Es ist zu begrüßen, dass die Entwicklung eines europäischen Dialogs mit der organisierten Zivilgesellschaft, die sich schon seit einiger Zeit abzeichnete, schließlich Eingang ins Primärrecht gefunden hat. Vor allem unter dem Gesichtspunkt der Transparenz lässt diese Institutionalisierung auf eine Verbesserung von Effektivität und Akzeptanz des Zivilen Dialogs hoffen. Gleichzeitig bergen die neuen Regelungen auch neue Herausforderungen. Das Primärrecht muss konkretisiert und mit Leben gefüllt werden; insbesondere, da es sich um ein Novum im europäischen Vertragswerk handelt. Allerdings existieren im Unionsrecht bereits vergleichbare Strukturen, die hinsichtlich einzelner Aspekte hilfsweise herangezogen werden können. Dies sind vor allem der bereits ausführlich behandelte Soziale Dialog, aber auch der WSA, der in dieser Arbeit als Teilbereich des Zivilen Dialogs verstanden wird. Aus den bekannten Regelungen

---

806 *Geiger*, in: Geiger/Khan/Kotzur (Hrsg.), EUV/AEUV, 5. Aufl. 2010, Art. 10 EUV, Rn. 1.

und der Rechtsprechung dazu lassen sich Parallelen und Rückschlüsse für den Zivilen Dialog gem. Art. 11 EUV ziehen. Die Unterschiede verlangen aber Modifikationen. Zusätzliche Erkenntnisse lassen sich durch einen Rückgriff auf die der primärrechtlichen Kodifizierung vorangegangen Dokumente gewinnen.

I. Demokratische Grundsätze

Art. 10 Abs. 1 EUV stellt klar, dass die Europäische Union auf dem Grundsatz der ***repräsentativen Demokratie*** beruht, Art. 10 Abs. 2 EUV gestaltet dieses Prinzip näher aus. Das Europäische Parlament gilt als unmittelbare Repräsentation der Unionsbürger. Die im Rat vertretenen Staats- und Regierungschefs und die Regierungsmitglieder der Mitgliedstaaten gründen ihre demokratische Legitimation auf das nationale Recht der Mitgliedstaaten, indem sie „ihrerseits in demokratischer Weise gegenüber ihrem nationalen Parlament oder gegenüber ihren Bürgerinnen und Bürgern Rechenschaft ablegen müssen."

In Art. 10 Abs. 3 S. 1 EUV ist ausdrücklich das Recht der Bürgerinnen und Bürger auf Teilnahme am politischen Leben im Sinne einer ***partizipativen Demokratie*** statuiert, das als stärkstes politisches Recht das Wahlrecht zum Europäischen Parlament beinhaltet.[807] Art. 10 Abs. 3 S. 2 EUV enthält das Transparenzgebot, demzufolge alle Entscheidungen in der EU so offen und bürgernah wie möglich getroffen werden sollen.[808] Ergänzt und ausgestaltet wird Art. 10 EUV durch die in Art. 11 EUV niedergelegten Elemente der partizipativen und der direkten Demokratie.

Art. 11 Abs. 1 und 2 EUV legen die wichtigsten Standards für den Dialog mit den Bürgern, den repräsentativen Verbänden und der Zivilgesellschaft fest. Abs. 3 kodifiziert die bestehende Praxis der Kommission, umfassende öffentliche Anhörungen von Betroffenen durchzuführen.[809] Abs. 4 schließlich führt die Möglichkeit einer europäischen Bürgerinitiative ein. Damit setzt Art. 11 EUV den bereits seit einiger Zeit durch die Kommission eingeschlagenen Weg hin zu stärkerer zivilgesellschaftlicher Beteiligung fort und trägt der wachsenden gesellschaftlichen und politischen Bedeutung der verschiedenen Gruppierungen

---

807 *Kaufmann-Bühler*, in: Lenz/Borchardt (Hrsg.), EU-Verträge, 6. Aufl. 2013, Art. 10 EUV, Rn. 8.

808 *Geiger* in Geiger/Khan/Kotzur (Hrsg.), EUV/AEUV, 5. Aufl. 2010, Art. 10 EUV Rn. 1; *Kaufmann-Bühler*, in Lenz/Borchardt (Hrsg.), EU-Verträge, 6. Aufl. 2013, Art. 10 EUV, Rn. 9.

809 *Nettesheim*, in: Grabitz/Hilf/Nettesheim (Hrsg.), Das Recht der EU, 48. EL, 2012, Art. 11 EUV, Rn. 11.

der Zivilgesellschaft Rechnung.[810] Bürgerschaftliches Engagement soll „unmittelbar, spezialisiert und sachbezogen“ eingebracht werden.[811]

II. Art. 11 Abs. 1 und 2 EUV – Meinungsaustausch und Dialog

Wie gezeigt wurde, gab es bereits zahlreiche Ansätze zur Schaffung eines öffentlichen demokratischen Diskurses auf Unionsebene. In ***Art. 11 Abs. 1 EUV*** ist nun die Verpflichtung der Organe der EU zum Meinungsaustausch mit den Bürgerinnen und Bürgern und ihren repräsentativen Verbänden primärrechtlich kodifiziert.[812] Hier wird aber nicht konkretisiert, in welcher Form und in welchem Umfang die Unionsorgane den Bürgern und Verbänden „die Möglichkeit, ihre Ansichten in allen Bereichen des Handelns der Union bekannt zu geben und auszutauschen“, geben sollen.[813] Die Bezugnahme auf die „Bereiche des Handelns der Union“ beinhaltet jedenfalls eine Einschränkung auf konkretes Unionshandeln, gemeint ist wohl vor allem das Vorfeld der Rechtsetzung.[814] Individuelle Rechte begründet Art. 11 EUV Abs. 1 nicht,[815] er schafft einen verbindlichen institutionellen Rahmen, der durch weitere Rechtsakte näher auszugestalten ist.[816]

Eine *Pflicht* zur Anhörung von Verbänden begründet dagegen ***Art. 11 Abs. 2 EUV***.[817] Demnach pflegen die Unionsorgane „einen offenen, transparenten und regelmäßigen Dialog mit den repräsentativen Verbänden und der

810 *Nettesheim*, in Grabitz/Hilf/Nettesheim (Hrsg.), Das Recht der EU, 48. EL, 2012, Art. 11 EUV, Rn. 10.

811 *Kaufmann-Bühler*, in: Lenz/Borchardt (Hrsg.), EU-Verträge, 6. Aufl. 2013, Art. 11 EUV, Rn. 2.

812 *Folz*, in: Vedder/Heintschel vHeinegg, Europäisches Unionsrecht, 1. Aufl. 2012, Art. 11 EUV, Rn. 2; vgl. auch *Folz*, in: Vedder/Heintschel vHeinegg/Beutel (Hrsg.), Europäischer Verfassungsvertrag, 2007, Art. I-47, Rn. 2.

813 *Nettesheim*, in Grabitz/Hilf/Nettesheim (Hrsg.), Das Recht der EU, 48. EL, 2012, Art. 11 EUV, Rn. 10.

814 *Nettesheim*, in Grabitz/Hilf/Nettesheim (Hrsg.), Das Recht der EU, 48. EL, 2012, Art. 11 EUV, Rn. 10; *Ruffert*, in: Calliess/Ruffert (Hrsg.), EUV/AEUV, 4. Aufl. 2011, Art. 11 EUV, Rn. 7.

815 *Kaufmann-Bühler*, in Lenz/Borchardt (Hrsg.), EU-Verträge, 6. Aufl. 2013, Art. 11 EUV, Rn. 6.

816 Zum insoweit vergleichbaren Art. I-47 VV *Ruffert*, in: Calliess (Hrsg.), Verfassung der EU, 2006, Rn. 6 ff; *Ruffert*, in: Calliess/Ruffert (Hrsg.), EUV/AEUV, 2011, Art. 11 EUV, Rn. 8.

817 Str.; dafür *Nettesheim*, in: Grabitz/Hilf/Nettesheim (Hrsg.), Das Recht der EU, 48. EL, 2012, Art. 11 EUV, Rn. 10; dagegen *Kaufmann-Bühler*, in: Lenz/Borchardt (Hrsg.), EU-Verträge, 6. Aufl. 2013, Art. 11 EUV, Rn. 6.

Zivilgesellschaft". Zu dem in Abs. 1 verwendeten Begriff der „repräsentativen Verbände" kommt also der mindestens ebenso unbestimmte Begriff der „Zivilgesellschaft" hinzu.

1. *Zivilgesellschaft*

Die primärrechtliche Kodifizierung des Begriffs „Zivilgesellschaft" (englisch: *civil society*, französisch: *société civile*) in Art. 11 Abs. 2 EUV stellt einen wichtigen Schritt zur Anerkennung ihrer Mitwirkung an der europäischen Rechtsetzung dar; die Rezeption dieses „schillernden (...) Begriffs"[818] begegnet aber auch Bedenken. Doch wurde bereits mit dem Vertrag von Nizza eine ausdrückliche Bezugnahme auf Vertreter der „organisierten Zivilgesellschaft" (vgl. Art. 257 EGV a.F.) ins Primärrecht aufgenommen. Diese Entwicklung setzt sich im Vertrag von Lissabon lediglich fort.

Die Kommission selbst hat darauf hingewiesen, dass sich Zivilgesellschaft nicht einheitlich definieren lasse.[819] Einer Definition am nächsten kommt die Stellungnahme des WSA aus dem Jahr 1999 „über die Rolle und den Beitrag der organisierten Zivilgesellschaft zum europäische Einigungswerk". Auf sie nehmen die Unionsdokumente, die sich mit der Rolle der Zivilgesellschaft in der Europäischen Union auseinandersetzen, in der Regel Bezug.[820] Hier werden neben NGOs auch die sogenannten CBOs (Community-Based-Organisations, auf Gemeinschaftsbildung ausgerichtete Assoziationen wie etwa Jugendorganisationen), Religionsgemeinschaften, die Sozialpartner sowie Vertretungsorganisationen im sozialen und wirtschaftlichen Bereich im Spektrum der organisierten Zivilgesellschaft verortet. Auch in dieser Arbeit wird die Definition des WSA zu Grunde gelegt. Ebenso wie bei Art. 300 Abs. 3 AEUV gilt, dass der Begriff der Zivilgesellschaft einen gewissen Grad an Organisiertheit voraussetzt, auch wenn dieser im Wortlaut der Verträge nicht mehr ausdrücklich erwähnt wird (vgl. die alte Regelung in Art. 257 EGV „Vertreter der organisierten Zivilgesellschaft").

2. *Repräsentative Verbände*

In Art. 11 Abs. 1 und Abs. 2 EUV sind außerdem die „repräsentativen Verbände" (englisch: *representative associations*, französisch: *associations représentatives)*

818 *Ruffert*, in: Calliess/Ruffert (Hrsg.), EUV/AEUV (Hrsg.), 2011, Art. 11 EUV, Rn. 9.

819 KOM (2006) 316 endg, Die Rolle der Zivilgesellschaft in der Drogenpolitik der Europäischen Union, S. 6.

820 *Nettesheim*, in Grabitz/Hilf/Nettesheim (Hrsg.), Das Recht der EU, 48. EL, 2012, Art. 11 EUV, Rn. 15.

angesprochen. Angesichts der weit gefassten Definition der europäischen Organe davon, was zur Zivilgesellschaft zu zählen ist (siehe Kapitel 3, C. II. 1. der vorliegenden Arbeit), verwundert die Unterscheidung zwischen „Zivilgesellschaft“ und „repräsentativen Verbänden“ in Art. 11 Abs. 2 EUV zunächst. Manche vermuten, dass hier die lange eingeübte Praxis der Kommission, in manchen Bereichen Interessenverbänden und Lobbyistengruppen eine besondere Rolle zuzugestehen, entscheidend war.[821]

Während die Bestimmung des Begriffs „Verbände“ wenig Probleme bereitet, ist die Auslegung von „Repräsentativität“ schwieriger. Das Merkmal stellt einen unbestimmten Rechtsbegriff dar,[822] teilweise wird behauptet, seine Auslegung sei eine Ermessensentscheidung.[823] Jedenfalls stellt sich die Frage, welche Merkmale ein Verband aufweisen muss, um als repräsentativ zu gelten.[824] Bisher gibt es keine Rechtsübung, auf die man zur Konkretisierung des Merkmals zurück greifen könnte, es existieren aber verschiedene theoretische Ansätze zur Ausfüllung des Merkmals.

So wird vertreten,[825] damit seien nur solche Verbände gemeint, die über einen gewissen Grad ***organisatorischer Verfestigung*** (Dauer, Statut, Organe), eine überregionale Ausdehnung und aufgrund ihrer Mitgliederzahl über eine Mindestwirkung auf die öffentliche Meinungsbildung verfügen. Dem Erfordernis einer organisatorischen Verfestigung ist zuzustimmen; dies impliziert aber schon der Verbandsbegriff selbst. Eine überregionale Ausdehnung muss dagegen nicht obligatorische Beteiligungsvoraussetzung sein. Vielmehr sollte sichergestellt werden, dass nicht nur große Dachverbände, sondern auch sog. „grass root-Organisationen“ einbezogen werden.[826] Auch für rein nationale oder rein regionale Verbände können Mitwirkungsmöglichkeiten bestehen, etwa wenn es

---

821 *Seeger/Chardon*, Mehr Gehör für gesellschaftliche Interessen, in: ZPB 2008, S. 341, (350).

822 *Folz*, in: Vedder/Heintschel vHeinegg (Hrsg.) Europäisches Unionsrecht, 1. Aufl. 2012, Art. 11 EUV, Rn. 2; noch zu Art. I-47 VV *Folz*, in: Vedder/Heintschel vHeinegg/Beutel (Hrsg.), Europäischer Verfassungsvertrag, 2007, Rn. 2.

823 Zu Art. I-47 VV *Fischer*, Der Europäische Verfassungsvertrag, 2005, Rn. 1; vgl. auch *Fischer*, Der Vertrag von Lissabon, 2. Aufl., 2010, Art. 11 Rn. 1.

824 *Folz*, in: Vedder/Heintschel vHeinegg (Hrsg.), Europäisches Unionsrecht, 1. Aufl. 2012, Art. 11, Rn. 2; noch zu Art. I-47 VV *Folz*, in: Vedder/Heintschel vHeinegg/Beutel (Hrsg.), Europäischer Verfassungsvertrag, 2007, Rn. 2.

825 *Schäfer*, in: *Dauses*, Handbuch des EU-Wirtschaftsrechts, 31. EL, 2012, A. II., Rn. 448.

826 So auch *König*, Dialog mit den Nichtregierungsorganisationen, EuR 2004, S. 132, (144).

gerade um eng begrenzte, regionale Fragen geht. Entscheidend muss hier der Gegenstand des Dialogs sein.

Auch an anderer Stelle in den Verträgen spielt das Konzept der Repräsentativität im Zusammenhang mit der Einbindung zivilgesellschaftlicher Organisationen in die europäische Rechtsetzung eine Rolle. Die dort angestellten Überlegungen könnte man ergänzend heranziehen.

3. *Kriterien des WSA*

So wird vorgeschlagen, den Begriff des „repräsentativen" Verbandes anzulehnen an den der ***„maßgeblichen" Organisationen***, die vom Rat nach Art. 302 Abs. 2 S. 2 AEUV angehört werden können.[827] Von der Möglichkeit des Art. 302 Abs. 2 AEUV wurde bisher jedoch erst ein Mal Gebrauch gemacht; dementsprechend ist das Merkmal inhaltlich kaum konkretisiert.[828] Außerdem ist fraglich, welcher inhaltliche Zusammenhang eine solche Übertragung rechtfertigen soll. Sie ist daher abzulehnen.

Ein weiterer Ansatzpunkt ist, sich an den Organisationen und Verbänden zu orientieren, die für hinreichend repräsentativ erachtet wurden, ***Vertreter in den WSA*** zu entsenden, Art. 300 Abs. 2 und 302 Abs. 1 AEUV.[829] Auch in ihren Erläuterungen zum Weißbuch „Europäisches Regieren" hat die Kommission darauf hingewiesen, dass man zur Auswahl der möglichen Dialogpartner auf die Auswahlkriterien zurückgreifen könnte, die der WSA für den Dialog mit der Zivilgesellschaft aufgestellt hat.[830] In der vorliegenden Arbeit wird der WSA zwar als Teilbereich des Zivilen Dialogs aufgefasst, konstituiert ihn aber nicht vollständig. Darüber hinaus sollen in Art. 11 EUV weiteren Organisationen anders geartete Mitwirkungsmöglichkeiten eingeräumt werden. Die Dialog- und Anhörungspflicht soll auch Verbände begünstigen, die noch nicht als institutionalisierte Lobbyisten im WSA vertreten sind. Dementsprechend muss die Schwelle des Art. 11 EUV unter derjenigen des Art. 302 Abs. 1 AEUV liegen.[831]

---

827 Vgl. *Schäfer*, in: Dauses (Hrsg.), Handbuch des EU-Wirtschaftsrechts, 31. EL, 2012, A.II, Rn. 448.

828 Siehe Kapitel 3 A. III. 1. der vorliegenden Arbeit.

829 Vgl. *Schäfer*, in: Dauses (Hrsg.), Handbuch des EU-Wirtschaftsrechts, 31. EL, 2012, A.II, Rn. 448; *König*, Dialog mit den Nichtregierungsorganisationen, EuR 2004, S. 132 (144).

830 CES (2002) 357, Europäisches Regieren – ein Weißbuch, v. 20.03.2002.

831 Vgl. *Schäfer*, in: Dauses (Hrsg.), Handbuch des EU-Wirtschaftsrechts, 31. EL, 2012, A.II, Rn. 448.

Man kann aber ***Grundgedanken*** zur Auslegung des Repräsentativitäts-Merkmals heranziehen. Denn die Notwendigkeit der Rückbindung von Entscheidungen an die europäische Bevölkerung besteht auch im Zivilen Dialog nach Art. 11 EUV. Anders als beim WSA bedarf es keiner Herleitung über die Begriffe „angemessene Vertretung" beziehungsweise „Vertreter", da der Terminus „repräsentative Verbände" in Art. 11 Abs. 1 und Abs. 2 EUV selbst festgeschrieben ist.

Beim WSA meint Repräsentativität das Erfordernis, die postulierte Vertretung der verschiedenen Gruppen des wirtschaftlichen und sozialen Lebens tatsächlich in Anspruch nehmen zu können. Meist gilt eine Vertretung derjenigen wirtschaftlichen und sozialen Gruppen und Verbände als angemessen, die der Bedeutung der verschiedenen Interessen in der Wirklichkeit gerecht wird. Dies lässt sich ohne Weiteres auf die repräsentativen Verbände gem. Art. 11 EUV übertragen: Auch sie sollen der Bedeutung der verschiedenen real existierenden Interessen gerecht werden. Im Rahmen des WSA wird diskutiert, ob eine adäquate Vertretung der verschiedenen Gruppen bereits auf nationaler Ebene, oder erst auf Unionsebene gesichert werden muss. Der WSA als beratendes Organ der EU wurzelt noch stark in nationalstaatlichen Vorstellungen. Zwar können die Mitgliedstaaten Vertreter für sie bedeutsamer europäischer Organisationen unabhängig von deren Staatsangehörigkeit benennen, von dieser Möglichkeit wird aber nur selten Gebrauch gemacht. Es kann im Zivilen Dialog nicht (nur) darum gehen, die zivilgesellschaftlichen Verhältnisse in den Mitgliedstaaten abzubilden, vielmehr muss immer stärker die zivilgesellschaftliche Landschaft auf EU-Ebene berücksichtigt werden, denn es soll eine angemessene Repräsentation der *europäischen* Zivilgesellschaft erreicht werden. Bei der zivilgesellschaftlichen Einbindung nach Art. 11 EUV spielen die mitgliedstaatlichen Regierungen keine entscheidende Rolle. Es bedarf keines Vorschlags von ihrer Seite, welche Organisationen in den Dialog mit Unionsorganen treten sollen. Dies hat auch Auswirkungen auf das Verständnis von europäischer Zivilgesellschaft: Anstatt die Summe der nationalen Zivilgesellschaften zu sein, kann sie als originär und eigenständig begriffen werden. Die Nationalität von zivilgesellschaftlichen Organisationen sollte *eines* der Kriterien, etwa neben ihrer inhaltlichen Ausrichtung sein. Trotzdem sollte aber gesichert werden, dass ein zivilgesellschaftliches Meinungsspektrum aus allen Mitgliedstaaten vertreten ist.

Der WSA hat in einigen Mitteilungen betont, dass neben einer ***quantitativen*** auch eine ***qualitative*** Repräsentativität vorhanden sein müsse.[832] Quantitative Repräsentativität meint, dass eine bestimmte Anzahl von Unionsbürgern

832 CES 535/2001, Stellungnahme WSA „Die organisierte Zivilgesellschaft und europäische Governance", v. 25.04.2001, S. 6, Rn. 3.4.

repräsentiert werden müsse. Qualitative Repräsentativität soll verstanden werden als „eine durch entsprechende Organisationsstruktur und Expertise garantierte Fähigkeit, kompetent und konstruktiv am Meinungs- und Entscheidungsbildungsprozess mitzuwirken.“[833]

Eine Kooperation mit der Zivilgesellschaft kann in allen spezifischen Politikfeldern der Union stattfinden. Dementsprechend sollte ein permanenter, strukturierter Dialog mit der Zivilgesellschaft auf einem ***themenspezifischen Ansatz*** beruhen und berücksichtigen, um welchen Sachgegenstand es bei einer Gesetzesinitiative geht. Teilnehmende Organisationen können immer nur im Hinblick darauf ausgewählt werden. Somit kann es sich auch beim Zivilen Dialog gem. Art. 11 Abs. 2 EUV nur um eine stets neu und von Fall zu Fall vorzunehmende Entscheidung handeln. Die Beurteilung der (Gesamt-) Repräsentativität kann immer nur im Hinblick auf den Inhalt einer Maßnahme erfolgen. Ein sinnvoll und praktikabel erscheinender Vorschlag ist es, dass die am Zivilen Dialogs teilnehmenden Organisationen verpflichtet werden, anhand ihrer Satzung und der bisher geleisteten Arbeit ihre Zielrichtung und ihre Expertise in Bezug auf das spezifische Thema darzulegen.[834] Nach diesen Kriterien richtet sich auch die Verleihung eines Konsultativstatus an NGOs beim Wirtschafts- und Sozialrat der Vereinten Nationen.[835] An dieser Stelle ist aber bereits darauf hinzuweisen, dass zwischen dem *Zugang* zum Zivilen Dialog, und der *Gewichtung* der in diesem Dialog abgegebenen Stellungnahmen unterschieden werden muss. Darauf wird im Zusammenhang mit den Kriterien aus dem Sozialen Dialog vertieft eingegangen.[836]

D. Europarat

Für die Fragestellung der vorliegenden Arbeit interessant erscheint auch die recht weitgehende Einbindung von NGOs im Europarat. Bereits 1952 führte der Europarat einen Konsultativstatus (*consultative status*) für NGOs ein,[837] der im Jahr 2003 durch den Teilnehmerstatus (*participatory status*) abgelöst wurde. Das wichtigste vom Europarat ausgearbeitete Abkommen dürfte die Europäische Menschenrechtskonvention (EMRK) darstellen.

---

833 CES 535/2001, Stellungnahme WSA „Die organisierte Zivilgesellschaft und europäische Governance“, v. 25.04.2001, S. 6, Rn. 3.4.

834 *König*, Dialog mit den Nichtregierungsorganisationen, EuR 2004, S. 132 (144).

835 Vgl. *Klein/Schmahl*, in: Graf Vitzthum (Hrsg.), Völkerrecht, 5. Aufl. 2010, S. 339, Rn. 160.

836 Siehe Kapitel 3, D. III. 2. der vorliegenden Arbeit.

837 *Brummer*, Der Europarat, 2008, S. 247.

I. EMRK und Vertrag von Lissabon

Wie der EuGH in seinem Gutachten 1996 festgestellt hatte, fehlte der EU nach bisherigem Stand des Rechts eine Kompetenz zum Beitritt zur EMRK.[838] Art. 6 Abs. 2 EUV sieht nun ausdrücklich den Beitritt zur EMRK vor, durch dessen Vollzug die EU formal und direkt, statt wie bisher mittelbar oder auf Grund der völkerrechtlichen Verantwortlichkeit ihrer Mitgliedstaaten an die Garantien der EMRK gebunden wird. Allerdings setzt der Beitritt Anpassungen der EMRK voraus. Der Europarat hat auf diese Entwicklungen zügig reagiert und mit Art. 17 des Protokolls Nr. 14 vom 14. Mai 2004[839] einen neuen Absatz 2 in Art. 59 EMRK eingefügt, der die Beitrittsmöglichkeit für die Europäische Union einräumt. Das Protokoll ist am 1. 6. 2010 in Kraft getreten.

II. Teilnehmerstatus und Repräsentativität

Bereits 1952 führte der Europarat einen Konsultativstatus (*consultative status*) für NGOs ein,[840] der im Jahr 2003 durch den Teilnehmerstatus (*participatory status*) abgelöst wurde. Um Teilnehmerstatus zu erhalten, muss eine NGO ***repräsentativ*** für ihr Tätigkeitsfeld sein. Außerdem soll sie auf europäischer Ebene, beziehungsweise möglichst europaweit tätig sein. Von einer NGO wird darüber hinaus erwartet, dass sie das Bewusstsein für die Aktivitäten der Organisation in der Öffentlichkeit steigern kann.

Neben dem Teilnehmerstatus gibt es auch einen Partnerschaftsstatus: Ersterer bezieht sich auf internationale, Letzterer auf nationale NGOs. Während es beim Teilnehmerstatus eine Art Auswahlverfahren gibt, kann der Generalsekretär den Partnerschaftsstatus allen nationalen NGOs zuweisen, mit denen der Europarat Abmachungen (*specific agreements*) hinsichtlich der Umsetzung seines Arbeitsprogramms hat.

III. Bewertung

Der Rolle eines Motors für die europäische Einigung, die dem Europarat ursprünglich zugedacht war, konnte er in der Praxis nicht gerecht werden. Mangels Entscheidungs- und Umsetzungskompetenzen blieb die Wirkung von Europaratsbeschlüssen gering. Der Ausschuss dient aber auch heute noch als institutionelle Klammer zwischen der EU und den Europaratsmitgliedern, die keine

838 EuGH Slg. 1996, I-1759 – Gutachten 2/94.

839 BGBl 2006 II 138; EuGRZ 2005, 278 ff; in Kraft seit 1.6.2010.

840 *Brummer*, Der Europarat, 2008, S. 247.

EU-Beitrittsperspektive haben.[841] Indem er NGOs als Ausdruck der Interessen und Anliegen der europäischen Bürger und der Zivilgesellschaft anerkennt und zivilgesellschaftlichen Organisationen eine wichtige Rolle bei der Umsetzung seiner Ziele zuweist, kann er für die Einbindung zivilgesellschaftlicher Organisationen Beispielcharakter haben.

1. *Kriterien der Kampfkraft*

Ein anderer Ansatz ist es, auf die gemeinsamen Grundsätze der nationalen Gerichte über die Kampfkraft von kollektiven Koalitionen, wie zum Beispiel Gewerkschaften, zurückzugreifen.[842]

Im nationalen Recht überlassen der Staat (und das gesetzgebende Parlament) die Gestaltung der Arbeits- und Wirtschaftsbedingungen der gegenläufigen Autonomie der Tarifparteien unter der Voraussetzung, dass beide Seiten prinzipiell mit gleicher Kampfkraft teilnehmen.[843] Das deutsche Arbeitsrecht verlangt von einer Arbeitnehmervereinigung „Durchsetzungskraft" oder „soziale Mächtigkeit". Sie müsse von ihrem sozialen Gegenspieler ernst genommen werden, so dass die Arbeitsbedingungen nicht einseitig von der Arbeitgeberseite festgelegt, sondern tatsächlich ausgehandelt werden. Habe eine Partei bereits aktiv am Tarifgeschehen teilgenommen, belege dies regelmäßig ihre Durchsetzungskraft. Zudem müsse eine Organisation von ihrem organisatorischen Aufbau her in der Lage sein, die ihr gestellten Aufgaben zu erfüllen. Voraussetzung für die Teilnahme am Tarifgeschehen sei aber weder eine Mindestmitgliederzahl, noch dass sie in Betrieben vertreten ist, die dem räumlichen und fachlichen Geltungsbereich eines Tarifvertrags unterfallen. Die Statuten der Organisation müssen demokratischen Grundsätzen entsprechen, insbesondere müsse ihre demokratische Willensbildung gewährleistet sein.[844]

Nicht nur im Sozialen Dialog, erst recht im Zivilen Dialog auf Unionsebene stellt sich die Situation anders dar. Eine „Waffengleichheit" zwischen verschiedenen Seiten ist nicht erforderlich, denn es kommt zu keiner Ausschaltung der Europäischen Organe. Vielmehr sind diese weiterhin für die Wahrung

---

841 *Holeschovsky* in: *Mickel/Bergmann* (Hrsg.), Handlexikon der Europäischen Union, 4. Aufl., 2012, zu „Europarat".

842 Vgl. *Schäfer*, in: Dauses (Hrsg.), Handbuch des EU-Wirtschaftsrechts, 31. EL, 2012, A.II, Rn. 448.

843 *Badura/Rittner/Rüthers*, Mitbestimmungsgesetz 1976 und Grundgesetz, 1977, S. 243 ff.

844 *Michalski,* 2008, S. 193, Rn. 783.

der Ausgewogenheit unterschiedlicher Interessen verantwortlich. Oftmals gibt es auch keine antagonistischen Seiten mit derart klar definierten, entgegengesetzten Interessen wie Arbeitnehmer- und Arbeitgeber-Organisationen. Es ist daher schwer einsichtig, warum ausgerechnet Grundsätze zur Kampfkraft übertragen werden sollten.

Übertragen lassen sich aber die Anforderungen an die organisatorische Struktur. Schon der Verbandsbegriff in Art. 11 EUV verlangt, dass eine Organisation über einen gewissen Grad organisatorischer Verfestigung (Dauer, Statut, Organe) verfügt. Ebenso wie es keine Voraussetzung für die Durchsetzungskraft ist, dass eine Organisation über eine Mindestmitgliederzahl verfügt oder im räumlichen und fachlichen Geltungsbereich eines Tarifvertrags vertreten ist, bedürfen auch die am Zivilen Dialog nach Art. 11 Abs. 2 EUV teilnehmenden Organisationen keiner überregionalen Ausdehnung oder einer durch die Mitgliederzahl implizierten Mindestwirkung auf die öffentliche Meinungsbildung.

2. *Kriterien aus dem Sozialen Dialog*

Man könnte auch auf die Auslegung des Repräsentativität-Merkmals, die es im Rahmen des Sozialen Dialog maßgeblich durch die Rechtsprechung des EuG erfahren hat, rekurrieren. Zwar wurde der systematische Zusammenhang von Sozialem Dialog und Zivilem Dialog, wie er noch im Verfassungsentwurf bestand, mit dem Vertrag von Lissabon aufgegeben. Auch gibt es eklatante Unterschiede zwischen Sozialem und Zivilem Dialog, die Modifikationen erforderlich machen. Es gibt aber Gemeinsamkeiten, die eine (modifizierte) Übertragung rechtfertigen können.

Schon die Terminologie („Sozialer Dialog“ und „Ziviler Dialog“) lässt Gemeinsamkeiten vermuten. Man könnte in Anlehnung an die „Sozialpartner“ von „Zivilpartnern“ sprechen. Auch im Sozialen Dialog auf Unionsebene geht es – anders als im nationalen Arbeitsrecht – um Konsens, nicht um Antagonie. Damit der Zivile Dialog demokratisch legitimiert ist, müssen die teilnehmenden *Zivilpartner* im Hinblick auf den Regelungsgegenstand repräsentativ sein. Zwar existiert selbst im Sozialen Dialog keine abstrakte Definition des Merkmals „Repräsentativität“, das EuG hat aber Kriterien entwickelt, anhand derer Repräsentativität bestimmt werden kann. Namentlich sind das die allgemeine oder spezifische Bestimmung einer Organisation, die Anzahl der von ihr vertretenen Mitglieder und ihre wirtschaftliche Bedeutung. Dabei sei immer ein Vergleich anzustellen zwischen beteiligten und nicht beteiligten Organisationen.

Im Sozialen Dialog muss man zwischen der Anhörungs- und der Verhandlungsphase unterscheiden. Die Kriterien in der Anhörungsphase sind weniger streng als in der Verhandlungsphase, denn während es in ersterer hauptsächlich darum geht, eine Pluralität an Meinungen einzuholen, können nur in letzterer Vereinbarungen mit Bindungswirkung für Dritte geschlossen werden. Auch im Zivilen Dialog müsste man danach fragen, mit welchem Ziel und in welcher Phase der Dialog mit den „repräsentativen“ Verbänden stattfinden soll. Die Beteiligung von Bürgern und Verbänden ist nicht auf die Phase der Rechtsetzung beschränkt, sondern erstreckt sich auf die Anwendung von EU-Recht. Das Thema der vorliegenden Arbeit ist aber die Einbindung von zivilgesellschaftlichen Organisationen in die europäische Recht*setzung*. Hier sieht die konkrete Beteiligung meist so aus, dass vor Erlass eines Rechtsaktes zivilgesellschaftliche Organisationen von der Kommission angehört werden, etwa auf der Grundlage von Grün- oder Weißbüchern. Wenn die Kommission einen Rechtsetzungsvorschlag erarbeitet, stellen für gewöhnlich Interessenverbände (nach Aufforderung) Informationsmaterial bereit. Die Verbände lassen die Kommission zudem frühzeitig wissen, ob aus bestimmten Interessengruppen Unterstützung für einen Vorschlag zu erwarten ist.

Ein solches Verfahren fand etwa zur Revision der Verordnung (EG) Nr. 44/2001 über die gerichtliche Zuständigkeit und die Anerkennung und Vollstreckung von Entscheidungen in Zivil- und Handelssachen statt.[845] Die im Jahr 2000 ergangene Verordnung sollte überarbeitet werden. Dazu veröffentliche die Kommission ein Grünbuch[846] und bat um Stellungnahmen zu den angesprochenen Änderungsvorschlägen. Es gingen rund 130 Stellungnahmen von Mitgliedstaaten, Nichtmitgliedstaaten, Wirtschaftsverbänden, großen Unternehmen, Anwaltskanzleien und anderen Interessierten ein. Diese Stellungnahmen wurden von der Kommission ausgewertet und in die Revision der Verordnung eingearbeitet. Der (endgültige) Erlass der Rechtsakte findet dann durch die europäischen Legislativorgane (Kommission, Rat, Parlament) statt. Daher ist der *Zugang* zum Zivilen Dialog gem. Art. 11 Abs. 2 EUV am ehesten mit der ***Anhörungsphase*** des Sozialen Dialogs vergleichbar. Es sollten also die Repräsentativitätskriterien aus dieser Phase des Sozialen Dialogs herangezogen werden. Dementsprechend muss es primärer Aspekt der Auswahlentscheidung sein, eine Pluralität an Meinungen einzuholen. Eine unterschiedliche *Gewichtung* der Stellungnahmen muss dann durch die Unionsorgane erfolgen und sich an den oben genannten Kriterien allgemeine oder spezifische Bestimmung einer Organisation, Anzahl der von ihr vertretenen Mitglieder und wirtschaftliche Bedeutung orientieren.

---

845 ABl. 2001 Nr. L 12 S. 1, ber. ABl. L 307 S. 28 und ABl. 2010 Nr. L 328 S. 36

846 KOM (2009) 175 endg., v. 21.02.2009.

Das Merkmal der ***bisherigen Teilnahme*** am Zivilen Dialog kann nur eine begrenzte Indizwirkung entfalten, da der Zivile Dialog (anders als der Soziale Dialog) nicht auf eine entsprechend lange Tradition zurück blicken kann. Dieses Merkmal könnte aber in Zukunft immer wichtiger werden. Ebenso wie im Sozialen Dialog darf seine Anwendung auf keinen Fall dazu führen, dass der Zugang zum Dialog für neue Organisationen unverhältnismäßig erschwert oder gar unmöglich gemacht wird.

Der Soziale Dialog kann bilateral (zwischen den Sozialpartnern) oder trilateral (unter Einbeziehung der Unionsorgane) ausgestaltet sein. Im Zivilen Dialog findet aktuell nur ein ***„dreiseitiger Dialog“*** zwischen Organisationen der Zivilgesellschaft und den europäischen Organen statt. Fraglich ist, ob analog zum Sozialen Dialog auch ein zweiseitiger Dialog denkbar ist. Die Frage ist zu verneinen. Während es im Sozialen Dialog durch die Verhandlungen der antagonistischen Parteien der Arbeitnehmer- und Arbeitgebervertreter (idealerweise) zu einem gerechten Ausgleich widerstreitender Interessen kommt, existieren ähnlich etablierte Antagonismen in anderen Politikfeldern nicht. Zwar kann man sich durchaus Gegensätze vorstellen wie etwa Umweltschutz- und Industrieorganisationen, meist werden diese aber (zumindest in Teilbereichen) von den Arbeitsmarktparteien vertreten. Die Interessen sind außerdem zu mannigfaltig, als dass es immer etablierte antagonistische Positionen gäbe. Wenn durch eine Maßnahme etwa die Interessen von Umweltschutz-, Alten-, Kulturorganisationen betroffen sind, geht es nicht um einen Ausgleich widerstreitender Interessen, sondern darum, verschiedene Vertreter dieser mannigfaltigen Interessengebiete anzuhören und zu berücksichtigen.

3. *Fazit*

Wenn in Art. 11 EUV die Rede von „der Zivilgesellschaft“ ist, kann auf die vom WSA entwickelte, enumerative Definition zurück gegriffen werden. „Verbände“ meint zunächst Gruppierungen, die über eine gewisse organisatorische Verfestigung verfügen. Hinsichtlich ihrer „Repräsentativität“ muss man zwischen der grundsätzlichen *Zulassung* von Organisationen zum Zivilen Dialog und der anschließenden *Gewichtung* ihrer Beiträge unterscheiden.

Zum Zivilen Dialog zugelassen werden sollte eine möglichst große Anzahl von Organisationen. Zwingende Voraussetzung ist (nur) ihre innere demokratische Struktur. Wenn es aber um die Gewichtung der Stellungnahmen geht, müssen die Unionsorgane weitere Kriterien einfließen lassen. Dies ist einmal die nationale oder transnationale Herkunft einer Organisation. Außerdem können die allgemeine oder spezifische Bestimmung einer Organisation, die Anzahl der von ihr vertretenen Mitglieder und ihre wirtschaftliche Bedeutung berücksichtigt werden. Dabei ist die Repräsentativität stets abhängig von dem jeweiligen Politikbereich, in dem die Union tätig werden möchte. Die am Zivilen Dialog teilnehmenden Organisationen könnten verpflichtet werden, anhand ihrer Satzung und der bisher geleisteten Arbeit ihre Zielrichtung und Expertise in Bezug auf das spezifische Thema darzulegen.

IV. Art. 11 Abs. 3 EUV – Betroffenenanhörungen

Abs. 3 des Art. 11 EUV verpflichtet speziell die Kommission, zur Gewährleistung von Kohärenz und Transparenz des Unionshandelns umfangreiche Betroffenenanhörungen durchzuführen.[847]

Wenig geklärt ist die Frage, wer als „Betroffener" im Sinne der Vorschrift zu verstehen ist. Umfassende Anhörungen betroffener Institutionen und Gruppen sind aber kein neues Phänomen. Die Kommission konsultiert traditionsgemäß externe Interessengruppen bei der Gestaltung nahezu aller Politikbereiche. Insofern kodifiziert Abs. 3 lediglich die bestehende Praxis der Kommission.[848]

Im Sozialen Dialog ist es ein Kriterium zur Bestimmung von Repräsentativität, ob eine Regelung für eine (nicht beteiligte) Organisation nachteilige Regelungen beinhaltet, etwa finanzielle oder rechtliche Zwänge auferlegt. In diesem Fall müsste man wohl auch von einer Betroffenheit im Sinne des Art. 11 Abs. 3 EUV ausgehen.

Der Begriff der Betroffenen in Art. 11 Abs. 3 EUV erfasst nicht nur Verbände, sondern auch den einzelnen Bürger.[849] Anders als Art. 11 Abs. 2 EUV garantiert Abs. 3 aber kein Recht auf Durchführung einer konkreten Anhörung.[850]

V. Art. 11 Abs. 4 EUV – Bürgerinitative

Neu wurde mit dem Vertrag von Lissabon in Art. 11 Abs. 4 EUV das Recht der Bürgerinitiative eingeführt. Ein Quorum von mindestens einer Million Unionsbürgern, die aus einer „erheblichen Anzahl" von Mitgliedstaaten stammen, kann die Kommission auffordern, Vorschläge für Rechtsakte zu

---

847 *Kaufmann-Bühler*, in Lenz/Borchardt (Hrsg.), EU-Verträge, 6. Aufl. 2013, Art. 11 EUV, Rn. 7.

848 Vgl. zu Art. I-47 VV *Ruffert* in: in: Calliess (Hrsg.), Verfassung der EU, 2006, Rn. 9.

849 Vgl. *Ruffert*, in: Calliess/Ruffert (Hrsg.), EUV/AEUV, 4. Aufl. 2011, Art. 11 EUV, Rn. 8; vgl. zu Art. I-47 VV *Ruffert* in: Calliess (Hrsg.), Verfassung der EU, 2006, Rn. 9.

850 *Nettesheim*, in: Grabitz/Hilf/Nettesheim (Hrsg.), Das Recht der EU, 48. EL, 2012, Art. 11 EUV, Rn. 11; *Ruffert*, in: Calliess/Ruffert (Hrsg.), EUV/AEUV, 4. Aufl. 2011, Art. 11 EUV, Rn. 8.

unterbreiten. Streitig ist, ob diese Vorschrift eine Verpflichtung der Kommission zur Vorlage begründet und damit eine Durchbrechung ihres Initiativmonopols darstellt.[851] Jedenfalls findet hier ein originär plebiszitäres Element Eingang in das europäische Primärrecht. Art. 11 Abs. 4 UAbs. 2 EUV i.V.m. Art. 24 Abs. 1 AEUV verweist auf die Ausgestaltung der näheren Verfahrensbestimmungen durch Verordnung.[852] Eine solche ist mit der Verabschiedung der VO 211/2011 (Abl. 2011 Nr. L 65/1) erfolgt. Demnach ist eine Initiative von einer Gruppen an EU-Bürgern und -Bürgerinnen einzubringen, die aus mindestens sieben verschiedenen Mitgliedstaaten stammen. Der Sachgegenstand der Initiative darf nicht offensichtlich außerhalb der Kommissionkompetenzen liegen und nicht gegen die in Art. 2 EUV niedergelegten Werte der EU verstoßen. Die Organisatoren haben maximal zwölf Monate Zeit, um alle erforderlichen Unterlagen beisammen zu bekommen. Eine „erhebliche Anzahl an Mitgliedstaaten" ist dann erreicht, wenn die Unterschriften aus mindestens einem Viertel der Staaten stammen. Zusätzlich gilt für jedes Mitgliedsland eine degressiv proportionale Mindestschwelle. Die Kommission hat ihrerseits drei Monate Zeit, eine Bürgerinitiative formell und materiell zu prüfen.[853]

Die VO 211/2011 wird ergänzt durch nationale Durchführungsbestimmungen, in Deutschland etwa das Gesetz zur Europäischen Bürgerinitiative (EBlG v. 7.3.2012, BGBl. 2012 I, 446).[854]

Das europäische Bürgerbegehren hat viel Aufmerksamkeit erhalten. Es wurde nicht nur von vielen NGOs begrüßt, sondern war auch in den Medien häufiges Thema.[855] Verbreitet wird die neu eingeführte Bürgerinitiative als wichtiger

---

851 Dafür *Ruffert*, in: Calliess/Ruffert (Hrsg.), EUV/AEUV, 4. Aufl. 2011, Art. 11 EUV, Rn. 19; *Fischer*, Der Europäische Verfassungsvertrag, 2005, Art. I–47, Rn. 6; vgl. auch *Fischer*, Der Vertrag von Lissabon, 2. Aufl., 2010, Art. 11, Rn. 1; dagegen: *Folz*, in: Vedder/Heintschel vHeinegg (Hrsg.), Europäisches Unionsrecht, 1. Aufl. 2012, Art. 11 EUV, Rn. 3; auch schon *Folz*, in: Vedder/Heintschel vHeinegg/Beutel (Hrsg.), Europäischer Verfassungsvertrag, 2007, Art. I-47, Rn. 3; *Schwarze*, Ein pragmatischer Verfassungsentwurf, EuR 2003, 535 (556 f); *Streinz/Ohler/Herrmann*, Der Vertrag von Lissabon zur Reform der EU, 3. Aufl. 2010, § 6 V.

852 *Biervert*, Schwarze (Hrsg.), EU-Kommentar, 3. Aufl. 2012, Art. 11 EUV, Rn. 4.

853 *Biervert*, in: Schwarze (Hrsg.), EU-Kommentar, 3. Aufl. 2012, Art. 11 EUV, Rn. 4.

854 *Kaufmann-Bühler*, in: Lenz/Borchardt (Hrsg.), EU-Verträge, 6. Aufl. 2013, zu Art. 11 EUV, Rn. 10.

855 Unter anderem: „Europa gibt sich ein neues Fundament", in: Hamburger Abendblatt, 20.10.2007.

Beitrag zur Stärkung der europäischen Demokratie angesehen.[856] Im Unterschied zu den Anhörungen nach Art. 11 Abs. 2 EUV werde partizipatorische Demokratie hiermit (auch) als Mitwirkung vieler Bürger und nicht als Konsultation mit Interessenverbänden und Organisationen der Zivilgesellschaft konzeptualisiert.[857] Da sich die vorliegende Arbeit aber mit der Einbindung der *organisierten* Zivilgesellschaft beschäftigt, wird sie auf die Bürgerinitiative nicht vertieft eingehen. Allerdings werden auch Zusammenschlüsse von Bürgern und zivilgesellschaftliche Organisationen die Möglichkeit haben, für wichtige Themen Unterstützung zu sammeln und so die Kommission direkt aufzufordern, konkrete Gesetzgebungsvorschläge zu machen."[858]

Die Initiativen sind darauf beschränkt, die Kommission aufzufordern, in ihrem Zuständigkeitsbereich einen Vorschlag für einen Rechtsakt der Union vorzulegen und damit ein Gesetzgebungsverfahren in Gang zu setzen.[859] Umstritten ist, welche Pflichten die Kommission beim Umgang mit europäischen Bürgerinitiativen hat. Teilweise wird vertreten, die Kommission sei nicht verpflichtet, einer Bürgerinitiative zu entsprechen und einen durch diese initiierten Rechtsakt vorzuschlagen.[860] Demgegenüber meinen andere, dass die Kommission einen Rechtsakt unterbreiten müsse.[861] Wieder andere sind der Auffassung, die Kommission dürfe nur in begründeten, engen Ausnahmefällen keinen Vorschlag vorlegen.[862] Damit sich die Bürgerinitiative als wirkungsvolles Instrument bewähren

---

856 *Schäfer*, in: Dauses (Hrsg.), Handbuch des EU-Wirtschaftsrechts, 31. EL, 2012, Rn. 450; *Ruffert*, in: Calliess/Ruffert (Hrsg.), EUV/AEUV, 4. Aufl. 2011, Art. 11 EUV, Rn. 14; kritisch: *Huber*, in: Streinz (Hrsg.), EUV/AEUV, 2. Aufl. 2012, Art. 11 EUV, Rn. 59.

857 *Nettesheim*, in: Grabitz/Hilf/Nettesheim (Hrsg.), Das Recht der EU, 48. EL, Juli 2012, Art. 11 EUV, Rn. 30.

858 *Leinen/Kreutz*, Herausforderung partizipative Demokratie: Zivilgesellschaft und direkte Demokratie im Vertrag von Lissabon, integration 3/2008, 241, S. 250.

859 *Geiger*, in Geiger/Khan/Kotzur (Hrsg.): EUV/AEUV, 5. Aufl. 2010, Art. 11 EUV Rn. 3; *Kaufmann-Bühler*, in: Lenz/Borchardt (Hrsg.), EU-Verträge, 6. Aufl. 2013, Art. 11 EUV, Rn. 12.

860 *Folz*, in: Vedder/Heintschel vHeinegg (Hrsg.), Europäisches Unionsrecht, Art. 11 EUV, Rn. 3; schon zu Art. I-47 VV m.w.N. *Folz*, in: Vedder/Heintschel vHeinegg (Hrsg.), Verfassungsvertrag, 2007, Rn. 3.

861 *Epiney*, Europäische Verfassung und Legitimation durch die Unionsbürger, in: Kadelbach (Hrsg.), Europäische Verfassung und direkte Demokratie, 2006, S. 33, 49 f.; *Fischer*, Der Europäische Verfassungsvertrag, 2005, S. 202; vgl. auch *Fischer*, Der Vertrag von Lissabon, 2. Aufl. 2010, Art. 11, Rn. 1.

862 Zu Art. I-47 VV *Ruffert*, in: Calliess (Hrsg.), Verfassungsvertrag, 2006, Rn. 19; *Ruffert*, in: Calliess/Ruffert (Hrsg.), EUV/AEUV, 4. Aufl. 2011, Art. 11 EUV, Rn. 19.

kann und so die gewünschte Partizipation der europäischen Bevölkerung tatsächlich erreicht wird, muss die Kommission grundsätzlich verpflichtet sein, ihr nachzukommen und einen entsprechenden Vorschlag zu unterbreiten. Ihrer Rolle als Motor der Integration und Hüterin der Verträge ist aber ein Ermessen sowohl in zeitlicher als auch in inhaltlicher Hinsicht geschuldet.

VI. Demokratische Legitimation

Die Einbeziehung der Zivilgesellschaft kann und soll parlamentarische Strukturen nicht ersetzen,[863] sondern ergänzen. Die zusätzliche Beteiligung von zivilgesellschaftlichen Organisationen kann zu einem kompensatorischen Legitimationszuwachs und zur Sicherung von Akzeptanz durch die Nutzung der inhaltlichen Sach- und Betroffenennähe führen. Gleichzeitig werden die Unionsorgane bei der regelmäßig schwierigen Aufgabe materieller Unionsgesetzgebung unterstützt.

1. Alternative Demokratietheorien

Die EU als überstaatliches Gebilde sui generis lässt sich nicht nach auf den Nationalstaat zugeschnittenen demokratischen Kriterien beurteilen. Aber auch Erklärungen, die ihre Legitimität ausschließlich aus den Politikergebnissen, also der ***Output-Legitimation***, herleiten, werden zunehmend nicht mehr akzeptiert. Vielmehr wird eine Kombination von input- und output-orientierten Legitimationsquellen gefordert. Manche meinen, „sowohl die Input- als auch die Output-Legitimation der Europäischen Union werden mit Inkrafttreten des Lissabonner Vertrages gestärkt.“[864] Andere urteilen dagegen, „was gegenwärtig in Brüssel unter dem Schlagwort der zivilgesellschaftlichen Partizipation passiert, ist kein Ausbau input-orientierter Legitimation, vielmehr wird durch die Struktur der europäischen Interessenpolitik bestenfalls die Output-Leistung des EU-Apparates durch die Bereitstellung von Expertise seitens der Interessengruppen erreicht.“[865]

---

863 *Leinen/Kreutz*, Herausforderung partizipative Demokratie: Zivilgesellschaft und direkte Demokratie im Vertrag von Lissabon, integration 3/2008, 241, S. 244.

864 *Leinen/Kreutz*, Herausforderung partizipative Demokratie: Zivilgesellschaft und direkte Demokratie im Vertrag von Lissabon, integration 3/2008, S. 241.

865 *Freise*, Was meint Brüssel eigentlich, wenn von Zivilgesellschaft die Rede ist?, Forschungsjournal NSB, Jg. 21, 2/2008, S. 16 (23), unter Verweis auf *Coen*, Empirical and theoretical studies in EU lobbying, in: JEPP 2007, S. 333–345.

2. Dreispuriges Legitimationsmodell

In dieser Arbeit wird die These vertreten, dass ein Demokratiedefizit der Europäischen Union dadurch beseitigt oder zumindest abgemildert werden kann, dass den Bürgerinnen und Bürgern in stärkerem Maße als bisher Möglichkeiten der politischen Partizipation eingeräumt werden.

Hinsichtlich der demokratischen Legitimation von zivilgesellschaftlichen Akteuren werden verschiedene Erklärungsansätze bemüht, die auf einer mehrspurigen Legitimationsstruktur basieren. Während die vorliegende Arbeit ein dreispuriges Legitimationsmodell zugrunde legt, existieren ebenso Ansätze, die von vier demokratischen Legitimationssträngen[866] oder von einer zweifachen parlamentarischen Abstützung[867] sprechen.

Diejenigen, die als besonderes Charakteristikum der Europäischen Union ihre ***zweifache parlamentarische Abstützung*** identifizieren, sehen ihre demokratische Legitimation zum einen unmittelbar durch das Europäische Parlament, zum anderen mittelbar durch die einzelstaatlichen Parlamente in den Mitgliedstaaten gewährleistet. Diese Sichtweise vernachlässigt aber die besondere, in ihrer Bedeutung gewachsene Rolle zivilgesellschaftlicher Partizipation.

Andere vertreten, die reformierte Union verfüge über ***vier demokratische Legitimationsstränge***[868]: (1) die von ihren nationalen Parlamenten gewählten Regierungen der Mitgliedstaaten als Vertreter der einzelstaatlichen Interessen im Ministerrat, (2) das aus Direktwahlen hervorgegangene Europäische Parlament, (3) den Willen der Unionsbürger, kundgetan in den Wahlen zum Europäischen Parlament, zu den nationalen Volksvertretungen und in der Form des unionsweiten Bürgerbegehrens (Art. 11 Abs. 4 EUV), sowie (4) die nationalen Parlamente, denen der Vertrag von Lissabon in Art. 12 EUV erweiterte Mitwirkungsrechte einräume.

Den Unionsbürgern und ihren bürgerschaftlichen Mitwirkungsmöglichkeiten sind gesteigerte Bedeutung beizumessen. Der in dieser Arbeit vertretene Demokratiebegriff behandelt allerdings die „von ihren nationalen Parlamenten gewählten Regierungen der Mitgliedstaaten (…) im Rat der EU“ als Vertreter der nationalen Parlamente und fasst so die Legitimationsstränge (1) und (4)

866 *Schäfer*, in: Dauses (Hrsg.), Handbuch des EU-Wirtschaftsrechts, Band 1, 31. EL, 2012, A.II, Rn. 445.

867 *Kaufmann-Bühler*, in: Lenz/Borchardt (Hrsg), EU-Verträge, 6. Auf. 2013, Art. 10 EUV, Rn. 5.

868 Vgl. *Schäfer*, in: Dauses (Hrsg.), Handbuch des EU-Wirtschaftsrechts, Band 1, 31. EL, 2012, A.II, Rn. 445.

zusammen. Nach dem ***dreistufigen Legitimationsmodell*** treten neben die nationalen Parlamente, die vor allem über den Ministerrat vermittelt werden, und neben das Europäische Parlament die europäischen Bürger mit originär unionsrechtlichen Mitwirkungsmöglichkeiten.

Die bereits bekannten und diskutierten Schwächen der (klassischen) europäischen Legislativorgane verstärken sich mit fortschreitender Integration. Bislang hat man oftmals eine Aufwertung des Europäischen Parlaments als Königsweg zur besseren demokratischen Legitimation der EU angesehen. Angesichts der Größe und Vielfalt der EU können die gewählten Europaabgeordneten die Aufgabe der Transmission von Bürgerinteressen und Europapolitik aber nicht mehr alleine bewältigen.[869] Ohne die Koordinierungs- und Vertretungsmacht zivilgesellschaftlicher Akteure wäre dem Einzelnen keine hinreichende Möglichkeit der Durchsetzung von Interessen sowie Einforderung von Verantwortlichkeit gegeben.[870] Zivilgesellschaftliche Organisationen können einen wichtigen Beitrag leisten, um die Interessen von Unionsbürgern zu bündeln und an Europaabgeordnete sowie die Europäische Union heranzutragen. Damit diese ihre Rolle als zusätzliche Legitimationsverschaffer wahrnehmen und die geforderte Vertretung tatsächlich leisten können, müssen sie über ein wichtiges Merkmal verfügen: ***Repräsentativität***.

Der hier verwendete Begriff der Repräsentativität unterscheidet sich von dem der repräsentativen Demokratie. Repräsentative Demokratie bedeutet, dass Staatsgewalt nicht durch die Bürger selbst ausgeübt, sondern auf gewählte Repräsentanten übertragen wird. Diese Repräsentanten sind nicht ihren eigenen Interessen, sondern dem Gemeinwohl verpflichtet. Bei der im Rahmen des Dialogs mit zivilgesellschaftlichen Organisationen angesprochenen Repräsentativität geht es grundsätzlich auch darum, dass nicht jede Bürgerin und jeder Bürger selbst zur Mitwirkung berufen und verpflichtet ist, sondern dass „Repräsentanten" deren Interessen bündeln und koordinieren. Die hier angesprochenen Repräsentanten sind aber weniger dem Gemeinwohl als einzelnen partikularen Interessen verpflichtet. Zu einer Gemeinwohlorientierung soll es durch den Ausgleich der widerstreitenden Interessen kommen.

Repräsentativität ist kein absolutes Konzept, sondern richtet sich danach, in welchem Sachbereich und auf welcher institutionellen Ebene die Vertretung beabsichtigt ist. Zur unionsrechtlichen Präzisierung von Repräsentativität kann

---

869 *Leinen/Kreutz*, Herausforderung partizipative Demokratie: Zivilgesellschaft und direkte Demokratie im Vertrag von Lissabon, integration 3/2008, 241, S. 252.

870 *Nettesheim*, in Grabitz/Hilf/Nettesheim (Hrsg.), Das Recht der EU, 48. EL, 2012, Art. 10 EUV, Rn. 54.

man auf die im Rahmen des Sozialen Dialogs und des WSA angestellten Überlegungen zurück greifen; diese müssen aber entsprechend den Besonderheiten des Zivilen Dialogs modifiziert werden. Es wird auch für die Unionsorgane zukünftig eine wichtige Aufgabe sein, das Konzept „Repräsentativität" zu konkretisieren. Die Grundlage hierfür können theoretische Überlegungen schaffen, die dann in der Praxis ausgestaltet werden müssen. Es bleibt abzuwarten, wie sich die Unionsorgane dieser Aufgabe stellen.

Unbedingt zu beachten ist das Erfordernis der demokratischen Strukturen und Willensbildung in den beteiligten beziehungsweise zu beteiligenden Organisationen, denn andernfalls kann ihre Mitwirkung zu keinem Legitimationszuwachs in der Union führen. Die bisher etablierten und aus dem nationalen Staatsrecht bekannten Strukturen reichen jedenfalls nicht aus, um das dynamische, auf weitere Integration angelegte Gebilde der EU demokratisch abzustützen. Da die Vergangenheit gezeigt hat, dass es eine der wichtigsten Herausforderungen ist, das Konzept „Europa" den Bürgerinnen und Bürgern näher zu bringen und durch ihre Beteiligung mit Leben zu füllen, stellt die Einbindung zivilgesellschaftlicher, also originär bürgerschaftlicher Organisationen den richtigen Weg dazu dar. Bedenken hinsichtlich der demokratischen Legitimation müssen ernst genommen werden, verkennen aber meist die Spezifika der europäischen Integration. Die neuen bürgerschaftlichen Mitwirkungsmöglichkeiten stellen kein „minus" gegenüber staatlichen Strukturen dar, sondern ein „aliud". Auch Nationalstaaten könnten hier Anregungen finden, ihre Demokratie lebendiger zu gestalten. Diese verfügen lediglich über Akzeptanz durch teils jahrhundertelange Übung.

3. *Ergebnis und Ausblick*

Mit der Kodifizierung im Europäischen Primärrecht hat die Mitwirkung zivilgesellschaftlicher Organisationen an Rechtsetzungs- (und Rechtsdurchsetzungs-) Prozessen eine wichtige und eigentlich überfällige Formalisierung und Anerkennung erhalten. Zu begrüßen ist auch der Beitrag zur Entstehung einer originär europäischen Zivilgesellschaft, die die Voraussetzung für eine europäische Identität und für nachhaltige Akzeptanz dieser neuen Regierungsform darstellt. Mitwirkungsrechte von repräsentativen Verbänden sind auch an anderer Stelle der Verträge normiert, so für den Sozialen Dialog (Art. 155 AEUV) oder bei der Zusammensetzung des WSA (Art. 300 AEUV). Neu ist im Vertrag von Lissabon die umfassende Hinwendung zu allen denkbaren Gruppierungen der Zivilgesellschaft. Eine so weitgehende Institutionalisierung wie im Sozialen Dialog, in dem es zur beinahe völligen Ausschaltung der EU-Organe kommen kann, erscheint zum jetzigen Zeitpunkt utopisch. Fraglich ist, ob sie angesichts der Mannigfaltigkeit der organisierten Zivilgesellschaft und der von ihr repräsentierten Interessen überhaupt möglich und darüber hinaus wünschenswert ist.

Der Zivile Dialog ist demokratisch legitimiert, wenn die mitwirkenden Organisationen repräsentativ für den entsprechenden Regelungsbereich sind und über demokratische Strukturen verfügen. Ihre Repräsentativität beurteilt sich nach quantitativen und qualitativen Kriterien. Dabei muss die Kommission klare, überprüfbare Kriterien für die Auswahl und für die Gewichtung der unterschiedlichen Gruppen etablieren.[871] Die Kommission sollte auch darlegen, wie sie die von ihr erstrebte Ausgewogenheit zwischen den beteiligten Konsultationspartnern herbeiführen will. In welcher Weise die Abwägung im Einzelfall vorgenommen wurde, muss die Kommission aus Gründen der Transparenz bei der Begründung ihrer endgültigen Entscheidung deutlich machen; hierbei sollte sie auch offen legen, nach welchen Kriterien sie die Stellungnahmen gewichtet und unterschiedliche Interessen zum Ausgleich gebracht hat.[872]

Zudem sollten die Konsultationen – wie dies in weiten Teilen bereits gängige Praxis ist – frühzeitig stattfinden, nicht erst wenn ein Gesetzgebungsvorschlag der Kommission bereits ausgearbeitet ist. Damit das Rechtsetzungsverfahren durch die Stellungnahmen der Zivilgesellschaft nicht unnötig verlangsamt oder blockiert wird, kann man Möglichkeiten der Fristsetzung vorsehen.

VII. Dialog mit den Kirchen

Mit Art. 17 AEUV werden auch Kirchen und religiöse Vereinigungen oder Gemeinschaften erstmals im europäischen Primärrecht verankert.[873] Während es in den Abs. 1 und 2 AEUV vor allem um die Abwehr von Einwirkungen auf diese Organisationen und Personenmehrheiten geht, bezweckt Abs. 3 AEUV ihre Einbeziehung in den europäischen Integrationsprozess.[874] Fraglich ist, ob Religionsgemeinschaften zur Zivilgesellschaft im eigentlichen Sinn gehören, und wie sich der in Art. 17 Abs. 3 AEUV kodifizierte Dialog mit den „Kirchen und

---

871 *König*, Dialog mit den Nichtregierungsorganisationen, EuR 2004, S. 132 (140).

872 *König*, Dialog mit den Nichtregierungsorganisationen, EuR 2004, S. 132 (141).

873 *Classen*, in: Grabitz/Hilf/Nettesheim (Hrsg.), Das Recht der EU, 48. EL, 2012, Art. 17 AEUV, Rn. 1; *Streinz*, in: Streinz (Hrsg.), EUV/AEUV, 2. Aufl. 2012, Art. 17 AEUV, Rn. 1; *Schmidt*, in: Schwarze (Hrsg.), EU-Verträge, 3. Aufl. 2012, Art. 17 AEUV, Rn. 1.

874 *Classen*, in: Grabitz/Hilf/Nettesheim (Hrsg.), Das Recht der EU, 48. EL, 2012, Art. 17 AEUV, Rn. 12.

Gemeinschaften" zu dem in Art. 11 Abs. 2 EUV niedergelegten Dialog mit den „repräsentativen Verbänden und der Zivilgesellschaft" verhält.[875]

Den Aktivitäten von Kirchen und Religionsgemeinschaften kommt eine hohe gesellschaftliche Relevanz zu, und sie übernehmen im öffentlichen Meinungs- und Willensbildungsprozess typisch zivilgesellschaftliche Funktionen. Die EU erkennt dies an, weil sie sich davon eine Bereicherung des öffentlichen Lebens verspricht.[876] Auch der WSA und die Kommission gehen in ihren (enumerativen) Definitionen von Zivilgesellschaft davon aus, dass Kirchen und Religionsgemeinschaften zur Zivilgesellschaft zu zählen sind. Dem ist grundsätzlich zuzustimmen. Zivilgesellschaftliche Organisationen erfassen aber den Menschen regelmäßig in einem bestimmten partikularen Status – Gewerkschaften den Menschen als Arbeitnehmer, Industrieverbände den Menschen als Unternehmer. Im Unterschied dazu vertreten Religionsgemeinschaften Positionen, die über Partikularinteressen hinausgehen und stellen ihre Willensbildung in einen umfassenderen Kontext.[877] Sie treten als ethisch-moralische Instanzen auf und werden als solche respektiert.[878] Zudem können Kirchen in allen Mitgliedstaaten auf eine lange Traditionsgeschichte zurück blicken. Dies kann unter bestimmten Gesichtspunkten eine von sonstigen zivilgesellschaftlichen Organisationen abweichende Behandlung erfordern.

1. Rechtslage in den Mitgliedstaaten

Das Religionsrecht der Mitgliedstaaten weist große Unterschiede auf. In einigen Staaten wie Dänemark, Finnland, Malta und dem Vereinigten Königreich existieren staatskirchenrechtliche Traditionen; Staaten wie Frankreich dagegen sind von einem laizistischen Selbstverständnis mit strikter Trennung von Staat und Kirche geprägt. Dazwischen stehen Staaten wie Deutschland, Spanien und Italien, die zwar eine institutionelle Trennung von Staat und Kirche kennen, in

875 M.w.N. *Classen*, in: Grabitz/Hilf/Nettesheim (Hrsg.), Das Recht der EU, 48. EL, 2012, Art. 17 AEUV, Rn. 12.

876 *Söbbeke*, a.a.O.; *Muckel*, Die Rechtsstellung der Kirchen und Religionsgemeinschaften nach dem EU-Verfassungsvertrag, DÖV 2005, S. 191 (197).

877 *Classen*, in: Grabitz/Hilf/Nettesheim (Hrsg.), Das Recht der EU, 48. EL, 2012, Art. 17 AEUV, Rn. 47; *De Wall*, Das Religionsrecht der EU, ZevKR 2005, S. 383, (386); *Muckel*, Die Rechtsstellung der Kirchen und Religionsgemeinschaften nach dem EU-Verfassungsvertrag, DÖV 2005, S. 191 (197).

878 *Söbbeke*, Kirchen und weltanschauliche Gemeinschaften im Primärrecht der EU, ZSE 2008, S. 606 (636).

denen das Verhältnis aber starke korporative Elemente aufweist.[879] Insofern ist es erstaunlich, dass sich die Mitgliedstaaten auf einen gemeinsamen Kirchenartikel im europäischen Primärrecht einigen konnten.[880]

2. *Systematik und Verhältnis zum Zivilen Dialog*

Art. 17 Abs. 3 AEUV ist vom Wortlaut her vergleichbar mit Art. 11 Abs. 2 EUV. Die gesonderte Behandlung der Kirchen und Religionsgemeinschaften in Art. 17 AEUV wird teilweise als Privilegierung gegenüber sonstigen zivilgesellschaftlichen Gemeinschaften,[881] teilweise als Benachteiligung[882] interpretiert. Eine Privilegierung wird darin gesehen, dass der Dialog nach Art. 17 Abs. 3 AEUV mit der „Union" selbst stattfindet, der Dialog in Art. 11 Abs. 3 EUV hingegen nur mit ihren „Organen".[883] Dieser Auslegung ist zu widersprechen, ein qualitativer Unterschied ist hier nicht zu erkennen.[884]

Zu widersprechen ist auch der Ansicht, es handele sich um eine Ausklammerung des Religionsdialogs aus dem allgemeinen Mechanismus partizipatorischer Demokratie, die die Bedeutung von Religionsgemeinschaften als Dialogpartner reduziere und sie an den Rand des „Demokratischen Lebens der Union" dränge.[885] Diese Ansicht stützt sich maßgeblich darauf, dass der allgemeine Dialog gem. Art. 11 EUV nicht nur eine Dialogverpflichtung, sondern auch die Vorgabe, umfangreiche Betroffenenkonsultationen (Art. 11 Abs. 3 AEUV) durchzuführen, enthalte. Eine solche fehle bei Art. 17 AEUV, und dieser Nachteil werde auch nicht aufgewogen durch Hinweise auf die Anerkennung eines „besonderen Beitrags". Da die Abs. 1 und 2 des Art. 17 AEUV zudem die traditionellen Inhalte des

---

879 M.w.N. *Classen*, in: Grabitz/Hilf/Nettesheim (Hrsg.), Das Recht der EU, 48. EL, 2012, Art. 17 AEUV, Rn. 10.

880 *Classen*, in: Grabitz/Hilf/Nettesheim (Hrsg.), Das Recht der EU, 48. EL, 2012, Art. 17 AEUV, Rn. 13.

881 *Robbers*, Die religionsrechtliche Bedeutung der neuen Verfassung für die Europäische Union, Informationes Theologiae Europae, 2003, S. 9 (13).

882 *Broglio*, Religious Aspects of the Constitution, in: Ferrari (Hrsg.), God in the European Constitution, April 2004, S. VI f.; zurückhaltend *Classen*, in: Grabitz/Hilf/Nettesheim (Hrsg.), Das Recht der EU, 48. EL, 2012, Art. 17 AEUV, Rn. 41.

883 *Robbers*, Die religionsrechtliche Bedeutung der neuen Verfassung für die Europäische Union, Informationes Theologiae Europae, 2003, S. 9 (13).

884 I.E. ebenso *Söbbeke*, Kirchen und weltanschauliche Gemeinschaften im Primärrecht der EU, ZSE 2008, S. 606 (615); *Schmidt*, in: Schwarze (Hrsg.), EU-Kommentar, 3. Aufl. 2012, Art. 17 AEUV, Rn. 24.

885 *Broglio*, Religious Aspects of the Constitution, in: Ferrari (Hrsg.), God in the European Constitution, April 2004, S. VI f.

Staatskirchenrechts dem nationalen Recht zuwiesen, sei unklar, was Gegenstand des Dialogs gem. Art. 17 Abs. 3 AEUV sein solle.[886]

Diese Einwände lassen sich ausräumen. Potentielle Gegenstände des Kirchendialogs können beispielsweise gerade die Abgrenzungsfragen zwischen den Kompetenzbereichen der EU und der Mitgliedstaaten sein. Auch kommen Diskussionen über ethisch-moralische Fragen, wie beispielsweise die Behandlung des Klonens von Embryonen im EU-Recht in Betracht.[887]

Eine weitere Frage ist, ob Art. 11 EUV neben Art. 17 AEUV anwendbar bleibt. Grundsätzlich stellt Art. 17 Abs. 3 AEUV eine konkretisierende Ausformung des Grundsatzes der partizipativen Demokratie in Art. 11 EUV dar.[888] Für den „Dialog" der Union im religiös-weltanschaulichen Bereich ist Art. 17 Abs. 3 AEUV gegenüber Art. 11 Abs. 2 AEUV vorrangig anwendbar. Wenn es aber um Betroffenenanhörungen i.S.v. Art. 11 Abs. 3 AEUV geht, muss diese Vorschrift neben Art. 17 AEUV anwendbar bleiben.[889] Dafür spricht nämlich, dass die Kirchen ansonsten gegenüber anderen Betroffenen benachteiligt wären. Die Religionsfreundlichkeit des Unionsrechts verbietet aber eine Benachteiligung von Religionsgemeinschaften gegenüber anderen vom Unionshandeln Betroffenen.[890]

Aus der „Anerkennung der Identität und des besonderen Beitrags" der Religionsgemeinschaften wird gefolgert, dass von diesen nicht verlangt werden kann, sich als Voraussetzung für einen Dialog etwa auf bestimmte gemeinsame inhaltliche Positionen zu verständigen.[891] Die Organe der EU dürfen nicht die Sinndeutungen, Heilslehren etc. einer Religion oder Weltanschauung beeinflussen.[892] Dem ist zuzustimmen. Hierin liegt ein deutlicher Unterschied zum

---

886 *Broglio*, Religious Aspects of the Constitution, in: Ferrari (Hrsg.), God in the European Constitution, April 2004, S. VI f.

887 *Söbbeke*, Kirchen und weltanschauliche Gemeinschaften im Primärrecht der EU, ZSE 2008, S. 606 (637).

888 *Söbbeke-Krajeweski*, Der religionsrechtliche Acquis Communautaire der EU, 2006, S. 282; *Classen*, in: Grabitz/Hilf/Nettesheim (Hrsg.), Das Recht der EU, 48. EL, 2012, Art. 17 AEUV, Rn. 12; *Söbbeke*, Kirchen und weltanschauliche Gemeinschaften im Primärrecht der EU, ZSE 2008, S. 606 (636).

889 So auch *Söbbeke*, Kirchen und weltanschauliche Gemeinschaften im Primärrecht der EU, ZSE 2008, S. 606 (637 f.).

890 *Naumann*, Eine religiöse Referenz in einem Europäischen Verfassungsvertrag, 2008, S. 206.

891 *Leinemann*, Das Religionsrecht in Europa, in: Kreß (Hrsg.), Religionsfreiheit als Leitbild, 2004, S. 185, 196; *Robbers*, Eine neue Verfassung für die EU, ZSE 2003, 383 (397).

892 *Classen*, in: Grabitz/Hilf/Nettesheim (Hrsg.), Das Recht der EU, 48. EL, 2012, Art. 17 AEUV, Rn. 46.

Dialog nach Art. 11 Abs. 2 EUV: Während etwa Gewerkschaftsverbände von der Union zu Zurückhaltung bei Lohnforderungen aufgefordert oder Arbeitgeberverbände um die Sicherung von Arbeitsplätzen gebeten werden können, ist eine vergleichbare Beeinflussung von Religions- und Weltanschauungsgemeinschaften unzulässig.[893] Allerdings können die Unionsorgane auf Probleme hinweisen, die sie mit bestimmten religiösen oder weltanschaulichen Positionen verbinden.

Auch dürfen die Organe der EU von den Gemeinschaften nicht verlangen, dass sie ihre Positionen durch gemeinsame Repräsentanten in den Dialog einbringen sollen. Zwar können praktisch die entsprechenden Organisationen ihre Anliegen nur dann wirksam vorbringen, wenn sie ihre Interessen - im Rahmen des Möglichen - bündeln,[894] aber letztlich bleibt die Schaffung gemeinsamer Repräsentanzen über einen Dachverband verschiedener Organisationen allein deren Angelegenheit.[895]

3. *Partner des Dialogs*

Wie bereits angesprochen, nennt Art. 17 Abs. 3 AEUV als Partner des Dialogs auf der einen Seite die „Union". Im Vordergrund steht die Kommission,[896] daneben sind auch Parlament und Rat angesprochen. Die beratenden Einrichtungen (WSA und Ausschuss der Regionen) können weitere Dialogpartner sein, während ein Dialog mit den europäischen Gerichten und dem Rechnungshof wohl weniger in Frage kommt.[897] Auf der anderen Seite des Dialogs stehen die Religions- und Weltanschauungsgemeinschaften. Diese werden nach Maßgabe

---

893 *Classen*, in: Grabitz/Hilf/Nettesheim (Hrsg.), Das Recht der EU, 48. EL, 2012, Art. 17 AEUV, Rn. 46.

894 Classen, in: Grabitz/Hilf/Nettesheim (Hrsg.), Das Recht der EU, 48. EL, 2012, Art. 17 AEUV, Rn. 44; De Wall, Das Religionsrecht der EU, ZevKR 2005, S. 383 (387); *Muckel*, Die Rechtsstellung der Kirchen und Religionsgemeinschaften nach dem Vertrag über eine Verfassung für Europa, DÖV 2005, S. 191 (198).

895 M.w.N. *Classen*, in: Grabitz/Hilf/Nettesheim (Hrsg.), Das Recht der EU, 48. EL, 2012, Art. 17 AEUV, Rn. 44.

896 *Söbbeke*, Kirchen und weltanschauliche Gemeinschaften im Primärrecht der EU, ZSE 2008, S. 606 (615); *Schmidt*, in: Schwarze (Hrsg.), EU-Kommentar, 3. Aufl. 2012, Art. 17 AEUV, Rn. 26.

897 *Classen*, in: Grabitz/Hilf/Nettesheim (Hrsg.), Das Recht der EU, 48. EL, 2012, Art. 17 AEUV, Rn. 41.

des jeweiligen mitgliedstaatlichen Rechts bestimmt, an das das Unionsrecht anknüpft.[898]

Anders als Art. 11 Abs. 2 EUV verlangt der Wortlaut von Art. 17 Abs. 3 AEUV keine besondere ***Repräsentativität*** der Organisationen als Voraussetzung für eine Einbeziehung in den Dialog.[899] Daraus folgt in Verbindung mit dem unionsrechtlichen Diskriminierungsverbot (Art. 21 f. GRCh, 10 AEUV), dass im Grundsatz alle Kirchen, sonstigen Religions- und Weltanschauungsgemeinschaften einzubeziehen sind.[900] Voraussetzung sollte allerdings ihre Bereitschaft sein, mit der Union tatsächlich in einen Dialog einzutreten.[901]

Zum Teil wird für die Einbeziehung in den Dialog eine Achtung der ***Werte der Union*** verlangt, wie sie jetzt in Art. 2 EUV verankert sind.[902] Jedenfalls muss die grundsätzliche Offenheit der Union gegenüber möglichen Dialogpartnern dann an ihre Grenzen stoßen, wenn es um Organisationen geht, die unter einem religiösen Deckmantel gemeinwohlgefährdende Aktionen oder Straftaten tarnen, beispielsweise militant islamistische Organisationen oder obskure Sekten.[903] Zusätzlich sind Abstufungen hinsichtlich des Ausmaßes des jeweils geführten Dialogs denkbar.[904]

Art. 17 Abs. 3 AEUV stellt zunächst alle Kirchen und anderen religiösen Gemeinschaften auf eine Stufe, so dass eine Privilegierung etwa zugunsten der

---

898 *Classen,* in: Grabitz/Hilf/Nettesheim (Hrsg.), Das Recht der EU, 48. EL, 2012, Art. 17 AEUV, Rn. 19; siehe auch *Mückl,* Europäisierung der Staatskirchenrechts, 2005, S. 473.

899 *Classen,* in: Grabitz/Hilf/Nettesheim (Hrsg.), Das Recht der EU, 48. EL, 2012, Art. 17 AEUV, Rn. 42; *Schmidt* in: Schwarze (Hrsg.), EU-Kommentar, 3. Aufl. 2012, Art. 17 AEUV, Rn. 25.

900 Siehe *Söbbeke-Kajeweski,* Der religionsrechtliche Acquis communautaire der Europäischen Union, 2006, S. 282 f.

901 *Söbbeke,* Kirchen und weltanschauliche Gemeinschaften im Primärrecht der EU, ZSE 2008, S. 606 (633).

902 *Muckel,* Die Rechtsstellung der Kirchen und Gemeinschaften nach dem EU-Verfassungsvertrag, DÖV 2005, S. 191 (198).

903 *Muckel,* Die Rechtsstellung der Kirchen und Religionsgemeinschaften nach dem Vertrag über eine Verfassung für Europa, DÖV 2005, S. 191 (198).

904 *Muckel,* Die Rechtsstellung der Kirchen und Religionsgemeinschaften nach dem Vertrag über eine Verfassung für Europa, DÖV 2005, S. 191 (199); *Mückl,* Europäisierung des Staatskirchenrechts, 2005, S. 474; *Naumann,* Eine religiöse Referenz in einem Europäischen Verfassungsvertrag, 2008, S. 205; a.A. *Söbeke-Krajewski,* Der religionsrechtliche Acquis communautaire der EU, 2006, S. 283.

christlichen Kirchen nicht zulässig sein dürfte.[905] Allenfalls erscheint möglich, dass die Vorschrift eine besondere Berücksichtigung aufgrund der Größe einzelner Kirchen erlaubt.[906] Auch hier ist zu unterscheiden zwischen dem *Zugang* zum Dialog und der *Gewichtung* der einzelnen Beiträge. Die Entscheidung über den Zugang zu Dialogveranstaltungen muss allen unter den gleichen Voraussetzungen gewährt werden.[907] Das wird auch durch die Formulierung des „offenen" Dialogs zum Ausdruck gebracht. Hinsichtlich der Gewichtung ist eine strikte Gleichbehandlung aller religiösen und weltanschaulichen Vereinigungen nicht notwendig.[908] Auch der allgemeine Gleichheitssatzes verlangt nicht in jedem Fall eine schematische Gleichbehandlung. Eine unterschiedliche Behandlung vergleichbarer Sachverhalte ist dann zulässig, wenn dies „durch das Vorliegen objektiver Unterschiede von einigem Gewicht gerechtfertigt"[909] ist. Die Lösung könnte differenziert nach den ***sachlichen Aussagegehalten*** unionsrechtlicher Regelungen erfolgen:[910] Im Bereich der grundlegenden Fragen wie der Diskriminierungsverbote sollten Ungleichbehandlungen generell unzulässig sein. Geht es dagegen um Aspekte der positiven Religionspflege, dürfen auch Kriterien wie Größe, Verbreitung und soziale Relevanz einer Religionsgemeinschaft Berücksichtigung finden, nicht aber der Glaube und das Bekenntnis als solche.[911]

Es wird vertreten, es laufe der Effizienz und damit letztlich auch dem politischen Einfluss des Dialogs mit den Kirchen zuwider, wenn sich die EU mit einer allzu großen Vielzahl religiöser und weltanschaulicher Vereinigungen konfrontiert sehe.[912] Dem ist im Grundsatz zu widersprechen. Die unterschiedliche Stellung und Bedeutung der Gemeinschaften muss nicht bereits beim *Zugang*

---

905 So auch *Classen*, in: Grabitz/Hilf/Nettesheim (Hrsg.), Das Recht der EU, 48. EL, 2012, Art. 17 AEUV, Rn. 47.

906 *Naumann*, Eine religiöse Referenz in einem Europäischen Verfassungsvertrag, 2008, S. 205.

907 *Söbbeke-Krajewski*, Der religionsrechtliche Acquis Communautaire der EU, 2006, S. 283.

908 *Muckl*, Die Rechtsstellung der Kirchen und Religionsgemeinschaften nach dem Vertrag über eine Verfassung für Europa, DÖV 2005, S. 191 (198); *Naumann*, Eine religiöse Referenz in einem Europäischen Verfassungsvertrag, 2008, S. 205.

909 EuGH Slg. 1985, 00131 Rn. 8, 10 – Finsider.

910 *Mückl*, Europäisierung des Staatskirchenrechts, 2005, S. 473.

911 *Mückl*, Europäisierung des Staatskirchenrechts, 2005, S. 473.

912 *Muckel*, Die Rechtsstellung der Kirchen und Religionsgemeinschaften nach dem Vertrag über eine Verfassung für Europa, DÖV 2005, S. 191 (198).

zum Dialog berücksichtigt werden, sondern kann auf der *Abwägung*sebene entschieden werden.

4. *Verhältnis zum Sozialen Dialog*

Grundsätzlich sind Überschneidungen oder Konflikte zwischen dem Dialog mit den Kirchen und dem Sozialen Dialog selten, da beide in unterschiedlichen, klar abgegrenzten Bereichen angewendet werden. Allerdings haben die Kirchen z.T. ihr eigenes Arbeitsrecht, und zumindest in Deutschland unterscheiden sich die arbeitsrechtlichen Regelungen für Mitarbeiter der Kirchen erheblich von den für sonstige Arbeitnehmer anwendbaren Bestimmungen. In Deutschland existiert als spezifische Alternative zum Tarifvertragssystem das kirchenrechtliche Modell des ***„Dritten Weges“***.[913] Der „Dritte Weg“ besagt, dass die Grundbedingungen eines Arbeitsverhältnisses in allgemeinen Richtlinien oder Ordnungen festgelegt werden, deren Erstellung durch kircheninterne Gremien erfolgt. Diese Gremien sind paritätisch mit gewählten und weisungsgebundenen Vertretern der Mitarbeiter und den Vertretern des Dienstgebers besetzt. Die kirchenrechtlichen kollektiven Arbeitsvertragsrichtlinien entfalten im Unterschied zu tarifvertraglichen Regelungen keine unmittelbare und zwingende Wirkung auf die Arbeitsverhältnisse. Ihre Geltung muss gesondert durch einzelvertragliche Regelung vereinbart werden. Da Regelungszuständigkeiten im Bereich des Tarif- und Streikrechts als solchem der Union fehlen (Art. 153 Abs. 5 AEUV), kann das Modell des „Dritten Weges“ durch Unionsrecht nicht in Frage gestellt werden.[914]

Schließlich ist die nach Art. 153 Abs. 3 AEUV mögliche Umsetzung von Richtlinien durch Sozialpartner in das mitgliedstaatliche Ermessen gestellt und kann von daher unabhängig davon, wer gemäß dem Unionsrecht als Sozialpartner angesehen werden kann,[915] nicht mit nationalen Kompetenzen in Konflikt geraten.

5. *Rechte und Pflichten*

Die Union kann und darf Religionsgemeinschaften nicht verpflichten, an einem Austausch teilzunehmen. Art. 17 Abs. 3 AEUV enthält nur die Verpflichtung der Union, zu einem solchen Dialog bereit zu sein, ihn anzubieten, an ihm

913 Dazu *Thüsing*, Kirchliches Arbeitsrecht, 2006, S. 115 ff.

914 *Thüsing*, Kirchliches Arbeitsrecht, 2006, S. 226.

915 Dazu *Heinig*, Öffentlich-rechtliche Religionsgesellschaften, 2003, S. 479 ff.

fördernd mitzuwirken und so ihren Teil zum Zustandekommen eines Austausches beizutragen.[916]

Ein subjektives Recht einer einzelnen Organisation auf Teilnahme am Dialog ist grundsätzlich denkbar, doch verfügen die Organe der EU über einen weiten Ermessensspielraum bei der Frage, wie der Dialog im Einzelnen organisiert wird. Rechtliche Grenzen sind jedenfalls dann erreicht, wenn eine bestimmte Organisation systematisch aus allen Gesprächen ausgeklammert wird.[917] Diese Grenzen müssen durch die europäische Gerichtsbarkeit kontrollierbar sein.

Art. 17 Abs. 3 AEUV als Ausprägung der partizipativen Demokratie gibt keinen Anspruch im Sinne eines subjektiven Rechts einer einzelnen Religionsgemeinschaft, an einem bestimmten Treffen oder einer bestimmten Gesprächsrunde teilzunehmen oder zu einer bestimmten Frage konsultiert zu werden. Wenn die Union allerdings solche Gespräche führt, so ist sie aus dem Diskriminierungsverbot (Art. 21 f. GRCh, 10 AEUV) heraus verpflichtet, alle interessierten Religionsgemeinschaften gleich zu behandeln.

6. *Bewertung*

Mit dem Vertrag von Lissabon finden die Kirchen Eingang in die EU-Verträge. Die EU verpflichtet sich in Art. 17 AEUV, das national geregelte Verhältnis zwischen Staat und Kirche zu achten und nicht zu beeinträchtigen. Somit kann nicht davon gesprochen werden, dass die Norm auf die Einbeziehung eines zusätzlichen Lebensbereichs in die europäische Integration abziele.[918] Durch die Bezugnahme auf die mitgliedstaatlichen Religionsgemeinschaften zeigt die EU aber, dass sie sich auch zu einer Wertegemeinschaft entwickelt. Dementsprechend ist diese Neuerung durch den Vertrag von Lissabon von den Kirchen und ihren Vertretern beinahe vorbehaltlos begrüßt worden.[919] Sie stellt nicht nur ein Gewinn für die Kirchen dar, sondern auch für die Europäische Union. Gleichzeitig erlegt sie den Kirchen eine moralische Verpflichtung auf, ihre Verantwortung in Europa wahrzunehmen.

---

916 *Söbbeke-Krajweski*, Der religionsrechtliche Acquis Communautaire der EU, 2006, S. 282.

917 *Classen*, in: Grabitz/Hilf/Nettesheim (Hrsg.), Das Recht der EU, 48. EL, 2012, Art. 17 AEUV, Rn. 45; zu Art. I-52 VV *Waldhoff*, in: Calliess (Hrsg.), Verfassungsvertrag, 2006, Rn. 19.

918 Anders *Classen*, in: Grabitz/Hilf/Nettesheim (Hrsg.), Das Recht der EU, 48. EL, 2012, Art. 17 AEUV, Rn. 70.

919 *Zollitsch*, Vorsitzender der Deutschen Bischofskonferenz, http://www.zenit.org/article-19228?l=german [letzter Zugriff 03.06.2013].

E. Delegation von Rechtsetzungsbefugnissen auf die Kommission

Auch wenn der Kommission in den Gründungsverträgen – mit Ausnahme des EGKSV – nur wenige eigenständige Rechtssetzungsbefugnisse eingeräumt waren, ermächtigte der Rat sie gem. Art. 202 S. 1 SpStr. 3 EGV a.F. in großem Umfang zu sog. delegierter Rechtssetzung. Dieses Verfahren wurde als „Komitologie" bezeichnet. Dabei sollten Ausschüsse bei der Durchführung von EU-Rechtsakten durch die Kommission die Überwachung durch den Rat sicherstellen und effektives Handeln gewährleisten. Somit ging es auch hier um die Einbindung externen Sachverstands in die europäische Rechtsetzung (und Rechtsdurchsetzung).

Der Vertrag von Lissabon hat zu einer tiefgreifenden Veränderung der abgeleiteten europäischen Rechtsetzung geführt.[920] Im Primärrecht sind jetzt in Art. 291 AEUV die Durchführungsrechtsakte und in Art. 290 AEUV die delegierten Rechtsakte geregelt.

I. Das sog. Komitologieverfahren

Komitologie war eine Erfindung der 1960er Jahre und wurde aus der Not geboren, dass dem Rat der damaligen EWG Ressourcen für die Umsetzung der Regelungen des Agrarsektors fehlten.[921] In den 1970er und 80er Jahren wuchs die Belastung des Rates durch die oft sehr technischen und detaillierten Kommissionsvorschläge (ca. 700–800 jährlich) weiter an, so dass das Komitologieverfahren insbesondere zur Anpassung von Richtlinien an den wissenschaftlichen und technischen Fortschritt verstärkt eingesetzt wurde.[922]

Komitologieverfahren fanden ihre Rechtsgrundlage in den Art. 202 EGV a.F. und 211 EGV a.F und beruhten auf folgendem Grundkonzept: Der Ministerrat ermächtigte und beauftragte die Kommission in einer „Grundverordnung", genauere Durchführungsregelungen zu treffen. Dabei wurde die Kommission an die Mitwirkung der Komitologieausschüsse gebunden. Die Rechte des Rates wurden mittels eines „Rückholrechts" sichergestellt, wenn der Ausschuss in einer Angelegenheit nicht mit der Meinung der Kommission übereinstimmte.[923] Diese Ausschüsse setzten sich zusammen aus Expertenvertretern der Mitgliedstaaten

---

920 *Fabricius,* Abgeleitete Rechtsetzung nach dem Vertrag von Lissabon, ZEuS 2011, 567 (569).

921 *Beer,* Die Zukunft der Komitologie, EuZW 2010, S. 201.

922 *Petersen/Heß,* Das Komitologieverfahren im Gemeinschaftsrecht, ZUR 2007, S. 567 (568).

923 Zu Art. 37 EGV a.F. *Kopp* in: Streinz (Hrsg.), EUV/EGV, 2003, Rn. 60.

und einem Vertreter der Kommission, der als Vorsitzender ohne Stimmrecht handelte.[924]

Lange Zeit waren die Komitologieverfahren Gegenstand von Auseinandersetzungen zwischen den Unionsorganen. Hauptursache war, dass es an einer klaren Trennung zwischen der Delegation von Rechtsetzungsbefugnissen und Durchführungsbefugnissen, also legislativer und exekutiver Aufgaben, fehlte. Immer deutlicher wurde eine Reform der Delegation von Rechtsetzungsbefugnissen in der Union gefordert.[925]

II. Delegierte Rechtsakte und Durchführungsrechtsakte

Mit den Art. 290 und 291 schafft der AEUV eine primärrechtliche Unterscheidung für die Wahrnehmung legislativer und exekutiver Aufgaben. Außerdem finden mit dem Vertrag von Lissabon Kontrollrechte für den EU-Gesetzgeber eine vertragliche Kodifikation. Damit wurde auf die Kritik reagiert, dass die Komitologie keinen transparenten Entscheidungsstrukturen folge und nur sehr indirekt demokratisch legitimierte Entscheidungen hervorbringe.[926]

1. Durchführungsrechtsakte gem. Art. 291 AEUV

Die bislang als „Komitologie" bekannte Struktur spielt grundsätzlich nur noch beim Erlass von Durchführungsrechtsakten eine Rolle.[927] Art. 291 AEUV regelt die sog. Durchführungsrechtsakte. Wenn es unionsweit einheitlicher Durchführungsregeln bedarf, etwa wenn sich Durchführungsmaßnahmen ihres Umfangs oder ihrer Wirkungen wegen auf Unionsebene effektiver als auf mitgliedstaatlicher Ebene verwirklichen lassen,[928] können die Kommission oder ausnahmsweise der Rat ermächtigt werden, die entsprechenden Durchführungsrechtsakte zu erlassen.[929] Einzelheiten werden in der VO 182/2011 vom 16.2.2011 geregelt. Diese Verordnung hebt den alten Komitologiebeschluss 1999/468 auf, der noch

---

924 *Petersen/Heß*, Das Komitologieverfahren im Gemeinschaftsrecht, ZUR 2007, S. 567.

925 *Streinz*, Europarecht, 2012, S. 203, Rn. 560.

926 *Hetmeier*, in: Lenz/Borchardt (Hrsg.), EU-Verträge, 6. Aufl. 2013, Vorbem. Art. 290, 291 AEUV, Rn. 1.

927 *Fabricius*, Abgeleitete Rechtsetzung nach dem Vertrag von Lissabon, ZeuS 2011, 567 (569).

928 M.w.N. *Fabricius*, Abgeleitete Rechtsetzung nach dem Vertrag von Lissabon, ZEuS 2011, 567 (595).

929 *Streinz*, Europarecht, 2012, S. 204, Rn. 563.

für eine Übergangs- und Anpassungszeit von Bedeutung bleibt.[930] Nach der Neuregelung vorgesehen sind nur noch zwei Verfahrensarten, das Prüfverfahren und das Beratungsverfahren.[931] Welches Verfahren jeweils zur Anwendung kommt, wird im Basisrechtsakt des sekundären Unionsrechts festgelegt.[932] Wie im bisherigen Komitologieverfahren wird die Kommission von einem Ausschuss unterstützt, der sich aus Vertretern der Mitgliedstaaten zusammensetzt. Den Vorsitz führt ein Vertreter der Kommission.[933]

2. *Delegierte Rechtsakte gem. Art. 290 AEUV*

Gem. Art. 290 AEUV kann der Kommission mittels eines Gesetzgebungsaktes die Befugnis übertragen werden, in einem bestimmten Rahmen und auf Basis einer ausdrücklichen, im Gesetzgebungsakt genannten Ermächtigung Rechtsakte ohne Gesetzescharakter zur Ergänzung oder Änderung nicht wesentlicher Aspekte des Gesetzgebungsaktes zu erlassen.[934] Diese werden als delegierte Rechtsakte oder auch „tertiäres Unionsrecht" bezeichnet.[935] Dabei sind die wesentlichen Aspekte einer Regelung dem Gesetzgebungsakt selbst vorbehalten, der Ziele, Inhalt, Geltungsbereich und Dauer der Übertragung ausdrücklich festlegen muss (vergleichbar mit der Regelung in Art. 80 Abs. 1 S. 2 GG).[936] Das Verfahren nach Art. 290 AEUV ersetzt inhaltlich das bisherige Regelungsverfahren mit Kontrolle gem. Art. 2 Abs. 2, Art. 5a Komitologiebeschluss 1999/468.[937]

3. *Lamfalussy-Verfahren*

Das Lamfalussy-Verfahren stellt eine besondere Form der delegierten Rechtsakte i.S.v. Art. 290 AEUV dar. In der Erklärung Nr. 39 betreffend Art. 290 AEUV, die der Schlussakte der Regierungskonferenz von Lissabon beigefügt ist, erklärt die Kommission, sich im Bereich der Finanzdienstleistungen auch weiterhin im

930 *Streinz,* Europarecht, 2012, S. 204, Rn. 564.
931 *Streinz,* Europarecht, 2012, S. 204, Rn. 565.
932 *Streinz,* Europarecht, 2012, S. 205, Rn. 567.
933 *Streinz,* Europarecht, 2012, S. 203, Rn. 562.
934 *Fabricius,* Abgeleitete Rechtsetzung nach dem Vertrag von Lissabon, ZEuS 2011, 567 (570).
935 *Streinz,* Europarecht, 2012, S. 203, Rn. 562.
936 *Streinz,* Europarecht, 2012, S. 203, Rn. 562.
937 *Streinz,* Europarecht, 2012, S. 204, Rn. 562.

Lamfalussy-Verfahren von den Mitgliedstaaten benannter Experten bedienen zu wollen.[938]

Das Lamfalussy-Verfahren bezweckt, den komplexen Gesetzgebungsprozess im EU-Finanzsektor einfacher zu gestalten und zu beschleunigen.[939] Es verläuft in vier Schritten: Im ersten Schritt setzen die EU-Organe einen Rechtsrahmen fest. Im zweiten Schritt arbeitet die Kommission, unterstützt von vier Fachausschüssen,[940] detaillierte Durchführungsbestimmungen aus. Wenn die Durchführungsbestimmungen der Kommission mit qualifizierter Mehrheit angenommen werden, kann die Kommission sie unmittelbar erlassen. Ursprünglich wurde die Kommission im dritten Schritt bei der Entwicklung der Durchführungsbestimmungen von drei weiteren Expertenausschüssen[941] beraten. Im vierten und letzten Schritt achtet die Kommission auf eine einheitliche Anwendung des Unionsrechts.[942]

Darüber hinaus beabsichtigt die Kommission nach dem Text der Delegationsmitteilung von 2009[943] auch in anderen Politikbereichen „systematisch Sachverständige der nationalen Behörden aller Mitgliedstaaten zu

938 *Fabricius,* Abgeleitete Rechtsetzung nach dem Vertrag von Lissabon, ZeuS 2011, 567 (574).

939 Eingeführt wurde es von Baron Lamfalussy, dem früheren Vorsitzenden des „Ausschusses der Weisen".

940 Europäischer Bankenausschuss (EBC), Europäischer Wertpapierausschuss (ESC), Europäischer Ausschuss für das Versicherungswesen und die betriebliche Altersversorgung (EIOPC) und Finanzglomeratausschuss (EFCC), besetzt mit hochrangigen Vertretern der nationalen Finanzministerien.

941 Ursprünglich waren das der Ausschuss der europäischen Bankaufsicht (CEBS), Ausschuss der europäischen Wertpapierregulierungsbehörden (CESR), Ausschuss der europäischen Aufsichtsbehörden für das Versicherungswesen und die betriebliche Altersversorgung (CEIOPS); diese Ausschüsse setzten sich auch Vertretern der jeweiligen nationalen Aufsichtsbehörden und der nationalen Notenbanken zusammen. Seit 2011 wird diese Aufgabe von den europäischen Aufsichtsbehörden für die jeweiligen Finanzsektoren wahrgenommen, in die die Expertenausschüsse umgewandelt wurden. Das sind die Europäische Bankenaufsichtsbehörde (EBA), die Europäische Aufsichtsbehörde für das Versicherungswesen und die betriebliche Altersversorgung (EIOPA) und die Europäische Wertpapier- und Marktaufsichtsbehörde (ESMA).

942 Siehe http://www.cep.eu/index.php?id=68&title=lamfalussy [letzter Zugriff 03.06.2013].

943 KOM (2009) 673 endg. v. 9.12.2009.

konsultieren.“[944] Eine primärrechtliche Verpflichtung hierzu existiert aber nicht.[945]

III. Abgrenzung zur (organisierten) Zivilgesellschaft

Die früheren Komitologieausschüsse setzten sich neben dem Kommissionsvertreter aus Vertretern der Mitgliedstaaten, zumeist Beamten der Fachministerien, zusammen.[946] Auch der Bundesrat entsandte, soweit wesentliche Interessen der Länder betroffen waren, Ländervertreter in die Ausschüsse. Den jeweils aktuellen Überblick vermittelte der Gesamthaushaltsplan der Europäischen Union, der in einer Anlage die Ausschüsse getrennt danach auflistete, ob ihre Konsultation im Rahmen der Ausarbeitung von europäischen Rechtsakten obligatorisch ist.[947] Demnach konnten sich die Komitologieausschüsse aus Regierungs- und anderen Sachverständigen sowie Nichtregierungssachverständigen zusammensetzen.

Die Komitologieausschüsse waren aber, auch wenn durch sie externer Sachverstand in die Rechtsetzung- und Rechtsdurchsetzung einbezogen wird, keine zivilgesellschaftlichen Akteure im Sinne der vorliegenden Arbeit. Denn die Beamten der Mitgliedstaaten wurden in ihrer Funktion als Vertreter der mitgliedstaatlichen Gubernative tätig; hinzugezogene (externe) Sachverständige wurden allein wegen ihres individuellen Sachverstandes konsultiert, und nicht als Vertreter oder Mitglieder der organisierten Zivilgesellschaft. Das Gleiche gilt für die auch in Zukunft noch mögliche Einbeziehung von Sachverständigen, sowie für das Lamfalussy-Verfahren.

IV. Sonstiges Ausschusswesen bei der Kommission

Auch jenseits der Komitologie im engeren Sinne sind zahlreiche weitere Ausschüsse bei der Kommission entstanden. Für einzelne Sektoren der Unionspolitik hat die Kommission selbst beratende Ausschüsse, paritätische Ausschüsse und wissenschaftliche Ausschüsse als Foren der Konsultation mit repräsentativen gesellschaftlichen Gruppierungen eingerichtet. Hier geht es nicht um Stellungnahmen zu spezifischen Maßnahmen, sondern um eine allgemeine, orientierende

944 KOM (2009) 673 endg. v. 9.12.2009, S. 7, Pkt. 4.2.

945 *Beer*, Die Zukunft der Komitologie, EuZW 2010, S. 201; *Fabricius*, Abgeleitete Rechtsetzung nach dem Vertrag von Lissabon, ZEuS 2011, 567 (574 f.).

946 Zu Art. 37 EGV a.F. *Kopp* in: Streinz (Hrsg.), EUV/EGV, 2003, Rn. 60; *Petersen/Heß*, Das Komitologieverfahren im Gemeinschaftsrecht, ZUR 2007, S. 567.

947 *Falke*, in: Joerges/Falke (Hrsg.), Das Ausschusswesen der Europäischen Union, 2000, S. 76.

Debatte zur Ausarbeitung und Durchführung bestimmter Unionspolitiken.[948] Wenn in diesen Ausschüssen Vertreter oder Mitglieder der organisierten Zivilgesellschaft mitwirken, handelt es sich um den oben behandelten Zivilen Dialog. Handelt es sich um Vertreter der nationalstaatlichen Regierungen oder um einzelne, wissenschaftliche Experten, gehören diese nicht zu dem in dieser Arbeit vertretenen Begriff der organisierten Zivilgesellschaft.

F. Zusammenfassung und Prognose

Der sog. „Zivile Dialog" war bis zu seiner primärrechtlichen Normierung durch den Vertrag von Lissabon nur sehr zersplittert in verschiedenen Stellungnahmen und Absichtserklärungen der Unionsorgane zu finden. Doch schon hier ließ sich absehen, dass die Relevanz des Zivilen Dialogs als besondere Ausprägung des Dialogs mit der Zivilgesellschaft weiter zunehmen würde. Die ausdrückliche Kodifizierung ist vorläufiger Höhepunkt dieser Entwicklung. Es bleiben aber noch viele Fragen offen, insbesondere zur konkreten Ausgestaltung des Zivilen Dialogs. Hier können andere Formen zivilgesellschaftlicher Einbindung in der Europäischen Union als Inspiration und Vorbild dienen. Insgesamt können diese zusätzlichen Partizipationsmöglichkeiten für zivilgesellschaftliche Organisationen zur Erhöhung des Niveaus demokratischer Legitimation der Union führen. Die Elemente partizipativer Demokratie werden dabei als Ergänzung, nicht als Ersetzung der repräsentativen Demokratie betrachtet.

I. Perspektiven

Grundsätzlich ist die mit dem Eingang ins europäische Primärrecht verbundene Formalisierung des Zivilen Dialogs zu begrüßen. Viele Aspekte bedürfen aber der weiteren Betrachtung und Ausgestaltung.

Eine grundlegende Frage ist, welche ***Organisationen*** beteiligt werden sollen. Wie bereits mehrfach dargelegt wurde, beschäftigt sich die vorliegende Arbeit mit der Einbindung der *organisierten* Zivilgesellschaft auf europäischer Ebene. Die vorliegende Arbeit vertritt außerdem einen Zivilgesellschaftsbegriff, der wirtschaftliche Interessengruppen einbezieht. Fraglich ist die Abgrenzung zwischen Interessenverbänden und Lobbyorganisationen. Lobbyorganisationen werden dadurch definiert, dass sie auf vertraglicher Basis und gegen Entgelt für fremde Interessen tätig werden. Im Einzelfall mag die Abgrenzung zu

---

948 *Falke*, in: Joerges/Falke (Hrsg.), Das Ausschusswesen der Europäischen Union, 2000, S. 136.

Interessenverbänden schwierig durchzuführen sein; sie ist aber auch nur von untergeordneter Relevanz, da auch Lobbyorganisationen der Zugang zum Zivilen Dialog möglich sein soll.

Weiterhin stellt sich die Frage, in welchem Forum beziehungsweise bei welcher ***Institution*** der Dialog stattfinden soll. Der WSA hat bereits mehrfach erklärt, dass er sich für zuständig hält.[949] Die bisherigen Erfahrungen mit dem WSA haben aber gezeigt, dass er keine derart aktive Rolle übernehmen kann, wie dies wünschenswert und für die Entwicklung des Zivilen Dialogs notwendig wäre. Das zeigt sich auch darin, dass zahlreiche zivilgesellschaftliche Organisationen Kontakte mit den europäischen Organen außerhalb des WSA gesucht haben. Wenn man zudem den Sozialen Dialog als Vergleichsmaßstab heranzieht, sieht man, dass dieses sehr weitgehende und effiziente Instrument zivilgesellschaftlicher Einbeziehung bei keiner speziellen Organisation angesiedelt ist. Insofern kann man ein „spezielles" Forum oder eine spezifisch zuständige Institution für den (sonstigen) Zivilen Dialog für überflüssig halten.

Gegenwärtig finden die meisten Kontakte der zivilgesellschaftlichen Organisationen mit der ***Kommission*** statt. Das erklärt sich unter anderem daraus, dass diese über eine Fülle von Exekutiv- und Legislativbefugnissen verfügt, ihr das Initiativrecht in den meisten Rechtsetzungsverfahren zukommt und sie sich dementsprechend als „Motor der Integration" versteht. Unter Effektivitätsgesichtspunkten ist es naheliegend, dass sich Vertreter zivilgesellschaftlicher Organisationen an sie wenden. Aber auch die Bedeutung und der Einfluss des ***Europäischen Parlaments*** in den Gesetzgebungsprozessen hat stetig zugenommen, bis es mit dem Vertrag von Lissabon im ordentlichen Gesetzgebungsverfahren zum Mitgesetzgeber aufgewertet wurde, gegen dessen Willen keine Richtlinie oder Verordnung beschlossen werden kann.[950] Dementsprechend ist das Parlament für zivilgesellschaftliche Organisationen zu einer immer wichtigeren Anlaufstelle geworden. Bisher finden informelle, aber regelmäßige Kontakte zwischen Abgeordneten und einzelnen NGOs und NGO-Netzwerken, sowie gelegentliche Anhörungen in den Fachausschüssen statt. Der ***Ministerrat*** dagegen unterhält kaum Kontakte. Er pflegt offiziell keinen Umgang mit Interessenvertretungen, so dass es auch keine Dokumente gibt, die seine Beziehungen zu entsprechenden Organisationen behandeln.[951] Es bleibt zu kritisieren, dass er sich

---

949 Vgl. etwa WSA, Die Rolle und der Beitrag der organisierten Zivilgesellschaft zum europäischen Einigungswerk, ABl. C 313, v. 30.11.2992, S. 20.

950 BVerfGE 123, 267 (377).

951 Vgl. *Arnaud*, Das neue Register der Kommission für Interessenvertreter, ZEuS 2008, S. 549 (558), Fn. 32.

der Notwendigkeit von direkten Kontakten zur Zivilgesellschaft nicht bewusst zu sein scheint. Hier besteht gegebenenfalls Nachholbedarf.

Angesichts der vielfältigen Kontakte wird die ***Existenzberechtigung des WSA*** angesichts der immer stärkeren Kontakte zivilgesellschaftlicher Vertreter außerhalb seines Rahmens teilweise sehr kritisch beurteilt oder gar negiert. Für seine Existenz sprechen aber gewichtige Argumente: Zunächst einmal ist er in seiner Allgemeinheit einzigartig. Außerdem existieren in den meisten Mitgliedstaaten vergleichbare Institutionen, und er stellt eine der frühesten Formen institutionalisierter zivilgesellschaftlicher Partizipation auf europäischer Ebene dar. Er ist aber vor allem die einzige Institution, die sich ganz bewusst, ausdrücklich und beinahe ausschließlich mit den Belangen der Zivilgesellschaft befasst. Insofern ist der WSA auch gerade angesichts der Zunahme zivilgesellschaftlicher Partizipation notwendig. Zudem hat er in letzter Zeit verstärkt neue Projekte angestoßen, die einen Beitrag zur europäischen Integration und Identifikation leisten können.

Ähnlich wie der Soziale Dialog kann auch der Zivile Dialog horizontale oder vertikale Themen betreffen, also als ***allgemeiner*** oder ***sektorieller Dialog*** geführt werden. Zumeist wird die Einbeziehung zivilgesellschaftlicher Organisationen in speziellen Politikfeldern stattfinden, weil hier besonders zielgerichtet konsultiert werden kann und auch die Notwendigkeit der Einholung externen, spezialisierten Sachverstandes für die Unionsorgane besonders hoch ist. Laut WSA fällt der Kernbereich der Zuständigkeit des Zivilen Dialogs in den sozioökonomischen Bereichen, er kann aber auch tätig werden in Fragen der Umwelt, des Verbraucherschutzes, der Entwicklung, der Menschenrechte, der Kultur und in allen anderen Belangen, die für die Zivilgesellschaft in allen ihren Organisationsformen wichtig sind.[952] Einen allgemeinen Zivilen Dialog kann man sich beispielsweise vorstellen, wenn es um grundlegende Fragestellungen wie die Erweiterung der EU oder die Ausarbeitung einer europäischen Verfassung geht.

Momentan findet der Zivile Dialog ***trilateral*** zwischen Vertretern der organisierten Zivilgesellschaft und einem Organ oder einer Institution der Union statt. Ein ***bilateraler Dialog*** zwischen Vertretern der organisierten Zivilgesellschaft allein ist momentan nicht denkbar. Anders als im Sozialen Dialog ist es im Zivilen Dialog gegenwärtig auch nicht denkbar, dass die zivilgesellschaftlichen Organisationen echte, eigene ***Rechtsetzungsbefugnisse*** ausüben können. Sie können

---

952 Stellungnahme WSA zum Diskussionspapier der Kommission „Ausbau der partnerschaftlichen Zusammenarbeit zwischen der Kommission und Nichtregierungsorganisationen“, ABl. C 268 vom 19.9.2000, S. 67–73, Rn. 5.1.3.

aber im Prozess der Rechtsetzung, und auch im Prozess der Rechtsdurchsetzung initiativ und unterstützend tätig werden.

II. Repräsentativität

Im Sozialen Dialog wird allgemein das Merkmal der (Gesamt-) Repräsentativität gefordert, um dem demokratischen Grundprinzip Genüge zu tun. Dieses demokratische Grundprinzip fordere, dass die Völker vermittelt durch eine repräsentative Versammlung an der Ausübung von Hoheitsgewalt zu beteiligen sind. Allerdings wird im Zivilen Dialog noch keine echte Rechtsetzungsmacht ausgeübt. Soll dieser aber weiter zu einem strukturierten Dialog mit der organisierten Zivilgesellschaft ausgebaut werden, fordert das Demokratieprinzip eine entsprechende Repräsentativität. Auch schon bei der Vorbereitung von Unionsbeschlüssen spielt das Konzept der Repräsentativität, wie Art. 11 Abs. 2 EUV nunmehr klarstellt, eine wichtige Rolle. Dabei ist eine grundsätzliche Unterscheidung zu treffen zwischen der Entscheidung über den ***Zugang*** zum Zivildialog und der ***Gewichtung*** der einzelnen Beiträge.

Bei der Zugangsentscheidung darf noch kein allzu strenger Maßstab angewendet werden, um das Meinungsspektrum nicht unnötig zu verengen und einige Organisationen nicht von vornherein von der Mitwirkung auszuschließen. Hier ist zunächst nur entscheidend, dass eine Organisation über dauerhafte Strukturen in Aufbau, Meinungsbildung und Handlungsweise verfügt, die demokratischen Maßstäben genügen. Auf der Abwägungsebene trifft die Kommission (bzw. die konsultierende Organisation) dann die Pflicht, die verschiedenen Beiträge unter Berücksichtigung der ***quantitativen*** und ***qualitativen Repräsentativität*** der konsultierten Organisationen zu gewichten. Dabei muss immer der Gegenstand der Konsultation Berücksichtigung finden. Es muss ein Ausgleich hergestellt werden, bei dem aber nicht nur die großen, wirtschaftlich starken Organisationen Gehör finden, sondern ebenso kleine „grass-root organisations" entsprechend berücksichtigt werden. Gleichzeitig muss man bedenken, dass die wirtschaftlich mächtigen Organisationen oftmals gerade in technisch spezialisierten Bereichen über einmalige Fachkenntnisse verfügen. Diese sollte sich die Union einerseits zunutze machen, andererseits aber auch darauf achten, dass die Union nicht zu einer von Lobbyisten regierten, in der Bevölkerung nicht anerkannten Regierung wird. Dem kann unter anderem dadurch vorgebeugt werden, dass die Legislativorgane, insbesondere die Kommission, bei der Veröffentlichung von Rechtsakten offen legen, welche Organisationen an der Konsultation teilgenommen haben, wie ihre Stellungnahmen gewichtet wurden und inwiefern sich die Unionsorgane bemüht haben, einen Ausgleich unterschiedlicher, eventuell widerstreitender Interessen herbei zu führen. Natürlich kann dies einen erhöhten Verwaltungs- und Zeitaufwand darstellen. Angesichts der Tatsache, dass eingegangene Stellungnahmen einerseits sowieso in einem aufwändigen Verfahren gesichtet und ausgewertet werden müssen, die Kommission andererseits aber auch eigene Ressourcen durch die Hinzuziehung dieser externen Akteure schont, ist diese Maßnahme aber als unverzichtbar anzusehen.

III. Fazit

Auf Unionsebene sind mit der Zeit verschiedene Arten der Mitwirkung zivilgesellschaftlicher Organisationen etabliert worden. Diese unterscheiden sich in vielerlei Hinsicht, weisen aber auch Gemeinsamkeiten auf. Jedenfalls ist ihnen gemeinsam, dass sie für eine bessere Einbeziehung der europäischen Bürgerinnen und Bürger in die europäische Rechtsetzung (und Rechtsdurchsetzung) sorgen. Gemeinsam ist ihnen auch, dass sie die demokratische Legitimation in der EU verbessern können, wenn auf die Wahrung von *Repräsentativität* geachtet wird.

Der Europäische Wirtschafts- und Sozialausschuss wurde bereits mit den Gründungsverträgen errichtet. Er versteht sich selbst als „Sprachrohr der organisierten Zivilgesellschaft“ auf Unionsebene; die Praxis, die sich auch in den Vertragsrevisionen widerspiegelt, hat aber gezeigt, dass er dieser Rolle nur begrenzt gerecht wird und dass sowohl zivilgesellschaftliche Organisationen als auch die Unionsorgane alternative Foren und Formen der Kommunikation nutzen.

Zu einer weitgehenden Verselbstständigung zivilgesellschaftlicher Kooperation ist es im Bereich des Sozialen Dialogs, also im Arbeits- und Sozialrecht der Union, gekommen. Hierfür war sicherlich mitentscheidend, dass alle Mitgliedstaaten auf eine lange Tradition von Tarifverhandlungen mit entsprechender Verselbstständigung gegenüber staatlichen Organen zurück blicken können. Zudem stellen die Arbeitsmarktparteien antagonistische Gruppierungen dar, in deren Verhandlungen es idealerweise zum Ausgleich der widerstreitenden Interessen mit dem Ergebnis beidseitig gerechter Regelungen kommt.

In anderen Politikbereichen der EU stellt sich der Sektor der zivilgesellschaftlichen Organisationen mannigfaltiger dar. Der Zivile Dialog, der hier stattfinden kann, bedarf darum stärker der Mitwirkung und Kontrolle durch die Unionsorgane. Unterschieden werden muss dabei zwischen dem *Zugang* zum Dialog und der *Gewichtung* der innerhalb des Dialogs erfolgten Kommunikationsbeiträge.

Zusammenfassung in Thesen

Kapitel 1: Geschichte und Definition

1. Zivilgesellschaft ist ein Begriff, der von der Antike bis zur Neuzeit in verschiedensten philosophischen Konzepten bemüht wurde. Die ihm zugeschriebenen Inhalte und Funktionen unterscheiden sich deutlich voneinander, ihnen gemeinsam ist aber die Positionierung der Zivilgesellschaft gegenüber dem Staat. Dabei wird der Begriff immer stärker als vom Staat unterschieden verstanden, bewertet wird er aber sowohl positiv als auch negativ.
2. Gegenwärtig existieren vor allem in der Soziologie und in den Politikwissenschaften verschiedene Konzeptionen von Zivilgesellschaft. Auch wenn liberale, kommunitaristische und diskurstheoretische Theorien verschiedene Aspekte in den Vordergrund stellen, setzen alle Zivilgesellschaft ins Verhältnis zu Staat, Wirtschaft und Privatem.
3. Auf der Ebene der Europäischen Union wird versucht, mittels Einbeziehung zivilgesellschaftlicher Organisationen Politik und Gesetzgebung bürgernäher zu gestalten. Eine einheitliche Definition von „Zivilgesellschaft" gibt es auch hier nicht, meist wird die Definition des Europäischen Wirtschafts- und Sozialrates zu Grunde gelegt. Danach zählen zur organisierten Zivilgesellschaft die Sozialpartner, Vertretungsorganisationen im wirtschaftlichen und sozialen Bereich, die nicht Sozialpartner im engeren Bereich sind, NGOs, CBOs und Religionsgemeinschaften. Nicht erfasst sind die politischen Parteien. Die vorliegende Arbeit betont das Merkmal der Organisiertheit und schließt sich der oben genannten Definition weitgehend an.
4. Die Europäische Union und ihre Handlungen müssen demokratisch legitimiert sein. Das Konzept demokratischer Legitimation ist aus dem nationalen Staatsrecht bekannt. Wendet man nationale Kriterien an, besteht auf EU-Ebene ein demokratisches Defizit. Da es sich bei der EU aber um keinen Staat, sondern ein Gebilde *sui generis* handelt, bedarf es eines unionsspezifischen Demokratieprinzips. Mit der demokratischen Legitimation der EU beschäftigte sich auch das BVerfG in seinen Urteilen zu den Verträgen von Maastricht und Lissabon. Ein alternativer Ansatz ist das von *Scharpf* entwickelte Modell der output-orientierten Legitimation. Die vorliegende Arbeit

entwickelt ein dreispuriges Legitimationsmodell, in dem neben die nationalen Parlamente, die vorrangig über den Ministerrat der EU vermittelt werden, und neben das Europäische Parlament zivilgesellschaftliche Organisationen treten und somit Demokratiedefizite kompensieren können.

Kapitel 2: Der Soziale Dialog

5. Der Soziale Dialog stellt im Bereich der Europäischen Sozialpolitik eine weitgehend institutionalisierte Form der Einbindung zivilgesellschaftlicher Organisationen dar. Man kann den in Art. 154, 155 AEUV geregelten formellen, und den nicht primärrechtlich geregelten informellen Dialog unterscheiden.
6. Im formellen Dialog werden die sogenannten Sozialpartner angehört und können sogar Vereinbarungen schließen, die mittels weiterer Verfahren allgemeine Verbindlichkeit in allen Mitgliedstaaten erlangen können. In der Anhörungsphase äußern sich die Sozialpartner zu einem Vorschlag der Kommission und bringen so ihren Sachverstand und ihre Auffassungen in den Gesetzgebungsprozess ein. Währenddessen können sie der Kommission auch mitteilen, selbst in Verhandlungen eintreten zu wollen. Kommt es bei den Verhandlungen zum Abschluss von Vereinbarungen, können diese durchgeführt werden und somit unmittelbare Verbindlichkeit in allen Mitgliedstaaten erlangen.
7. Wer als Sozialpartner im Sinne des Unionsrechts anzuerkennen ist, richtet sich nach der jeweiligen Phase des Sozialen Dialogs. In der Anhörungsphase soll durch die Unionsorgane ein umfassendes, ausgewogenes Meinungsspektrum eingeholt werden. In der Verhandlungsphase haben die Unionsorgane dagegen kaum Einfluss. Die Entscheidung, mit wem sie Vereinbarungen aushandeln möchten, obliegt den Sozialpartnern selbst. Die in der Durchführungsphase tätigen nationalen Sozialpartner bestimmen sich nach dem mitgliedstaatlichen Recht. Sozialpartnerschaftliche Organisationen unterfallen dem in dieser Arbeit vertretenen Begriff organisierter Zivilgesellschaft.
8. Die Durchführung von Sozialpartnervereinbarungen kann im voluntaristischen oder im korporativen Verfahren erfolgen. Im voluntaristischen Verfahren sind die (nationalen) Sozialpartner oder die nationalen Gesetzgebungsorgane angesprochen. Im korporativen Verfahren werden die Unionsorgane tätig und statten die Sozialpartnervereinbarung mit den besonderen Wirkungen des Unionsrechts aus. Sozialpartnervereinbarungen können kraft Ratsbeschluss als Richtlinien, Verordnungen oder Beschlüsse gem.

Art. 288 AEUV ergehen. Diese Durchführungsmöglichkeiten stehen den Sozialpartnern auch offen, wenn sie im autonomen Sozialen Dialog ohne Initiative der Unionsorgane Vereinbarungen abschließen.

9. Mit der Durchführung erwächst eine Sozialpartnervereinbarung in verbindlich wirkendes Recht, das demokratisch legitimiert sein muss. Ein nationalstaatliches Demokratieprinzip stößt hier an seine Grenzen. Sowohl das Modell der dreispurigen Legitimation, als auch das der outputorientierten können ein hinreichendes Legitimationsniveau unter der Voraussetzung begründen, dass die vereinbarungsschließenden Sozialpartner repräsentativ im Hinblick auf den Regelungsgegenstand sind.

10. (Gesamt-) Repräsentativität ist ein vom EuG entwickeltes Prinzip, demzufolge die unterzeichnenden Sozialpartner im Hinblick auf den Gegenstand einer Vereinbarung repräsentativ sein müssen. Diesbezüglich trifft die Kommission eine Prüfungspflicht, die sie allerdings erst in der Durchführungsphase ausüben kann. Ob die Mitwirkung einer bestimmten Organisation zur Herstellung von Gesamtrepräsentativität notwendig war, lässt sich durch einen Vergleich zwischen den beteiligten und den nicht beteiligten Organisationen feststellen. Faktoren, die bei dem Vergleich berücksichtigt werden, sind die allgemeine oder spezifische Bestimmung einer Organisation, die Anzahl der von ihr vertretenen Mitglieder und ihre wirtschaftliche Bedeutung. Außerdem muss geprüft werden, ob eine bestimmte Gruppe von Unternehmen überhaupt nicht vertreten ist.

11. Im deutschen Arbeitsrecht existiert das Erfordernis der Tariffähigkeit für die Parteien eines Tarifvertrags. Da sich nationale Tarifverträge und europäische Sozialpartnervereinbarungen in wesentlichen Punkten voneinander unterscheiden, können nur wenige Feststellungen übertragen werden. Dazu gehört das Merkmal der bisherigen Teilnahme an (Tarif- oder Sozialpartner-) Verhandlungen als Indiz für die Tariffähigkeit bzw. (Gesamt-) Repräsentativität.

12. Zusätzlich zu dem Sozialen Dialog, der bilateral zwischen den Sozialpartnerorganisationen stattfindet, gibt es trilaterale Dialogsformen, bei denen Unionsorgane zusätzlich in der Verhandlungsphase mitwirken. Außerdem existiert der sogenannte informelle Dialog, ein Sammelbegriff für andere Erscheinungsformen der Einbindung von Sozialpartnern in die Gestaltung der europäischen Sozialpolitik.

Kapitel 3: Der Zivile Dialog

13. Die Einbindung zivilgesellschaftlicher Organisationen in anderen Bereichen der europäischen Rechtsetzung wird unter dem Oberbegriff des „Zivilen Dialogs“ zusammengefasst.
14. Bereits mit den Gründungsverträgen wurde der Europäische Wirtschafts- und Sozialausschuss (WSA) etabliert, der sich als Sprachrohr der Zivilgesellschaft versteht. Mit späteren Vertragsrevisionen wurde in diesem Zusammenhang auch der Begriff der (organisierten) Zivilgesellschaft in das europäische Primärrecht eingeführt. Die Aufgabe des WSA besteht in der Abgabe von Stellungnahmen im Rechtsetzungsverfahren. Diese sind zwar inhaltlich nicht bindend, unterbleibt eine Anhörung, stellt dies aber einen Verfahrensfehler dar, der den gesamten Rechtsakt nichtig machen kann. Existenzberechtigung und Effizienz des WSA werden teilweise in Frage gestellt.
15. Die demokratische Legitimation des WSA lässt sich nicht nach staatlichen Kategorien beurteilen. Seine Mitwirkung an Gesetzgebungsverfahren ist aber output-legitimiert. Zudem gelangt das Modell der dreispurigen Legitimation zu dem Ergebnis, dass Gesetzgebungsverfahren über ein hinreichendes Legitimationsniveau verfügen, wenn die Zusammensetzung des WSA Repräsentativität gewährleistet.
16. Beim WSA wird das Repräsentativitätskriterium aus dem Wortlaut der Verträge hergeleitet. Inhaltlich meint es, dass die Vertretung der Bedeutung der verschiedenen Interessen in der Wirklichkeit gerecht wird. Bezugspunkt ist die europäische Zivilgesellschaft. Wichtiges Kriterium zur Bestimmung von Repräsentativität ist die bisherige Zusammensetzung des Ausschusses, ergänzend sind die Kriterien Nationalität, allgemeine oder spezifische Bestimmung, Anzahl der vertretenen Mitglieder und wirtschaftliche Bedeutung heranzuziehen. In Teilen besteht eine Vergleichbarkeit mit dem entsprechenden Merkmal im Rahmen des Sozialen Dialogs.
17. Mit dem Vertrag von Lissabon haben auch die anderen Formen der Beteiligung zivilgesellschaftlicher Organisationen an europäischen Rechtsetzungsprozessen Eingang ins Primärrecht gefunden. Diese Entwicklung hatte sich seit einiger Zeit abgezeichnet. Sie begann in den frühen 1990er Jahre mit dem Vertrag von Maastricht und fand ihren vorläufigen Höhepunkt, als nach dem Scheitern des Verfassungsvertrags nach neuen Wegen der Akzeptanzsicherung in der europäischen Bevölkerung gesucht wurde. Besondere Erwähnung verdienen in dem Zusammenhang ein Register und ein Verhaltenskodex für Interessenvertreter.

18. Seit der Revision durch den Vertrag von Lissabon enthalten die Art. 10 und 11 EUV Bestimmungen über die demokratischen Grundsätze der Union. Insbesondere Art. 11 EUV gestaltet den Grundsatz der partizipativen Demokratie durch Meinungsaustausch und Dialog mit der Zivilgesellschaft und den repräsentativen Verbänden aus. Hinsichtlich der Bestimmung von „Zivilgesellschaft" verweist die vorliegende Arbeit auf die eingangs erläuterte Definition des WSA. Schwieriger zu bestimmen ist der Terminus der „repräsentativen Verbände".
19. Es gibt verschiedene Ansätze zur Auslegung des Repräsentativitätsmerkmals im Sinne von Art. 11 EUV. Man kann Grundgedanken der entsprechenden Auslegung im Rahmen des WSA übertragen. Außerdem kann man auf die Auslegung des Repräsentativitätsmerkmals im Rahmen des Sozialen Dialogs rekurrieren. Dabei gelangt die vorliegende Arbeit zu dem Ergebnis, dass man grundsätzlich zwischen der Zulassung zum Zivilen Dialog und der Gewichtung der Beträge verschiedener zivilgesellschaftlicher Organisationen unterscheiden muss. Obligatorische Voraussetzung für die Zulassung ist die innere demokratische Struktur einer Organisation. In die Gewichtung ihrer Beiträge fließen, abhängig vom Regelungsbereich einer Maßnahme, Kriterien der nationalen Herkunft, allgemeinen oder spezifischen Bestimmung, Anzahl der von ihr vertretenen Mitglieder und wirtschaftlichen Bedeutung ein. Dies lässt sich auch als quantitative und qualitative Repräsentativität beschreiben.
20. Auch bei den von Art. 11 Abs. 3 EUV deklaratorisch normierten Betroffenenanhörungen können Kriterien aus dem Sozialen Dialog übertragen werden. Die in Art. 11 Abs. 4 EUV vorgesehene Bürgerinitiative erfasst die Bürgerinnen und Bürger der EU vorrangig in ihrem Individualstatus, und nicht repräsentiert in zivilgesellschaftlichen Organisationen. Sie ist daher nicht Thema dieser Arbeit.
21. Die demokratische Legitimation der Europäischen Union in ihrer Gestalt, die sie durch den Vertrag von Lissabon gefunden hat, lässt sich nicht mit nationalstaatlichen Kriterien untersuchen. Aber auch alternative Demokratiemodelle wie das der Output-Legitimation vermögen nicht vollständig zu befriedigen. Demgegenüber vermag das Modell der dreispurigen Legitimation die zivilgesellschaftlichen Strukturen als Ergänzung der durch das Europäische Parlament und die nationalen Parlamente vermittelten repräsentativen Demokratie zu erfassen. Ihm zufolge wird ein ausreichendes Legitimationsniveau in der EU erreicht, wenn die mitwirkenden zivilgesellschaftlichen Organisationen repräsentativ im Hinblick auf den Gegenstand ihrer Mitwirkung sind.

22. Der in Art. 17 Abs. 3 AEUV normierte Dialog mit den Kirchen und Religionsgemeinschaften stellt aufgrund deren langer Traditionsgeschichte in allen Mitgliedstaaten eine besondere Form des Dialogs mit der Zivilgesellschaft dar. Die Unionsorgane müssen stets die formelle und materielle Unabhängigkeit der religiösen Gemeinschaften achten. Auch hier ist zwischen dem Zugang zum Dialog und der Gewichtung von Beiträgen zu unterscheiden. Die teilnehmenden Religionsgemeinschaften müssen aber keine (Gesamt-) Repräsentativität aufweisen, vielmehr sollte eine Gewichtung nach den sachlichen Aussagegehalten unionsrechtlicher Regelungen erfolgen.
23. Nicht Thema der vorliegenden Arbeit sind die bisherige Komitologieverfahren, da die externen Sachverständigen hier als mitgliedstaatliche Vertreter oder als individuelle Wissenschaftler einbezogen werden, und nicht als Vertreter der organisierten Zivilgesellschaft. Auch die Neuregelung der delegierten Rechtsakte und Durchführungsrechtsakte in Art. 290 und Art. 291 AEUV stellen keine Einbeziehung der organisierten Zivilgesellschaft dar.
24. Im Europarat existieren seit Langem recht weitreichende Formen der Einbeziehung von NGOs.
25. Es stellt eine realistische Perspektive für den Zivilen Dialog auf Unionsebene dar, dass er weiter ausgebaut und institutionalisiert wird. Vor allem die Rechtspraxis wird zeigen müssen, wie die neuen Bestimmungen konkretisiert und mit Leben gefüllt werden können. Dabei kann man auf andere Formen der Einbindung zivilgesellschaftlicher Akteure im europäischen Primärrecht zurück greifen. Hier ist vor allem der Soziale Dialog zu nennen. Momentan bleiben noch viele Detailfragen offen. Auf jeden Fall ist dem Kriterium der Repräsentativität gesteigerte Bedeutung beizumessen.

Kapitel 4: Gesamtergebnis

26. Die verstärkte Einbindung zivilgesellschaftlicher Organisationen kann dazu führen, dass sich die Bürger stärker mit der Europäischen Union identifizieren. Sozialer Dialog, WSA und (sonstiger) Ziviler Dialog weisen Parallelen auf; ihnen gemeinsam ist, dass das Merkmal der Repräsentativität gewahrt werden muss, damit sie im Sinne eines dreispurigen Demokratiemodells zu besserer demokratischer Legitimation der EU und ihrer Rechtsetzung beitragen können. Die Parallelen rechtfertigen es, zur Auslegung von Einzelfragen auf andere Formen zivilgesellschaftlicher Partizipation zurück zu greifen. Für die Zukunft ist der weitere Ausbau des Dialogs mit der Zivilgesellschaft wünschenswert.

Literaturverzeichnis

Abromeit, Heidrun: Wozu braucht man Demokratie? Die postnationale Herausforderung der Demokratietheorie, 2002, Opladen.

Adloff, Frank: Zivilgesellschaft: Theorie und politische Praxis, 2005, Frankfurt am Main.

Adomeit, Klaus: Rechts- und Staatsphilosophie, Band 2: Rechtsdenker der Neuzeit, 2002, Heidelberg.

Alsen, Katrin: Der Europäische Integrationsauftrag der EU: Überlegungen zur Erweiterungs-, Assoziierungs- und Nachbarschaftspolitik der EU aus der Warte einer europäischen Prinzipienlehre, 2009, Berlin.

Aristoteles: Werke in deutscher Übersetzung, begr. von Grumach, Ernst, Hrsg. von Flashar, Helmut, Band 9, Politik, Teil II, 1991, Berlin.

Arnaud, Julien: Das neue Register der Kommission für Interessenvertreter – Ein Beitrag zu mehr Transparenz?, in: Zeitschrift für europarechtliche Studien (ZEuS) 2008, S. 549–563.

Arnold, Christian: Die Stellung der Sozialpartner in der europäischen Sozialpolitik, in: Neue Zeitschrift für Arbeitsrecht (NZA) 2002, Heft 22, 1261–1268.

Aron, Raymond: Hauptströmungen des klassischen soziologischen Denkens: Montesquieu, Comte, Marx, Tocqueville, 1979, Reinbek bei Hamburg.

Badura, Peter/*Rittner*, Fritz/*Rüthers*, Bernd: Mitbestimmungsgesetz 1976 und Grundgesetz: Gemeinschaftsgutachten, 1977, München.

Balze, Wolfgang: Die sozialpolitischen Kompetenzen der Europäischen Union, 2004, Baden-Baden.

Beer, Nicola: Die Zukunft der Komitologie: Weniger Komitees – mehr Kommission? in: Europäische Zeitschrift für Wirtschaftsrecht (EuZW) 2010, Heft 6, S. 201.

Bercusson, Brian: Social Policy at the Crossroads: European Labour Law after Maastricht, in: Dehousse, Renaud (Hrsg.), Europe after Maastricht: an even closer Union?, 1994, München, S. 149–186.

Bercusson, Brian: The Dynamic of European Labour Law After Maastricht, in: Industrial Law Journal (ILJ) 1994, Vol. 23, S. 1–30.

Bergeron, Louis: Weltbild Weltgeschichte, Band 26: Das Zeitalter der europäischen Revolution: 1780–1848, 1998.

Bergmann, Jan: Handlexikon der Europäischen Union, 4. Aufl. 2012, Baden-Baden.

Bernard, Nadine/*Laval*, Claude/*Nys*, André: Le comité économique et social, 1972, Brüssel.

Bieber, Roland/*Epiney*, Astrid/*Haag*, Marcel: Die Europäische Union: Europarecht und Politik, 10. Aufl., 2013, Baden-Baden.

Birk, Rolf: Vereinbarungen der Sozialpartner als Regelungsinstrumente in der Europäischen Sozialcharta und im supranationalen Arbeitsrecht, in: Becker, Jürgen/ Hilty, Reto M/Stöckli, Jean-Fritz/Würtenberger, Thomas (Hrsg.): Recht im Wandel seines sozialen und technologischen Umfeldes, Festschrift für Manfred Rehbinder, 2002, München u.a.

Birk, Rolf: Vereinbarungen der Sozialpartner im Rahmen des Sozialen Dialogs und ihre Durchführung, in: Europäische Zeitschrift für Wirtschaftsrecht (EuZW) 1997, Heft 15, S. 453–459.

Bleckmann, Albert: Das europäische Demokratieprinzip, in: Juristenzeitung (JZ), 2001, Band 2, S. 53–58.

Blüm, Norbert: Europäische Sozialpolitik nach Maastricht, in: Kirchhof, Paul (Hrsg.): Steuerrecht, Verfassungsrecht, Finanzpolitik: Festschrift für Franz Klein, 1994, Köln, S. 43–60.

Böckenförde, Ernst-Wolfgang: Demokratie als Verfassungsprinzip, 2004, in: *Isensee*, Josef/*Kirchhof*, Paul: Handbuch des Staatsrechts der Bundesrepublik Deutschland, Bd. 2, Verfassungsstaat, 3. Aufl. 2004, Heidelberg, S. 429–496.

Böckenförde, Ernst-Wolfgang: Demokratie als Verfassungsprinzip, in: *Isensee*, Josef/*Badura*, Peter: Handbuch des Staatsrechts der Bundesrepublik Deutschland, Bd. 2: Verfassungsstaat, 3. Aufl. 2004, Heidelberg, S. 429–496.

Böckenförde, Ernst-Wolfgang: Staat, Verfassung, Demokratie: Studien zur Verfassungstheorie und zum Verfassungsrecht, 1991, Frankfurt am Main.

Bödding, Benedikt: Die europarechtlichen Instrumentarien der Sozialpartner, 1996, Baden-Baden.

Bogdandy, Armin von: Prinzipien der Rechtsfortbildung im europäischen Rechtsraum – Überlegungen zum Lissabon-Urteil des BVerfG, NJW 2010, S. 1–5.

Bremer, Jan: Neues Europäisches Transparenzregister, NZG 2011, 826.

Britz, Gabriele/*Schmidt*, Marlene: Die institutionalisierte Mitwirkung der Sozialpartner an der Rechtsetzung der Europäischen Gemeinschaft, in: Europarecht (EuR) 1999, Heft 4, S. 467–498.

Broglio, Francesco Margiotta: Religious Aspects of the Constitution, in: Ferrari (Hrsg.), God in the European Constitution, Supplement to the European Consortium for Church and State Research Newsletter, 4. Jg., Ausgabe 4, April 2004, S. IV–V.

Brox, Hans/*Rüthers*, Bernd/*Henssler*, Martin: Arbeitsrecht, 18. Aufl. 2011, Stuttgart.

Brumlik, Micha: Was heißt „Zivile Gesellschaft"? – Versuch, den Pudding an die Wand zu nageln, in: Blätter für deutsche und internationale Politik, 36. Jg., Heft 8, 1991, S. 987–993.

Brummer, Klaus: Der Europarat: Eine Einführung, 2008, Wiesbaden.

Brüske, Hans-Günther: Der Wirtschafts- und Sozialausschuß der Europäischen Gemeinschaften: die institutionalisierte Interessenvertretung als Faktor der europäischen Integration, 1979, Lampertheim, S. 107–119.

Buchner, Herbert: Die sozialpolitische Entwicklung der Europäischen Gemeinschaft im Spannungsfeld von hoheitlicher Regelung und tarifautonomer Geltung, in: Recht der Arbeit (RdA) 1993, Heft 4, S. 193–203.

Calliess, Christian (Hrsg.): Verfassung der Europäischen Union, Kommentar zu den Grundlagenbestimmungen, Teil I, 2006, München u.a.

Classen, Claus Dieter: Europäische Integration und demokratische Legitimation, in: Archiv des öffentlichen Rechts (AöR), Band 119, 1994, S. 238–260.

Coen, David: Empirical and theoretical studies in European lobbying. In: Journal of European Public Policy, Jg. 14, 2007, Heft 3, 333–345.

Cohen, Jean L./*Arato*, Andrew: Civil Society and Political Theory, 1992, Cambridge, Mass. u.a.

Coing, Helmut: Grundzüge der Rechtsphilosophie, 5. Aufl. 1995, Berlin u.a.

Constantinesco, Léotin-Jean: Das Recht der Europäischen Gemeinschaften, Band I: Das institutionelle Recht, 1977, Baden-Baden.

Dahrendorf, Moralität, Institutionen und Bürgergesellschaft, in: Merkur: deutsche Zeitschrift für europäisches Denken, 46. Jg, 1992, S. 557–568.

Däubler, Wolfgang, Tarifvertragrecht, 3. Aufl. 1993, Baden-Baden.

Däubler, Wolfgang: Europäische Tarifverträge nach Maastricht, in: Europäische Zeitschrift für Wirtschaftsrecht (EuZW), 1992, Heft 11, S. 329–336.

Däubler, Wolfgang: Das Grundrecht auf Mitbestimmung und seine Realisierung durch tarifvertragliche Begründung von Beteiligungsrechten, 4. Aufl. 1976, Frankfurt am Main.

Dauses, Manfred A. (Hrsg.): Handbuch des EU-Wirtschaftsrechts, Bd. 1, Loseblatt, 31. EL, Juli 2012, München.

De Wall, Heinrich: Das Religionsrecht der EU – Grundstrukturen und Spannungen, in: Zeitschrift für evangelisches Kirchenrecht (ZevKR) 2005, 383–402.

Dederer, Hans-Georg: Durchführung von Vereinbarungen der europäischen Sozialpartner – Korporative Ausübung von Rechtsetzungsgewalt und ihr demokratisches Defizit, in: Recht der Arbeit (RdA), 2000, Heft 4, S. 216–222.

Degenhart, Christoph: Staatsrecht, 28. Aufl., 2012, Heidelberg u.a.

Deinert, Olaf: Partizipation europäischer Sozialpartner an der Gemeinschaftsrechtssetzung, Recht der Arbeit: Zeitschrift für die Wissenschaft und Praxis des gesamten Arbeitsrechts (RdA), 2004, Heft 4, S. 211–226.

Denninger, Erhard: Normsetzung im Umwelt- und Technikrecht, 1990, Baden-Baden.

Deutscher Anwaltsverein, Anhörung zur Transparenzrichtlinie, Pressemitteilung vom 14. 7. 2006, in: Europäische Zeitschrift für Wirtschaftsrecht (EuZW) 2006, Heft 16, S. 482.

Döhring, Karl: Staat und Verfassung in einem zusammenwachsenden Europa, in: Zeitschrift für Rechtspolitik (ZRP) 2003, Heft 3, S. 98–103.

Dubiel, Helmut: Metamorphosen der Zivilgesellschaft I: Selbstbegrenzung und reflexive Modernisierung, in: Dubiel, Helmut: Ungewißheit und Politik, 1994, Frankfurt am Main, S. 67–105.

Emmert, Frank: Europarecht, 1996, München.

Epiney, Astrid: Europäische Verfassung und Legitimation durch die Unionsbürger – Zu den Rechten der Unionsbürger in der Verfassung für Europa, in: Kadelbach, Stefan (Hrsg.) Europäische Verfassung und direkte Demokratie, Tagung anlässlich des Europatages, 2006, Baden-Baden, S. 33–56.

Europäische Gemeinschaften: Generaldirektion Beschäftigung, Soziale Angelegenheiten und Bildung (Hrsg.): Soziales Europa, Zeitschrift, Amt für amtl. Veröffentlichungen der EG, 2/1992.

Europäische Kommission, Generaldirektion Beschäftigung und Soziales, Referat D.3 (Hrsg.): Ziviler Dialog und Sozialpolitik in der erweiterten Europäischen Union: Budapest, 23.–24. Juni 2003, Luxemburg, 2004.

Europäischer Wirtschafts- und Sozialausschuss (Hrsg.): Der EWSA: Brücke zwischen Europa und der organisierten Zivilgesellschaft, 2009, Luxemburg.

Fazi, Elodi/*Smith,* Jeremy: Civil dialogue: making it work better: Study commissioned by the Civil Society Contact Group, 2006, http://act4europe.horus.be/module/FileLib/Civil%20dialogue,%20making%20it%20work%20better.pdf [letzter Zugriff 03.06.2013].

Fischer, Klemens H.: Der Vertrag von Lissabon, Text und Kommentar zum Europäischen Reformvertrag, 2. Aufl. 2010.

Fischer, Klemens H.: Der Europäische Verfassungsvertrag, Texte und Kommentar, 2005, Baden-Baden u.a.

Freise, Matthias: Was meint Brüssel eigentlich, wenn von Zivilgesellschaft die Rede ist?, in: Forschungsjournal NSB, Jg. 21, 2/2008, S. 16–28.

Geiger, Rudolf/*Khan*, Daniel-Erasmus/*Kotzur*, Markus (Hrsg.): EUV/AEUV: Vertrag über die Europäische Union und Vertrag über die Arbeitsweise der Europäischen Union, Kommentar, 5. Aufl. 2010, München.

Geiss, Imanuel: Geschichte im Überblick: Daten, Fakten und Zusammenhänge der Weltgeschichte, 2006, Reinbek bei Hamburg.

Gilles, Thomas: Das Zustandekommen und die Durchführung von Sozialpartnervereinbarungen im Rahmen des europäischen sozialen Dialogs, 1999, Frankfurt am Main u.a.

Gitter, Wolfgang: Durchsetzungsfähigkeit als Kriterium der Tariffähigkeit für einzelne Arbeitgeber und Arbeitgeberverbände, in: Heinze, Manfred/Söllner, Alfred (Hrsg.), Arbeitsrecht in der Bewährung, Festschrift für Otto Rudolf Kissel zum 65. Geburtstag, 1994, München, S. 265–279.

Grabitz, Eberhard/*Hilf,* Meinhard/*Nettesheim*, Martin (Hrsg.): Das Recht der Europäischen Union, Kommentar, Loseblatt, 48. Ergänzungslieferung, 2012, München.

Gramsci, Antonio: Die Herausbildung der Intellektuellen, in: Zamis, Guido (Hrsg.), Gramsci, Antonio: Zu Politik, Geschichte und Kultur: ausgewählte Schriften, 2. Aufl. 1980, Leipzig, S. 222–230.

Gündisch, Jürgen/*Mathijsen,* Petrus: Rechtsetzung und Interessenvertretung in der Europäischen Union: Verfahren, Mitwirkung, Qualität, Legitimation, 1999, Stuttgart u.a.

Habermas, Jürgen: Legitimation Crisis, 1999, Boston.

Habermas, Jürgen: Die Beschwörung der Civil Society, in: Michalski, Krzysztof (Hrsg.): Europa und die Civil Society: Castelgandolfo-Gespräche 1989, 1991, Stuttgart, S. 52–81.

Habermas, Jürgen: Faktizität und Geltung: Beiträge zur Diskurstheorie des Rechts und des demokratischen Rechtsstaats, 1998, Frankfurt am Main.

Häberle, Peter: Die offene Gesellschaft der Verfassungsinterpreten, in: Häberle., (Hrsg.) Die Verfassung des Pluralismus: Studien zur Verfassungstheorie der offenen Gesellschaft, 1980, Königstein im Taunus.

Hanau, Peter: Verbands-, Tarif- und Gerichtspluralismus, Neue Zeitschrift für Arbeitsrecht (NZA) 2003, S. 128–132.

Hartenberger, Ute: Europäischer Dialog nach Maastricht: EU-Sozialpartnerverhandlungen auf dem Prüfstand, 2001, Baden-Baden.

Hayder, Roberto: Der Europäische Wirtschafts- und Sozialausschuss (EWSA) – eine unterschätzte EU-Institution, in: Europäische Zeitschrift für Wirtschaftsrecht (EuZW) 2010, Heft 5, S. 171–176.

Hegel, Georg Wilhelm Friedrich, Grundlinien der Philosophie des Rechts oder Naturrecht und Staatswissenschaft im Grundrisse: mit Hegels eigenhändigen Notizen und den mündlichen Zusätzen, 1986, Frankfurt am Main.

Heinig, Hans Michael: Öffentlich-rechtliche Religionsgesellschaften: Studien zur Rechtsstellung der nach Art. 137 Abs. 5 WRV korporierten Religionsgesellschaften in Deutschland und in der Europäischen Union, 2003, Berlin.

Heinze, Meinhard: Europarecht im Spannungsverhältnis zum nationalen Arbeitsrecht: Von formaler Verdichtung zur offenen Arbeitsrechtsordnung, in: Zeitschrift für Arbeitsrecht (ZfA) 23. Jg. 3/1992, S. 331–359.

Heinze, Meinhard: Europa und das nationale Arbeits- und Sozialrecht: Maastricht und die Konsequenzen, in: Heinze, Meinhard/Söllner, Alfred (Hrsg.): Arbeitsrecht in der Bewährung: Festschrift für Otto Rudolf Kissel zum 65. Geburtstag, 1994, München, S. 363.

Hilf, Meinhard: Die Organisationsstruktur der Europäischen Gemeinschaften: rechtliche Gestaltungsmöglichkeiten und Grenzen, 1982, Berlin u.a.

Hirsch, Joachim: Die öffentlichen Funktionen der Gewerkschaften: eine Untersuchung zur Autonomie sozialer Verbände in der modernen Verfassungsordnung, 1966, Stuttgart.

Hobbes, Thomas: Leviathan: erster und zweiter Teil, Bibliogr. erg. Ausg., (Nachdruck), 1998, Stuttgart.

Hoffmann-Riem, Wolfgang: Tendenzen in der Verwaltungsrechtsentwicklung, in: Die öffentliche Verwaltung (DÖV), 50. Jg., 1997, Heft 11, S. 433–442.

Höland, Armin: Partnerschaftliche Setzung und Durchführung von Recht in der Europäischen Gemeinschaft – Die Beteiligung der Sozialpartner nach dem Maastrichter Sozialabkommen – in: Zeitschrift für ausländisches und internationales Arbeits- und Sozialrecht (ZIAS) 1995, S. 425–451.

Hölscheidt, Sven/*Mund*, Eva: Religionen und Kirchen im europäischen Verfassungsverbund, in: Europarecht (EuR), Heft 6, 2003, S. 1083–1094.

Höreth, Marcus: Die Europäische Union im Legitimationstrilemma: zur Rechtfertigung des Regierens jenseits der Staatlichkeit, 1999, Baden-Baden.

Hrbek, Rudolf/*Große Hüttemann*, Martin: Der Wirtschafts- und Sozialausschuss, in: Weidenfeld, Werner/Wessels, Wolfgang (Hrsg.), Jahrbuch der Europäischen Integration, 2001/2002, S. 105–110.

Huber, Wolfgang: „Kirche und Zivilgesellschaft: Der Beitrag der Kirchen zum Aufbau der Gesellschaft im Serbien des 21. Jahrhunderts", http://www.ekd.de/vortraege/huber/huber_020702_kirche_und_zivilgesellschaft.html [letzter Zugriff 03.06.2013].

Schäfer, Armin/*Streeck*, Wolfgang: Korporatismus in der Europäischen Union In: Martin Höpner, Armin Schäfer (Hg.), Die Politische Ökonomie der europäischen Integration. Schriften aus dem Max-Planck-Institut für Gesellschaftsforschung, Bd. 61, 2008, Frankfurt am Main, S. 203–240.

Ipsen, Knut: Völkerrecht, 5. Aufl. 2004, München.

Jellinek, Allgemeine Staatslehre, 3. Aufl, 1914.

Joerges, Christian/*Falke*, Josef (Hrsg.): Das Ausschußwesen in der Europäischen Union: Praxis der Risikoregulierung im Binnenmarkt und ihre rechtliche Verfassung, 2000, Baden-Baden.

Juncker, Jean-Claude: zitiert nach Koch, Dirk: Die Brüsseler Republik, in: Der Spiegel 52/1999, S. 136.

Kant, Immanuel: Die Religion innerhalb der Grenzen der bloßen Vernunft. Die Metaphysik der Sitten, Band 6, 1914, Berlin.

Keane, John: Reflections on violence, 1996, London u.a.

Kneer, Georg: Zivilgesellschaft, in: Kneer, Georg/Nassehi, Armin/Schroer, Markus (Hrsg.), Soziologische Gesellschaftsbegriffe: Konzepte moderner Zeitdiagnosen, 2. Aufl. 2000, München, S. 228–251.

Kocka, Jürgen: Die Zivilgesellschaft und die Rolle der Politik. Einführende Bermerkungen zur Session 1 der Expertentagung im Vorlauf zur Regierungskonferenz „Modernes Regieren im 21. Jahrhundert“ am 2./3. Juni 2000 in Berlin.

König, Doris: Die drei EG-Antidiskriminierungsrichtlinien: Dialog mit den Nichtregierungsorganisationen – ein Mittel zur effektiven Bekämpfung von Diskriminierungen? in Europarecht (EuR) 2004, Heft 1, S. 132–146.

Koselleck, Reinhart: Drei bürgerliche Welten? Theoriegeschichtliche Vorbemerkung zur vergleichenden Semantik der bürgerlichen Gesellschaft in Deutschland, England und Frankreich, in: Michalski, Krzystof (Hrsg.) Europa und die Civil Society: Castelgandolfo-Gespräche 1989, 1991, Stuttgart, S. 118–129.

Leinemann, Felix: Das Religionsrecht in Europa. Der Beitrag und die Stellung der christlichen Kirchen, in: *Kreß*, Hartmut (Hrsg.): Religionsfreiheit als Leitbild: Staatskirchenrecht in Deutschland und Europa im Prozess der Reform, 2004, Münster, S. 185–198.

Leinen, Jo/*Kreutz*, Jan: Herausforderung partizipative europäische Demokratie: Zivilgesellschaft und direkte Demokratie im Vertrag von Lissabon, in: integration 3/2008, S. 241–253.

Lennaerts, Koen: Some Reflections on the Separation of Powers in the European Community, in: Common Market Law Review (CMLR), 1991, Vol. 28, S. 11–35.

Lenz, Carl Otto/*Borchardt*, Klaus-Dieter (Hrsg.): EU-Verträge: Kommentar nach dem Vertrag von Lissabon, 6. Aufl. 2013, Köln, Wien.

Leuschner, Joachim/*Boockmann*, Hartmut: Europa im Hoch- und Spätmittelalter, in: Elze, Reinhard/Repgen, Konrad (Hrsg.): Studienbuch Geschichte, Band 4, 1982, Stuttgart.

Locke, John: Two Treatises of Government, A critical edition with an introduction and apparatus circticus by Laslett, Peter, 2. Aufl., 2003, Cambridge.

Lodge, Juliet: EC Policymaking: institutional consideration, in: Lodge, Juliet (Hrsg.), The European Community and the challenge of the future, 1989, London.

Löw, Konrad: Die Lehre des Karl Marx: Dokumentation – Kritik, 2. Aufl. 1989, Köln.

Marx, Karl/*Engels*, Friedrich: Zur Kritik der politischen Ökonomie, 1859, in: Werke, Band 13, 1. Auflage 1961, Berlin.

Michalski, Lutz: Arbeitsrecht, 7. Aufl. 2008, Heidelberg.

Mickel, Wolfgang W./*Bergmann*, Jan Michael (Hrsg.): Handlexikon der Europäischen Union, 4. Aufl. 2012, Baden-Baden.

Mieck, Ilja: Europäische Geschichte der frühen Neuzeit: eine Einführung, 6. Aufl. 1998, Stuttgart u.a.

Monnet, Jean: Mémoires. Nous ne coalisons pas des états, nous unissosn des hommes, Paris, 1976.

Muckel, Stefan: Die Rechtsstellung der Kirchen und Religionsgemeinschaften nach dem EU-Verfassungsvertrag, in: Die Öffentliche Verwaltung (DÖV) 2005, Heft 5, S. 191–200.

Mückl, Stefan: Europäisierung des Staatskirchenrechts, 2005, Baden-Baden.

Münch, Ingo von/*Mager,* Ute: Staatsrecht, Bd. I, 7. Aufl. 2009, Stuttgart u.a.

Naumann, Kolja: Eine religiöse Referenz in einem Europäischen Verfassungsvertrag, 2008, Tübingen.

Nicolaysen, Gert: Europarecht I: Die Europäische Integrationsverfassung, 2. Aufl., 2002, Baden-Baden.

Oetker, Hartmut/*Preis,* Ulrich (Hrsg.): Europäisches Arbeits- und Sozialrecht: EAS; Rechtsvorschriften, Systematische Darstellungen, Entscheidungssammlung, Loseblatt, Stand: 114. EL, 2006, Heidelberg.

Oppermann, Thomas/*Classen*, Dieter/*Nettesheim*, Martin: Europarecht: Ein Studienbuch, 5. Aufl. 2011, München.

Papaschinopoulou, Mary/ *Osterloh,* Florian: Interessenvertretung in Brüssel, 2004 in: Ensslen, Carola/König, Doris/Walz, Rainer W. (Hrsg.): Interessenvertretung durch NGOs auf EU-Ebene: Beiträge zum Symposium am 11. Juni 2004 an der Bucerius Law School, Hamburg, 2004, Hamburg, S. 67–79.

Peters, Anne: Elemente einer Theorie der Verfassung Europas, 2001, Berlin.

Petersen, Frank/*Heß,* Karoline: Das Komitologieverfahren im Gemeinschaftsrecht – Funktion und Grenzen am Beispiel der Novellierung der EG-Abfallrahmenrichtlinie, in Zeitschrift für Umweltrecht (ZUR) 2007, Heft 12, S. 567–574.

Philipp, Otmar: Transparenz-Register für Lobbyisten, EuZW 2011, 452.

Piazolo, Kathrin: Der Soziale Dialog nach dem Abkommen über die Sozialpolitik und dem Vertrag von Amsterdam, 1999, Frankfurt am Main u.a.

Pierucci, Andrea: La Commission européenne et le lois de l'Union: un défi institutionnel, Revue du Marché Commun (RMC) 2001, S. 50–59.

Pitschas, Rainer: Die soziale Dimension der Europäischen Gemeinschaft – Institutionenentwicklung als Voraussetzung eines Europäischen Sozialstaats, in: Die öffentliche Verwaltung (DÖV), 45. Jg., 1992, Heft 7, S. 277–284.

Pollack, Detlef: Kirche zwischen Staat und Zivilgesellschaft: Überlegungen zum gesellschaftlichen Ort der Kirchen in der Bundesrepublik Deutschland, in: Strachwitz, Rupert (Hrsg.): Kirche zwischen Staat und Zivilgesellschaft, Heft 9, 2002, Berlin, S. 21–41.

Reese-Schäfer, Walter: Politische Theorie heute: neuere Tendenzen und Entwicklungen, 2000, München u.a.

Reichel, Christian: Die Kompetenzabgrenzung zwischen europäischem und nationalem Arbeitsrecht, 1995, Sinzheim.

Riedel, Manfred: Gesellschaft, bürgerliche, in: Ritter, Joachim (Hrsg.) Historisches Wörterbuch der Philosophie, Band 3, 1974.

Riedel, Manfred: Aristotelismus und Humanismus: Der Einfluß der humanistischen Artistotelesrezeption auf die politische Sprache der neuzeitlichen Philosophie, in: Zeitschrift für philosophische Forschung (ZphF), Band 27, Heft 3, Juli – September, 1973, S. 368–376.

Robbers, Gehard: Eine neue Verfassung für die Europäische Union, in: Zeitschrift für Staats- und Europawissenschaften (ZSE) 2003, S. 383–399.

Robbers, Gerhard: Die religionsrechtliche Bedeutung der neuen Verfassung für die Europäische Union, in: Informationes Theologiae Europae: Internationales ökumenisches Jahrbuch für Theologie, 2003, S. 9–22.

Rousseau, Jean-Jacques: Vom Gesellschaftsvertrag oder Grundsätze des Staatsrechts, Biblio. erg. Ausg., (Nachdruck), 2004, Stuttgart.

Rousseau, Jean-Jacques, Diskurs über die Ungleichheit = Discours sur l'inégalité: Mit sämtlichen Fragmenten und ergänzenden Materialien nach den Originalausgaben und den Handschriften neu editiert, übersetzt und kommentiert von Meier, Heinrich, 5. Aufl. 2001, Paderborn u.a.

Rust, Ursula: Der rechtliche Rahmen des Dialogs mit der Zivilgesellschaft auf EU-Ebene, 2004, in: Ensslen, Carola/König, Doris/Walz, Rainer W. (Hrsg.):

Interessenvertretung durch NGOs auf EU-Ebene: Beiträge zum Symposium am 11. Juni 2004 an der Bucerius Law School, Hamburg, 2004, Hamburg, S. 43–65.

Salamon, Lester M./*Anheiner,* Helmut K./*Wojciech,* Sokolowski/Associates: The emerging sector: a statistical supplement, 1996, Baltimore.

Schade, Jeanette: „Zivilgesellschaft" – eine vielschichtige Debatte, INEF Report, Institut für Entwicklung und Frieden der Gerhard-Mercator-Universität Duisburg, Heft 59, 2002, Duisburg.

Schäfer, Michael: Verfassung, Zivilgesellschaft und Europäische Integration, 2002, Wien.

Scharpf, Fritz: Demokratietheorie zwischen Utopie und Anpassung, 1975, Kronberg im Taunus.

Schaub, Günter (Hrsg.): Arbeitsrechts-Handbuch: systematische Darstellung und Nachschlagwerk für die Praxis, 14. Aufl. 2011, München.

Schmalz-Bruns, Rainer: Reflexive Demokratie: Die demokratische Transformation moderner Politik, 1995, Baden-Baden.

Schmidt, Jürgen: Zivilgesellschaft: bürgerschaftliches Engagement von der Antike zur Gegenwart, 2007, Reinbek bei Hamburg.

Schmuck, Martin: Verwirklichungsformen der Religionsfreiheit in Europa, Zeitschrift für evangelische Ethik: Kommentare, Studien, Berichte, Dokumentationen, Diskussionen, Rezensionen, Bibliographie, 2002, Gütersloh, S. 270 ff.

Schnorr, Gerhard: Kollektivverträge in einem integrierten Europa, in: Das Recht der Arbeit (DRdA) 1994, S. 193–199.

Schorkopf, Frank: Die Europäische Union im Lot – Karlsruhes Rechtsspruch zum Vertrag von Lissabon, in: Europäische Zeitschrift für Wirtschaftsrecht (EuZW), 2009, Heft 20, S. 718–724.

Schramm, Theodor: Einführung in die Rechtsphilosophie, 2. Aufl. 1982, Köln.

Schulte, Bernd: Das Europäische Sozialmodell im künftigen Europa (Teil 2), in: Zeitschrift für Sozialhilfe und Sozialgesetzbuch (ZFSH/SGB), 40. Jg., 2001, Heft 1, S. 67–79.

Schulz, Otto: Grundlagen und Perspektiven einer europäischen Sozialpolitik: die Verhandlungen und Ergebnisse der Regierungskonferenzen von Maastricht, Amsterdam und Nizza, völlige Neubearb. 2003, Köln u.a.

Schulz, Otto: Maastricht und die Grundlagen einer europäischen Sozialpolitik: der Weg, die Verhandlungen, die Ergebnisse, die Perspektiven, 1996, Köln u.a.

Schulz, Otto: Auf dem Weg zur Sozialunion – Die Ergebnisse des Gipfels von Maastricht, in: Sozialer Fortschritt, Unabhängige Zeitschrift für Sozialpolitik (SozFort), 1992, 41. Jahrgang, Heft 4, S. 79–84.

Schuster, Gunnar: Rechtsfragen der Maastrichter Vereinbarung zur Sozialpolitik, in: Europäische Zeitschrift für Wirtschaftsrecht (EuZW) 1992, Heft 6, S. 178–187.

Schwarze, Jürgen: Der Reformvertrag von Lissabon – Wesentliche Elemente des Reformvertrags, in: Europarecht – Beiheft (EuR-Beih) 2009, Heft 1, S. 9–28.

Schwarze, Jürgen: Ein pragmatischer Verfassungsentwurf – Analyse und Bewertung des vom Europäischen Verfassungskonvent vorgelegten Entwurfs eines Vertrags über eine Verfassung für Europa, in: Europarecht (EuR) 2003, Heft 4, S. 535–573.

Schwarze, Roland: Legitimation kraft virtueller Repräsentation – eine gemeinschaftsrechtliches Prinzip? Zur Legitimation der Koalitionen gegenüber Nichtmitgliedern, in: Recht der Arbeit (RdA) 2001, S. 208–218.

Schweisfurth, Theodor: Völkerrecht, 2006, Tübingen.

Seeger, Sarah/*Chardon*, Matthias: Mehr Gehör für gesellschaftliche Interessen, in: Zeitschrift für Politikberatung (ZPB), 2008, S. 341–358.

Seeger, Sarah: Das Weißbuch der Kommission über eine europäische Kommunikationspolitik – ein Neuanfang europäischer Kommunikation?, in: CAP Aktuell, Heft 1, 2006, S. 1–7.

Siebeke, Simone: Institutionalisierte Interessenvertretungen in der Europäischen Union, 1996, Baden-Baden.

Smismans, Stijn: An Economic and Social Committee for the Citizen, or a Citizen for the Economic and Socil Commitee?, in: European Public Law (EPL) 1999, S. 557–582.

Smismans, Stijn: Law, Legitimacy and European Governance, 2004, New York.

Söbbeke-Krajewski, Markus: Der religionsrechtliche Acquis Communautaire der Europäischen Union: Ansätze eines systematischen Religionsrechts der EU unter EU-Vertrag, EG-Vertrag und EU-Verfassungsvertrag, 2006, Berlin.

Söbbeke, Markus: Kirchen und weltanschauliche Gemeinschaften im Primärrecht der EU nach dem Vertrag von Lissabon in: Zeitschrift für Staats- und Europawissenschaften (ZES) 2008, Heft 4, S. 606–638.

Spieß, Ursula: Sozialer Dialog und Demokratieprinzip: eine Untersuchung unter besonderer Berücksichtigung der legitimatorischen Kraft der Sozialpartner, 2005, Berlin.

Staff, Ilse: Lehren vom Staat, 1981, Baden-Baden.

Steinmeyer, Heinz-Dietrich: Der Vertrag von Amsterdam und seine Bedeutung für das Arbeits- und Sozialrecht, in: Recht der Arbeit (RdA) 2001, Heft 1, S. 10–22.

Streinz, Rudolf: Europarecht, 9. Aufl. 2012, Heidelberg.

Streinz, Rudolf: EUV/AEUV, Vertrag über die Europäische Union und Vertrag über die Arbeitsweise der Europäischen Union, 2. Aufl. 2012, München.

Streinz, Rudolf: Der Vertrag von Lissabon – eine Verfassung für Europa, FPR 2010, S. 481–485.

Streinz, Rudolf: EUV/EGV, Vertrag über die Europäische Union und Vertrag zur Gründung der Europäischen Gemeinschaft, 2003, München.

Streinz, Rudolf/*Ohler*, Christoph/*Herrmann*, Christoph: Der Vertrag von Lissabon zur Reform der EU, Einführung mit Synopse, 3. Aufl. 2010, München.

Taylor, Charles: Atomismus, in: Brink, Bert van den/Reijen, Willem van (Hrsg.): Bürgergesellschaft, Recht und Demokratie, 1995, Frankfurt am Main, S. 73–106.

Theiss, Ursula: Die Durchführung europäischer Sozialpartnervereinbarungen auf nationaler Ebene, 2005, Münster.

Thüsing, Gregor: Kirchliches Arbeitsrecht: Rechtsprechung und Diskussionsstand im Schnittpunkt von staatlichem Arbeitsrecht und kirchlichem Dienstrecht, 2006, Tübingen.

Towers, Brian: Two speeds ahead: social Europe and the UK after Masstricht, in: Industrial Relations Journal (IRJ) 1992, Vol. 23, Issue 2, S. 83–89.

Vedder, Christoph Wilhelm/*Heintschel von Heinegg*, Wolff/*Beutel*, Jochen (Hrsg.): Europäischer Verfassungsvertrag, Handkommentar, 2007, Baden-Baden.

Vedder, Christoph/ *Heintschel von Heinegg*, Wolff (Hrsg.): Europäisches Unionsrecht, EUV/AEUV/Grundrechte-Charta, Handkommentar, 1. Aufl. 2012, Baden-Baden.

Venturini, Patrick: Ein europäischer Sozialraum für 1992: Dokument, 1989, Luxemburg.

Vierlich-Jürcke, Katharina: Der Wirtschafts- und Sozialausschuß der Europäischen Gemeinschaften, 1998, Baden-Baden.

Vogel, Ursula: Das Geschlechterverhältnis in der Europäischen Bürgergesellschaft, in: Mandt, Hella (Hrsg.), Die Zukunft der Bürgergesellschaft in Europa, 1994, Baden-Baden, S. 59–70.

Votsos, Theo: Der Begriff der Zivilgesellschaft bei Antonio Gramsci: ein Beitrag zu Geschichte und Gegenwart politischer Theorie, 2001, Hamburg u.a.

Waas, Der soziale Dialog auf europäische Ebene, in: Zeitschrift für europäisches Sozial- und Arbeitsrecht (ZESAR) 2004, S. 443–451.

Wägenbaur, Rolf: Transparenzregeln für EU-Interessenvertreter, in: Europäische Zeitschrift für Wirtschaftsrecht (EuZW) 2008, Heft 16, S. 481.

Wank, Rolf: Arbeitsrecht nach Maastricht, in: Recht der Arbeit (RdA) 1995, S. 10–26.

Watson, Philippa: Social Politcy after Maastricht, in: Common Market Law Review (CMLR) Band 30, 1993, S. 481–513.

Weber, Michael: Der Wirtschafts- und Sozialausschuss, in: Jahrbuch der Europäischen Integration 1980, S. 97–104.

Weiss, Manfred: Die Bedeutung von Maastricht für die EG-Sozialpolitik, in: Däubler, Wolfgang/Bobke, Manfred/Kehrmann, Karl (Hrsg.): Arbeit und Recht, Festschrift für Albert Gnade zum 65. Geburtstag, 1992, Köln, S. 583–596.

Whiteford, Elaine: Social policy after Maastricht, in: European Law Review (ELR), No. 18, 1993, S. 202 ff.

Wiegner, Yvonne-Maria: Die Funktion des Wirtschafts- und Sozialausschusses als demokratisches Element in der EG: zur verfassungsrechtlichen Problematik der Beteiligung von Interessenvertretern an der europäischen Rechtsetzung, 2004, Bielefeld.

Young, Iris Marion: Unparteilichkeit und bürgerliche Öffentlichkeit. Implikationen feministischer Kritik an Theorien der Moral und der Politik, in: van den Brink, Bert/van Reijen, Willem (Hrsg.), Bürgergesellschaft, Recht und Demokratie, 1995, Frankfurt am Main, S. 245–280.

Zellentin, Gerda: Der Wirtschafts- und Sozialausschuss der EWG und Euratom: Interessenrepräsentation auf übernationaler Ebene, 1962, Göttingen.

Zimmer, Annette/*Sittermann*, Birgit: Brussels Civil Society – Definition von NGOs und ihre Legitimation zur Mitwirkung in den Politikprozessen der EU, 2004 in: Ensslen, Carola/König, Doris/Walz, Rainer W. (Hrsg.): Interessenvertretung durch NGOs auf EU-Ebene: Beiträge zum Symposium am 11. Juni 2004 an der Bucerius Law School, Hamburg, 2004, S. 15–42.

Schriften zum deutschen und europäischen öffentlichen Recht

Herausgegeben von Prof. Dr. Steffen Detterbeck

Band 1 Henry Roth: Berufs- und Erwerbsunfähigkeit. Renten- und Versorgungsansprüche nach geltendem und reformiertem Recht. 2000.

Band 2 Astrid Lediger: Die Entschädigung der Bundestagsabgeordneten. 2001.

Band 3 Uwe Chojetzki: Der kirchliche Dienst in der Sozialversicherung. 2001.

Band 4 Christopher Breith: Die Fernsehschutzliste. Übertragung von Großereignissen nach § 5a RfStV. 2002.

Band 5 Lars-Henrik Rode: § 40 VwVfG und die deutsche Ermessenslehre. 2003.

Band 6 Steffen Detterbeck / Martin Will: Die Handwerksinnungen in der staatlichen dualen Ordnung des Handwerks. Zur Frage einer Innungspflichtmitgliedschaft und eines Kammerbeitrags-Bonussystems für Innungsmitglieder. 2003.

Band 7 Christiane Vesting: Die vertragliche und außervertragliche Haftung der EG nach Art. 288 EGV. Unter Berücksichtigung der prozessualen Durchsetzungsmöglichkeiten. 2003.

Band 8 Christian Hanf: Rechtsschutz gegen Inhalts- und Nebenbestimmungen zu Verwaltungsakten. 2003.

Band 9 Guido H. Friedrich: Der vorhabenbezogene Bebauungsplan gemäß § 12 BauGB nach der Novellierung 2001. Inhalt, Chancen und Risiken des Planungsinstrumentes. 2003.

Band 10 Lars Friedrichsen: Umweltbelastende Vorhaben und Alternativen in der Planfeststellung. Unter besonderer Berücksichtigung der Vorgaben aus der UVP-Richtlinie, dem UVPG sowie der FFH-Richtlinie bzw. den §§ 32 ff. BNatSchG. 2005.

Band 11 Nikolaus Lindner: Die Europäische Transparenzrichtlinie und der öffentlich-rechtliche Rundfunk in Deutschland. Auswirkungen der Richtlinie 2000/52/EG zur Änderung der Richtlinie 80/723/EWG über die Transparenz der finanziellen Beziehungen zwischen den Mitgliedstaaten und den öffentlichen Unternehmen („Transparenzrichtlinie") auf die öffentlich-rechtlichen Rundfunkanstalten in Deutschland. 2005.

Band 12 Gunter Fleck: Verleihung des Körperschaftsstatus an Religions- und Weltanschauungsgemeinschaften in einer multikulturellen Gesellschaft. Ein Vorschlag de lege ferenda zu Art. 140 GG i.V.m. Art. 137 Abs. 5 S. 2 WRV. 2005.

Band 13 Philipp Förster: Die unmittelbare Drittwirkung der Grundfreiheiten. Zur Dogmatik des Adressatenkreises von Pflichten aus EG-Grundfreiheiten. 2007.

Band 14 Barbara Löhr: Die Rechte des Menschen in der Verfassung des Landes Hessen im Lichte des Grundgesetzes. 2007.

Band 15 Christian Lewke: Der verfassungsrechtliche Kulturauftrag des öffentlich-rechtlichen Rundfunks. Eine funktionsbezogene Betrachtung des Mediums in seiner Bedeutung für Individuum, Gesellschaft, Kunst, Wissenschaft und Religion. 2007.

Band 16 Jens Mischak: Die kommunale Wahlprüfung. Dargestellt unter besonderer Berücksichtigung der hessischen Kommunalverfassung. 2008.

Band 17 Christian Adam: Gefahrabwendungsfolter und Menschenwürde im Lichte des Unabwägbarkeitsdogmas des Art. 1 Abs. 1 GG. 2008.

Band 18 Julia Kaupisch: Das Grundrecht der Religionsfreiheit in seiner historischen Entwicklung. Werdegang in den norddeutschen Ländern. 2008.

Band 19 Tobias Timo Weitz: Gerichtsnahe Mediation in der Verwaltungs-, Sozial- und Finanzgerichtsbarkeit. 2008.

Band 20 Nicole Pöttgen: Medizinische Forschung und Datenschutz. 2009.

Band 21 Jonas Fischer: Das Recht der Glücksspiele im Spannungsfeld zwischen staatlicher Gefahrenabwehr und privatwirtschaftlicher Betätigungsfreiheit. 2009.

Band 22 Nina Stöcker: Entwicklung des Verwaltungskooperationsvertrages unter Berücksichtigung des Vergaberechts. 2010.

Band 23 Christoph Weltecke: Gesetzgebung im Bundesstaat. Reformpotentiale des deutschen Föderalismus unter besonderer Berücksichtigung der Vorschläge der Kommission zur Modernisierung der bundesstaatlichen Ordnung. 2011.

Band 24 Martin Dietz: Verfassungsgerichtliche Unvereinbarerklärungen: Zulässigkeit, Voraussetzungen und Rechtsfolgen. 2011.

Band 25 Isabell Beck: Auswirkungen der Straftatverwirklichung auf öffentlich-rechtlich geregelte Berufsstellungen. 2012.

Band 26 Franziska Schneider: Rechtliche Rahmenbedingungen für die Vornahme von Online-Durchsuchungen. Online-Durchsuchungen als Mittel zur Terrorismusbekämpfung in Deutschland und den USA. 2012.

Band 27 Stefan Heck: Mandat und Transparenz. Anzeige und Veröffentlichung der Nebentätigkeiten von Bundestagsabgeordneten. 2014.

Band 28 Svenja Pitz: Der Dialog mit der organisierten Zivilgesellschaft in der Europäischen Union. 2014.

www.peterlang.com

www.ingramcontent.com/pod-product-compliance
Ingram Content Group UK Ltd.
Pitfield, Milton Keynes, MK11 3LW, UK
UKHW021847290926
8980IPUK00005B/698

9 783631 652831